음악과 함께하는 마음치료
음악치료
MUSIC THERAPY

음악과 함께하는 마음치료
음악치료 MUSIC THERAPY

2025년 4월 25일 초판1쇄 인쇄

지은이   임영제

펴낸이   김소휘
펴낸곳   하늘책

출판등록   2009년 8월 24일(제338-2009-000006호)
주소   부산광역시 해운대구 센텀동로 57 (부산디자인진흥원) 702-2호
전화   051-611-3970   **팩스** 051-611-3972

ISBN 978-89-97840-39-7
가격 28,000원

잘못된 책은 구입한 곳에서 바꾸어 드립니다.
이 책은 저작권법에 따라 보호받는 저작물이므로 무단 전재와 무단 복제를 할 수 없습니다.

음악과 함께하는 마음치료

음악치료
MUSIC THERAPY

임영제 지음

제아예술심리센터

서문

음악은 인류 역사와 함께 해온 보편적인 언어입니다. 그 힘은 단순한 멜로디나 리듬을 넘어, 우리의 감정과 경험을 깊이 있게 표현하고, 서로를 연결하는 매개체로 작용합니다. 이러한 음악의 특성을 기반으로 한 음악치료는 감정적, 신체적, 인지적 문제를 가진 이들에게 새로운 희망과 치유의 길을 제공합니다.

이 교재는 음악치료의 기본 개념과 이론, 다양한 기법을 체계적으로 정리하여, 학생 및 실무자들이 실질적으로 활용할 수 있도록 구성되었습니다. 음악치료의 다양한 접근법을 소개하고, 실제 사례를 통해 이론과 실습을 연결하는 데 중점을 두었습니다.

또한 음악치료가 필요한 다양한 대상 아동, 노인, 정신적 장애를 가진 이들에게 어떻게 적용될 수 있는지에 대한 구체적인 방법도 다루고 있습니다. 이 과정에서 여러분이 음악의 힘을 통해 다른 사람들의 삶에 긍정적인 변화를 가져올 수 있기를 바랍니다.

우리는 모두 각자의 방식으로 아픔을 경험하고, 치유를 필요로 합니다. 이 교재가 여러분의 음악치료 여정에 작은 길잡이가 되기를 바라며, 음악의 아름다움과 치유의 힘을 함께 나누는 기회가 되기를 희망합니다.

2025년 4월 임영제

차례

서문   05

제 1 장
**음악치료
(音樂治療)**

1. 음악치료   12
1.1 시작하며
1.2 음악치료의 역사
1.3 음악치료의 영역
1.4 소리와 음악
1.5 음악이 가지는 기능

2. 해외 음악치료   38
2.1 유럽과 미국의 음악치료
2.2 일본의 음악치료
2.3 한국의 음악치료
2.4 음악치료사
2.5 음악치료 관련 대학에 대한 자료
2.6 외국의 음악치료사 자격증 제도

3. 음악치료의 미래   58

제 2 장
음악치료에서의 소리

1. 음의 개념   68
1.1 음파(音波)
1.2 소리의 크기 레벨
1.3 소음의 레벨과 시끄러움
1.4 청각
1.5 음색
1.6 머리 운동의 영향
1.7 거리지각에 영향을 미치는 물리적 요인
1.8 음성의 명료도

2. 음악심리학   87
2.1 음악의 지각과 인지
2.2 음악과 감정
2.3 음악에 이용되는 소리의 범위
2.4 소리가 인체에 미치는 영향
2.5 음악의 시작
2.6 BGM(Back Ground Music)의 효과

3. 음악치료에 적용되는 추천 클래식 음악   123

제1곡	베토벤 『교향곡 제9번 합창』
제2곡	보로딘 『교향곡 제1번, 2번』 『폴로베츠 사람의 춤』
제3곡	요한 스투라우스 『GALA – Walzer & Polkkas』
제4곡	시벨리우스 『핀란디아(Finlandia)』
제5곡	시벨리우스 『관현악곡』, 『타피올라』, 『슬픈 왈츠』, 『카렐리아』
제6곡	슈베르트 『마왕(魔王)』
제7곡	바그너 『발퀴네』
제8곡	베토벤 『교향곡 제5번』
제9곡	리하르트 슈트라우스 『영웅의 생애』
제10곡	바흐 『브란덴부르크 협주곡』
제11곡	라벨 『밤의 가스파르(Gaspard de la nuit)』
제12곡	슈베르트 『죽음과 소녀』
제13곡	로시니 『서곡집』
제14곡	모차르트 『피아노 협주곡 제20번』

제15곡	그리그 『피아노 협주곡』,『관현악곡』	
제16곡	쇼팽 『피아노 협주곡 1번』	
제17곡	라흐마니노프 『피아노 협주곡 제3번』	
제18곡	바흐 『골드베르크 변주곡』	
제19곡	베토벤 『바이올린 협주곡』	
제20곡	드보르자크 『교향곡 제9번(신세계로부터)』	
제21곡	차이코프스키 『교향곡 제4번』	
제22곡	베를리오즈 『환상 교향곡』	
제23곡	브람스 『교향곡 제1번』	
제24곡	차이코프스키 『백조의 호수』	
제25곡	라흐마니노프 『피아노 협주곡 제2번』	
제26곡	차이코프스키 『바이올린 협주곡』	
제27곡	모차르트 『교향곡 제40번』	
제28곡	베토벤 『피아노 소나타 8번』	

제 3 장
노인 음악치료

1. 노인의 음악치료에 있어서의 즉흥연주기법   238

1.1 기성곡 연주와 즉흥연주
1.2 즉흥연주기법 1(건강한 노인)
　　'틀에서의 이탈을 위해'
1.3 즉흥연주 기법 2(인지증 노인)
　　'틀에 머무는 능력을 유지하기 위해'
1.4 노인의 즉흥연주 기법 정리

2. 악기 활동의 실제   246

2.1 노인의 음악치료에서 사용하는 악기
2.2 악기의 조작 – 운동기능의 시점에서
2.3 악기사용에 관한 유의점

제 4 장
각 영역별 음악치료 사례

1. 아동 음악치료 사례   254

1.1 자폐성 아동을 위한 음악치료
1.2 ADHD 경향 아동을 위한 음악치료
1.3 ADD 경향 아동을 위한 음악치료

2. 특수아동을 위한 음악치료   259

2.1 자폐 범주성 장애 아동을 위한 음악치료
2.2 엔젤만 증후군(Angelman Syndrome)을 위한 음악치료
2.3 코넬리아드랑게 증후군(Cornelia De Lange Syndrome)을 위한 음악치료
2.4 프라더윌리 증후군(Prader-Willi Syndrome)을 위한 음악치료
2.5 다운증후군(Down Syndrome)을 위한 음악치료
2.6 뇌 병변장애를 위한 음악치료

3. 청소년을 위한 음악치료   281

3.1 일반청소년 대상
3.2 일반 청소년을 위한 음악치료 사례-1
3.3 일반 청소년을 위한 음악치료 사례-2
3.4 중학교에서의 음악치료 접근 시도
3.5 중학교 지적 장애반 대상

4. 성인(成人)을 위한 음악치료   303

4.1 암 환자 대상 음악치료
4.2 암 임상에서 임상심리학적 접근의 전개
4.3 암 임상에서의 예술치료의 적용 검토
4.4 말기 암 환자의 음악치료
4.5 암 환자 음악치료 프로그램
4.6 암환자 음악치료의 목적
4.7 암환자를 위한 음악치료 프로그램의 실제
4.8 암 환자를 위한 음악치료에 의한 스트레스 변화
4.9 다문화 가정 여성을 위한 음악치료
4.10 미혼모 대상 음악치료

5. 노인을 위한 음악치료   332

5.1 감각 기능
5.2 인지 기능
5.3 운동 기능
5.4 현실 소재 인식
5.5 언어와 심폐 기능
5.6 심리 정서 기능
5.7 노인 음악치료의 사례

01. 음악치료
(音樂治療)

1. 음악치료
2. 해외 음악치료
3. 음악치료의 미래

Classical music & Music Therapy

음악치료(音樂治療)

1. 음악치료

"음악"이란 소리에 의한 예술 또는 즐거움의 하나로 간주된다. 한편 "치료"란 병이나 장애의 치료방법이라는 뜻이다. 이들 두 단어가 결합된 "음악치료(Music Therapy)"에 대한 정의는 "음악"과 "치료"라는 두 개의 영역이 합쳐진 지식과 실천을 지칭하고 있다.

음악치료 Music Therapy(영), Musik Therapie(독), Musico Therapie(프)의 정의는 "음악이 가지는 생리적, 심리적, 사회적 작용을 이용해 심신 장애의 회복, 기능의 유지 개선, 생활의 질의 향상, 행동의 변용(變容) 등을 위해 음악을 의도적, 계획적으로 사용하는 것"이라고 정의하고 있다.

음악치료에 대한 미국음악치료협회의 정의는 다음과 같다.

"Music Therapy is the clinical and evidence-based use of music interventions to accomplish individualized goals within a therapeutic relationship by a credentialed professional who has completed an approved music therapy program(음악치료는 치료적인 목적, 즉 정신과 신체 건강을 복원 및 유지시키며 향상시키기 위해 음악을 사용하는 것이다. 이것은 치료적인 환경 속에서 치료 대상자의 행동을 바람직한 방향으로 변화시키기 위한 목적으로 음악치료사가 음악을 단계적으로 사용하는 것이다)."

중층적(中層的)이고 다양한 성질 때문에 음악치료에 대해 엄밀하고 절대적인 정의를 내리는 것은 매우 어려운 일이지만 대표적인 몇 가지 개념을 인용해 보기로 한다. 영국의 음악치료사이자 음악가(첼리스트)인 J. Alvin이 주장하는 음악치료의 개념은 "음악치료란, 신체적, 정신적, 정동적 실조(失調, 조화나 균형을 잃은)를 가지는 성인·아동의 치료, 복귀, 교육, 훈련에 관한 음악의 통제적(統制的) 활용이다. 음악치료는 음악의 기능으로 음악 그 자체를 목적으로 하지 않는다."라고 정의한다.

현대를 대표하는 음악치료 실천가이자 이론가인 Kenneth E. Bruscia는 다음과 말한다. "음악치료란 클라이언트가 건강을 개선, 회복, 유지하는 것에 도움을 주기 위해 음악과 그 모든 측면 – 신체적, 감정적, 지적, 사회적, 미적, 그리고 영적 – 을 치료사가 이용하는 상호 인간관계적 과정이다."

음악치료에 대한 이처럼 다양한 정의 및 개념은 음악이 가지는 많은 기능적 측면을 음악치료사가 치료적으로 적정한 인간관계 속에서 이용하는 치료 과정이라고 정의하고 있음을 알 수 있다. 즉, 다양한 음악 활동의 형태를 이용하는 가운데 음악 자체가 가지는 심신에 대한 모든 효과와 음악치료사의 진지한 태도에 의한 치료적 인간관계를 통해 장애나 병이 있는 사람들이 그 고유의 건강상의 문제에 대처하는 것을 지원하는 것이 음악치료라 말할 수 있다.

음악치료는 세션(session)이라 불리는 일련의 프로그램으로 구성되어 있다. 기본적으로 음악치료사라는 치료전문가가 주관하고 세션의 형태에 따라 집단치료와 개별치료로 나눌 수 있다. 집단치료는 합창이나 합주를 통해 타인과 협조하는 사회성을 고려한 접근이고, 개별치료는 한 명의 클라이언트에게 전문치료사가 다양한 프로그램을 실시하여 치료효과를 도출하는 접근이다.

현재, 보완대체의료(Complementary and Alternative Medicine, CAM)의 하나로서 음악치료(Music Therapy, MT)가 주목받고 있다. 이 치료에는 넓은 의미에서 레크리에이션 등을 메인으로 하는 음악건강법과 좁은 의미에서 치료의 시점을 가지는 음악치료가 있다. 세션을 통해 단순히 좋아졌다는 판단은 불충분하며 어떠한 평가법으로 개선되었는지 확인하는 Evidence(근거) 및 효과의 판정이 필요하다. 음악을 감상하는 수용적 음악치료와 노래 등의 가창(歌唱) 및 악기활동 등을 하는 능동적 음악치료로 구분된다. 대상자로는 소아나 정신질환환자, 고령자, 인지증 등이 있으며, 고령자 대상의 경우가 많고 필요성이 높다. 고령자의 경우, 인지레벨, QOL(Quality Of Life), ADL(Activities of Daily Living)의 변화를 평가하고 치료의 효과를 판정해야 한다. 최근 MT와 그 외의 CAM과의 병용이 이루어져 치료자의 입장에서도 전개(展開)할 여지가 남아 있다. 앞으로는 CAM 안에서 MT의 중요성이 늘어나 evidence-based MT 및 narrative-based MT의 양면에서 연구의 전개가 필요하다.

1.1 | 시작하며

보완대체의료가 주목을 받아 유럽과 미국 등에서는 CAM이 차차 인지되기 시작하고 있다. 미국의 국립위생연구소(NIH)에서는 연구부서가 설치되어 주요 의과대학에서도 커리큘럼에 CAM이 포함되어 있다.

CAM의 하나로 음악치료가 있으며, 현재 사회에서 많은 관심을 불러 모아 저널리즘에서도 종종 소개되고 있다. 의료복지 영역에서도 음악치료의 필요성이 점점 높아지고 있는 것은 음악치료가 많은 사람들에게 쉽게 수용되기 때문일 것이다. 음악은 누구나 좋아하므로 심신 건강에 활용이 가능하다면 바람직할 것이다. 음악치료의 영역은 폭넓고 그 수준 또한 다양하다. 전체를 파악하기 쉽도록 2가지로 구분하여 살펴보고자 한다. 하나는 넓은 의미의 음악치료로 레크리에이션 등을 주로 하는 음악건강법에 가까운 내용이다. 음악을 전공하거나 의료 전문가가 아니더라도 누구나 일상에서 스트레스 해소에 음악으로 마음을 치유하고 있는 것이다. '기분이 좋아졌다', '즐거워졌다'와 같은 기분을 느낀다면 효과가 있었다고 생각한다. 다른 하나는 치료의 시점을 가지는 좁은 의미의 음악치료이다. 음악이라는 치료를 시행하고 어떻게 변화했는지 제대로 평가할 필요가 있다. 단순히 좋아졌다는 표현으로는 불충분하고 음악치료 진단평가 등을 통해 개선되었다는 evidence(근거)나 효과를 검증해야 한다.

흔히 예술과 과학은 대립되는 존재라 생각해 왔다. 즉, Art vs Science에 해당하는 것으로서 의료 vs 의학, 환자 vs 질병, 기술 vs 지식, 암의 고지 vs 암의 진단과 같은 사례를 보면 이해하기 쉬울 것이다. 다만, 실제의 의료현장에서는 양자를 융합시켜 환자에 따라 대처할 필요가 있다.

우선 역사적인 내용부터 확인하여 보면, 그리스의 철학자 중 세 명의 유명한 철인이 존재한다. 소크라테스, 플라톤, 아리스토텔레스라는 흐름에 따라 서양철학의 기초가 구축되었다. 그 중에서 아리스토텔레스(Aristoteles, BC 384~BC322)는 인간의 생명과 문화, 예술, 과학, 음악에 대해 해석을 시도하였다. 생명이나 영혼을 그리스어로 "프시케(psyke)"라고 부르고 이 단어에서 심리학 및 정신과가 파생한다. 그는 대자연을 4층의 피라미드로 묘사하였다.

1층에는 프시케가 없는 땅·물·불·바람을, 그 위에는 프시케를 가지는 것으로서 2층에 식물, 3층에 동물)을 배치하고, 4층에는 인간으로 차례대로 쌓아 올렸다. 식물은 영양 – 생식, 동물은 감각 – 운동, 인간은 이해 – 의지라는 기능을 가져 피라미드 정점에 있는 인간의 이성이 생물진화의 궁극의 목표로 설정하였다. 또 아리스토텔레스는 모든 사상이 목적을 가지고 영위되고 있다고 생각하였다. 생물에 기능이 있고 다양성이 있는 것은 어떠한 목적이 있기 때문이라고 판단을 한 것이다. 음악과 관련해서는 마음의 카타르시스(catharsis – 정화)라는 참신한 개념을 제시하였다.

그 후 영국의 자연과학자인 다윈(Charles Robert Darwin, 1809~1882)이 등장한다. 그는 진화론을 주장하며 생물이 획득한 기능은 자연 선택의 결과로 보았다. 진화가 목적을 가지고 있지 않다고 해석하기 위해 아리스토텔레스의 개념과 대립하게 된다. 다윈은 진화론과 함께 음악과 미술, 문학과 재능, 인간의 뇌의 구조, 정신 등에 대해서도 자연 선택에 의해 설명이 가능하다고 생각하였다.

음악의 존재 의의를 생각해 보면, 무언가 특별한 목적이 있기 때문에 음악이 있는 것은 아닐 것이다. 물론 어떠한 계기에 의해 소리나 목소리, 커뮤니케이션으로부터 음악이 탄생되었다. 음악의 존재를 인식한 후 음악의 파워 및 효과가 서서히 밝혀지게 되었다고 여겨진다.

음악의 대립 축으로서 문학을 꼽을 수 있다. 사람은 다른 동물과 달리 커뮤니케이션을 해 왔다. 그 내용을 문화로 변환하여 전달하고자 하는 충동이 생기게 된다. 그 목적을 위해 문자가 발명되었고 세대를 초월하여 전달되어간다. 사람을 움직이게 하는 충동이나 욕망이야말로 사람에게 있어서의 뇌의 진화일지도 모른다.

그리스·로마 시대	중세	르네상스 시대	바로크 시대	고전~낭만주의 외	20세기	21세기
음악의 과학적 연구가 계속, 양자는 일체(一體)				음악과 과학이 분리	과학적 음악연구의 부흥	

〈표 1-1〉 음악과 과학의 관계

예술에는 회화(그림)와 음악이 있고, 과학에는 수학과 천문학이 포함되어 있는 것은 누구나 이해할 수 있을 것이다. 그러나 "예로부터, 음악은 과학이었다."라고 논하면, 이상하게 느껴질 수도 있을 것이다.

서양음악의 역사를 거슬러 올라가 보면 음악과 과학이 일체가 되어 논해지고 있었다. 음악에 대해 수학과 물리학을 이용해 과학적으로 연구하는 것이 상식이었던 시대가 18세기경까지 오랫동안 지속되었다.

그 후 음악과 과학이 분리된다. 그리고 현대는 다시 과학적 음악연구의 부흥의 시기라 말할 수 있다. 이 흐름에서 최초로 등장한 것이 피타고라스이며 그리스의 3대 철인에게도 영향을 미쳤다.

피타고라스(Pythagoras, BC 582~BC496)는 직각삼각형의 정리를 발견한 수학자로서 널리 알려져 있다. 또 그는 철학자이면서 음악가이기도 하였다. 역사상 처음으로 스스로 '철학자'라고 밝히며 "수·정수·음악 모든 것은 리듬이다."라고도 말했다고 한다. 현(絃)을 당기고 키며 소리를 내어 연구하여 우리가 현재 사용하고 있는 도레미의 음계를 발견한 것이다.

피타고라스는 다음과 같이 말했다고 한다. "천공의 우주에는 신묘한 음악이 흐르고 있는데, 보통 사람에게는 들리지 않는다. 그러나 마음이 정화되어 있으면 들린다." 그리고 직접 사람의 심신을 조화시키는 음악을 작곡해 제자에게 들려주고 마음을 맑게 하는 생활을 지도했다고 한다. 마음을 맑게 하는 것이 중요하며 마음을 없애면 마음의 조화가 찾아온다고 설명하였다. 너무나 동양적이라고 말할 수 있을 것이다. 한편 아리스토텔레스는 슬플 때에는 우는 등 울적한 감정이나 갈등을 표현해도 좋다고 설명하였다. 그때의 마음과 동조(同調)시키듯 행동하면 마음의 조화가 회복된다고 논한 것이다. 너무나 서양적인 생각이다.

이런 사고방식이 음악치료의 영역에서 수용되고 있는 "동질의 원리(Iso Principle)"로 유도되어간다. 구체적으로 영화나 연극에서 비극적인 스토리에 접하면 자신도 모르게 눈물을 흘린다. 그러나 눈물을 흘린 후에는 후련하게 느껴지지 않는가? 즉, 마음의 상태와 동질의 행동을 통해 스트레스로부터 해방되어 마음의 정화, 즉 카타르시스가 되는 것이다. 마찬가지로 음악을 듣거나 노래를 하는 경우에도 그때의 기분이나 마음의 상황에 가까운 곡(曲)을 선택하면 좋다. 반대로 기분이 다운되어 있을 때, 갑자기 쾌활한 곡을 들으면 마음은 듣고 싶지 않다고 거부해 버린다. 그 이유는 너무나 이질적이기 때문이다. 마음을 편하게 하면서 서서히 곡조를 바꿔 가는 것이 좋다.

1.2 | 음악치료의 역사

서구의 음악치료 역사는 매우 오래되었고 선사시대로까지 거슬러 올라가 논해지는 경우도 있다. 인류의 선조는 그들의 심신에 설명이 불가능한 영향력을 가지고 있는 음향이나 음악을 마력이라고 믿고 있었다. 음악은 종교적·치료적 의식 속에서

병든 자에게서 악령을 쫓아내고 혹은 신을 달래기 위해 왕성히 이용되었다고 한다. 사실 어떤 종류의 음악은 환자나 그 가족의 불안을 진정시키거나 용기를 불어 넣어 주기도 했을 것이다.

고대 이집트(기원전 500년경)의 승려나 의사들은 음악을 영혼의 치료약으로 삼아 영창(詠唱) 활동을 의료 속에 도입했다고 한다.

고대 그리스의 철학자들은 음악에는 "정동(情動)을 발산시키는 카타르시스 효과가 있다"(Aristoteles), "영혼의 약이다"(Platon) 등이라고 생각하였다.

중세가 되면, 기독교 사제는 환자와 신을 이어주는 매체가 되어 음악을 이용한 의식을 거행하였다. 그 무렵, 남이탈리아의 농촌에서는 집단무용병(tarantism)이라는 일종의 병적 흥분상태의 전염이 있어 그 치료에는 음악이 유효하여 악단이 마을들을 순회했다고 한다.

서구 르네상스 시기에는 의학에 있어 합리적인 대처가 개시되었고, 18세기 후반에는 자연과학적 의료에 의해 음악은 의료 현장에서 멀어지게 되었다. 그러나 음악의 효용에 대한 연구는 당시부터 19세기에 걸쳐 이미 나타나게 된다.

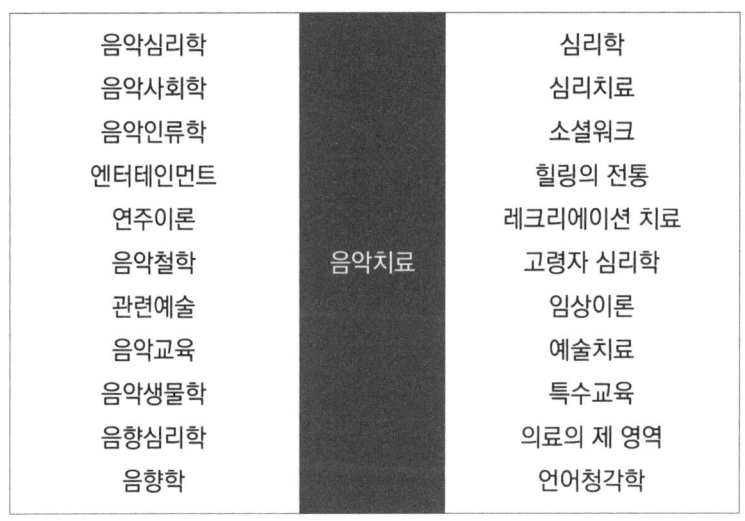

〈표 1-2〉 음악치료에 관련된 학문 영역(Bruscia 2001)

1.3 | 음악치료의 영역

"음악치료"라는 단어가 나왔을 때, 그것이 '넓은 의미'에서 이용되는 경우와 '좁은 의미(또는 엄밀한 의미)'에서 사용되는 경우가 있다.

잠이 오지 않을 때 좋아하는 음악을 들으며 잠이 들면 숙면할 수 있고, 짜증날 때 노래방에서 발산하기도 하고 언뜻 귓가에 들린 음악에 힐링된 기분이 든다. 이들은 사람들이 자연스럽게 하고 있는 '음악을 심신의 건강증진에 도움이 되게 하는 행위'이다. 이것은 넓은 의미에서의 음악치료, 이른바 "캐주얼(casual) 한 음악치료"라고 부를 수 있을 것이다. '캐주얼 한 음악치료'로 건강을 회복시킬 수 있는 사람은 그것으로 충분하지만 그것이 어려운 경우도 있다.

인지증, 지적장애, 발달장애 그 외의 질병이나 장애, 자신의 힘만으로는 해결할 수 없는 마음속 고민 등과 같이 심신의 건강이 현저하게 손상된 상태인 경우 '캐주얼'한 접근으로는 회복이 어렵다. 그와 같은 심각한 건강 문제를 겪고 있는 사람들에 대해서도 전문적인 방안을 마련해 음악을 사용하면 건강의 유지·증진·회복을 달성할 수 있다. 이것이 좁은 의미에서의 음악치료, 즉 "포멀(formal)한 음악치료"이다.

음악치료는 "음악이 가지는 생리적, 심리적, 사회적 작용을 이용해 심신 장애의 회복, 기능의 유지개선, 생활의 질의 향상, 행동의 수용 등을 위해 음악을 의도적, 계획적으로 사용하는 것"이라고 정의할 수 있다.

포멀한 음악요법이 성립하기 위해서는 어떠한 조건이 필요할까? 그 조건에 대해 세계 각국의 음악치료 단체 및 음악치료 연구자들이 다양한 의견을 말하고 있는데, 그들에게 공통되는 요소는 다음의 다섯 가지 조건이다.

① 누가? – 전문적인 훈련을 받은 전문가(음악치료사)가 실시한다.
② 누구에게? – 특정 대상에게(불특정 다수를 대상으로 실시하는 것은 아니다)
③ 무엇을 위해? – 건강에 관한 요구를 만족시키고, 대상자의 상태를 좋은 방향으로 변화시키기 위해
④ 어떻게? – 계획적·계통적(系統的)으로

⑤ 무엇을 이용하는가? – 음악을 이용한다.

음악치료가 해당하는 영역은 매우 폭넓다. 그 목적으로서 주요 내용은 다음과 같다.
① 심신의 건강 확보와 질병이나 장애의 예방
② 심신의 건강증진 및 건강의 창조
③ 질병이나 장애의 치료
④ 심신의 기능 개선
⑤ 클라이언트의 QOL 향상
⑥ 말기 의료 현장에서의 응용 등

레크리에이션적으로 넓은 의미에서 이용하는 경우도 있다면 치료의 하나로서 좁은 의미로 사용하는 경우도 볼 수 있다. 치료라는 관점에서 분류를 하면 다음과 같다.
① 스트레스 · 케어
② 항상성(homeostasis)의 회복
③ 자연치유력의 촉진
④ 동통(疼痛) 완화
⑤ 긴장 완화
⑥ 면역 · 방어력의 증진
⑦ 교육효과의 도움
⑧ 정서 · 정신의 안정
⑨ 치료관계의 제공

또 장소라는 단면에서 본 분류도 가능하다.
① 통증 클리닉
② 태교 · 출산
③ 치과치료

④ 투석치료
⑤ 재활(再活)
⑥ 심신장애의 치료교육
⑦ 노인의료
⑧ 터미널 케어(terminal care)
⑨ 병원 내의 보다 나은 환경의 제공

이상과 같이 치료 기술에 활용할 수 있는 것은 음악만이 가지는 특성에 따른다. 그 특성을 다음과 같이 나타낼 수 있다.
① 음악은 지적 과정을 두지 않고 직접 감정에 작용한다.
② 음악활동은 자기애적 만족을 가져오기 쉽다.
③ 음악은 인간의 미적 감각을 만족시킨다.
④ 음악은 발산적이고 감정이 발산하는 방법을 제공한다.
⑤ 음악은 신체적 운동을 유발한다.
⑥ 음악은 커뮤니케이션이다.
⑦ 음악은 일정한 법칙으로 구조화 되어 있다.
⑧ 음악에는 다양성이 있고 적용범위가 넓다.
⑨ 음악 활동에는 다양성이 있고 적용범위가 넓다.
⑩ 집단 음악 활동에서는 사회성이 요구된다.

음악치료의 전체 구성을 아래 표에 정리하였다. 접근법으로서 Schwabe. C. H는 2종류로 구분하고 있다.

1) 수용적 음악치료(receptive music therapy)

음악감상을 통해 정서·행동의 변용을 목적으로 하는 음악치료의 방법이다. 심신의 안정과 다양한 기능회복을 지향한다. 음악감상에 의한 다양한 효과가 연구되고 있다. 자신이 좋아하는 음악을 선택하는 경우 그 종류에 상관없이 대체로 신체의 긴장이 줄고 신체 표면의 모세혈관이 확장되어 피부의 온도가 올라간다고 한다. 의료나 복지현장에서 위중한 상태를 가지는 사람에게는 깊은 감정적 안정과 통찰을 제공한다.

2) 능동적 음악치료(active music therapy)

성악, 기악, 즉흥연주 등 내담자와 함께 음악을 연주하는 방식으로 수용적 음악치료에 비해 다양한 개선이나 향상이 기대된다. 다양한 연주 형태를 통해 창의성과 자기 인식을 증진시키는데 효과가 있다. 이를 정리하면 다음 〈표 1-3〉과 같다.

치료접근 방법	수용적 음악치료 (Receptive Music Therapy)	능동적 음악치료 (Active Music Therapy)
정의	• 클라이언트가 음악을 듣고 감상하는 방식으로 진행	• 클라이언트가 직접 음악을 만들고 연주하는 방식으로 진행
목적	• 정서적 안정 • 스트레스 감소 • 통증 완화 등	• 자기표현 • 사회적 상호작용 • 인지기능 향상 등
구성요소	• 음악감상 : 다양한 장르의 음악을 듣고 감상하는 활동 • 반응 : 음악에 대한 감정이나 생각을 표현(예 : 미술, 대화) • 이완기법 : 음악을 활용한 이완 및 명상 기법	• 즉흥연주 : 악기를 사용하여 즉흥적으로 음악을 만드는 활동 • 노래활동 : 가창, 가사를 창작하는 활동 • 작곡 : 개인의 감정이나 경험을 바탕으로 곡을 만드는 과정

〈표 1-3〉 음악치료의 치료적 접근방법

1.4 | 소리와 음악

'소리'의 정의는 알기 쉽다. 소리는 자연에 존재하고 있고 물리적, 자연과학적인 사물이자 과정이다. 소리는 물질의 진동으로 전해지며, 공기의 분자의 진동(음파)을 이용해 전해져간다. 순수하게 물리학적인 존재라 말할 수 있다.

한편 "음악"을 정의하는 것은 어렵다. 음악사전을 봐도 명확한 음악의 정의는 없어 "소리에 의한 예술, 박자·마디·음색·화성 등에 기반한 여러 형식으로 구성된 곡을 연주하는 것"이라고 정의하고 있다. 음악은 인간의 사회에 존재하고 있고 문화적, 사회과학적인 사물이자 과정이기도 하다. 이상으로부터 음악이란 자연과학 및 사회과학의 양자 간에 존재하고 있다.

예전부터 음악이 건강에 플러스가 되는 에피소드가 소개되고 있다. 고대 이집트인은 음악을 "영혼의 의사"라고 부르고, 고대 그리스에서는 곡의 선율이나 악기의 선율이 인간의 정서나 영혼을 흥분·도취·평정·안정을 가져온다고 믿고 있었다. 역사적으로 유명한 사람으로는 이집트의 임호테프(Imhotep), 그리스의 아스클레피오스(Asklepios), 히포크라테스(Hippokrates), 가렌(Garen) 등 의학의 창시자들이 스포츠 및 놀이, 승마, 농경작, 노동 등과 마찬가지로 심신의 조화를 위해 음악을 처방했다고 한다.

소리와 음악에 대해서는 제2장에서 상세하게 다루고자 한다.

"음악치료"는 '건강에 관한 요구'에 따른 실천이고, 음악교육은 '음악의 지식이나 기술, 음악성의 향상'을 목표로 하는 실천이다. 그러므로 지금까지 이 양자는 '다른 일'로 여겨져 왔다. 물론 양자가 각각 무엇인지 "정의"를 해서 구별하는 것은 가능하다. 전문영역을 확립하는데 있어 이러한 '선긋기'는 필요한 면도 있지만 양자의 '차이'보다도 '공통성' 또는 '연속성'에 더 중심이 있다.

어떠한 음악교육에서도 학습자가 배우는 경험을 통해 보다 조화롭고 넉넉한 인격이 되는 것을 지향하고 있기 때문에 "넓은 의미에서는 '음악치료의 목적'과 '음악교육의 목적'은 공통하고 있다"라고도 말할 수 있을 것이다.

음악교육은 음악의 지식·기술을 배우는 것으로 '배우는 사람'의 음악성이 높아지는 것(청취·가창·연주의 기술, 음악의 지식, 음악에 관한 심미안의 향상)을 목표로 하는 것이 일반적이다.

이는 "음악'을' 가르치는" 것을 목적으로 한 대처이다.

단, 음악은 '음악 이외의 학습'에도 유용한 것이다. 예를 들면, 초등학교의 학급에서 '아이끼리 친해지거나 잘 사귀는 연습을 목적으로 한 음악을 이용한 게임'을 실시했다고 한다면, 그것은 '아이의 커뮤니케이션·스킬과 사회성을 키우기 위해 음악을 이용한' 것이 된다. 이러한 대처는 음악교육이면서 음악 이외의 목적의 달성을 목표로 하는 대처, 즉 "음악'으로' 가르치는 실천"이다. 이 "음악'으로' 가르친다"는 관점은 음악치료와 겹치는 부분이다.

〈사진 1-1〉 교육적 측면에서의 음악치료활용(1)

음악치료는 기본적으로 "음악'으로' 대상자가 좋은 방향으로 변화하는 것"을 목표로 하는 것인데, 음악치료 안에서 "음악'을' 가르치는" 경우도 있다. 전형적인 것은 대상자에게 '여가 스킬'로서의 '음악기술'을 전수하는 경우이다.

여가를 즐기기 위해서는 그 전제가 되는 '기술'이 필요하다. 예를 들어, 취미로서 피아노를 독학으로 칠 수 있게 되기 위해서는 악보를 읽을 수 있고(음표가 어느 음, 어느 건반을 가리키는지 이해할 수 있는 기술), 참고서를 읽고(글자를 읽을 수 있고, 이해할 수 있는 기술이 필요), 양손으로 다른 움직임을 하는 것(섬세하게 손가락의 움직임을 컨트롤 하는 운동 기술)이 필요하다.

장애를 가진 아이의 경우 음악을 좋아하고 취미로 연주를 즐기고 싶어도 어느 정도 기술에 제약이 있으면 그것은 어렵다.

음악을 즐기는데 있어서, 그 기초가 되는 기술에 제약이 있는 사람들을 위해 음악치료사는 개개의 대상자의 특징에 맞춘 '연주 기술을 지도'를 하는 경우가 있다. 이 분야에서는 음악치료사에 의한 훌륭한 연구가 다수 발표되고 있다.

음악치료와 음악교육은 다른 전문영역으로 여겨져 왔지만 사실은 상호 연속성이 있다. '음악치료의 지견'을 음악교육에, '음악교육의 지견'을 음악치료에 각각 활용하는 것이 앞으로 확대되어 갈 것이다.

〈사진 1-2〉 교육적 측면에서의 음악치료활용(2)

우리나라에서의 교육적 측면에서의 음악치료 활용의 사례는 주로 교육공간에서 이루어지며 이는 음악치료의 하나의 단편이라 할 수 있다.

1.5 | 음악이 가지는 기능

생리적 기능, 심리적 기능, 사회적 기능, 행동적 기능, 윤리적 기능 등 음악이 생체에 미치는 영향은 여러 방면에 걸친다.

1) 음악의 생리적 기능

신체면에 대한 영향으로는 스트레스 완화를 시사하는 데이터가 많다. 24명의 남자 대학생에게 15분간 심리적 스트레스 자극을 주고 그 전후의 타액 중 코르티솔(cortisol)을 측정한 결과 음악청취 팀의 코르티솔 값은 단순한 안정 팀보다 유의하게 낮은 값을 나타내었다.

건강한 피험자 10명(남녀 각 5명, 평균 연령 22.9세)에게 힐링뮤직을 15분간 들려주고 그 전후의 혈중 스트레스 호르몬을 측정한 결과 ACTH, 코르티솔, 크로모그래닌(chromogranin)A의 유의한 낮은 값을 확인하였다.

평균연령 78.6세의 인지증, 뇌혈관 장애후유증 등의 남녀 고령자 19케이스에 대해 매주 1회 1시간, 12주에 걸쳐 활동적 음악요법을 시행한 결과 NK세포 활성이 시행 후 유의하게 증가하였다. 이와 유사한 보고는 국내외에 많이 보고되고 있다. 즉, 음악청취에 의해 생체의 스트레스 관련 물질은 스트레스 완화의 방향으로 전환한다고 말할 수 있다.

2) 심리적 기능

심리 테스트와의 관계에 관한 연구는 많다. Profile of Mood States (POMS)와의 관계에서는 건강한 여학생 31명을 대상으로 음악청취(지정곡 및 기호곡)를 시도하고 그 전후에 이루어진 POMS 각 척도의 대비(對比)에서는 청취 후 긴장—불안, 억울 – 침체, 분노 – 적의, 피로, 혼란은 유의하게 저하되고 활기는 유의하게 상승하였다.

Tokyo University Egogram(TEG)와의 관계에서는 정상인 664명(남성 207명, 여성 457명, 평균연령 26.1세)에게 선호하는 음악을 들려주고 그 전후의 자아상태를 비교한 결과 청취 후에 유의하게 CP(Critical Parent)의 저하, NP(Nurturing Parent)·A(Adult)·FC(Free Child)의 상승을 볼 수 있었다.

또 자기평가 건강수준(Self-rating Depression Scale: SDS)과의 관련에서는 난치성 이명·어지러움을 주된 증상으로 하는 심신증 환자 20명에게 18~30분간 동일 프로그램에 의한 음악청취를 시도하여 유효했던 12명 중 7명이 유효하다고 확인된 후에도 SDS 평가에서 우울병 범위에 있다고 판단되었는데, 한편 무효 8명의 경우에서는 6명이 여전히 우울병 범위에 머물고 있었다. 이들 보고에서 음악청취는 심리테스트 상, 스트레스나 억울한 상태의 경감을 가져온다고 판단된다.

3) 그 외의 기능

음악의 사회적 기능으로써 자폐적인 환자와 치료자와의 사이에 인간적 교류가 생기거나 집단요법에서는 참가자 전원의 교류가 이루어져 화목이 유지되어 연계가 깊어지는 등이 있다. 치료의 현장은 아니지만 국가 제창에 있어서 연대감 등은 그 단적인 예일 것이다.

행동적 기능에서는 음악의 행동 변용 효과가 확인되고 있고, 뇌혈관장애 환자의 편마비 혹은 파킨슨병 환자의 보행 장애의 개선 등이 잘 알려져 있다. 또 윤리적 기능은 성가(聖歌) 혹은 찬미가가 마음에 미치는 정숙한 감동을 생각하면 누구나 이해할 수 있을 것이다.

4) 어떤 음악이 좋을까

환자가 현재 선호하는 음악이 가장 좋다. 그러나 반드시 환자가 선호하는 곡을 자각하고 있는 것은 아니다.

이 경우는 도입 기법으로써 현재 환자의 기분과 템포가 일치하는 곡을 고른다. 이는 동질의 원리라고 하며 음악요법의 기본적인 이념이다. 환자의 감정에 동조하는 음악이 환자의 심리에 영향을 주어 치료적 효과를 가져온다고 보고 있다. 임상적으로는 안정적이지 못하고 초조해하는 환자에게는 격한 템포의 빠른 곡을, 우울한 기분이라면 느린 템포의 부드러운 곡을, 불안 상태일 때는 경쾌하고 리드미컬한 음악을 사용한다.

이와 같은 시점에서의 대표적인 음악 처방을 아래 표에 나타내었다. 치료에 익숙해질수록 환자가 원하는 음악을 청취하는 것이 좋다. 환자가 그 곡에 싫증났을 때에는 주저하지 말고 새로운 곡을 다시 고른다.

상 태	음 악
불안 상태	위령미사곡(베르디), 레퀴엠(모차르트), 피아노 협주곡 제2번(라흐마니노프), 교향곡 제2번(보로딘)
우울 상태	교향곡 제6번 『비창』(차이코프스키), 셰에라자드(림스키 코르사코프), 핀란디아(시벨리우스), 피아노 소나타 제2번 『장송』(쇼팽), 헝가리 광시곡 제2번(리스트)

조바심, 초조감	치고이너바이젠(사라사테), 교향곡 제4번 『이탈리아』(멘델스존), 폴카 『천둥과 번개』(요한 슈트라우스)
심신 피로	보칼리즈(라흐마니노프), 죽은 왕녀를 위한 파반느(라벨), 페르귄트 『아침』(그리그), 바이올린 협주곡(베토벤), G선상의 아리아(바흐), 협주곡 『사계』(비발디), 교향시 『몰다우』(스메타나)
고혈압증	피아노 소나타 제8번(베토벤), 사중주곡 제1번(브람스)
위장증상	왈츠(라벨), 피아노 소나타 제7번(베토벤)

〈표 1-4〉 음악 처방(處方)-1

효과	음악
스트레스 해소	• Robert Alexander Schumann : Symphony No.3 in E-major(라인) • Johannes Brahms : Violin Concerto • Maurice Joseph Ravel : 물의 유희(Jeux d'eau)
불안 진정	• Johann Sebastian Bach : Tocata와 Fugue in C-Major, 환상곡과 Fugue in G-Major, 미사곡 b-minor • Wolfgang Amadeus Mozart : String Quartet(불협화음), 레퀴엠, 소나타 • Ludwig van Beethoven : 장엄미사곡 D-Major, 교향곡 8, 9번 • Franz Peter Schubert : 물레질하는 그레텔 • Jakob Ludwig Felix Mendelssohn-Bartholdy : Symphony(종교개혁) • Fryderyk Franciszek Chopin : 스케르쪼 No.1 in b-minor • Giuseppe Fortunino Francesco Verdi : 레퀴엠 • Camille Saint Saens : 교향시(죽음의 문답) • Camille Saint Saens : Piano Concerto 2번
우울 완화	• Pyotr Il'yich Tchaikovsky : 우울한 세레나데, 비창 • Wolfgang Amadeus Mozart : Symphony No.40 in g-minor, Piano Concerto No.20 in d-minor • Franz Peter Schubert : String Quartet No.14(죽음과 소녀) in D-minor • Franz von Liszt : 헝가리 광시곡 No.2 in c-minor • Johannes Brahms : Violin Sonata No.3 in d-minor, 대학 축전서곡 • Pyotr Il'yich Tchaikovsky : Symphony No.4 in f-major

우울 완화	• Johan Julius Christian Sibelius : Symphony No.2 in D-Major, 슬픈 왈츠 • Johann Sebastian Bach의 Brandenburg 협주곡 • Bela Bartok : 헝가리 민요 • Franz Joseph Haydn : 천지 창조
명랑하고 경쾌해지는 음악	• Johann Sebastian Bach : 이탈리아 Concert in F-Major • Wolfgang Amadeus Mozart : 봄의 동경, Symphony No.35(하프너) in D-Major K 385 • Ludwig van Beethoven : Violin Sonata No.5 (봄) in F-Major, Symphony No.8 in F-Major • Franz Peter Schubert : 악흥의 한때

〈표 1-5〉 음악 처방(處方)-2

좋아하는 음악이나 현재 듣고 싶은 음악은 자신의 심신 상태에 호응하고 있는 음악이라 말할 수 있고, 앞에서도 언급한 기분과 동질의 음악을 듣는 것이 기분의 개방에 유효하다는 것을 나타내는 '동질의 원리'가 가장 잘 작용하는 상태를 가져와 준다고 생각된다. 좋아하는 음악을 듣거나 노래를 부르거나 하는 것은 우리에게 유쾌한 감정을 가져오고 마음이나 신체에도 바람직한 반응을 만들어준다는 것은 틀림없는 사실일 것이다.

많은 사람들이 좋아하는 음악의 예시는 다음과 같다.

《My Way》
노래 프랭크 시나트라(Francis Albert Sinatra), 작사는 폴 앵카(Paul Anka), 작곡은 클로드 프랑수아(Claude François), 자크 르부(Jacques Revaux).

1969년. 많은 가수들에 의해 커버되었고 커버된 횟수가 사상 제2위(제1위는 비틀즈의 'Yesterday')라고 한다.

《Gonna Fly Now》
〈록키(Rocky)〉의 테마곡, Bill Conti 작곡. 록키는 1976년의 미국 영화로 주연·

각본은 실베스터 스탤론(Sylvester Stallone). 아카데미상 10개 부분에 노미네이트 되어 최우수 작품상에 빛나는 명작이다. 트레이닝 및 러닝 장면이 음악과 함께 떠올라 영화를 본 학생시절 이래, 40년간이나 활력의 원천이 되어준다.

《Let it be》

1970년 비틀즈(The Beatles)의 폴 매카트니(Paul McCartney)가 작사·작곡. 비틀즈의 대표곡 중 하나이다.

《멘델스존 바이올린 협주곡 마단조 작품 64》

멘델스존이 1844년에 작곡한 바이올린과 관현악단을 위한 협주곡.

온화한 정서와 아름다운 선율로 멘델스존 뿐만 아니라 독일·낭만파 음악을 대표하는 명작으로 본 작품은 베토벤의 작품 61, 브람스의 작품 77과 더불어 3대 바이올린 협주곡이라 칭해진다.

《You Raise Me Up》

2002년, 아일랜드/노르웨이의 뮤지션 시크릿 가든의 악곡.

아일랜드의 여성 그룹 켈틱 우먼(Celtic Woman)의 곡이 매우 유명하다. 힘들 때는 누구나 경험이 있을 것이다. 그럴 때 당신을 응원해 주는 누군가의 존재가 당신을 더욱 강하게 만들어준다. 그리고 강해졌을 때에는 이번에는 당신 자신이 격려해 줄 수 있는 존재가 되어 주길 바란다. 그런 가사이다.

《베토벤 교향곡 제9번 라단조 작품 125 『합창』》

1824년, 베토벤의 9번째의 마지막 교향곡.

베토벤이 실러(Johann Christoph Friedrich von Schiller)의 시 '환희에 부침'에 몹시 감동하여 곡을 붙여야겠다고 마음먹은 작품으로 알려져 있다.

《리스트 라 캄파넬라》

초인적인 기법으로 유명한 바이올린의 명수 파가니니에 의한 바이올린 협주곡을 원곡으로 리스트가 피아노 연주용으로 편곡한 「파가니니 대연습곡」 중 한 곡.

'캄파넬라'는 '종'을 의미한다. 그 종의 소리는 파가니니의 원곡보다도 훨씬 더 선명하고 특히 고음부의 음색은 비할 데 없을 정도로 눈부시다고 호평을 받고 있다. 여러 피아노곡 중에서도 가장 매력을 느끼는 곡 중 하나이다.

《차이코프스키 피아노 협주곡 제1번 내림나단조 작품 23》

차이코프스키는 평생 피아노 협주곡을 3작품 쓰고 있고, 이 제1번은 그들 중에서도 가장 자주 연주되는 곡으로 1874년 11월에서 12월 약 1개월 만에 만들어졌다고 알려져 있다. 차이코프스키는 이 곡의 완성에 매우 고심했다고 하며 그의 남동생에게 쓴 편지에서 "이 일은 좀처럼 진척되지 않아 내가 쓰지 못할 것 같은 느낌이 든다. 나는 머리를 짜내며 생각하고 있다."라고 썼다고 한다. 그만큼 피아노 독주 부분뿐만 아니라 관현악과의 주고받음도 훌륭하고 기교적인 악조건을 극복하여 전 세계의 일류 피아니스트가 서로 앞다투어 연주하는 곡목이 되고 있다.

《라흐마니노프 피아노 협주곡 제2번 다단조 작품 18》

라흐마니노프는 다양한 분야의 작품을 쓰고 있는데, 그 중에서도 걸작 중 하나가 피아노 협주곡이라고 평가되고 있다. 그는 평생 4개의 피아노 협주곡을 쓰고, 이 제2번은 1901년에 완성하였다.

어느 것이나 다 화려하고 풍부한 선율과 사색적인 깊이가 있고 그것을 관철하는 "농후한 러시아적 색채"라 표현되는 독자적인 음악성이 느껴지는 곡으로 완성되어 있는데, 그 중에서도 특히 2번은 그 특징이 잘 드러나고 있다고 느껴진다.

《불가리아 민요》

Bulgarian Voices라 불리고 있는 동유럽 불가리아 지방에 옛날부터 전해져 오는 여성 합창이다. 아카펠라(무반주)로 노래되는 경우가 거의 대부분으로 타고난 목소리와 같은 박력 있는 발성법에 특징이 있다. 또 서양음악에 이용되는 화음의 구성과 달리 독특한 불협화음이 많이 이용되고 있다.

《그레고리오 성가(Gregorian chant)》

'그레고리오 성가'는 듣고 진정되는 음악 중 하나이다. 천년 이상 이전의 옛날부터 수도원에서 미사 시에 노래되어 온 음악이다. 하나의 소리를 복수의 사람의 목소리로 제창하는 선법(旋法)이 이용되고 리듬도 없다.

《비너스(Bananarama)》

1969년에 네덜란드의 락그룹 쇼킹 블루(Shocking Blue)가 노래하고, 1986년에 영국의 팝그룹 Bananarama가 커버한 곡이다.

《Time To Say Goodbye(사라 브라이트만)》

원래는 이탈리아의 테너가수 안드레아 보첼리에 의해 노래된 가곡 『Con Te Partirò』로 그것을 다음 해, 영국의 소프라노 가수 사라 브라이트만의 요청으로 영어 버전의 듀엣곡으로 발표된 곡이다. 원곡이 이탈리아 가곡으로 강력하면서 개방적인 곡조였는데, 그것을 더욱 느긋하고 박력 있는 미성으로 부른 이 곡은 압권이라고 밖에 말할 수 없으며 가사를 통해 희망이 느껴지는 기분을 준다.

5) 음악치료와 통증

통증이란 어느 정도의 범위에 미치는 것일까? 어느 정도 불쾌한 것일까? 이런 것을 생각해 보면, 우리가 통증에 대해 거의 아무것도 모른다는 사실에 깜짝 놀란다. 통증은 물체가 아니라 지각이다. 비슷하게 다쳐도 그때의 분주함이나 기분 등과 같은 다양한 요인이 서로 뒤얽혀 사람에 따라 느끼는 통증의 레벨은 크게 달라진다.

다행히도 통증은 구체적인 무언가가 아니라 지각 - 즉 감정 - 이기 때문에 음악에는 그 영향을 약화시키는 힘이 있다. 지금까지 살펴본 바와 같이, 음악에는 스트레스를 줄이고 긴장감을 완화시키며 기분을 개선하고 집중력을 높이는 효과가 있어,

그 모든 요소가 통증을 느끼는 정도를 완화시키는 데 도움이 된다. 더불어 뇌는 음악을 방해가 되는 것(예를 들면, 위험에 빠진 아이가 시야에 들어오는 것)으로서 처리하려 하기 때문에 그 과정이 "이런! 아파!"라는 시그널을 방해해 준다. 지금까지의 연구를 통해 음악에는 치아 치료 시에 통증이나 두통과 같은 일시적인 통증의 완화에 큰 효과가 있다는 것이 증명되어 왔다. 특히, 곡과 음량을 환자가 선택했을 때에는 효과가 나타나기 쉽다. 흥미롭게도 더 큰 효과를 발휘하는 것은 음악에 통증을 완화시키는 작용이 있다고 환자에게 알려주었을 때라고 한다. 요컨대, 환자가 통증의 일부를 스스로 조절할 수 있다고 믿으면 그 생각 자체가 통증을 완화하는 데 도움이 된다는 것이다.

통증에 대한 음악의 영향에 대해 조사한 어느 연구에서는 냉수에 양손을 담근 참가자에게 다른 음악을 들려주고 한계까지 참도록 하는 실험이 진행되었다. 실험 중에 듣는 음악을 직접 선택한 참가자는 백색잡음(화이트노이즈) (역주 / 불규칙한 주파수의 소리가 포함된 잡음. TV의 스노 노이즈(snow noise)가 대표적인 예)나 적당하게 선택된 릴랙세이션 음악을 들은 참가자보다도 더 오랫동안 냉수에 양손을 담글 수 있었다. 여기서도 역시, 음악을 선택함으로써 상황을 컨트롤하고 있다는 감각이 강해져 그것이 도움이 되어 참가자는 더 오랫동안 통증을 참을 수 있는 것이다. 또 음악을 직접 고른 여성 피험자에게는 통증 자체도 약해진다고 느끼는 경향이 있었다. 남성은 더 오랫동안 통증을 견딜 수는 있지만 통증을 느끼는 정도에는 변화가 없었다.

6) 음악과 언어치료

음악에 의한 기억의 트릭은 뇌졸중이나 뇌장애로 인해 말을 잃은 환자를 돕기 위해 사용되는 경우가 있다.

올리버 색스(Oliver Sacks)에 의한 명저 『뮤지코필리아(Musicophilia) - 뇌신경과 의사와 음악에 홀린 사람들』 안에서는 뇌졸중으로 인해 말하는 능력 모두를 잃은 Samuel. S라는 환자의 사례가 소개되어 있다. 다른 사람이 하는 말은 이해할 수 있지만, 2년에 걸쳐 언어치료를 받은 후에도 사무엘은 한 단어를 발음하는 것조차 되지 않는 상태였다.

그의 뇌는 발성기관이 말을 만들어내는 구조를 완전히 상실해 버린 상태였다. 더 이상 가망이 없다고 생각하던 어느 날, 사무엘이 《Ol' Man River》의 단편을 부르고 있는 것이 음악치료사의 귀에 들렸다. 여전히 말은 하지 못하고 노래를 부른 것도 두세 음절뿐이었지만 그것이 돌파구가 되었다.

그 후 음악치료사가 정기적으로 노래 레슨을 시작하자 사무엘이 기억하던 다른 곡을 몇 가지 노래할 수 있게 되었다. 노래를 하는 것이 계기가 되어 그는 말하는 능력을 조금씩 되찾아 갔다. 그리고 2개월이 채 지나지 않아 사무엘은 짧지만 질문에 명확하게 대답할 수 있게 되었다. 예를 들면, 주말은 어떻게 보냈는지 물어보면 '즐거웠다', '자식과 만났다' 등으로 대답할 수 있는 상태까지 되었다. 이와 같이 통상적인 언어치료에서는 효과가 없었던 환자라 하더라도 음악이 도움이 되는 사례는 많다.

〈사진 1-3〉 음악을 이용한 언어치료 사례

7) 음악치료, 혈압, 심장발작

관상동맥 심장질환은 미국이나 영국을 포함하는 많은 나라에서 주요 사인이 되고 있다. 장기에 걸친 스트레스가 서서히 혈압을 올려 고혈압 증상을 일으키고, 그 결과 심장병이나 심장발작을 발병한다는 것이 이 질환의 특징이다.

지금까지의 연구를 통해 일반적인 통상의 환자 케어와 음악요법(릴랙세이션이나 시각 이미지의 유도)을 조합하면 혈압, 불안 레벨, 전반적인 건강상태에 두드러지는 개선을 볼 수 있다는 것이 확인되고 있다.

Suzanne Hanser는 다음과 같이 설명한다. "심장질환을 앓고 있는 사람들이 음악에 심박수나 혈압을 바꾸는 힘이 있다는 것을 알면, 지금까지 이상으로 생활 속의 스트레스를 컨트롤 할 수 있게 되었다."

여기서 크게 도움이 되는 것이 혈압과 심박수를 간단히 측정할 수 있는 바이오피드백기기이다. 마음에 드는 차분한 음악을 듣는 것만으로 기기에 표시되는 심박수와 혈압의 수치는 조금씩 내려간다. 그 수치를 보는 것이 자신을 안정시키는 훈련이 된다.

8) 음악치료와 파킨슨병

파킨슨병의 주요 증상 중 하나는 흘음(吃音 ; 말더듬)과 같이 몸의 움직임이 토막 토막이 되는 것이다. 말을 더듬는 사람도 노래를 부르는 중에는 증상이 진정되는 경우가 많다는 사실은 잘 알려져 있다. 마찬가지로, 음악은 파킨슨병 특유의 움직임을 해소·경감시킬 수 있다.

〈사진 1-4〉 음악을 이용한 언어치료 사례

이 점에 대해서 올리버 색스는 다음과 같이 설명한다. 파킨슨병의 비유창성은(흘음과 마찬가지로) '적절한' 종류의 음악이라면, 그리듬이나 흐름에 잘 반응하는 경우가 있고 그 적절한 종류는 환자에 따라 다르다. '적절한' 종류의 음악의 대부분은 명확한 비트를 가지는 케이스가 많은데, 그것이 너무 위압적이면 환자는 그 소리의 노예가 되어 지배당해 버린다.

통상적으로 음악이 가져오는 긍정적인 효과는 곡의 마무리와 함께 끝이 난다. 따라서 현대의 휴대용 음악 플레이어의 보급은 파킨슨병 환자들에게 있어 큰 도움이 되어 왔다.

9) 음악, 건강 전반, 수면

음악에는 스트레스를 경감시키는 효과가 있어 그것이 사람의 면역 시스템 전체에 영향을 준다. 예를 들면, 복수의 연구를 통해 음악에는 타액 속의 면역 글로불린(globulin) A항체의 양을 늘려주는 효과가 있다는 사실이 확인되고 있다. 이 항체는 호흡기계를 감염으로부터 보호하는 능력을 측정하기 위한 기준이 되는 면역물질이다.

심리학자인 Shabbir A. Rana는 또 심리적 건강상태를 조사하기 위해 각국에서 사용되는 정신건강조사표(GHQ)의 점수와 인간이 음악을 듣는 시간 수에 직접적인 관계가 있다는 것을 밝혀냈다.

우리들 대부분이 몸소 알고 있는 것처럼 양질의 수면을 충분히 취하는 것은 생활의 질에 큰 영향을 준다. 수면장애는 피로, 불안, 기분 침체로 이어져 하루의 육체적·정신적 활동의 질을 악화시킨다.

수면제도 유익하기는 하지만 매일매일의 생활에 나쁜 영향을 미쳐 버린다. 다행히 릴랙스(안정) 효과가 있는 음악을 잘 때 트는 것만으로 대부분의 사람의 수면장애가 완화된다는 사실이 연구를 통해 증명되어왔다. 마음을 진정시키는 음악에는 스트레스·호르몬의 일종인 노르아드레날린(noradrenalin)의 분비량을 줄이는 효과가 있으며, 그것을 통해 경계·각성 레벨이 낮아져 보다 양질의 잠이 찾아온다는 것이다.

사람들의 수면의 질에 측정방법 - '피츠버그 수면 질문표(PSQI)'는 수면 패턴에 관한 질문표로 사람의 수면이 얼마나 정상인지 가늠할 수 있는 테스트이다. 점수가 5점 이하인 경우 당신의 수면에 큰 문제는 없다.

PSQI라는 질문표를 사용한 심리학자 László Harmat이 이끄는 연구팀은 수면에 문제가 있다고 호소하는 19세~28세의 학생 94명을 참가자로 모으고 3개의 그룹으로 나눠 실험을 실시하였다. 참가자가 답한 PSQI의 평균 스코어는 6.5로 실제로 전원이 수면에 문제를 안고 있다는 것이 확인되었다. 첫 번째 그룹에는 취침 시에 들기 위한 차분한 클래식 음악, 두 번째 그룹에는 오디오북이 주어졌다. 세 번째 그룹에게는 아무것도 주지 않았다.

첫 번째, 두 번째 그룹의 참가자는 매일 자기 전에 45분간 주어진 음악이나 오디오북을 듣도록 지시를 받았다. 3주 후 취침 시에 음악을 들은 첫 번째 그룹의 PSQI의 평균 점수는 3점 가까이까지 내려가 대부분의 참가자의 수면이 개선된 것을 알 수 있었다. - 35명 중 5명은 문제가 있는 상태 그대로였지만, 30명이 정상적인 수면을 되찾았다.

두 번째 그룹의 피험자가 취침 전에 들은 오디오북의 효과는 낮았고, 수면 문제가 해소된 것은 30명 중 겨우 9명뿐으로 3주간의 실험 전후에 있어서 기분의 침체 레벨에도 변화는 없었다. 음악을 들은 그룹의 침체 증상이 실험을 하는 동안 현저하게 개선된 반면, 오디오북에는 같은 효과가 없었다는 의미가 된다.

음악은 젊은 사람뿐 아니라 노인의 수면의 질을 높이는데도 도움이 된다. 2003년, 연구자인 賴惠玲와 Marion Good는 60세~83세의 피험자를 모집하여 비슷한 실험을 실시하였다. 참가자의 평균 PSQI 스코어는 10점이 넘고 있고, 그들은 수면에 큰 문제를 안고 있는 사람들이었다.

연구자들은 45분의 음악이 녹음된 테이프를 참가자들에게 건네고 침대에 누운 후에 듣도록 지시하였다. (통상, 성인은 13분~35분 사이에 잠이 든다) 여기서도 역시, 취침 시의 음악은 사람들에게 마법을 걸었다. 음악을 들은 피험자의 절반이 PSQI 스코어가 5점 이하까지 내려가고 수면의 질이 향상되었다는 것이 증명된 것이다.

젊은 연령에 비해 성공사례의 비율이 낮았던 것은 연령이 올라갈수록 수면 문제가 더 깊게 신체에 뿌리박고 있기 때문일지도 모른다.

음악을 켤 때에는 적당한 볼륨으로 설정하는 것이 중요하다. 너무 작으면 초조해지고 너무 크면 잠을 잘 수 없게 된다. 또 갑자기 조용해지면 뇌가 반사적으로 경계를 하여 잠이 깨기 때문에 마지막에는 페이드 아웃(fade-out) 하는 곡을 가지고 오는 것이 중요하다.

2. 해외 음악치료

2.1 | 유럽과 미국의 음악치료

음악치료는 전쟁 시 군대에서의 사기의 고양 및 부상병의 위문에 이용되어 효과가 나타난 역사가 있다.

1950년 세계 최초로 미국에 전미음악치료학회가 설립되었다. 1971년에 학회가 분열되어 미국 음악치료협회가 발족하는데, 두 협회는 1998년 American Music Therapy Associaton(AMTA)로 재통합되었다. 1958년 영국 음악치료협회, 1959년 오스트리아에 동일한 조직이 만들어지며 이후 이러한 움직임은 각국으로 확대되었다. 근대의 음악치료의 시작은 1940년에 미국에서 음악치료 코스의 개설부터이다. 1950년에는 전미음악치료협회가 1958년에 영국, 1959년에 오스트리아 음악치료협회가 설립되었다.

첨단적 상황에 있는 것은 미국으로 다양한 스타일의 음악치료가 의료에서 이루어지고 있다. 소아과, 정신과, 심장내과, 노인과, 재활과, 신경내과, 외과, ER, ICU, NICU, 완화의료 등이다. 특히 미국에서는 인정음악치료사(registered music therapist, RMT)가 소아에 관한 치료 사례가 많고 그 대상 질환을 차례대로 열거한다.

빈도가 높은 순으로 발달장애, 행동장애, 정서장애, 신체장애, 학령기의 아동, 중복장애, 언어장애, 자폐증, 시각장애, 신경학적 장애, 청각장애, 물질관련 장애, 학대, 성적 학대, 유아, 중복진료, 두부손상이 된다. 소아과에서는 발달장애아의 활동성 촉진, 노인과에서는 정신활동의 활성화, 외과에서는 수술 전의 긴장완화, ICU 및 NICU에서는 비일상적 환경으로부터의 탈피, 완화의료에서는 남은 시간을 더 유익하게 보내기 위해서 등 음악치료의 목적은 진료영역에 따라 크게 다르며 이용하는 기법도 다양하다.

미국의 의료는 민간 의료보험이 도입되어 있기 때문에 보험회사가 승인하면 음악치료에 대해 보험금이 지급된다. 또 많은 음악치료사는 개인 오피스를 열어 의료 이외의 공간에서 음악치료를 실시하고 있다. 영국이나 동유럽에서는 복지영역이 주된 영역으로 독일에서는 정신과영역에서 심리치료의 하나로 음악치료가 적용되고 있다. 가장 선진적인 국가는 미국으로 의료 속에 다양한 형태로 음악치료가 도입되고 있다. 소아과, 정신과, 심료내과, 노인과, 재활과, 신경내과, 외과, ER(응급구명실), ICU(집중치료실), NICU(신생아 집중치료실), 완화의료(터미널케어) 등 많은 의료영역에서 실천되고 있다.

영국이나 북유럽에서는 복지영역을 중심으로 음악치료가 이루어지고 있는데, 음악치료사의 수는 비교적 적다. 독일은 예전부터 정신과 영역에서 심리치료의 방법으로 음악치료가 실시되고 있다.

2.2 | 일본의 음악치료

일본에서는 1960~70년대부터 음악치료에 관한 활동이 시작되어 1986년 히노하라 시게아키(日野原重明)가 일본 바이오뮤직연구회(후에 학회)를 설립하였다. 그 후 임상음악요법협회와 통합하여 전일본음악요법연맹이 1995년에 탄생. 1997년부터 음악치료사의 자격인정이 시작되었고, 2001년 일본음악요법학회가 발족하였다.

일본에서 넓은 의미에서의 음악치료의 영역은 대체로 보건, 복지, 교육, 의료라는 4개의 분야로 나눌 수 있다. 또 대상자에 따라 분류하면, 고령자(인지증을 포함), 정신질환(통합실조증 – 조현병 등), 지적장애자(아동을 포함), 다양한 질환을 가지는 대상자 및 건강한 성인·고령자가 될 것이다.

일본음악요법학회는 설립 35년이 경과하였다. 1995년에 설립된 일본음악요법연맹의 활동을 포함하면 25년이 지나고 있다. 일본 바이오뮤직학회와 임상음악요법협회의 통합에 의한 일본음악요법연맹이었지만, 의사가 중심이 되어 EBM에 의한 연구를 주축으로 하고 있었던 일본바이오뮤직학회와 음악출신의 임상가가 중심이었던 임상음악요법협회는 각각의 특성을 살리면서 일본음악요법학회로의 이행을 이루어냈다. 2004년 이후 음악요법 추진의원 연맹으로부터 국가자격화도 제안되어 학회를 이분화 하자는 논의를 거쳐 현재에 이르고 있다. 그동안 음악대학을 중심으로 음악치료 코스의 설치가 추진되었는데, 국가자격화가 현실화 되지 못한 점과 취업의 어려움 등의 이유로 음악치료 코스를 종료시키는 대학도 나왔다.

2001년의 일본음악요법학회지 Vol.1 / No.1에 미요시 아키라(三善 晃)는 학회의 사명과 전망을 3가지 꼽고 있다.

첫 번째는 학회가 하루라도 빨리 국가의 의료제도와 교육제도 안에 공적으로 자리잡는 것. 두 번째는 치료가 학문(과학으로서 교육할 수 있는 체계)의 (의학적) 객관성을 확립하도록, 연구하는 것. 세 번째는 일본의 음악치료의 독자성을 추구하는 것으로서 다음과 같이 설명하고 있다. "음악치료의 정신적·심리적 측면으로부터 요법이 민족 특유의 역사·풍토·기질 등과 밀접하게 관련하고 있다는 것은 명백하므로 일본의 치료에는 학문으로서도 방법론으로서도 독자성이 요구된다고 생각한다."

음악대학에서 처음으로 야간 음악요법 코스를 개설한 도호가쿠인대학(桐朋学園大学)의 전 학장으로서의 전망이다. 초고령화 사회 및 특별 지원 학교의 증가 등 음악치료가 요구되는 사회 상황이기는 하지만 음악치료가 사회에 침투해 있다고는 말하기 어려운 상황이 지금도 있다.

학회에서는 지금까지 이사회를 중심으로 음악치료의 계몽에 힘써 왔는데, 음악치료의 인식도는 높아졌을까. 음악치료사 개인이 지역사회와 관계를 가지는 것은 중요하지만 개인 레벨로는 한계도 있고, 향후에도 학회가 적극적으로 음악치료 연구를 심화한 후 사회적인 활동을 적극적으로 하는 것이 음악요법 학회의 발전과 성숙으로 이어질 것이다. 그러나 이론대로 되지 않는 것이 임상 현장이다.

현장의 음악치료에 대한 요구와 음악치료사의 이상이 너무 괴리되어 있으면 음악치료 자체의 장점을 잃어 갈 거라고 생각된다. 음악치료는 학제적인 학문으로 특히 국가자격화를 위한 EBM이 요구된 후로는 의료적 모델로서의 연구에 비중을 두었기 때문에 편집위원회에서는 특집으로서 음악치료연구로서의 큰 핵심인 『사례연구의 의의를 고찰하다』(2008년), 일본 특유의 방법으로 거론되는 『집단 가창 치료를 고찰하다』(2010년), 음악치료 세션에서 이용되는 음악인 『즉흥음악치료를 고찰하다』(2012년)을 편성해왔다.

일본에 있어서의 음악치료는 기본적으로는 서양음악의 틀 안에서 논해지고 실천되어 왔다. 서양음악이 가지는 합리성, 기능성이 음악치료에 있어서 큰 성과를 이뤄 온 것은 논할 여지도 없다. 일본의 대다수의 음악치료사는 본디부터 서양음악의 교육을 받고 서양음악을 수용해 표현해 왔다. 그러나 클라이언트가 모두 서양음악에 친숙하고 흥미를 보이며 수용한다고는 단정할 수 없다.

글로벌리즘(globalism)이 세계를 석권하고 가치관이나 문화까지도 서구 중심으로 획일화·균질화(均質化) 그리고 종속화(從屬化)를 가져오고 있는 현재 일본의 문화 토양에 뿌리내린 음악치료가 중요해지고 있다. 이를 위한 방안이 시급히 확립되어 음악치료사가 일본의 문화 토양에 뿌리내린 세션을 클라이언트에 맞추어 전개할 필요에 몰리고 있다. 음악치료라는 개념 자체가 서양에서 수입된 것이고 치료사의 양성교육에 관한 논의도 아직 시작된 지 얼마 되지 않았다. 하지만 이유는 그뿐만이 아니고 문화의 문제가 가로놓여 있다고 생각한다. 즉 일본의 문화 풍토 속에 이론이나 이념에 융합되지 못하는 경향이 있는 것처럼 느껴지는 것이다.

음악요법은 이미 "문화로의 전회"(The Turn to Culture)를 이루고 있고, 과학적인 실증연구와 함께 문화 및 사회의 문제는 현재의 토픽 중 하나이기도 하다.

"일본의 음악치료"의 가능성이라는 문제를 크게 다루며 음악이라는 틀에 연연하지 않고 일본의 문화 풍토 전반과의 관련하여 정리해 보면, 일본에는 독자적이고 다채로운 문화적 리소스(resource)가 있다.

음악학자 깃카와 에이시(吉川英史)는 일본음악의 특징으로서 단음 애호성, 여음(余韻) 애호성, 조음(噪音) 애호성, 성악 애호성, 음색 존중주를 꼽고 있다. 비파나 샤미센의 소리를 서양의 기타와 비교하면 분명한 일이지만, 하나하나의 소리 안에는 무한하게 변화하는 복잡한 세계가 있다.

또 하나의 음의 출현과 감쇠에는 변화해 가는 시간의 농밀한 표정이 담겨 있다. 어느 경우에는 촉각적이기까지 한 소리. 그것을 놓치지 않고 듣는 것이 중요한 것이 아닐까. 또 그것을 의식해서 소리를 내는 것에 전력을 기울이는 것이다. 세션에서 서양음악이나 전자악기를 사용하는 경우에도 사정은 다르지 않다. 일본문화와 관련해서 방향성을 가지고 일본의 음악치료가 발전·심화한 경우 그것은 오늘날의 사회 속에서 어떠한 의미를 가지고 있을지 생각해 볼 필요가 있다.

2.3 | 한국의 음악치료

자격제도는 국가자격과 민간자격으로 되어 있으며 민간자격은 다시 '국가공인 민간자격'과 '등록민간자격'으로 구분된다. 민간자격은 국가와 개인, 법인, 단체 등이 신설하여 관리 및 운영을 하는 자격을 말한다.

국가공인 민간자격은 국가자격 취득자와 동등한 대우를 받을 수 있으나 음악치료 관련 자격은 국가공인 민간자격은 없고 모두 등록 민간자격에 그치고 있다.

1) 민간자격증 현황

정부가 2008년부터 민간자격 활성화를 위한 명분으로 간단한 신고 절차만으로 민간자격 등록이 가능하게 함으로 인하여 그 후로 수많은 민간자격증이 생겨났다.

통계를 위하여 "한국직업능력 개발원의 민간자격 정보서비스(www.pqi.or.kr)"를 이용하였다. 다음은 2025년 2월 현재 민간자격증 및 음악치료 관련 민간자격증의 수이다.

구 분	운영기관 수
전체	16,131
법인	5,913
개인(기타 단체등 포함)	10,218

〈표 1-6〉 민간자격관리운영기관 현황 - 2025.02.28. 기준

구 분	종목 수
민간자격증	57,030개
'음악' 관련 자격증	591개
'음악심리, 음악상담' 관련 자격증	190개

〈표 1-7〉 민간자격증 통계 - 2025.02.28. 기준

위 통계에서 음악심리 및 음악상담 관련 자격증을 190개로 조사하였으나, 일부 자격의 경우에는 명칭이 모호하여 음악치료 관련 자격으로 볼 것인지에 대한 구분이 쉽지 않은 경우가 있으므로 다소의 오차가 있을 수 있다. 그러나 발급기관 및 그 효과성을 검증하기 어려운 자격증을 일일이 검토할 필요성은 크지 않다고 볼 수 있다.

2) 음악치료 관련 자격 정책의 문제점

(1) 음악치료 관련 민간자격증의 급증

음악치료 관련 자격증의 경우 의료법에 의하여 의료인 외에는 "치료"라는 용어를 사용할 수 없기 때문에 공식적으로 치료사라는 명칭을 이용하여 자격증을 등록할 수 없는 것이 현실이다. 따라서 음악치료사와 유사한 명칭으로 민간자격증이 생성되고 있다. 음악치료 관련 자격 역시 2012년을 전후로 음악 심리상담사, 음악 심리 상담지도사라는 명칭으로 급증한 것으로 나타나고 있다.

(2) 한국의 음악치료 관련 민간자격증 현황

음악치료 관련 자격증 중 대표적인 것을 다음 표와 같이 정리하였다. 슈퍼바이저 또는 전문가 자격이 별도로 있는 경우도 있지만 자격등록이 안된 것은 포함하지 않았다.

학회명	자격증 명칭	등록 번호	구분/ 급수	요 건
㈜한국음악치료학회	임상음악전문가	2012-0161	1급	음악치료 석사 이상, 1급합격, 또는 음악치료 학사 이상, 1급합격, 임상실습
			2급	음악치료 석사 이상, 2급합격, 또는 음악치료 학사 이상, 2급합격
			준2급	음악치료 전문학사 이상, 준2급합격, 또는 음악치료 교육기관, 준2급합격

대한음악 치료사학회	임상음악 심리사	2013- 0915	전문가	박사학위 이상, 1급취득 후 2년 경과, 논문 10편, 기타 교육 및 임상실습 모든 요건 충족
			1급	음악치료 석사 이상, 1급수료, 논문1편 기타 교육 및 임상실습 모든 요건 충족
			2급	3급 취득 후 1년 경과, 재활분야 대학 3년 이상, 기타교육 및 임상실습 모든 요건 충족
			3급	평생교육원 음악심리지도사 이수, 기타 교육 및 임상실습 모든 요건 충족
	게슈탈트 임상음악 심리사	2013- 0914	전문가	음악 석사 이상, 1급 취득 후 2년 경과, 논문 5편 이상, 기타교육 및 임상실습 모든 요건 충족
			1급	2급 취득 후 1년 경과 또는 대학원 음악전공, 논문1편, 기타교육 및 임상실습 모든 요건 충족
			2급	재활분야 대학3년 이상, 기타교육 요건 충족
한국예술 치료사협회	음악심리 상담사	2012- 0217	1급	2급 취득 후 협회 규정에 따라
			2급	초급, 중급, 고급, 심화 단계별 30시간
한국음악 치료사협회	음악심리 지도사	2011- 0879	1급	음악치료대학원 석사이상(또는 2급 취득자), 120시간 이론 및 과제실습
			2급	전문대 이상(또는 3급 취득자), 120시간 이론, 60시간 과제, 90시간 임상전형
			3급	고졸이상, 45시간 이론 및 과제실습
	아동음악 심리 지도사	2013- 2533	1급	90시간(30시간 임상)
			2급	90시간(30시간 임상)
			3급	30시간

			1급	90시간(30시간 임상)
한국음악 치료사협회	청소년 음악상담 지도사	2016- 001427	2급	90시간(30시간 임상)
			3급	30시간
	노인 음악심리 지도사	2012- 1257	1급	90시간(30시간 임상)
			2급	90시간(30시간 임상)
			3급	30시간
(사)전국음악 치료사협회	음악중재 전문가	2011- 0565	등급 없음	음악치료관련 석사 또는 학사 인턴십 1040시간 이상
한국 예술심리 교육학회	음악심리 상담사	2012- 1309	임상 감독	전문자격 소지자 5년간 임상경력과 강의경력 2년 이상자 임상경력과 강의시간이 총 200시간 이상, 임상감독자로부터 96시간 이상 임상감독을 받은 자, 심사
			전문	1급 자격 소지자 3년간 임상경력 주당 40시간 이상, 임상감독자로부터 40시간 이상 임상감독을 받은 자, 심사
			1급	대학원 음악치료 전공 석사학위 소지자, 임상실습 400시간, 임상경력 1040시간 이상, 심사
			2급	대학원 음악치료 부전공자 또는 사회교육원 음악치료사 과정 수료자, 심사
한국 음악심리 치료협회	음악심리 상담	2011- 1005	1급	음악치료 석사 수료이상 또는 1급과정 수료. 임상실습, 슈퍼비전 5회 이상, 논문 또는 임상사례보고서 제출
	전문가		2급	전문대 졸업 이상, 2급과정 수료, 임상실습, 슈퍼비전 2회 이상, 임상사례보고서 제출

〈표 1-8〉 음악치료 학회 및 자격증 현황

위 자격 외에도 "음악심리상담사"라는 명칭의 자격이 94개로 협회, 교육센터, 개발원, 진흥원, 연구소, 재단, 연맹 등 다양한 발급기관에서 자격을 발급하고 있다.

또한 "음악심리지도사"라는 명칭의 자격도 17개이며 능력개발원, 평생교육원, 복지재단, 연구소, 각종 협회 등이 발급하고 있다.

음악치료 관련 학과를 개설한 대학원 역시 크게 증가하고 학회의 활동이 활발해지는 것은 매우 고무적인 일이고 평생교육원이나 협회, 연구소 등에서도 관심을 가지고 음악치료사 양성과정을 개설하는 것도 그만큼 음악치료에 대한 인식이 높아졌음을 의미하는 것으로 평가할 수 있다. 그러나 검증되지 않은 기관에서까지 발급하는 유사한 음악치료 관련 자격증이 넘쳐나고 있는 것은 자칫 음악치료의 신뢰성을 낮출 수 있기 때문에 자격제도의 일원화가 요구된다.

2.4 | 음악치료사

음악치료는 전문적인 기술과 지식을 가지는 사람(음악치료사)에 의해 이루어진다. 미국, 캐나다, 영국, 독일, 오스트리아, 오스트레일리아 그 외 몇몇 국가에서는 정식적인 교육 커리큘럼에 기초하여 음악치료사의 양성이 이루어지고 있다. 그들 국가에서는 대학 등의 양성과정이나 자격시험 등을 거쳐 일정 기준의 능력을 인정받은 자에게 "음악치료사"의 자격이 주어진다.

전문적인 자격제도나 양성교육이 왜 필요할까? 음악치료의 대상은 질병이나 장애 그 외의 심각한 문제를 안고 있는 사람이다. 전문적인 지식·기술 없이 관계하면, 상대에게 '해를 끼치는' 경우도 있을 수 있다. 음악치료사는 질병, 장애, 심리적 문제의 해결법 등에 관한 전문지식을 겸비해 둘 필요가 있다.

음악의 사용방법의 지식, 음악을 사용해 낼 수 있는 기술, 또 대상자와의 신뢰할 수 있는 인간관계를 맺는 기술도 요구된다. 이와 같은 지식·기술이 있어야 비로소 건강에 관한 문제를 '음악으로 해결하는' 것이 가능해진다.

음악치료를 하기 위해서는 음악에 관한 전문적인 지식, 즉흥연주가 가능한 레벨의 악기 연주 능력, 클라이언트라 불리는 대상자와의 커뮤니케이션 능력, 장애나 질병에 관한 지식 등 음악, 심리학, 의학을 포함하는 넓은 영역에 대해 고도의 지식과 기능을 갖추어야 한다. 또 음악을 통한 자기표현을 청중에게 전달하는 연주가와는 달리 클라이언트를 중심에 두고 자신은 철저하게 보좌 역할을 하는 자세가 요구된다. 즉, 연주가라는 것만으로는 음악치료를 하는 것이 어려워 음악치료를 위한 트레이닝을 받을 필요가 있다.

유럽과 미국에서는 음대의 학부 교육 및 대학원 교육으로서 음악치료사의 양성이 이루어지고 있다. 일본에서는 지금까지 음대에 음악요법 전공코스가 없었기 때문에 음대나 교육학부의 음악과를 졸업한 후 전문학교 등에서 음악요법을 배우는 것이 일반적이었다. 최근 음악치료 전공코스를 개설한 음대가 몇 군데 있으며, 2004년 3월에 최초로 졸업생을 배출하고 있다.

2.5 | 음악치료 관련 대학에 대한 자료

다음은 각 대학교 음악치료학과에 대한 홈페이지 자료를 정리한 내용이다.

1) 이화여자대학교 대학원 음악치료학과

학과 소개	이화여대 음악치료학과는 석사, 박사 그리고 석·박사 통합과정이 개설되어 있으며 다양한 학문적 인프라에 기반을 둔 최고의 교육과정을 제공하고 있다. 근거 중심의 학문적 기반과 인접 학문과의 융합을 도모하는 음악치료학은 이론, 실제 그리고 연구의 삼각대를 구축하며 발전하고 있다. 이화여자대학교 음악치료학과는 음악을 활용하여 심리적, 신체적, 사회적 문제를 치료하는 전문 분야로 이 학과는 연구 기반의 교육과정을 통해 학생들에게 음악치료의 이론과 실습을 제공하고 있다.

학과 개요	• 전공명 : 음악치료학과 • 교육목표 : 음악치료의 이론과 실제를 학습하여 다양한 임상 환경에서 활용할 수 있는 전문가 양성
교육 과정	• 주요과목 : 음악심리치료, 음악재활, 아동 및 청소년 음악치료, 노인 음악치료 • 실습기회 : 다양한 임상 환경에서의 실습을 통해 실제 치료 기술을 익힐 수 있다. • 연구 및 전문성 연구 중심 교육 : 음악치료가 과학적 연구에 기반한 학문임을 강조하며 연구 능력을 배양하는 교육과정을 제공합니다. 전문가 양성 : 졸업 후에는 음악치료사로서의 자격을 갖추고 다양한 분야에서 활동할 수 있는 기회를 제공한다.
교수진	• 전문가 소개: 이화여대 음악치료학과의 교수진은 국내외에서 인정받는 전문가들로 구성되어 있으며, 각자의 연구 분야에서 활발히 활동하고 있다.

 이화여자대학교 음악치료학과는 음악을 통한 치료의 중요성을 인식하고 이를 실천할 수 있는 전문 인력을 양성하는 데 중점을 두고 있다. 이 학과에서 제공하는 다양한 교육과 실습 기회를 통해 학생들은 음악치료 분야에서의 전문성을 갖출 수 있다. (www.ewha.ac.kr)

2) 숙명여자대학교 특수대학원 임상음악치료학과

학과 소개	• 나와 세상을 변화시키는 음악치료 전문 음악 치료사 양성을 목표로 1997년 2월 국내 최초로 개설

학과 소개	된 숙명여자대학교 음악치료대학원은 이미 50년의 역사를 가지고 뿌리 내려온 미국의 음악치료교육과정을 가장 충실히 시행하며 연구, 임상, 이론의 기반에서 모범적인 음악치료사를 배출하는 정통성 있는 교육기관이다. 이 학과는 음악치료 분야에서 전문적인 교육을 제공하며 임상 현장에서의 실습과 이론을 결합하여 학생들이 전문 음악치료사로 성장할 수 있도록 돕는다.
학과 개요	• 학과명 : 임상음악치료학과 • 목표 : 전문 음악치료사로서의 자격과 능력을 갖추도록 교육
입학 요건	• 지원 자격 : 4년제 대학에서 학사학위를 취득한 자 또는 졸업 예정자 / 외국 소재 4년제 대학에서 학사학위를 받은 자
교육 과정	• 실습 및 인턴십 : 임상경력이 풍부한 슈퍼바이저의 지도 아래 음악치료 실습을 진행, 음악의 치유적 힘을 활용하여 다양한 클라이언트와의 상호작용을 통해 실무 경험
지원 방법	• 입시설명회 : 숙명여대 홈페이지에서 신청 가능 / 교수님과의 1대1 면담 기회 제공
졸업 후 진로	• **전문 음악치료사** : 다양한 임상 환경에서 음악치료를 제공하며 정신 건강 및 신체적 회복을 지원하는 역할 수행

숙명여대 특수대학원 임상음악치료학과는 음악치료 분야에서의 전문성을 키울 수 있는 학과로서 이 학과를 통해 학생들은 이론과 실습을 통해 실제 임상 환경에서의 경험을 쌓을 수 있다. (www.sookmyung.ac.kr)

3) 성신여자대학교 대학원 음악치료학과

학과 소개	성신여자대학교 음악치료학과는 음악을 활용하여 심리적, 정서적, 사회적 문제를 해결하는 전문 인력을 양성하는 학과입니다. 이 학과는 2006년에 개설되어 임상 실습 중심의 체계적인 교육을 제공한다.
학과 개요	• 설립 연도 : 2006년
교육 과정	• 일반대학원 4학기 과정 • 목표 : 음악치료 전문 인력 양성
교육 내용	• 임상 실습 : 학생들은 실제 치료 환경에서의 경험을 통해 실무 능력을 배양한다. • 이론 교육 : 음악치료의 이론적 기초와 다양한 치료 기법에 대한 교육이 진행된다.
교수진	음악치료 분야에서 경험이 풍부한 교수진으로 구성
학과의 특징	• 체계적인 커리큘럼 : 이론과 실습을 균형 있게 배울 수 있는 커리큘럼이 마련되어 있다. • 다양한 치료 기법 : 음악을 통한 다양한 치료 접근법을 학습한다.
추가 정보	• 문의처 : 학과 이메일 musictherapy@sungshin.ac.kr • 웹사이트 : 성신여대 음악치료학과

성신여대 음악치료학과는 음악을 통해 사람들의 삶의 질을 향상시키는 데 기여하는 인재를 양성하는 데 중점을 두고 있다. (www.sungshin.ac.kr)

4) 동의대학교산업문화대학원 음악치료학과

학과 소개	동의대학교 산업문화대학원 음악치료학과는 음악을 활용하여 심리적, 정서적 문제를 치료하는 전문 음악치료학과로 2021년도에 개설되었다. 이 학과는 음악치료의 이론과 실제를 배우고 다양한 임상 경험을 통해 전문성을 기르는 것을 목표로 한다.
학과 개요	• 설립 목적 : 음악치료의 이론과 실습을 통해 학생들이 전문 음악치료사로 성장할 수 있도록 지원한다.
주요 교육	음악치료의 기초 이론, 임상 실습 및 슈퍼비전, 음악치료 세미나 및 연구
교육 과정	• 교과목 예시 : 아동 및 청소년 미술치료, 임상실습 및 슈퍼비전, 음악치료 세미나 • 실습 중심 교육 : 지도교수의 실습 참관 및 슈퍼비전 과정을 통해 실제 음악치료 현장에서의 경험을 쌓을 수 있다. • 효과성 검증 : 음악치료의 효과성을 검증하고 뇌파 진단 등의 과학적 접근을 통해 치료 방법을 발전시키고 있다.
연구 및 활동	• 학과 활동 : 음악치료학과는 정기적으로 세미나와 워크숍을 개최하여 최신 연구 결과와 치료 기법을 공유한다. • 학생 참여 : 학생들은 다양한 프로젝트와 연구에 참여하여 실무 경험을 쌓을 수 있다. 매년 공모사업을 통하여 취약계층을 위한 음악치료를 활발히 진행하고 있다.
입학 정보	• 신입생 모집 : 매년 석사 신입생을 모집하며 지원자는 음악치료에 대한 열정과 기본적인 음악적 소양을 갖추어야 한다. 동의

입학 정보	대학교산업문화대학원 음악치료학과는 음악을 통한 치료의 전문성을 기르는 교육과정을 제공하며 학생들이 실제 임상 경험을 통해 성장할 수 있는 기회를 제공한다.
교육 목표	• 전문성 개발 : 음악치료의 이론과 실기를 체계적으로 배우며 개인의 음악적 능력을 극대화할 수 있는 교육을 제공한다. • 사회적 기여 : 음악을 통해 국가와 인류사회의 예술 문화 발전에 기여할 수 있는 창조적 음악인을 양성하는 것을 목표로 한다.
강사진 및 학습 환경	• 우수한 강사진 : 현장에서 활발히 활동 중인 최고의 강사진이 학생들에게 1:1 수업을 통해 개인의 전공 능력을 극대화할 수 있도록 지원한다. • 다양한 무대 경험 : 학생들은 다양한 무대에서 음악 예술 관련 직종으로 활약할 수 있는 기회를 제공한다.

동의대학교 산업문화대학원 음악치료 학과는 전문적인 음악치료 교육을 통해 학생들이 사회에 기여할 수 있는 능력을 갖춘 인재로 성장할 수 있도록 돕고 있으며, 이 학과는 음악을 통한 치료의 중요성을 강조하며 실습과 이론교육을 통해 학생들의 전문성을 높이고 있다.

4) 그 외 음악치료학과

서울	명지대학교 사회교육대원 음악치료학과 경기대학교 문화예술대학원 음악치료학과

경기	한세대학교 일반대학원, 치료상담대학원 음악치료교육전공
	  – 박사과정개설
	중앙대학교 국악교육대학원 음악치료교육전공
	  – 국악을 바탕으로 한 음악치료
	가천대학교 보건대학원 음악치료학과

충청	대전대학교 보건스포츠대학원 예술치료학과 음악치료전공 순천향대학교 건강과학대학원 심리치료학과 음악치료전공
전북	원광대학교 동서보완의학대학원 음악치료전공
부산 경남	고신대학교 교회음악대학원 음악치료학과 인제대학교 일반대학원 음악학과 음악치료전공

음악치료학과는 계속 늘어나는 전망이며 현재는 학부과정이 몇 군데 없고 대학원과정이 대부분이나 점차 대학도 음악치료과정을 개설할 것으로 예측된다.

현재, 음악치료사를 국가자격의 의료직으로 평가하고 있는 국가는 한 군데도 없다. 미국에서는 음대에 개설되어 있는 음악치료 전공코스를 학부생 또는 대학원생으로서 이수하고 졸업 후 인턴십을 거쳐 미국음악치료협회의 인정자격을 취득하는 구조이다.

뉴욕 주에서는 정신 건강 전문가(Mental Health Practitioners)의 일원으로서 Creative Arts Therapists(art, dance, music, drama, psychodrama and poety)라는 자격을 지정하여 주 독자적으로 인정하고 있다. 미술, 댄스, 음악 등의 전문가를 심리치료적인 활동에 종사시키기 위한 자격인데, 음악에 관해서는 석사 이상의 학위를 가지는 미국 음악치료협회 인정 음악치료사가 아니면 이 자격을 취득할 수 없다.

다른 많은 나라도 각각의 음악치료협회(학회)가 독자적으로 자격제도를 마련하고 있다. 영국은 국가 등록제를 도입하고 있는데, 자격의 인정이 음악치료사를 양성하고 있는 각 대학의 판단에 맡겨지고 있기 때문에 통상의 국가 자격과는 다르다.

일본의 경우도 다른 나라와 사정이 같고 국가자격으로 되어 있지 않다. 2001년에 일본음악요법학회가 인정 자격제도를 만들어 지금까지 1,000명이 넘는 인정자를 배출하고 있다. 그 외의 단체로서 전국 음악치료사 양성협회가 음악치료사 1종(4년제 졸업)과 음악치료사 2종(단기대학 졸업)이라는 자격제도를 만들고 있으며, 지금까지 400명 정도의 인정자를 배출하고 있다. 또 기후현(岐阜県) 음악치료사, 효고현(兵庫県) 음악치료사, 나라시(奈良市) 음악치료사 등 자치체가 독자적으로 음악치료사를 양성하여 복지에 참여시키고 있는 곳도 있다.

일본음악요법학회는 음악치료사의 국가자격화를 목표로 해서 다양한 활동을 펼치고 있다. 현 시점에서는 개호직으로서의 국가자격화가 유력한데, 대부분의 학회 회원은 의료직을 원하고 있다. 또 통상의 학술단체가 대학이나 연구소를 중심으로 한 조직인데 반해, 일본음악요법학회는 개인회원의 모집으로 직능단체의 양상을 보이고 있다. 따라서 조직력이 약하고 국가를 움직일 정도의 힘은 없다. 국가자격화에는 아직 상당한 시간이 걸릴 것으로 예상된다.

2.6 | 외국의 음악치료사 자격증 제도

1) 미국의 음악치료사 자격증 제도

미국의 음악치료사 자격증은 자격 인증기관인 음악치료사 자격 위원회(The Certification Board for Music Therapists : CBMT)가 부여하는 공인 음악치료사(Music Therapist - Board Certified : MT-BC)를 말한다.

MT-BC는 공인 민간자격으로 분류되고 있다. 미국은 독자적인 헌법과 의회를 가진 주(State)들로 이루어진 연방국가로서 주마다 독립적인 행정과 법체계를 가지고 있는 특성이 있는데, 미국의 일부 주에서는 다음과 같이 별도의 주면허(State Licensure)로 음악치료사 자격증을 발급하거나 제한하고 있다.

주(State) 명칭	주별 특징	내 용
코네티컷	음악치료사 자격제한 (2016.5.27. 입법)	오직 MT-BC 자격을 소지한 사람만 음악치료사로 인정한다. (2016년 10월부터 실시)
조지아	별도의 주자격 시험	조지아 주에서 음악치료사로 자격을 부여받아야 한다. MT-BC자격 소지자는 조지아주 자격위원회에 인정을 요구할 수 있다.
뉴욕	별도의 주자격 시험	"창의적 예술치료사"라는 뉴욕 주 자격을 갖추어야 한다.
네바다	별도의 주자격 시험	네바다 주 보건국에 의해 인정되는 음악치료사 자격을 갖추어야 한다.
노스 타고타	별도의 주자격 시험 (2011.4.26. 입법)	주정부 통합의료 위원회가 주관하는 음악치료사 자격을 취득해야 한다.
오클라호마	별도의 주자격 시험 (2016.4.26. 입법)	주정부 의료자격 및 감독위원회가 주관하는 음악치료사 자격을 신설한다. (2016년 11월 1일부터 실시)
오레곤	별도의 주자격 시험 (2015.7.1.부터)	주정부 건강자격사무소를 통해서 음악치료사 자격을 신설한다.
로드 아일랜드	별도의 주자격 시험 (2014.6.30.부터)	음악치료사들은 2015년 1월 1일부터 주자격을 취득해야 한다.
유타	별도의 주자격 시험 (2014.4.1.부터)	유타 주에서 발급하는 자격을 취득해야 한다.
위스콘신 주	주정부 등록 의무	음악치료사는 위스콘신 주 규제와 자격국에 등록되어야 한다.

〈표 1-9〉 미국 주별 음악치료사 관련 주면허 제도

　　미국 공인 음악치료사(MT-BC) 자격을 취득하기 위해서는 음악치료 학사 이상의 학위를 취득해야 하고(academic requirement), 1200시간 이상의 임상실습(clinical training)을 거쳐야 한다. 자격시험은 객관식 150 문제로 구성되어 있다.
　　MT-BC는 5년 주기로 자격을 갱신(Recertification)하여야 하는데 자격 갱신의 두 가지 방법이 있다. 첫 번째 방법은 4년째 되는 해에 재인증 시험을 치르는 것인데, 이 방법은 2017년 1월 1일까지만 유효하다. 두 번째 방법은 자격 갱신을 위한 100학점을 이수하는 것이다. 100학점은 대학원 코스, 워크샵 참여, 자기학습, 음악치료 학술대회 참여, 출판 및 논문 완성, 음악치료 기관에서 직업적인 기여 등으로 채울 수 있는데, 윤리 교육 3학점을 반드시 이수하여야 한다.

2) 영국의 음악치료사 자격증 제도

영국의 음악치료사 자격은 건강관리직업위원회(Health and Care Professions Council : HCPC)에 의해서 엄격하게 관리되고 있다. 영국에서는 HCPC에 등록된 사람만이 음악치료사라는 명칭을 사용할 수 있다.

HCPC는 예술치료와 관련하여 예술심리치료사(Art Psychotherapist), 미술치료사(Art Therapist), 드라마 치료사(Dramatherapist), 음악치료사(Music Therapist)의 4가지 자격명칭을 인정하고 있으며, 이 명칭들은 법으로 보호된다. 또한 HCPC는 음악치료 공식 단체로 영국음악치료협회(British Association for Music Therapy : BAMT)를 인정하고 있다.

영국에서 전문 직업으로 음악치료 자격은 석사 학위 수준을 요구하고 있다. 영국의 경우 자격 취득을 위한 별도의 시험 없이 학위 취득 후 면접을 거쳐 HCPC에 등록하면 자격을 부여받게 된다. 자격을 갖추기 위해서는 3년 동안 음악교육을 받고 학위를 취득해야 한다. 교육학, 심리학 등 음악 이외의 과목에서 학위를 취득하고 높은 수준의 음악적 연주의 성취를 이룬 경우에도 인정을 받을 수 있다. 성품 및 직업에 대한 적합성 평가도 면접의 내용의 일부에 포함된다.

3) 호주의 음악치료사 자격증 제도

호주의 음악치료사 자격제도는 호주 음악치료 협회(Australian Music Therapy Association)에 의하여 관리되며 공인 음악치료사 즉, RMT(Registered Music Therapist)라는 명칭을 사용한다. 호주 음악치료 협회는 1991년 오스트레일리아 수도주의 협회설립법이 적용되는 법인화된 비영리 협회이다.

호주에서는 공인 음악치료사가 되기 위해서는 AMTA가 인정하는 3개 대학 석사 과정(Master)을 수료하는 것이다. 3개 대학은 멜버른 대학교, 웨스턴시드니 대학교, 퀸즈랜드 대학교이다. 퀸즈랜드 대학의 경우 2013년이 마지막 입학으로 학과가 종료된다. AMTA는 해외에서 호주의 음악치료사에 상응하는 자격을 갖춘 사람의 경우 등록 절차에 따라서 RMT 자격을 인정하기도 한다. 둘째는 해외에서 이에 상응하는 자격을 갖춘 경우 인정한다.

4) 프랑스의 음악치료사 자격증 제도

프랑스의 음악치료사 자격제도의 경우 음악치료사(Musicotherapeute)라는 명칭을 사용하고 있으며, 프랑스 음악치료연합(la Federation Francaise de Musicotherapie : FFM)은 음악치료 대학들과 음악치료 기관들이 모여 구성된 기관으로 음악치료사 관련 국가공인기관 및 감독기관으로서 역할을 하고 있다.

프랑스의 음악치료사 자격취득 요건으로 '음악치료학 학사' 학위를 필요로 하며 프랑스음악치료연맹의 회원이 되기 위한 조건으로 신청서를 제출 시 이론교육과 임상 350시간과 전문영역에서 이론교육 및 임상 200시간을 입증해야 한다.

5) 독일의 음악치료사 자격증 제도

독일 음악치료협회(Deutsche Musik Therapeutische Gesellschaft : DMTG)는 독일 음악치료사회(DGMT, 1973)와 독일 음악치료사 직업협회(BVM, 1999)의 통합 합병으로 2008년에 설립되었다. 동 협회(DMTG)는 음악치료사들의 실무와 연구와 교육을 통한 발전을 돕고 음악치료센터 설립과 음악치료사의 직업적인 법률과 관련된 문제를 조언하고 대변한다.

독일의 음악치료사 자격제도의 경우 음악치료사(Musiktherapeut)의 명칭을 사용하고 있다. 자격취득 요건은 최소 3년 과정의 음악치료학 학사 학위 이상을 취득하는 것으로 구체적인 시간은 제시되지 않았다. 자격 갱신은 최초 자격 취득 2년 후에 그 후에는 5년마다 음악치료의 과정에 대한 내용을 서면 제출함으로써 이루어진다.

3. 음악치료의 미래

수많은 연구를 통해, 어떠한 종류의 육체적·정신적 장애에도 음악이 긍정적으로 작용한다는 사실이 명확히 입증되어 왔다. 지금까지 설명한 바와 같이 중요한 것은 어떤 음악을 선택하느냐 하는 것으로 환자 자신이 선택하는 것이 무엇보다 중요하다. 그러나 갑자기 병으로 쓰러져 스스로 선곡을 하지 못하는 상황이라면?

이와 같은 우려에 따라 "음악의 생전 유언(living will)"으로도 알려진 사전 음악 지시서가 탄생되었다. 이것은 음악치료사의 도움을 받으며 사전에 만든 플레이리스트를 신뢰할 수 있는 누군가에게 맡기는 제도이다. 만일 걱정스러운 사태가 된 경우에는 회복을 돕기 위해 적절한 플레이리스트(차분한 음악, 에너지를 주는 음악 등)가 재생되게 된다. 새로운 다양한 지견을 토대로 크고 넓게 발전해 갈 것이다. 언어와 달리 음악을 처리하는 특별한 핵심은 존재하지 않아 음악처리에는 뇌의 다영역이 관련되어 있을 가능성이 지적되고 있다. 종형 fMRI를 사용해 시각자극에 의한 악보의 독해력(악보 묵독)과 언어를 읽는 기능(문장 묵독)을 비교한 결과 모두 좌반구 우위의 행위였는데, 악보 묵독에서는 우후두엽에서도 기능 참가가 확인되었다.

음악청취는 남성호르몬(테스토스테론 ; testosterone)에 영향을 미친다고 하며 음악의 기호, 종류에 관계없이 남성의 경우 청취 후에 테스토스테론 양이 감소하고 여성의 경우는 이것이 상승하였다. 즉 남녀 모두 중성화한다는 것이다. 이 메커니즘과 의의는 불명확하지만 향후 미래는 성별 음악치료가 탄생될지도 모른다. 기술한 바와 같이 심신에 다양한 영향을 미치는 치료법이라는 것을 생각하면, 모두 이 음악치료 시행자의 공적인 자격화가 필요하다. 의학은 나날이 진보하고 있다. 최신 치료법도 결국 더 나은 새로운 치료법으로 발전하여 간다. 음악치료가 실시되고 있는 대상도 그 병이 근치(根治) 가능해지면 그 영역의 음악치료는 무용지물이 된다.

그러면 의학이 진보하면 언젠가는 음악치료는 불필요한 것일까? 그렇게 생각하지는 않는다. 음악치료가 불필요한 날은 결코 오지 않을 거라고 확신하고 있다. 그것은 왜일까? 모든 인간은 인생을 살아가면서 소중한 것(사랑하는 사람, 자신의 능력, 용모, 건강)을 잃고 최종적으로는 자신의 육체를 잃는다. 아무리 의학이 발전해도 '죽음'과 '상실'을 막을 수는 없다. 그러므로 사회 속에 죽음과 상실에 직면해 고통스러워하는 사람이 적잖이 계속 존재할 거라는 것은 명백하다. 그런 사람들에 대한 도움의 방법으로서 '음악치료의 역할'은 앞으로 더 커질지언정 작아지는 일은 있을 수 없다. 인간의 '능력'의 총량은 탄생 후 한동안 증가해 가지만 가령(加齡)에 따라 많은 '능력'이 소실되어 마지막에는 죽음에 이른다.

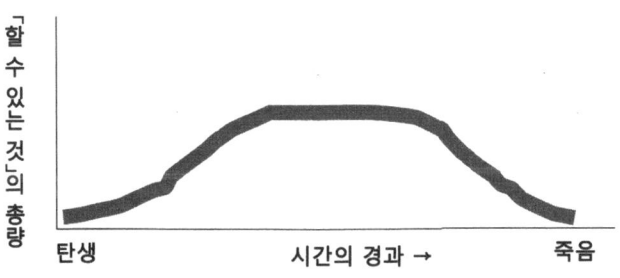

〈그림 1-1〉 인생에 있어서의 「할 수 있는 것」의 총량의 변화

지적장애, 발달장애 아동의 경우 능력 획득의 페이스가 느리고 평균적인 인간의 능력 간에 차이가 생겨 생활상의 어려움을 초래한다. 그래서 음악요법을 통해 능력 획득을 위한 활동을 하여 평균과의 차이를 최대한 보정하는 것을 목표로 한다. 또 어떤 병에 걸린 사람의 경우 평균적인 능력저하보다도 이른 시기에 저하가 나타난다. 따라서 음악치료로 능력의 향상 및 유지를 도모하고 평균적인 능력저하의 라인에 근접해 가고자 한다.

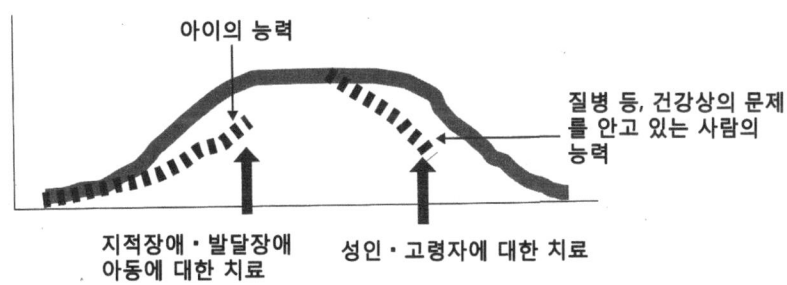

〈그림 1-2〉 지적장애·발달장애 아동, 성인·고령자에 대한 세러피(치료)

이러한 '평균적인 능력획득 · 저하 라인과의 차이'를 보정하는 지원의 중요성은 앞으로도 변함이 없다. 다만 음악치료를 통해 능력이 향상된 대상자도 언젠가는 모든 것을 잃고 죽는다. 음악치료사는 대상자가 '상실 · 죽음을 긍정적으로 받아들이기 위한 지원'에 대해 고려하지 않아도 되는 것일까?

상실과 죽음은 허무하고 절망적인 것에 불과한 것일까? 상실과 죽음의 과정 속에서 더할 나위 없이 중요한 것을 획득하고 죽음을 최고의 경지에 이르는 '눈에는 보이지 않는 영역에 있어서의 획득 · 달성'이라는 관점을 가질 수 없는 것일까?

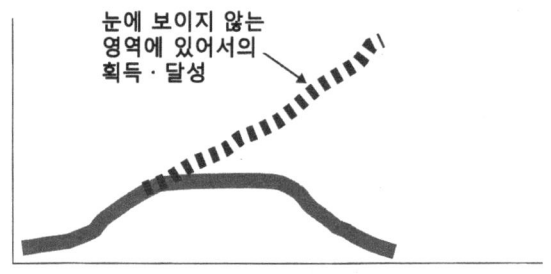

〈그림 1-3〉 눈에 보이지 않는 영역에 있어서의 획득 · 달성

호스피스 케어의 음악치료는 '죽음에 직면한 사람의 지원'에 대응하는 실천인데, 호스피어 케어 이외의 음악치료에도 '죽음과 상실' 문제는 존재한다.

증상이 개선되어도, 음악을 맛보는 멋진 시간이 제공되어도 대상자는 언젠가는 모든 것을 잃고 죽음에 이른다.

대인 지원의 전문가들은 그것을 항상 인식해 둘 필요가 있다. 아무리 개선이 되어도 최종적으로 대상자는 상실과 죽음을 피할 수 없다. 그렇다면 대상자가 상실과 죽음에 대해 '보다 바람직하게 대면'하는 것에 공헌하는 것은 모든 대인 지원직에 주어진 책무가 아닐까?

사람은 왜 음악을 통한 미적 체험을 바라는 것일까? 그것은 그 체험이 '영원으로 이어지는 무언가', '자신을 뛰어넘은 무언가'에 접촉한 감각을 주기 때문이 아닐까? 사람은 영원이나 초월을 인식하는 것은 불가능하지만 그들에 대한 두려움이나 동경을 강하게 가진다. '미적 체험'이란, 영원성 · 초월성에 접촉하여 그 존재가 암시되는 체험일 것이다.

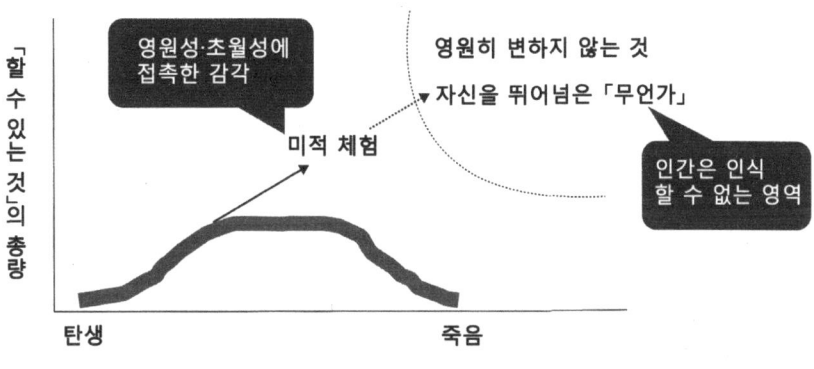

〈그림 1-4〉 미적 체험과 영원성·초월성

　전통적으로는 음악은 '종교적 문맥' 속에서 체험되었다. 종교의식 중에 음악을 듣거나 노래를 부르거나 하면 감동으로 등골이 오싹오싹하거나 흥분한다든지 눈물을 흘리기도 한다. 그리고 그 체험이 그 종교가 말하는 '구제의 스토리'와 일치했을 때, 사람은 종교적인 구제를 체험하게 된다.
　'구제의 스토리'란 요컨대 각 종교의 교의를 뜻한다. '구제의 스토리'를 "믿음"으로서 사람은 '상실과 죽음을 진심으로 감사' 할 수 있게 되어 '설령 자신이 죽어도 괜찮다'고 진심으로 생각할 수 있게 된다.
　음악의 감동 체험은 종교적 스토리를 '신체 반응으로 뒷받침하는' 효과를 가지고 있었다. 문명이 발달한 사회에서는 종교의 리얼리티가 흐려짐에 따라 음악을 '종교적 문맥'과 분리해 그저 '편안한 체험'으로서 듣게 되었다. 이러한 음악체험은 음악을 듣고 있는 순간은 고무되거나 감동을 받는다 해도 체험이 '영혼의 구제(죽어도 괜찮다고 생각할 수 있는)'로는 이어지지 않는다. 음악을 '영혼의 구제'와 결부 지을 수 있을지 없을지 그것이야말로 음악치료사가 앞으로 도전해 나가야 하는 것이 아닐까?
　일반적으로 음악치료를 전공으로 석사학위 과정을 마치는 경우 기대할 수 있는 진로는 의료기관, 복지기관, 교육기관 등에서 음악치료사로 활동하는 것을 예상할 수 있다. 먼저 의료기관으로는 재활병원, 종합병원, 정신병원 등에 취업하여 음악치료사로서 근무할 수 있다. 특히 최근 어린이 재활병원 설립의 증대로 이러한 음악치료, 미술치료, 언어치료 등 치료사의 수요가 증대되고 있다. 또한 복지기관으로 장애인복지관, 사회복지관, 노인복지시설, 장애클리닉, 재활원 등에도 음악치료사의 수요가 증가하고 있다.

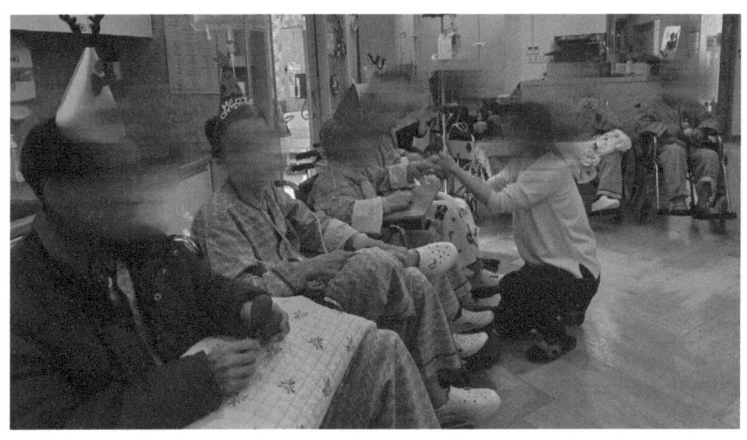

〈사진 1-5〉 노인 음악치료

또한 음악치료사는 초·중·고등학교 특수학급, 대안학교, 특수학교 등 교육기관의 길도 있다. 교육기관의 진로를 설정하는 경우에는 음악치료 관련 자격 외에 일정한 교사자격이 더 요구되기도 한다. 그리고 개인 음악치료센터를 개설하는 경우도 늘어나고 있다.

음악치료는 장애 영유아를 대상으로 하는 보육사업으로부터 시작하여 발달장애, 자폐아동, 정신지체, 재활치료 환자, 정신관련 환자, 퇴행성 노인질환에 이르기까지 다양한 계층의 사람들에게 유용한 치료의 수단이 될 수 있다.

최근 음악치료의 영역이 일반인들에게도 확대되는 경향이 있으며 음악치료에 대한 관심은 지속적으로 높아지고 있다. 또한 음악치료는 새로운 일자리 창출에 기여할 수 있다. 따라서 음악치료의 활성화를 위해서는 음악치료 관련 자격 제도의 개선 및 보완 대체 의료로서의 인정이 필요하다.

음악치료는 음악치료사와 대상자 간의 '인간관계' 속에서 음악이 이용되는 세러피이다. 음악치료사가 대상자에게 있어 '어떠한 존재'인지는 지원의 성패를 가르는 중요한 포인트이다.

음악치료사는 대상자로부터 신뢰를 얻고 바른 관계를 유지하기 위하여 노력한다. 그러므로 음악치료사는 '관계형성과 공감능력'이 필수이다. 음악치료사에게는 상당히 높은 수준의 '관계형성' 기술이 요구된다. 그러나 '일반적 관계형성'만으로는 부족하다. 또한 음악치료사는 필요에 따라 자신의 생각이나 감정을 상대방에게 바르게 전달할 수 있어야 한다.

음악치료사는 세션 중 '자신의 솔직한 기분'을 표현함에 있어 항상 '진중하게 생각'하고, 적절한 상황에 맞게 기분을 바르게 표현하고 전달할 수 있도록 노력한다. 때로는 대상자와 관계 맺기는 잘 이루어지나 음악치료사가 무슨 생각을 하고 있는지 알 수 없는 모호한 사람으로 비추어지기도 한다. 음악치료사는 대상자와 바른 관계형성을 이루되 대상자와 개인적인 관계에 있어서는 적당한 거리를 두고 세션에 임해야 한다. 대상자와의 관계에 있어서 음악치료사는 '자신이 상대에게 어떻게 생각되고 있는가'에는 민감하려고 한다. 그것은 대상자가 음악치료사에게 친근감을 느끼고 있으면, 대상자가 솔직한 생각을 말하거나 노래하고 연주를 할 기분이 커질 가능성이 높아지기 때문이다.

음악치료사는 '(대상자가) 자신을 신뢰해 주기를 바라는 것'이 아니라 직업적 필요성에서 '자신을 신뢰하고 있는지, 아닌지'를 중요하게 생각한다. 그러므로 대상자가 개인적 감정으로 신뢰하고 안 하는 것에 자기 자신은 흔들림이 없다. 만약 대상자에게 있어 통찰이 필요하다면, 상대에게 '직면할 수 있는 상황'을 마다하지 않는 '강인함'을 보인다.

'잘 돌봐주는 것'은 모든 대인 지원자에게 요구되는 행동 경향이다. 요컨대, '적당히 참견하는 사람', '상대가 곤란한 것을 보고 모른 척하지 않는 사람'인 것이다. 대상자가 필요로 하는 도움은 무엇인지 항상 배려하고 지원의 구체적인 방법을 찾으려고 하는 사람이다. 단, 동시에 상대의 '루즈-loose함', '나태함'을 보면, 그것을 절대로 허용하지 않는 엄격함을 가져야 한다. '루즈함'을 허용하면, 상대의 '약함'이 더

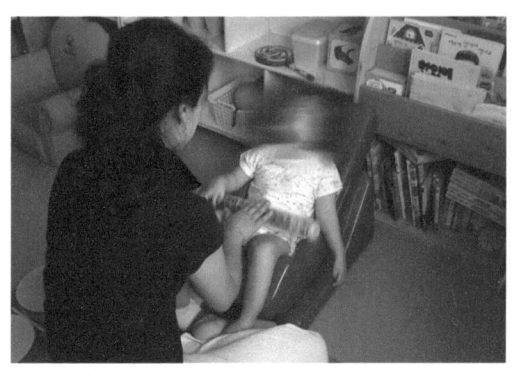
〈사진 1-6〉 재활원 음악치료

커져 버린다. '잘 돌봐주는 것'은 어디까지나 대상자의 '건강면'과 '강함'을 북돋우기 위해서만 사용되어야 한다. 이른바 친절한 아저씨, 아주머니와 같은 사람 중에는 말이 많은 사람이 적지 않다. 이러한 관계가 '모두 적절하지 않다'고는 말하기 어렵지만 음악치료사에게 어울리는 행동 경향은 아니다. 음악치료사는 자신이 표현하기 보다도 대상자로부터의 표현을 이끌어내는 것에서 기쁨을 느끼는 사람이어야 한다.

고령의 대상자가 집단 음악치료 실시 중에 "이런 시시한 노래는 부르기 싫다."라고 말했다 하더라도 음악치료사는 "그런 말은 하는 게 아니에요."라고 혼내거나 하지는 않는다. 상대의 주장을 개방적으로 받아들인다. 그러나 그렇다고 해서 그 곡이 그 현장에 '어울리지 않았다', 노래를 불러서는 '안 되었다'고도 즉단하지 않는다. 대상자의 '시시하다'는 말을 그대로 받아들이지 않고 그 말의 배후를 생각한다.

그 노래는 '그 사람의 과거의 힘든 기억'과 관계가 있기 때문에 노래를 부르고 싶지 않을 가능성도 있다. 그렇다면 그것은 '시시하기' 때문에 노래를 부르고 싶지 않은 것이 아니라 '너무 중요한 의미를 가지고 있어 받아들이기 어려우므로' 노래를 부르고 싶지 않은 것이다. 이와 같이, 음악치료사는 상대가 말하는 것의 '배경'을 항상 생각하는 것이다.

자신이 생각하고 있는 것, 느끼고 있는 것을 솔직하게 말할 수 있지만 '생각한 그대로' 얘기할 수는 없다. 상대에게 전달하는 (상대가 받아들일 수 있는) 말투·표현 방식으로 그것을 전달할 수 있다. 예를 들어, 음악치료 실시 중에 대상자의 부적절한 행동(예를 들어, 타인을 공격하는 등)이 보여 음악치료사가 '그런 행동은 좋지 않다'고 생각했을 때, 그것을 상대에게 전달해야 한다. 단, "당신의 행동은 틀렸어요."라고 전하기만 하면 그것으로 문제가 해결되는 것은 아니다. 어떠한 '전달 방식'이면 상대가 수긍하고 상대의 바람직한 변화를 이끌어 낼 수 있을지 고려해 적절한 표현을 선택할 필요가 있다.

　음악치료사는 '솔직'해야 하지만 '고지식'해서는 안 되는 것이다. 음악치료사는 그럭저럭 '좋은 사람'이라고 대상자가 느낄 필요는 있지만 그것만으로는 불충분하다. '단순히 좋은 사람이 아닌 사람'이자, '친절하지만 마음속에 엄격함을 숨기고 있는 사람'이라고 대상자가 느낄 수 있는 사람이어야 한다.

〈사진 1-7〉 음악치료사 양성과정 교육

02. 음악치료에서의 소리

1. 음의 개념
2. 음악심리학
3. 음악치료에 적용되는 추천 클래식 음악

Classical music & Music Therapy

음악치료에서의 소리
음(音)의 개념(槪念)

1. 음의 개념

1.1 | 음파(音波)

공기는 형태를 가지지 않지만 하나의 유동적인 탄성체이다. 작은 새의 지저귐, 노랫소리, 그리고 나뭇가지를 뒤흔드는 바람소리도 모두 공기 중에 가해진 자극에 의해 발생한 탄성 진동으로 음파라 불리며 이것이 청각에 소리의 감각을 부여하고 있는 것이다. 귀에 느껴지는 범위의 소리를 가청음(可聽音)이라 하고 앞으로 다루어지는 소리는 모두 이 범위 내에 한정된다. 물리적으로 말하면, 매질(媒質)인 공기 내부에서의 어떤 자극에 의해 발생한 공기 분자의 진동이 이 공기 속을 사방으로 퍼진다. 이 현상을 소리의 전파(傳播)라고 한다. 이해를 돕기 위해 아래 그림과 같은 모델을 상정하여 설명하면, 공기를 매우 작은 입자의 집합체로 간주하고 그 입자는 각각 간격을 두고 탄성적으로 연결되면서 균형을 유지하고 있다. 어떠한 자극에 의해 이 입자군이 움직이게 되면, 입자는 그 균형 위치를 중심으로 하여 전후로 진동하고 그 움직임이 입자 간을 연결하는 탄성에 의해 차례로 다른 입자로 이동해간다. 그 때문에 입자가 밀접한 층과 희박한 층이 생기고 그것이 전파되어가는데, 그 방향은 입자의 진동 방향과 같다.

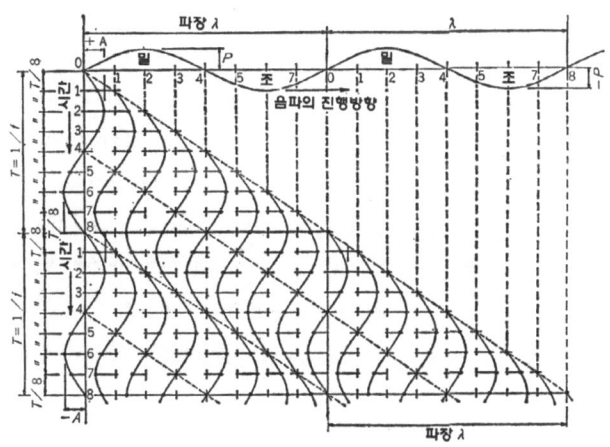

〈그림 2-1〉 매질 입자의 운동을 설명하는 모델

1.2 | 소리의 크기 레벨

소리의 크기 감각은 그 주파수에 따라 변화하는데, 이에 관해서는 1933년에 Fletcher에 의해 처음 연구가 발표되었지만 오늘날에는 아래 그림과 같이 수정되었다. 레벨은 어느 소리의 감각적인 크기를 나타내는데, 정상적인 감각을 가진 사람이 그 소리와 같은 크기로 들린다고 판단한 1000Hz의 순음 음압레벨(SPL)의 수치에 단위기호로서 phon이라는 명칭을 붙였다. 각 주파수의 소리 크기에 대해서 아래의 방법을 가지고 작성된 phon 단위의 등감곡선(contours of equal loudness)이 ISO(International Organization for Standardization)의 권장을 받아 국제적으로 지정되었다.

이 등감곡선은 각 주파수의 순음에 대해 그 크기를 비교하여 작성된 것이기 때문에 복잡한 주파수의 합성인 소음에 대해 적용하는 것은 타당하다고 할 수 없다.

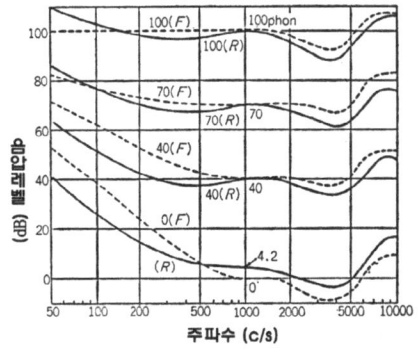

〈그림 2-2〉 곡선(R)은 Robinson이 나타내고, ISO로 권장하는 새로운 등감곡선. 파선의 곡선(F)은, Fletcher의 곡선이다.

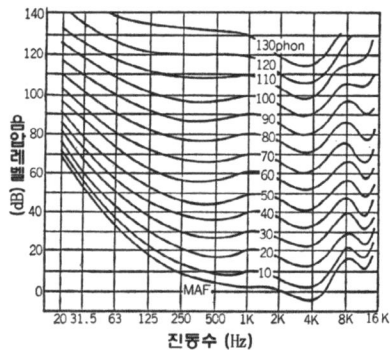

〈그림 2-3〉 소리의 크기 등감곡선 (ISO : R389, 1964)

청각이 발생하는 소리의 주파수는 매초 16~20000정도인데, 개인차도 있고 연령차도 있다. 소리가 높다든가, 낮다는 말은 주로 주파수의 대소(大小)에 관계하는 감각의 표현으로서 이용된다.

1.3 │ 소음의 레벨과 시끄러움

소음은 대부분의 경우 복잡한 주파수를 포함하고 있다고 생각되기 때문에 그 속에 포함되어 있는 주파수 성분의 내용에 따라 사람에게 미치는 자극에 차이가 발생한다. 따라서 소음에 대한 대응은 그 주파수 성분을 알아둘 필요가 있다.

소음을 정의하기란 어렵다. '없는 편이 좋다'라든가, '좋지 않다'는 소리에도 적용시키면 흥겨운 소리라 하더라도 소음 취급을 당하게 된다. 공부 중의 학생에게는 옆집에서 들려오는 피아노 소리도 그 크기에 따라서는 소음이 된다. 소음은 '언제 어디서 들어도 좋지 않은' 소리이고, 없는 편이 좋다고 생각되는 소리이다. 이와 같은 소리를 열거해 보면, ① 너무 큰 소리 ② 불쾌한 음색의 소리 ③ 청취를 방해하는 소리 ④ 신경에 거슬리는 소리 이 외에도 다양한 소리를 예로 들 수 있지만 대개 이 범위에 속한다.

조건(환경)	소음도(단위:dB)
식당	45~55
역, 공항 대합실	55~65
공장이나 상가의 소음	50~75
일상적인 대화(1m간격)	60
교통량이 많은 도시의 거리	68~80
자동차 실내	70
영화관, 지하철역	90
노래방, 기차소리	100
락 콘서트, 자동차 경적	110
건설현장 소음, 망치로 쇠를 때리는 소리	110~115
비행기 (60m거리에서 듣는 항공기 이륙소음) -고통의 경지	130

〈표 2-1〉 소음 기준표

일반적으로 80dB을 넘게 되면 고막에 큰 자극이 오게 되고 95dB 이상이 되면 두통을 130dB 이상이 되면 귀에 고통을 주며 150dB 이상이 되면 귓속의 작은 뼈를 손상시킨다. 보통 영화관이나 연주회장에서 스피커 가까이 앉게 되면 처음엔 괴롭지만 곧 익숙해진다. 그러나 이것은 엄밀히 말해, 소리에 익숙해지는 것이 아니라 귀가 손상되고 있는 것이다. 위의 소음으로 분류한 것들은 큰 음악소리보다 귀에 해로울 수 있다. 갑자기 커다란 에너지의 소리가 내이(內耳)에 전달되면 청각세포를 파괴할 수 있기 때문이다. 청각세포는 일단 파괴되고 나면 회복되지 않는다. 따라서 소음에 지속적으로 노출되지 않아야 하며 큰소리에 노출되면 귀에 충격을 주지 않도록 주의해야 한다.

1.4 | 청각

사람의 청각이 다른 동물과 현저하게 다른 것은 언어를 구분해서 듣는 능력을 지니고 있다는 점이다. 하지만 사람은 환경에 대응하여 반응하는 동물과 같은 능력을 잃어버린 것이 아니다. 대부분의 동물은 그 개체를 환경에 대응시켜 생명을 지키거나 그 혈통을 지키기 위해 옛날부터 오감이라 불리는 감각에 의지해 왔다. 동물은 그 생활 형태에 따라 어느 한 종류의 감각이 특히 발달하고 또 다른 감각은 쇠퇴해 버렸다. 인간의 오감도 마찬가지로 그 생활 형태에 따른 특징 있는 감각을 형성했다고 할 수 있다.

귀의 청각기로서의 구조와 역할이 밝혀지는 데에는 복합 현미경이나 전자공학의 진보를 기다려야만 했다.

19세기 중엽 코르티(Corti, A.)는 감각세포를 발견하고 이어 헬름홀츠(Helmholz, H.)는 선배 과학자들의 가설을 수정해서 "新공진설"을 발표했는데, 20세기에 들어서, 베케시가 실험을 통해 헬름홀츠의 설을 입증시켰다(1943년).

청각의 생리학은 이와같이 진보했지만, 신경생리학을 포함해서 아직 해결되지 않은 부분이 많다.

심리공간에서 수청자(受聽者)는 다음에 나타내는 3가지 성질로 대별할 수 있는 다양한 요소감각을 가진 음상(sound image)을 지각한다.

1) 시간적 성질 : 잔향감, 리듬감, 지속감 등
2) 공간적 성질 : 방향감, 거리감, 확산감 등
3) 질적 성질 : 크기, 높이, 음색 등

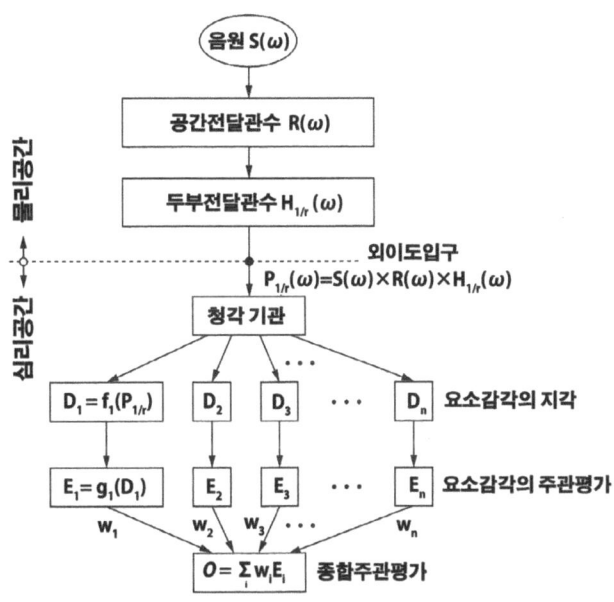

〈그림 2-4〉 음환경 평가시스템

    음원으로부터 방사된 소리가 사람의 고막에 도달하기까지의 전달경로는 아래 그림과 같이 나타낼 수 있다. 사람, 악기, 스피커 등에서 내보내진 음향신호는 공간 임펄스응답이 새겨져 직접음 및 반사음으로서 수청자의 머리 근방에 도달한다. 한편 두부 임펄스응답(HRIR : Head-Related Impulse Response)이 새겨져 외이도 입구에 도달하고 외이도를 거쳐 고막에 도달한다.

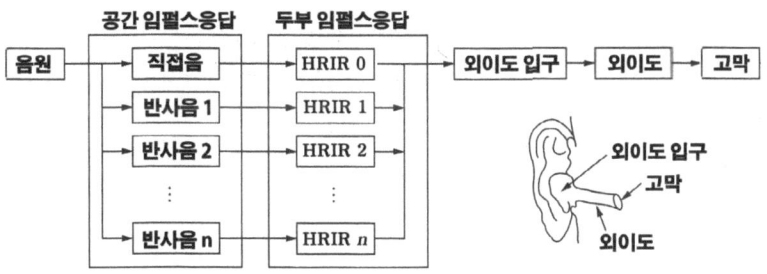

〈그림 2-5〉 소리의 전달경로

고막은 고감도의 작은 트램펄린(Trampoline)과 같은 것으로 공기압의 변화에 곧장 반응한다. 완전히 무음의 환경이 아니면 귓가의 공기는 매초 수십, 수백, 수천, 수만 번 압력을 받아 위아래로 계속 움직이고 있다. 이 굽이치는 공기압의 변화가 매초 20회보다 많고 2만회보다도 적을 때, 인간은 그것을 소리라고 인식한다.

1) 내이에서의 와우(달팽이관)의 구조

청각기(聽覺器)인 귀는 소리의 자극을 받는데 가장 적합한 위치에 좌우 양귀를 갖추고 소리의 대응을 편리하게 하고 있다. 아래 그림은 외이, 중이 및 내이의 구조를 나타내는 설명도이다. 소리의 자극은 고막을 진동시켜 이소골을 거쳐 와우의 전정 창에 전달된다.

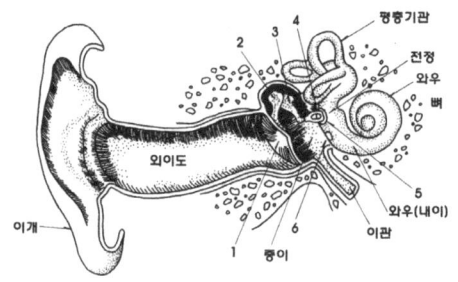

〈그림 2-6〉
외이, 중이 및 내이의 구조 설명도
1 : 고막 2 : 추골 3 : 침골
4 : 등골 5 : 전정창
6 : 고실창(정원창)

이 과정이 만일 1:1로 공기의 진동을 전달시키는 것이라면, 림프액이 충만해 있는 와우 내부로의 전반은 창면으로 반사되어 0.1%정도 밖에 전달되지 않는다. 그러나 고막과 전실창(Oval Window, 타원창)과의 면적 비는 약 50:3이고, 또 이소골 지레의 움직임으로 1.3배 정도의 승압(昇壓)이 이루어지기 때문에, 종합해 보면 22배의 승압(25㎅ 상당)이 되므로 와우 내 전정계에 진동은 잘 전달되게 된다.

2) 유모세포에 의한 자극의 수용

코르티기는 기저막 상부의 내외 유모세포와 그것을 덮는 개막으로 형성된다. 젤라틴질의 개막은 유모세포의 털에 엄밀하게 접촉해 있다. 와우가 흔들리면 기저막의 파동이 최대 편위 부분 세포의 털은 꺾이고 그 굴곡력의 자극에 의해 세포가 흥분하여 수용기 전위(정지부 전위)가 발생한다. 와우 마이크로포닉 전위는 흥분한 유모세포가 발생하는 수용기 전위의 총합(전정창 근처, 세포 밖에서 기록된다)을 나타내고 있고, 음압과 아주 흡사한 변동을 한다. 이것이 마이크로폰의 출력전압과 비슷하다는 점에서 그 이름이 붙여졌다. 각 개개의 유모세포에 발생한 수용기 전위는 세포 기저부에서 청신경 선유(제1차 뉴런)에 연락된다. 즉, 이 연락은 매우 작은 틈(0.02μ)을 가지고 접하는 세포의 기저부에서 신경선유로 전달물질의 방출이 있다고 생각되어진다. 이 물질이 구심성 신경선유의 흥분을 촉진시키는 것으로 청신경의 활동 전위(펄스 상의 동작전위)가 발생하여 신호로서 중구 신경계에 전달된다.

코르티기로부터 나오는 청신경 속의 신경세포는 쌍극의 세포로 각 세포의 한쪽 돌기는 유모세포의 기저에 시냅스 모양의 접촉을 하고, 다른 쪽 돌기는 청신경 안을 중계핵의 시냅스에 향하게 한다(이 쌍극 세포는 와우 신경근 속에 모여 있다).

3) 청신경 속의 뉴런 및 시냅스(Synapse)

소리의 자극은 코르티기를 거쳐 청신경회로에 신호로서 전달된다. 이 신경로가 제1차 청신경 뉴런이다. 뉴런은 1 또는 0 반응만을 나타내는 것으로 어느 정도 강도의 자극이 있다면 뉴런의 역치 이상의 자극을 받아 방전을 일으키고 펄스상의 전위 변화를 나타낸다. 역치와 활동 전위 및 펄스 빈도의 관계는 자극의 강도가 증가하면 펄스방전의 빈도는 증가하지만 그 상한은 1000회/초 정도이다.

펄스 빈도는 소리의 주파수(음파의 위상)에 동기하는 경우가 있다. 단일 뉴런의 경우 동기는 수 100Hz까지이지만, 대부분의 뉴런이 묶음 전체로 보면 주파수 3~4 Hz까지 동기할 수 있다. 기저막 위에 배열되어 있는 유모세포가 최대의 흔들림이 되는 위치에 의해 감도를 가장 크게 나타내는 주파수의 범위가 있고, 이것을 특징 주파수(Characteristic Frequency, CF)라고 한다. 감각 뉴런 및 시냅스의 성질과 동작은 매우 복잡하면서 심오하기 때문에 상세한 내용은 신경생리학을 참고로 하여야 한다.

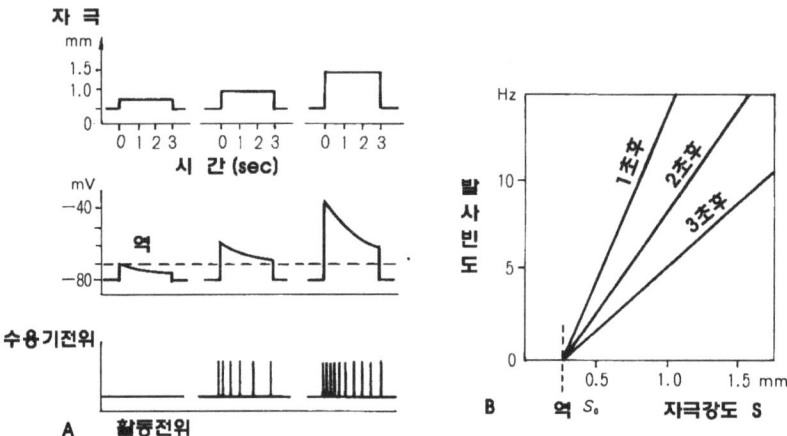

〈그림 2-7〉 A : 3개의 다른 자극강도에 대응하는 수용기 전위와 활동 전위. 활동 전위는 수용기 전위가 역을 넘으면 나오기 시작한다.
B : 자극의 시작부터 3개의 다른 시간(1, 2, 3초)의 경우, 활동 전위의 순간빈도 F와 자극강도 S의 관수관계를 나타내는 그래프. S0는 자극역.

4) 음상의 융합

스테레오 재생음은 이미 일반 가정 내에서 즐길 정도로 보급되었기 때문에 누구나가 양 귀에서 들리는 음상의 이동을 느꼈을 것이라 생각한다. 그림은 음상이동의 설명도이다. 바로 정면에서 좌우로 나뉘져 시청자로부터 3m의 같은 거리에 스피커 A, B가 놓여 있다. 양 스피커에서 같은 레벨의 소리가 나오면, 시청자의 바로 정면에 허음상이 발생하여 C로부터 소리가 오는 것처럼 느끼게 된다.

만약 스피커 B를 34㎝ 후방의 D에 이동시키면, C로부터의 소리는 사라지고 A로부터만 소리가 들려오는 것처럼 느껴진다. 여기서 D의 스피커음 레벨을 약 5dB 증가시키면 A로부터의 소리는 사라지고 다시 C로부터 소리가 오는 것처럼 느낀다. 시간차와 강도차의 치환이다.

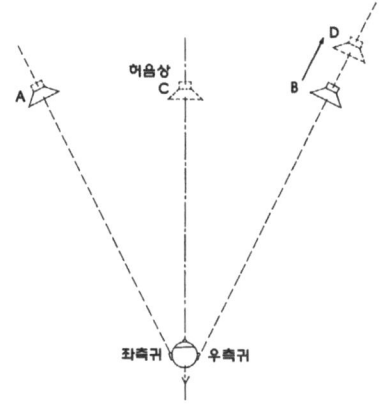
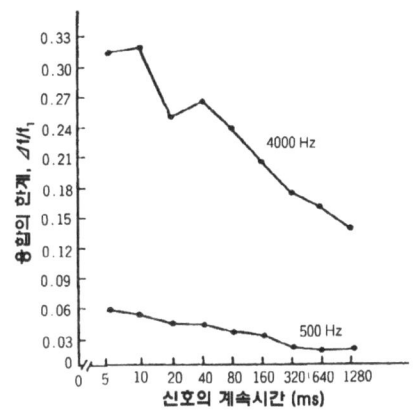

〈그림 2-8〉 하스 효과 설명도
A, B스피커가 같은 크기로 울리면,
정면 C에 허음상이 생긴다.
B를 34cm(1ms)만 뒤로 이동시키면
A에서만 소리가 들리는 것처럼 느낀다.
선행음 효과라고도 한다.

〈그림 2-9〉
다른 주파수음에 대한 양귀 청감의
음상 융합역과 펄스 단음의
길이와의 관계

두 스피커로부터 같은 레벨의 소리가 나올 때, 먼저 귀에 도달한 소리가 나오고 있는 스피커에 대해 음상을 연결하여 다른 방향의 스피커 소리가 느껴지지 않게 된다. 이 현상은 시간차 1~30ms의 범위 내에서 발생하고 하스 효과(haas effect) 혹은 선행음 효과(Precedence Effect)라 부른다. 이 효과는 청각 시간의 변별과 양 귀에 의한 음상 융합, 방향지각에 관한 특수한 효과라 할 수 있다.

하스 효과를 이용하여 오디토리움 내에서 직접음의 보강에 스피커를 사용할 수 있다. 그리고 청감에 좋은 공간 효과를 가져오는 초기 측방 반사음을 스피커로부터 공급할 수도 있다. 음상의 융합은 주파수성분이 다른 클릭음으로도 가능하고 순음의 경우 양귀에 주어지는 소리의 주파수가 있는 범위에서라면 좌우의 두 소리는 융합한다.

즉 하스 효과, 선행 효과(Haas Effect, Precedence Effect)는 동일음이 여러 방향에서 들릴 경우 가장 빨리 귀에 도달한 방향으로 음상을 정위하는 현상(도달음의 시간 차이가 40ms보다 짧을 경우 다른 음으로 인식하지 못함)를 말한다.

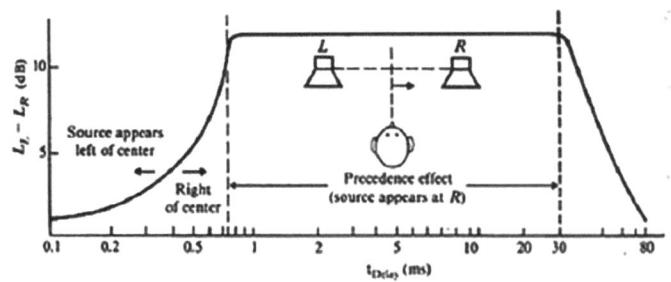

〈그림 2-10〉 하스 효과, 선행 효과(Haas Effect, Precedence Effect)

5) 마스킹 효과(Masking Effect)

도로변에서 연설을 하는 선거 후보자는 큰 출력으로 스피커를 울려 도로 소음을 억제하여 사람들의 귀에 호소하고자 한다. 소음이 있는 곳에서 대화의 목소리를 크게 하지 않으면 잘 들리지 않는다는 것은 누구나가 알고 있다. 즉, 귀의 감도(感度)가 나빠져서 최소 가청치의 레벨이 큰 쪽으로 이동한 것이다. 청취에 대한 소리의 방해효과는 소음뿐만 아니라, 음악에서도 화성에서도 듣고자 하는 이외의 소리는 거의 대부분 귀를 차폐하여 청취를 방해하는 것이다. 마스킹 효과는 마스킹 오디오그램(masking audiogram)에 의해 표시된다.

이것은 보통의 실내 소음이 있는 곳에서 순음을 청취할 때에 최소 가청 레벨이 이동한다. 그 데시벨 양을 각주파수마다 표시한 곡선이다. 그림 11은 43dB의 보통 소음이 있는 곳에서 주파수 100Hz의 소리에 대해서는 7dB, 500Hz의 소리에 대해서는 22dB, 1000Hz의 소리에 대해서는 25dB, 3000Hz의 소리에 대해서는 28dB이나 최소 가청 레벨이 높아지는 것을 나타내고 있다.

마스킹 현상은 대개 다음과 같이 설명할 수 있다. (1) 마스킹 양은 방해음의 레벨이 올라가면 커진다. (2) 방해음 주파수 근처에서 마스킹 양은 커진다. (3) 순음이 순음을 마스크 하는 경우, 2음의 주파수가 아주 접근하면 윙윙거리는 소리가 발생하고 2음이 커지게 된다. (4) 높은 소리는 보다 낮은 소리에 마스크 되는데, 더 높은 소리에는 마스크 되지 않는다. 여기서 최소 가청 값에 대해 설명한다. 마스킹 양은 최소 가청 값이 방해음 때문에 큰 쪽으로 이동하는 양이라고 설명한 바 있다.

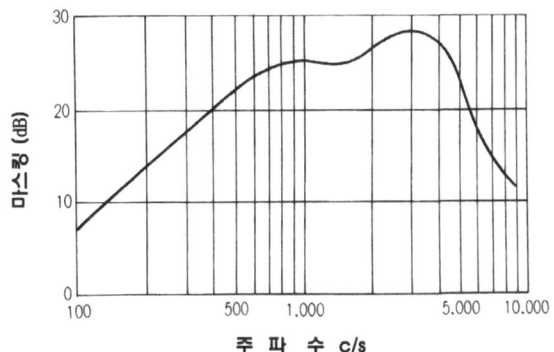

〈그림 2-11〉 43dB의 보통 소음에 의한(실내) 마스킹 스펙트럼(Knudsen)

즉, 마스킹 효과(Masking Effect)는 큰 소리에 의해 작은 소리가 묻히는 현상. 주로 저음역의 큰 소리가 고음역의 작은 소리를 쉽게 마스킹 하는 것을 말한다. (실례 : 시끄러운 음악소리가 들리는 곳에서 대화가 묻히는 것)

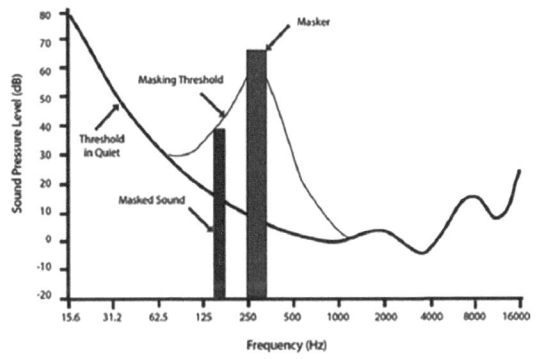

〈그림 2-12〉 마스킹 효과

최소 가청 값은 개인차가 있고 노약(老若)에 따른 차이도 있다. 이것을 표준화 하고자 하는 필요에서 정상 청력자(18~24세의 건강한 사람)의 최소 가청 값이 국제적 규격 값으로서 결정되며, 이것은 무향실 내에서 음원에 바르게 향한 양 귀로 들은 경우의 값으로 MAF(Minimum Audible Field) 등감곡선의 최저곡선이다. 연령의 증가에 따른 청력 저하는 고음이 될수록 손실이 커지는 양상이 그림처럼 나타난다.

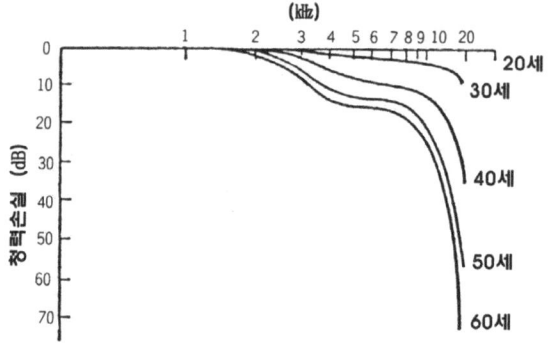

〈그림 2-13〉 연령에 따른 고역 감도의 강하(ISO 규격에 따름)

1.5 | 음색

소리의 크기, 높이와 함께 3요소라 불리는 음색은 청각적 인상 중 하나이다. 언어의 이해, 화자의 인식, 혹은 악기의 식별 등은 모두 음색을 식별하여 판단된다. 음색은 복합음을 구성하는 부분 음 구조에 의해 만들어진다.

따라서 주파수 분석을 하는 부분 구조음을 아는 것은 음색을 이해하는 데 도움이 된다. 음색에 대해서는 여러 가지 정서적 표현이 있다. 좋은 소리, 듣기 싫은 소리, 날카로운 소리,

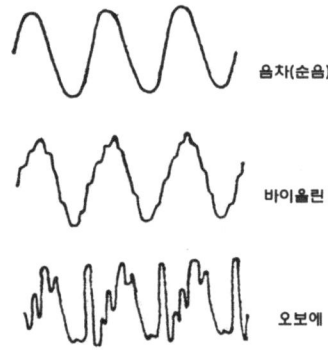

〈그림 2-14〉
음차(순음), 바이올린, 오보에 소리의 파형. 3개 소리의 주파수 및 음압 레벨은 대체적으로 동일하다.(Y. O. Knudsen, C. M. Harris)

부드러운 소리, 가벼운 소리, 깨끗한 소리 등 그리고 귀에 거슬리는 잡음과 소음도 복합음에 속한다. 음악이 예술이 되기 위해서 음색은 아주 중요한 요소이다.

독일의 과학자 하인리히 헤르츠(Heinrich Hertz)에 의해 표시된 주파수는 'Hertz'라는 단위로 치환(置換)되고 나아가 'Hz'라고 줄여 표기되는 경우가 많다. 즉, 고막을 매초 440회 떨리게 하는 소리는 440Hz의 주파수를 가지게 된다. 오보에, 바

이올린이 같은 음을 내고 있을 때의 각각의 전형적인 공기압의 반복 패턴이다. 이들 파형은 3가지 악기의 녹음된 소리로부터 기록된 것으로 만들어진 공기압의 상하 파동의 모습이 선이 고저차에 따라 표현되고 있다.

음악의 소리는 같은 패턴이 반복한다는 공통점이 있을 뿐 공기압이 그리는 파형은 천차만별이다. 오보에의 패턴은 상하의 변동이 가장 심하고 두 개의 산(山) 뒤에 2연속의 작은 산(山)이 오고, 마지막에 곡(谷)이 이어진다. 반복하는 공기압의 패턴에 있어서 이런 복잡함의 차이가 각 악기의 다른 음색에 반영되어 있다는 것이다. 바이올린의 소리는 순수하고 심플하며, 오보에는 더 풍부하고 복잡한 음색을 가지고 있다.

1.6 | 머리 운동의 영향

지금까지 머리를 정지한 상태에서의 방향 지각에 대해서 논의해 왔다. 그러나 소리 자극이 계속되는 가운데 머리를 움직이면, 그 움직임에 의해 양 귀의 고막 상의 신호가 변화한다. 이 머리의 움직임에는 다음의 2가지 경우를 생각할 수 있다. 하나는 무의식적으로 반사적인 음상의 장소나 음원이 있을법한 장소를 향해 머리를 돌리는 경우이고, 또 하나는 의식적으로 머리의 움직임을 통해 정보를 얻어 불명료한 음원 위치를 판단하는 경우이다.

Thurlow and Runge는 눈을 가린 상태의 피험자의 상반신을 고정하고, 무향실 내부의 10개소에 놓인 스피커로부터 협대역 노이즈(500㎐~1㎑, 7.5㎑~10㎑)를 제시하였다. 그 결과 피험자는 음원방향을 판단할 때, 〈그림 2-15〉에서 나타내는 "갸웃거림", "끄덕임", "회전"과 같이 3종류의 움직임을 나타내었다.

움직임 폭의 평균값이 가장 컸던 행동은 "회전"이고, 출현 빈도가 가장 많았던 것은 "회전"과 "끄덕임"을 조합한 움직임이었다. 한편, 이와 같은 머리 운동이 전후 오판정을 감소시킨다고 보고하고 있다. 마찬가지로, 머리의 수평회전이 전후 판정 및 정중면 내의 앙각 정밀도의 향상에 기여한다는 것을 보여주는 실험결과도 보고되고 있다.

〈그림 2-15〉 머리의 3종류의 움직임

1.7 | 거리지각에 영향을 미치는 물리적 요인

1) 음압레벨

음원의 출력 음압을 일정하게 유지하고 음원으로부터의 거리를 변화시키면 수음점에서의 음압레벨은 변화하는데, 그 결과 라우드니스(loudness)도 변화한다.

Gardner는 피험자의 정면 3m에서 9m 사이에 등간격(等間隔)으로 스피커를 일렬로 배치하고 3m 및 9m의 두 스피커로부터 다양한 음압레벨로 스피치를 방사하는 실험을 실시한 후 피험자에게 음원거리에 대해 답변하도록 하였다. 그 결과, 음상거리는 실제 음원의 거리와 관계없이 수청 위치의 음압레벨에 의존한다는 것을 보여주었다.

음압레벨이 거리지각의 단서가 되기 위해서는 수청자가 대상으로 하는 음원의 출력 음압레벨 혹은 어느 거리에서의 수청 음압레벨을 알고 있을 필요가 있다. 이들 조건은 항상 만족된다고 한정할 수 없기 때문에, 음압레벨을 단서로 해서 음원의 거리를 항상 정확하게 지각할 수 있는 것은 아니다.

그림은 다른 종류의 라이브 음성, 즉 "속삭이는 목소리", "외치는 소리", "작은 목소리", "회화"에 대한 무향실에서의 음원거리와 음상거리의 관계를 보여주고 있다. 피험자는 눈을 가리고 있기 때문에 음원거리에 대한 시각적인 정보는 없다. 이 그림은 같은 음원거리라 하더라도 외침 소리의 음상거리는 회화(會話)의 음상거리보다 멀고 속삭이는 소리의 음상거리는 가깝다는 것을 보여주고 있다. 즉, 신호의 의미가 음상거리에 영향을 미치고 있다고 말할 수 있다. 이는 인간이 음원의 종류와 수청 음압레벨을 학습하여 거리지각에 도움이 되고 있다는 것을 시사하고 있다.

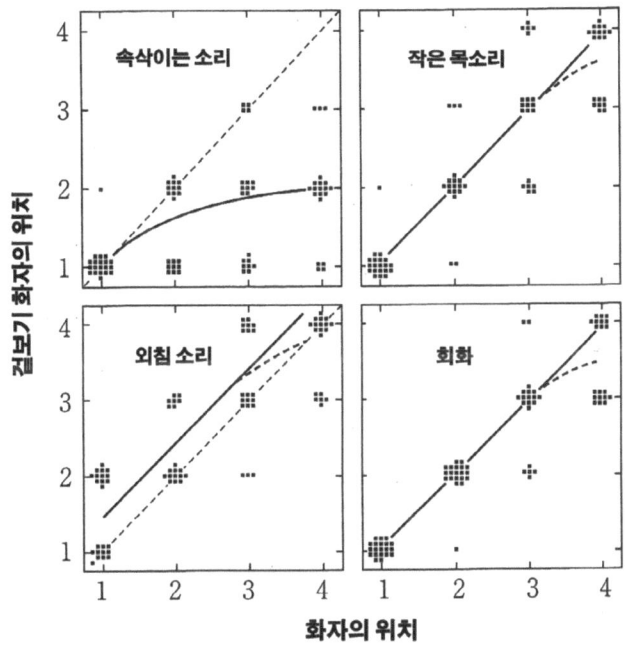

〈그림 2-16〉 다른 종류의 라이브 음성에 대한 무향실에서의 음원거리와 음상거리의 관계

2) 양 귀 간의 차(差)

양 귀 수청을 전제로 한 단서로서 양 귀 간의 차에 대해서 설명하면, Hartley and Fry는 머리를 강구(剛球)로 가정하고 양 귀 간의 레벨 차와 위상차를 음원거리의 관수로서 계산하였다. 또 Firestone은 더미헤드를 사용해 그들을 실측하였다. 그 결과, 양 귀 간의 차는 음원이 멀어질수록 작아지고 음원으로부터 1m인 지점에서 거의 수속된다는 것을 알 수 있었다. 더미헤드를 사용해 측정한 두부전달관수로부터 양 귀 간의 진폭주파수 특성의 차를 구하고 정면 방향에서는 거의 변화가 없지만, 측방에서는 1m까지는 변화한다는 것을 보여주었다. 두부전달관수가 거리에 의존하는 것은 음원으로부터 1m 이내의 근거리 음장뿐으로 이와 같은 경우를 제외하고 양 귀 간의 차는 거리지각의 단서가 된다고 판단하기 어렵다.

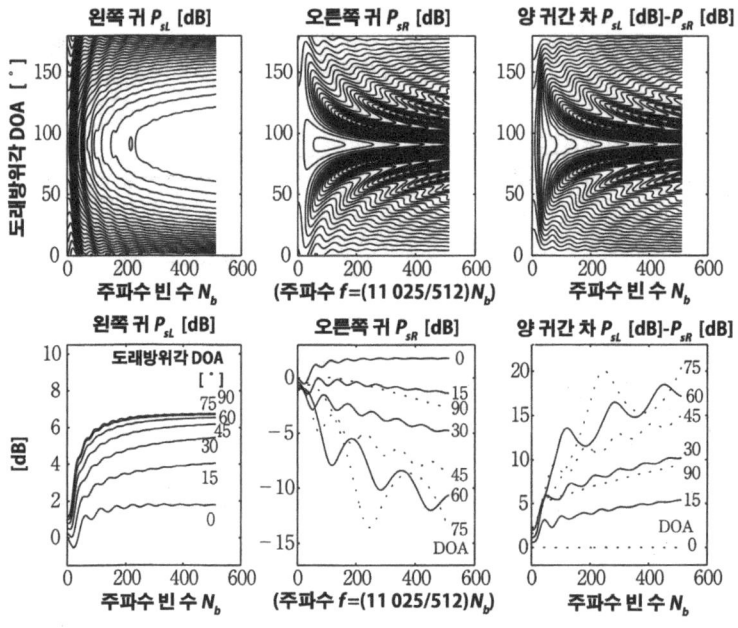

〈그림 2-17〉 반경 8.84cm 구 형상 머리의 회절계수의 방위각-주파수특성(수치계산 결과)
점음원은 왼쪽 귀 쪽에 있고, 머리의 중심으로부터 1m의 거리에서 도래방위각 α를
0에서 180°까지 변화시켰다. α가 90°에서 DOA 축은 이축(耳軸)에 겹쳐진다.

3) 반사음

지금까지는 단일 입사음(직접음)만에 의한 음상에 대해서 검토해 왔는데, 통상의 실내음장에서는 직접음과 더불어 다수의 반사음이 입사(入射)한다. Gotoh et al.는 반사음을 부가한 음장 시뮬레이션에 의한 거리지각의 실험을 실시하여 반사음의 지연시간이 클수록 음상거리가 커진다는 것을 보여주었다.

한편, 실제 공간에서 음원과 수음점의 거리를 변화시켰을 때 발생하는 반사음 군(群)을 시뮬레이션해서 피험자에게 제시하자 음압레벨과는 관계없이 음원과 수음점의 거리 순으로 음상거리가 지각된다는 것을 보여주었다. 이러한 결과는 인간이 공간 임펄스(impulse) 응답으로 나타내는 실의 반사음 구조를 거리지각의 단서로 하고 있다는 것을 보여주고 있다.

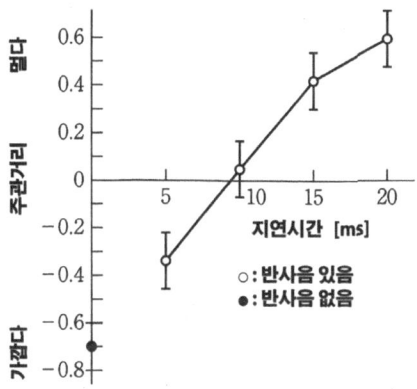

〈그림 2-18〉 단일 반사음의 지연시간과 음상거리의 관계

1.8 | 음성의 명료도

사람이 모이는 장소 등에서는 특히 화성(말소리)의 명료한 청취가 요구된다. 음악 공연장에서 음악적 청감(聽感)이 평가되듯 강당에서는 스피치의 명료도(Percentage Articulation, PA)가 좋으면 된다는 객관적 평가를 필요로 한다. 명료도는 말소리의 크기, 잔향시간(殘響時間) 및 소음 등의 영향을 받기 때문에 그 정도가 저하된다. Knudsen은 반세기 이전에 이 관계를 다음과 같이 정리할 수 있다.

$$PA = 96 \cdot k_e \cdot k_r \cdot k_n \, (\%)$$

k_e, k_r, k_n은 각각 청취점에서 음성의 음압, 잔향, 소음에 의한 저감률로 실의 형태상의 결점은 없는 것으로 한다.

음성에 대해서 살펴보면, 모음에 포함되는 주파수 범위는 500~3000Hz이며 자음은 2000~5000Hz의 범위이다.

인간의 음성은 이 범위 내에 포함되는 주파수의 합성에 의해 만들어진다. 소음에 포함되어 있는 주파수 중 500~5000Hz 범위의 주파수는 음성을 잘 마스크 해서 방해가 된다. 그림은 White Noise를 소음원으로 한 경우의 언어 이해 한계를 나타낸 것이다. 소음과 음성이 같은 음압레벨일 때는 30dB이상에 대해서는 이해 가능범위가 된다.

음성의 크기와 소음의 음압레벨 및 단어의 이해도와의 관계는 다음과 같이 구한다.

$$단어의 이해도 = \frac{바르게 들은 키워드의 수}{질문 중의 키워드 총수} \times 100$$

Key Word란, 예를 들어, "1주일은 며칠인가?"에서 선이 그인 부분을 말한다. 그림 중에 소음레벨의 곡선은 좌우 방향으로 이동하고 있는데, 이것은 소음의 마스킹 작용에 의한 것이다. 마스크 된 최소 가청 한계는 소음의 음압레벨의 상한으로 대개 동일한 정도로 상승한다.

잔향이 긴 실내에서 대화하는 것은 어렵다. 그림은 잔향시간과 언어 명료도 및 실의 용적과의 관계를 나타낸다.

2. 음악심리학

음악심리학은 전문의 벽을 뛰어넘어 많은 사람들이 관심을 가지는 분야이다. 특히 많은 오해는 음악심리학이 어떠한 음악 혹은 소리가 쾌적한지 혹은 감동이나 힐링을 주는지에 대해 명쾌한 해답을 준다는 것이다.

음악심리학이라는 분야가 청각심리학으로부터 독립한 독자적인 분야로서 확립한 것은 Seashore(1938)가 이 분야의 내용을 책으로 정리했던 무렵이라고 말할 수 있을 것이다.

심리학의 역사에서는 음악심리학이 발전하기 위해 반드시 유리하지 않은 상황이 1970년대까지 계속되었다. 먼저, 음악심리학을 기초로 만들어야 하는 청각연구가 심리학의 주류로부터 조금 거리를 둔 상태에 있어, 음악에 관해 특별히 중요하다고 생각되는 게슈탈트 심리학(Gestalt Psychology)의 도입이 충분히 이루어지지 못했다. 한편, 음악체험의 근간을 이루는 감정에 대해서는 정신물리학, 인지심리학의 수법 및 조건 부여의 절차로 대표되는 전통적인 실험심리학의 수법을 통해 다루는 것이 어렵다는 점에서 연구가 충분히 이루어지지 못했다.

음악심리학은 심리음향과 동의어로 연구되는데, 인간이 듣는 소리의 물리적 특성과 그 소리가 만들어 내는 지각적 특성 사이의 관계를 설명하는 학문(Brain. C. Moore, Cambridge University, UK.)이라 할 수 있으며, 소리는 모든 사람들에게 일정하게 인지되지 않으며 주변 환경이나 청취자의 심리상태에 의하여 서로 다르게 들린다는 것을 대전제로 한다. (이는 소리를 주관적이며 감각적으로 인식하는 인간의 특성에 기인함)

변수	내용	특성
물리적 변수	음압 (Pressure) 주파수 (Frequency) 스펙트럼 (Spectrum) 지속시간 (Duration) 엔벨로프 (Envelope)	음에 대한 현상을 객관적/물리적으로 설명

주관적 변수	라우드니스 (Loudness) 음정(Pitch) 음색(Timbre) 소리의경험	인간의 주관적인 속성을 감안

〈표 2-2〉 물리적인 음향 파라미터와 주관적인 인식값

2.1 | 음악의 지각과 인지

음악에 있어서 기본적인 요소인 리듬, 소리의 높이, 조성의 지각에 대한 내용은 다음과 같이 설명할 수 있다.

1) 리듬 지각

리듬은 음악의 가장 기초적인 요소이다. 예를 들어, 타악기 곡 등 피치나 화성이 명확하지 않은 음악은 존재해도 리듬이 없는 음악은 존재하지 않는다(규칙적이지 않더라도, 소리의 시간축 상에서의 통합과 같은 의미에서의 리듬은 존재함).

리듬의 지각은 기본적으로 소리의 시작이 시간적 위치에 대응하고 있다. 구체적으로는 잇달아 울리는 몇 가지 소리의 시작에서 다음 소리의 시작까지의 시간 간격의 길이를 들음으로써 우리는 리듬을 지각하고 있다고 느낀다. 단, 물리적인 소리의 시작부터 시작까지의 시간적 거리만으로 지각되는 리듬이 결정되는 것은 아니다. 예를 들어, 소리의 지각적인 시작은 소리의 물리적인 시작과 반드시 대응하는 것은 아니고 소리의 첫 부분과 소리 자체의 길이의 영향을 받는다. 또 잇달아 울리는 소리가 3개 이상 있고, 복수의 시간 간격이 인접해 있는 경우에는 시간 간격의 지각은 전후의 시간 간격의 영향을 받는다. 3개의 단음이 잇달아 울릴 때, 이 3개 소리의 시작으로 인해 두 개의 인접하는 시간 간격이 나타난다.

여기서는 최초의 시간간격을 T1, 이어지는 시간간격을 T2라 부른다. T1이 T2보다 약간 짧을 때, T2의 주관적 길이가 T2가 단독으로 제시될 때보다 짧아지는 경우

가 있는데, 이 현상을 시간 축소 착각이라 부른다. T1보다 물리적으로 긴 T2가 주관적으로 짧아지고 T1의 주관적 길이에 가까워지기 때문에 시간 축소 착각은 동화현상(同化現象)의 일종이라고 말할 수 있다. 이 착각은 T1이 200ms 이하일 때 발생하고 T1과 T2의 차가 80ms 정도일 때 T2의 축소량이 가장 커진다고 알려져 있다. 착각이 생기기 쉬운 조건에서는 T2의 축소량은 50ms 정도나 된다. 이에 비하면 변화량은 작지만 T1의 주관적 길이가 T2의 길이에 영향을 미치는 형태로 역방향의 동화가 일어나는 경우도 있다. 예를 들어, T1이 T2보다 약간(20ms 정도) 길 때 T1의 길이는 T1이 단독으로 제시되는 경우보다도 최대 20ms 정도 짧게 지각된다. 이와 같은 인접하는 두 시간 간격의 동화에 의해, T1과 T2가 물리적으로는 같아지지 않더라도 1:1로 지각되는 '1:1 카테고리'가 존재하고 그 범위는 $-80ms \leq T1-T2 \leq 50ms$라고 알려져 있다. 단, T1+T2가 480ms를 넘으면, 시간 축소 착각이 발생하지 않으므로 1:1 카테고리의 범위는 변화한다.

시간 축소 착각이 발생하는 조건인 200ms 정도의 시간 간격은 음악의 연주에서도 이용되는 정도의 길이이다. 즉, 우리가 음악의 리듬을 들을 때에도, 저도 모르게 시간 축소 착각이 발생할 가능성이 있다. 예를 들어, 인접하는 두 개의 시간 간격의 길이가 80ms(T1)와 160ms(T2)인 경우, 물리적으로는 T2의 길이는 T1의 2배이므로 「타탓타」하고 두 번째의 시간 간격이 첫 번째보다 훨씬 길어지는데, 이 시간 간격은 시간 축소 착각이 발생하는 범위 내에 있어 지각적으로는 「타타타」하고 두 시간 간격이 거의 같은 간격으로 들리는 일이 많을 것이라고 예상된다. 시간 축소 착각을 포함하는 동화현상은 음악의 지각과도 관련 있는 신기한 현상일 뿐 아니라 시각자극을 이용하거나 지각과 함께 뇌의 반응을 조사함으로써 우리의 시간 정보 처리의 구조를 찾는 데 있어서도 흥미로운 현상이다.

리듬을 나타내는 소리의 길이도 리듬 지각에 영향을 미치는 경우가 있다. 리듬은 기본적으로 잇달아 울리는 소리 시작의 타이밍에 의해 결정된다고 여겨지고 있지만, 소리 시작의 시간적인 위치가 고정되어 있다 하더라도 소리의 길이가 변화하면 지각되는 리듬이 변화하는 경우도 있다.

이와 같은 시간 간격의 주관적 길이의 변화는 소리의 길이를 고정시켜 시간 포괄을 변화시키는 것만으로는 발생하지 않았다는 점에서 소리의 길이가 변화하는 것 자체가 중요하다고 판단된다. 소리의 길이가 시간 간격의 지각에 영향을 미치는 것은 두 개의 소리로 구성되는 패턴을 이용해도 확인되며 소리가 길어지면, 시간 축소 착각이 발생하는 형태가 변화한다는 것도 보여주고 있다. 실제 음악의 소재를 이용한 연구에서도 소리의 길이의 영향은 보고되고 있다.

2) 소리의 높이 지각

소리의 높이(피치)는 소리의 주관적 성질 중 하나이다. 소리의 높이에는 음조높이(tone height)와 반음계 순환(tone chroma)이라는 두 개의 요소가 있다고 하며, 소리의 높이 지각에는 이 두 요소가 관계하고 있다.

tone height는 소리의 높이의 직선적인 요소를 tone chroma는 예를 들어, C음에서 반음씩 소리를 올릴 때 1옥타브 위의 C음에 도달했을 때, 최초의 C음과 공통된 성질이 지각된다는 소리 높이의 순환적인 요소를 나타낸다. 소리 높이의 지각은 소리의 주파수와 밀접한 관계가 있다. 순음의 경우, 소리의 높이는 소리의 주파수와 거의 대응하고 있어 주파수가 높을수록 소리는 높게 들린다.

조파(調波) 복합음의 경우, 소리의 높이는 기본주파수와 거의 대응하는데 소리의 스펙트럼 구조도 깊게 관련되어 있다.

높이가 다른 두 개의 소리가 이어 울리게 되면 상승 혹은 하강의 인상을 얻을 수 있다. 예를 들어, 피아노로 C4 음과 D4 음을 이 순서로 연주하면 소리의 높이가 상승한 것을 지각할 수 있다. C4 음과 D4 음은 각각 명확한 높이를 가진 소리인데, 소리 높이의 움직임의 인상은 하나하나의 소리의 높이가 명확하지 않은 경우도 생긴다. 이와 같은 인상은 한음만 단독으로 울렸을 때에도 발생하는 소리의 높이의 인상과 구별하기 위해 시각에서의 움직임은 지각과 관련지어 동적 피치라 이름을 붙였다. 하나하나의 소리가 명확한 반음계 순환을 가져오지 않아 스펙트럼 포락(包絡)이 고정되어 있는 경우에도, 두 개의 소리가 차례로 울리면 동적 피치의 인상을 얻을 수 있다.

무한 음계란 스펙트럼 포락을 고정한 채 다수의 성분 음을 동시에 상승 혹은 하강시킴으로써 소리의 높이가 계속 상승하거나, 계속 하강하는 것처럼 들리는 지각 현상을 뜻한다.

성부를 움직임으로서 복수의 성부가 화성의 진행을 나타내는 것이 아니라, 한 덩어리의 소리가 되어 상하로의 움직임을 나타내게 되어 복수의 성부로 하나의 선율의 움직임과 새로운 음색을 만들 수 있다.

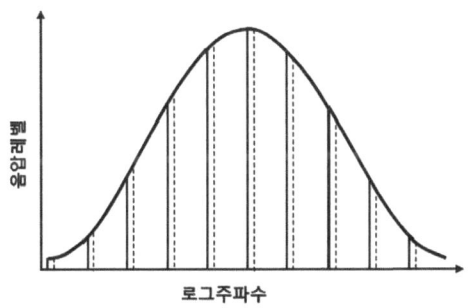

〈그림 2-19〉 Shepard(1964)가 이용한 무한음계 패턴의 스펙트럼. 성분음은 1옥타브 간격으로 나열되어 있었다. 파선은, 실선으로 표시된 성분을 상승시킨 예를 나타낸다. 이와 같이 해서 전체 성분을 상승시켜 가면, 소리의 높이가 무한으로 계속 상승하는 듯한 인상을 얻을 수 있다.

3) 조성(調性)의 지각

음악에 있어 소리의 높이가 다른 복수의 음이 이용되는 경우가 많다. 몇 개의 소리가 울릴 때, 소리의 높이의 출현 빈도 및 배열 방식에 어떠한 규칙성이 만들어지게 된다. 이때, 우리가 마음속에 어떠한 예측 및 기대의 틀이 만들어지고 이어서 울린 소리가 그때까지의 문맥에 맞지 않으면 의외라는 인상을 받는다. 음악심리학 분야에서는 이와 같은 예측이나 기대의 틀을 조성이라고 생각할 수 있다. 이와 같은 조성은 선율의 기억에도 영향을 미치고 있다고 생각할 수 있다.

화성의 학습은 긴 잠복시간 처리로 "인지적으로" 알아들을 수 있게 된 후 짧은 잠복시간 처리로 "감각적으로" 구분해 들을 수 있게 되는 단계를 밟을 가능성이 있다고 판단된다. 음악경험을 통해 우리의 뇌가 실행하는 화성의 처리가 다를 가능성이 시사되었다.

4) 음악의 힘

음악에는 순발력이 있다. 마음에 울려 퍼지는 멜로디, 하모니, 리듬이 귀에 들어오면, 감정이 자극을 받아 신체가 반응한다. 아마도 그것은 무의식에라도 순간에 일어나고 있는 심신의 변화라고 생각한다. 또 귀는 항상 듣고 있어 무방비 상태이기 때문에 흘려듣는 이지 리스닝(easy listening)에서도 영향을 받고 있다고 생각한다. 마치 눈에 보이지 않는 공기와 같은 존재이다.

음악의 힘에 의식을 돌리면, 다양한 장면에서 사용되고 있다는 것을 알 수 있다. 레스토랑, 클리닉, 미용실… 질 높은 환경 분위기를 위하여 클래식을 활용하고 있는 상점까지 있다. 영화나 연극에서도 음악이 효과적으로 사용되어 관객의 감정을 크게 동요시킨다. 어쩌면 음악은 주역을 돋보이게 하는 명조연일지도 모른다. 눈에 보이지 않는 음악이 주는 영향은 공기와 마찬가지로 헤아릴 수 없을 정도로 크다.

마음속에 있는 각자의 기억과 그에 따른 감정에 가까운 곡은 각 사람마다 다양하게 있다는 것을 실감한다. 다큐멘터리 영화 〈Personal Song〉에서는 잇따라 일어나는 기적이 그려지고 있는데, 이 사실은 연주가로서 또 피아노 지도에 관여하는 사람으로서 깊이 공감하는 동시에 많은 사람에게 기적이 일어나는 순간을 지켜봐온 음악체험들을 떠올리게 했다. 건강 수명이 늘어나도 행복 수명은 늘어나지 않는다고 하는 오늘날 설령 건강하게 오래 산다고 하더라도 행복하다고는 한정할 수 없는 현실도 있는 것이다. 자연스럽게 마음에 다가오는 음악에는 치료약과 같은 효과는 없지만, 회복력을 촉진하거나 굳은 머리를 풀어 신선한 시점을 떠올리게 해준다. 행복 수명을 늘리기 위해 필요한 깨달음을 주는 존재인 것은 틀림없다. 음악은 어렵다고 생각할 것이 아니라 단순하게 느끼면 되는 것이다.

5) 음악의 치료 효과 – 통증 경감

사람과 음악의 관계는 현실 세계와 병동의 삶을 이어주는 다리 역할을 한다. 치과에 가면 대기실이나 진료실에서 부드러운 음악이 흐르고 있는 경우가 자주 있다. 음악으로 치료의 통증이나 그에 따른 불안도 줄어들게 하는 것이다. 실제로 환자에게 음악을 들려주는 것만으로 수술에서의 진통제의 사용량이 줄어든다는 것을 알고 있다. 또 아이가 예방주사를 맞을 때에도 음악을 들려주면 통증이 완화된다는 것도 알고 있다. 또 음악을 환자에게 들려줌으로써 내시경 검사에 따른 진통제를 30%나 줄일 수 있다는 점, 항암제 치료 중 구토 증상을 멈추는 데에도 매우 효과적이라는 점도 확인되어 음악은 환자의 고통을 경감시키고 '의료비도 줄일 수 있다'라고 하여 병원에서는 매우 긍정적으로 평가하고 있다.

〈사진 2-1〉 의료현장 음악치료

2.2 | 음악과 감정

음악과 감정은 모든 사람들이 관심을 가지는 대상이다. 양자 모두 우리 가까이에 있으면서 양자의 관계를 탐구하는 연구는 결코 순조롭게 진행되고 있는 것은 아니다. 그 이유 중 하나는 감정을 실험실에서 다루는 것에 매우 어려움이 따르기 때문이다. 또 다른 이유는 음악에는 박자, 리듬, 조성, 화성, 선율, 형식, 양식과 같은 악곡의 특성이 혼재되어 있고, 기분이나 미적 체험과 같이 청취하는 측의 상태가 음악에 대한 평가를 크게 좌우할 수 있기 때문이다.

1) 감정연구의 학술적 배경

감정은 인간의 존재에 관한 가장 광범위한 개념 중 하나로 태도, 인격, 의사결정, 지각 등 심리학적 사항의 대부분에 관계하였다.

19세기에 James(1884)는 감정을 심리학적인 현상에 연관지어 감정을 과학적으로 연구하는 것에 대한 필요성을 지적하였다. 그 이래, 심리학의 세계에서도 감정의 연구가 이어지고 있는데 통일된 견해는 얻기 힘든 것 같다. 음악에 있어서의 감정에 대해서도 많은 사람들이 관심을 가지고 있지만, 명확한 견해를 얻는 것이 어려운 것은 이와 같은 감정연구의 배경으로도 상상하기 어렵지 않다.

음악에 관해서는 형용사군을 이용해 음악에 있어서의 표현에 적합한 감정 표현어를 환원으로 나타내는 것을 시도하였다. 연주에 있어서의 감정표현의 단서를 다양한 연구에 대해 조사하고 '기쁨·슬픔·분노·두려움·온화함'의 5가지를 원형으로 나열해 나타내고 있다.

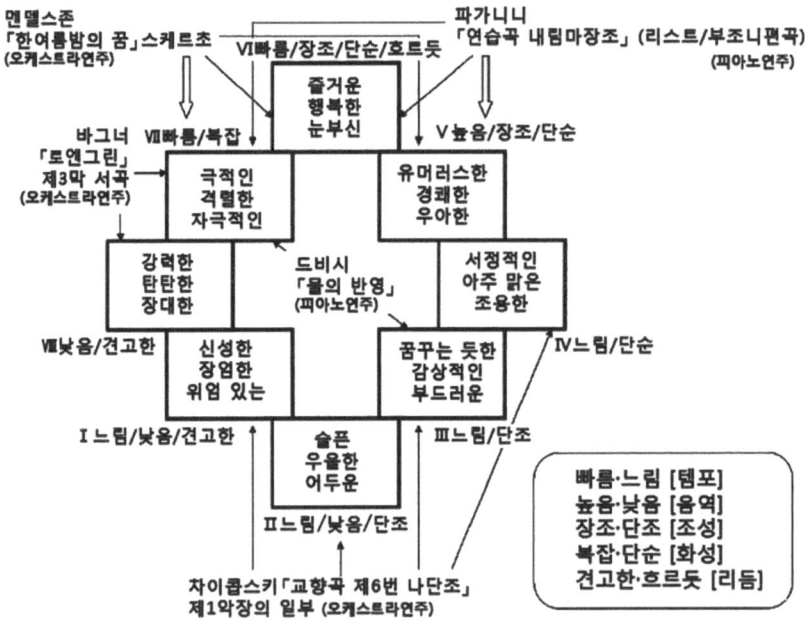

〈그림 2-20〉 Hevner(1936)의 둥근고리형 척도, 실제로는 66개의 형용사가 분류되었다. 곡명은 Hevner가 실험에서 청취자에게 제시한 곡을 나타낸다. 각각의 곡에 맞다고 생각한 형용사군을 화살표로 표시하고, 특히 잘 맞는다고 생각한 것을 흰 화살표로 나타내었다.

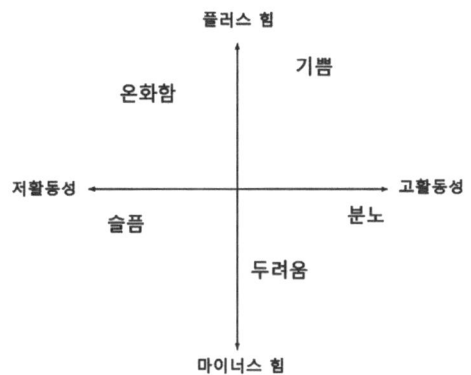

〈그림 2-21〉 in (2001)이 정리한 감정의 카테고리

2) 감정을 파악하는 방법

많은 연구자가 감정에 대해 다루고 있음에도 불구하고 통일된 견해를 얻지 못하는 이유는 입장에 따라 감정을 파악하는 방법이 다르기 때문일 것이다. 연구의 입장 차이를 진화 적응적 관점, 생리적 관점, 인지적 관점, 사회문화적 관점의 4개의 접근 차이에 대응하였고, 또 감정을 상태, 특성, 기능, 시스템 중 어느 쪽인지에 따라 (감정) 파악 방법의 차이가 발생한다고 지적하고 있다.

3) 언어의 수집에 따른 고찰

"음악은 감정을 전달할 수 있다."고 하는 선행 연구에 대해 음악으로 전달할 수 있는 감정이 진짜 있는지 또 그것은 어떠한 것인지 조사하기 위해 감정을 나타내는 언어를 수집하였다.

음악지도자 군(群)과 음악을 전문으로 하지 않는 학생 군(群)에게 음악으로 표현할 수 있다고 생각되는 감정을 생각나는 대로 5분간 써내도록 한 실험을 실시한 결과 '즐겁다, 슬프다'의 출현 시간과 출현 순위가 빠르다는 사실을 발견하였다. 또 음악으로 표현할 수 있다고 느끼는 감정과 사람이 평소 일상생활에서 표현하고 있는 감정에 차이가 있는가를 확인하는 실험을 실시한 결과, 음악으로 표현할 수 있는 감정은 우리가 일상에서 느끼는 감정과 거의 같다는 것을 알 수 있었다.

이 실험을 통해 음악 경험, 세대차가 있더라도 많은 사람이 공통적으로 가장 먼저 꼽는 감정은 '즐겁다, 슬프다'임을 알 수 있었다. 이들 단어는 감정연구에 있어 기본 감정으로 분류되고 있고, 이 실험 결과에서도 '즐겁다, 슬프다'가 기본 감정일 가능성이 높다고 생각할 수 있다. 음악과 감정에 관한 연구에 있어서 감정에 대한 견해는 다양하지만 감정을 표현하는 언어의 출현 경향에는 개체의 생존에 중요한 작용을 가지고 인간의 초기 발달단계에서 나타나는 기본 감정과 통하는 부분이 있지는 않을까 생각한다.

2.3 | 음악에 이용되는 소리의 범위

독일의 음악학자 F. Winckel은 음악이나 성악에 있어서 소리의 주파수와 음압레벨의 범위에 대해 그림과 같은 관계를 부여하고 있다. 이것을 보면, 음악은 음성에 비해 훨씬 넓은 영역의 소리가 이용되고 음압레벨에 대해 살펴보면, 등감곡선의 35phon 부근에서 불쾌감의 역치 가까이 이르고 있다. 이는 오케스트라나 실내악을 감상하는 경우의 정황을 해설적으로 나타낸 것이라고 판단된다.

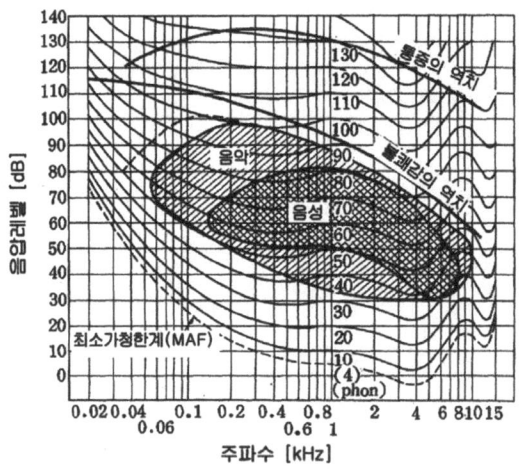

〈그림 2-22〉 음악이나 음성에 이용되는 소리의 영역과 청감특성

연주음의 음량에 관한 악보에는 아주 대략적인 지시밖에 기록되어 있지 않다. 이는 소리의 높이 및 지속시간에 대해서 엄밀한 지시가 있는 것과는 대조적이지만 음량에 관한 문제가 경시되어 있다는 것은 아니다. 작곡가는 각 악기의 실제 효과에 대해 숙지하고 있고, 그것을 염두 해 두고 악보를 쓰며 또 연주가에게 있어서 음악적인 내용에 적합한 음량으로 청중에게 소리가 도달하는지 아닌지는 작곡가가 가장 신경을 쓰는 부분으로 첫 연주회장에서의 연습에서는 주요 체크포인트가 된다.

악보에 적혀 있는 강약의 지시는 음악 연주의 실제 경험을 토대로 한 약속이다. 사용되는 악기의 종류 및 편성, 음악적인 양식에 따라 강약의 표현의 범위가 한정되기 때문에 강약 신호로 나타낼 수 있는 것은 소리의 상대적인 강도로 절대적인 강도는 아니라고 보는 견해도 있지만 역시 소리의 강도가 불러일으킬 긴장관계로서 공통된 효과를 얻기 위해서는 음량의 절대치에 대해 전제가 되는 경험적인 조건이 있다.

P. R. Farnworth에 따르면, 지휘자 스토코프스키(L. Stokowski)의 강약 기호에 대한 해석에는 표 2-3에서 나타내는 라우드니스와의 대응을 볼 수 있었다. 호화롭고 다채로운 연주효과에 독자의 경지를 열었다고 알려진 명지휘자가 오케스트라의 기능을 충분히 활용한 넓은 다이내믹렌지에 걸친 음량의 대비를 추구하고 있었다는 것을 알 수 있다.

동일한 주파수의 소리라 하더라도 음압레벨이 변화하면 다른 느낌이 난다. 그림은 소리의 감각이 주파수나 음압레벨에 의해 어떻게 달라지는지를 조사한 실험결과이다.

강약 기호	라우드니스 (phon)
fff	95
ff	85
f	75
mf	65
p	55
pp	40
ppp	20

〈표 2-3〉 스토코프스키에 의한 강약 기호의 해석(Farnworth)

즉, 앞의 그림과 아래 그림을 겹쳐 보면 음악 영역의 바로 바깥쪽에 "가늘하다"와 "압박감이나 진동감이 있다"의 영역이 접하고 "신경이 쓰인다, 시끄럽다"의 두 영역은 "음악"의 영역 안에 들어간다.

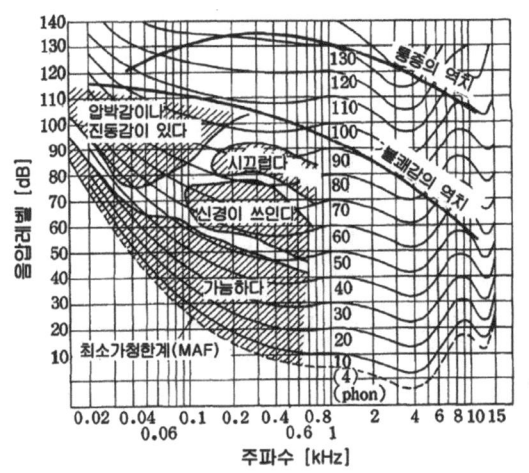

〈그림 2-23〉 소리에 의해 발생되는 각종 감각과 그 주요영역
(용어선택 테스트에서 피험자의 50% 이상이 지적한 영역)

여기서 "가늘하다"라는 조건은 피험자에게 시험음(試驗音)이 들리기는 하지만 소리가 작기 때문에 소음으로서의 문제는 되지 않는다는 의미를 가지고 있다. 이는 소리를 들으려고 하는 음악의 입장에서 보면, 들리기는 하지만 뭔가 미덥지 않다고 받아들일 수 있는 조건이라고 말할 수 있을 것이다.

스토코프스키의 해석에 따르면 pp와 ppp는 이 영역에 속한다. 잘 들리지 않는 작은 소리를 듣는 사람의 의식을 집중시켜 음악적으로 강한 긴장감을 만들어 낼 수 있기 때문에 이와 같은 음악 표현의 기법에서는 중요한 영역이기도 하다.

음압레벨이 올라가면 "신경이 쓰이는" 소리가 되지만 이것은 반면에 잘 들리는 소리, 파악하기 쉬운 소리이기도 하며 중용의 소리라고 알려진 와 대응하고 있다.

한편 음압레벨이 올라가면, "시끄러운" 소리가 되지만 입장을 달리하면 이 소리도 반응이 확실한 소리, 박력이 있는 소리가 된다.

Winckel의 그림은 음악에서 이용되는 소리의 상한이 불쾌감의 발생과 관계가 깊다는 것을 보여주고 있다. 그러나 낮은 주파수에 대해서 살펴보면, "압박감이나 진동감이 있다"고 지적되는 영역과의 관계에 주목할 만한 점이 있다. 즉, 소리의 감각과는 별개로 "압박감"이나 "진동감"도 있고 심지어 그들이 더 우위로 느껴진다. 또 등감곡선을 따라 저음역으로 연장되어 온 다른 영역을 가로막듯이 그 영역은 펼쳐져 있다. 음악의 연주나 청취에서는 소리의 절대적인 크기를 바꾸는 것은 무시할 수 없는 조건의 차이가 되는 것이다.

	라우드니스 Loudness	음정 Pitch	음색 Timbre	지속시간 Duration
음압	강	약	약	약
주파수	약	강	약	약
스펙트럼	약	약	강	약
음 길이	약	약	약	강
인벨로프	약	약	적당	약

〈표 2-4〉 물리적인 변수와 주관적인 인식값 사이의 상관도

〈사진 2-2〉 음악치료에서 음악감상

1) 청각으로부터의 자극에 따른 뇌의 변화

꿈을 이루기 위한 '행동'에 영향을 미치는 것은 '감정'이다. 그렇다면 그 감정을 관리하고 있는 것은 무엇일까. 그것은 뇌이다. 단순하게 뇌가 좋은 기분이 되면, 쾌감이 만들어지고 싫은 기분이 되면, 불쾌한 감정이 만들어진다. 항상 뇌의 상태를 건강하게 유지해 두면 좋은 감정이 만들어지는 것이다.

그래서 뇌의 건강을 위해 도입하고 싶은 것이 음악이다. 평소 아무렇지도 않게 생활하고 있는 가운데 우리는 모든 장면에서 소리나 음악의 자극에 의해 감정이 흔들리고 있다. 현대인의 대부분은 시각이 편중되어 있어 대부분의 자극은 시각에서 오는 것이고 상황 판단 등도 시각에서 오는 정보를 토대로 이루어지고 있다고 생각하기 쉽다. 그러나 설령 의식에 이르지 않는 소리라 할지라도 실제로는 청각이 바탕이 되고 있는 경우가 더 많은 것이다. 예를 들어, 야간에 주전자 물이 끓는 것은 보는 게 아니라 소리로 듣고 판단하고 있으며, 차가 온다고 판단하는 것도 청각이 먼저이다. "고맙다"라는 감사의 울림이 있는 말을 들으면 기쁘고, 반대로 싸워서 불쾌한 말을 들으면 기분이 나빠진다. 이와 같이, 일상적으로 감정을 자극하는 계기의 대부분은 청각에서 오는 것이다. 청각에서 오는 자극은 직접 감정에 작용한다는 것을 알고 있다. 감동적인 음악은 한순간에 감정을 뒤흔들어 눈물을 유도한다.

음악은 한순간에 감정을 뒤흔든다. 실로 몸소 체험할 수 있다. 세상이 아무리 불황이라도 음악이 사라지지 않는 것은 사실은 전혀 이상한 일이 아니다. 오히려 스트레스나 불안감을 떠안고 있을 때야말로 인간은 음악을 필요로 하는 것이다.

감정이 움직이는 스피드가 빠른 것은 시각에서 오는 정보보다도 청각에서 오는 정보에 따른다. 정신을 잃은 사람이 의식을 되찾는 것도 눈보다도 귀가 먼저이다. 누군가의 부름에 응답하듯 의식이 되돌아와 눈을 뜬다. 뇌의 반응 속도도 시각보다 청각에서 오는 자극이 더 빠르다고 알고 있다. 청각은 대뇌변연계에 직결되어 있다. 때문에 소리 그리고 음악은 '감정'에 직접 호소할 수 있는 것이다.

2) 음악에서 만들어지는 감정에서 행동으로

음악은 대뇌변연계를 자극해 뇌 내 마약물질을 분비하여 우리를 기분 좋게 만들어 준다는 것을 알 수 있었다. 그것은 생명이 존속하는 데 있어서 중요한 작용이라는 것도 알았다.

우리의 행동을 의지 결정하는 것은 감정이다. '제주도로 여행 가자', '콘서트에 가자', '세미나에 가보자', '바지를 사자'. 이들 행동은 모두 우리의 감정이 바탕이 되고 있다. 그리고 그런 감정을 만들어내는 데 있어 음악은 매우 중요한 위치에 있다. 약간 의욕이 없을 때, 음악을 들으면 쾌감 호르몬이 분비되어 뇌를 긍정적으로 해 주는 것이다. 단, 단순히 기분의 문제는 아니다. 뇌는 좋아하는 음악을 들으면 인간의 행동력을 높여 주도록 기능하고 있는 것이다.

의료 현장에서는 우울병 환자에게 항우울제를 처방하는데, 이는 뇌 내의 호르몬을 조정하는 것이다. 약에 의해 기분이 바뀐다는 것은 호르몬의 작용으로 사람의 기분이 바뀐다는 것이다. 음악을 들으면 그와 같은 것이 전혀 부작용도 없이 이루어지는 것이다. 이처럼 음악이란 대단한 것이다!

지금까지는 음악을 들으면 '왠지 모르게 기분이 좋아진다' 정도로 밖에 해명되지 않았지만, 최근 10년 사이 뇌 과학이 진보하여 호르몬 레벨에 영향이 있다는 것이 밝혀졌다. 매일, 릴랙스 할 수 있는 시간에 자신이 좋아하는 음악을 듣는다는 것은 꿈이나 목표를 실현한다는 것에서도 좋은 효과를 기대할 수 있다. 목욕 후에 눈을 감고 미래에 이렇게 되고 싶은 모습을 상상하며 좋아하는 바흐의 음악을 듣는다. 그것을 계속하는 것만으로 평소 긍정적 감정이 되며 설령 스트레스를 떠안고 있을 때에도 마이너스에서 제로 방향으로 감정을 되돌려 준다.

음악에는 행동의 에너지 레벨을 높여주는 효과가 있다. 셀프테라피로서 좋아하는 음악을 생활에 더 많이 수용해 가는 것은 인생을 행복하게 이끌어 준다.

3) 스트레스(stress)

스트레스를 일으키는 원인이 되는 것은 '스트레서(stresser)'라 불리고 있다. 스트레스는 연령대에 따라 다르다. 예를 들어, 10대나 20대는 학업이나 진로의 문제, 30대에서 50대의 한창 일할 나이에는 일이나 그에 따른 대인관계의 문제 등을 많이 꼽을 수 있다. 그렇다면 고령기는 어떠할까? 고령자가 되면, 신체 기능의 저하와 함께 자신이나 가족의 병이나 그에 따른 간호의 문제가 발생한다. 또 그다음에는 가까운 이를 잃는 상실 체험이 계속되는 경우도 있다. 또 이와 같은 상황에서 지금까지 오래 살아 정든 집을 떠나 자식의 집이나 시설에 들어갈 것을 강요받는 경우도 있다. 이와 같은 지금까지 거의 경험하지 못했던 일들로 인해 고령기는 마음이나 신체가 지금까지와는 질(質)이 다른 새로운 스트레스에 접하는 시기이기도 하다.

4) 스트레스가 가져오는 신체에 대한 영향

스트레서는 참으로 다양하고 연령층에 따른 차이도 볼 수 있다고 앞에서도 소개한 바 있는데, 어떤 스트레서의 종류일지라도, 스트레서에 계속 노출됨으로써 우리의 신체에는 범적응 증후군이라 불리는 공통 현상이 나타난다.

범적응 증후군은 '경고반응기(警告反應期)', '저항기(抵抗期)', '피비기(疲憊期)'의 3단계로 구분할 수 있다.

제1단계인 '경고반응기'는 생체가 갑자기 스트레서에 노출되었을 때 나타나는 반응 단계로 전반의 '쇼크 상태'와 후반의 '반(反)쇼크 상태'로 나눠진다. '쇼크상태'는 스트레스가 가해진 직후에 일시적으로 신체의 저항력이 저하되는 시기이다. 구체적인 반응으로는 체온이나 혈압, 혈당수치의 저하, 근육의 긴장 저하, 혈액의 농축, 위나 십이지장에 궤양이 생기는 등을 볼 수 있다.

'반쇼크 상태'는 생체의 방위 반응으로서 저항력이 높아지는 시기이다. '쇼크상태'와 반대의 생체 반응 즉, 스트레서에 저항하는 준비가 갖춰지는 단계이다.

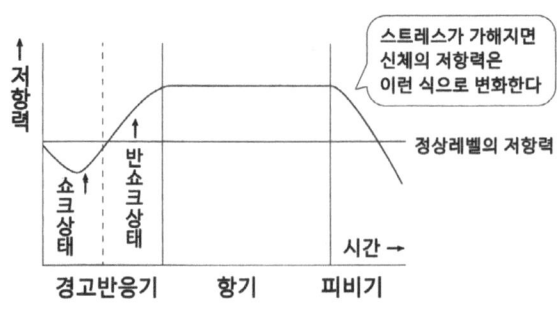

〈그림 2-24〉 범적응 증후군

구체적인 신체의 반응으로서 체온이나 혈압, 혈당수치의 상승, 근육의 긴장 증가 등을 볼 수 있다. 이 '반쇼크 상태'에서 증가한 저항력이 더 증가하는 것이 제 단계인 '저항기'이다.

제2단계인 '저항기'는 스트레서에 대한 저항력이 정상치를 웃돌며 증가하고 유지되는 시기이다. 스트레서에 저항하기 위해 심신의 활동이 활발해지고 심신의 정상적인 기능이 되돌아온 것처럼 보인다. 그러나 그러는 중에 에너지가 끊어져 버리면 다음 단계로 진행되어간다. 그것이 제3단계인 '피비기'이다.

제3단계인 '피비기'는 스트레서가 더 지속됨으로써 저항력은 다시 저하되고 생체는 더 이상 스트레서에 견딜 수 없게 되어 적응 상태를 유지할 수 없게 되는 시기이다. '피비기'의 생체 반응은 쇼크 상태의 반응에 매우 비슷하다. 즉, 체온이나 혈압의 저하 등과 더불어 흉선이나 림프절의 위축, 부신피질 기능의 저하에 따른 면역기능의 저하도 볼 수 있다.

4) 스트레스 해소에 음악의 효과

왜 음악이 스트레스 해소에 효과를 발휘하는 것일까? 먼저, 자율신경에서의 메커니즘을 생각할 수 있다.

〈사진 2-3〉 음악치료 연주

- **음악의 자율신경으로의 접근**

스트레스가 가해지면, 예측되는 생체 활동의 상승에 적응하기 위해 자율신경 중 투쟁·도주반응과 함께 불리는 혈압의 상승이나 심박수의 증가를 가져오는 교감신경계의 작용 및 부신피질 호르몬 등을 분비하는 내분비계의 활동이 활발해진다. 바로 긴장 상태가 발생하는 것이다. 사실 긴장 반응과 릴랙스 반응은 서로 양립하지 않는다는 것을 알고 있다. 따라서 충분히 릴랙스한 상태를 만들면, 심리적인 불안이나 신체적인 긴장이 잘 일어나지 않게 된다고 여겨지고 있다.

이와 같은 관계를 심리학에서는 "역제지의 원리"라 부르고 공포 및 긴장, 불안에 대한 치료의 기본원리로서 다양한 심리요법에 응용되고 있다. 이것은 통증의 반응과 매우 흡사하다. 인간은 스트레스(통증)를 느끼면, 교감신경이 긴장하여 혈관이 수축한다. 즉, 스트레스(통증)를 느낌으로써 환부는 혈행 불량 상태가 되어 통증 물질이 발생하더라도 그 부위에 체류해 버리는 악순환을 일으킨다.

「스트레스(아프다)」→「교감신경 및 운동신경이 긴장」→「혈행불량」→「스트레스(통증) 물질의 체류」→「더욱 더 스트레스(통증)을 느낌」는 악순환에 빠지고, 나아가서는 스트레스(통증)에 의해 불안, 긴장, 우울, 짜증 등의 정신 상태에 빠지면 교감신경 우위, 근긴장의 항진 등 이 악순환의 메커니즘에 박차를 가해 버리는 것이다. 따라서 음악에 의해 부교감신경이 우위가 되어 심리면에서도 릴랙스한 상태가 되면 이 악순환을 끊는 것으로 이어진다고 볼 수 있다. 부교감신경이 유의해지면, 말초의 혈류상태가 개선되어 스트레스(통증) 경감으로 이어지는 신체적 효과도 얻을 수 있고 또 릴랙스 함으로써 정신상태를 안정시키는 등 심신 양면에 유효하게 작용한다고 생각할 수 있는 것이다. 즉, 음악에 의해 기분의 발산이나 릴랙스 반응을 일으킴으로써 양립할 수 없는 긴장 상태 즉 스트레스 상태를 억제할 수 있다는 것이 음악의 스트레스 해소 효과의 하나로서 설명할 수 있는 것이다.

- **음악으로 마음을 돌리다**

또 하나의 메커니즘은 음악으로 마음을 돌린다는 것이다. 뭔가 다른 집중할 수 있는 것이 있다면 인간은 그 이외의 것에 주의를 배분하는 것이 어려워진다.

〈사진 2-4〉 음악치료에서 음악 감상

5) 음악이 스트레스를 경감시키는 과학적 과정

한순간의 스트레스는 교감신경을 우위로 해서 흥분시키고 그 순간을 극복하고자 한다. 그 후, 뇌를 진정시키는 부교감신경이 우위에 작용하여 원 상태로 되돌아간다. 그러나 현대는 스트레스가 장기화되고 있기 때문에 항상 교감신경이 우위가 되기 쉬워 피로가 풀리지 않고 잠을 자지 못하는 증상으로 이어지고 있다. 이것이 스트레스성 질환이라 불리는 것이다.

최근 수 십 년의 음악에 대한 연구에서 가장 위대한 발견은 '음악은 스트레스를 경감시킨다'고 과학적으로 해명되고 있는 사실이다. 역사를 보면, 샤먼 등에 의해 음악이 '의료에 사용되어 왔다'는 것은 알고 있었지만 과학적인 근거가 부족했었다. 그것이 현대의 뇌 과학 관점에서 음악이 스트레스를 경감시키는 과정이 해명되어 온 것이다.

음악을 들었을 때의 감정의 변화는 대뇌변연계를 중심으로 일어난다. 대뇌변연계란 식사, 수면, 공격, 도주, 분노, 성행동 등 생존에 관한 기능을 지배하고 있는 뇌 부위의 총칭이다. 내분비계와 자율신경계의 컨트롤을 하고 있어 우리가 생명활동을 유지하기 위한 근간이 되는 장소이다. 그리고 오감(시각, 청각, 미각, 후각, 촉각) 중에서 청각은 자극에 대한 반응 속도가 빨라 감정이나 위험의 감지를 맡고 있어 뇌의 진화에 있어서 청각의 역할이 얼마나 중요한지를 알 수 있다.

스트레스를 느꼈을 때에는 음악의 감정 반응과 같은 부분인 대뇌변연계를 중심으로 한 부위가 반응한다. 위험을 감지하는 편도체의 활동이 주가 되어 스트레스 호르몬을 방출하고 있는 것이다.

스트레스는 뇌의 감정처리에 지장을 초래하여 기분을 불안정하게 만들거나 감정의 컨트롤을 잃게 되기도 한다. 또 소화기계의 활동도 불안정해져 위궤양 등도 병발(倂發)한다. 식욕이나 수면, 성욕 등도 잘 활동하지 않아 무감동이 되어 생활에 현저한 악영향을 미치는 것이다. 이들 스트레스의 나쁜 부분을 음악을 통해 해소할 수 있다는 것이 최신 연구의 결과에서 확인되기 시작했다.

음악을 들으면 대뇌변연계가 반응한다. 음악을 듣고 '즐겁다', '기쁘다', '슬프다', '설렌다', '의욕이 생긴다', '힐링된다' 등의 감정은 모두 대뇌변연계에 직결하고 있는 일이다. 스트레스가 일어나는 장소와 음악의 감정 반응이 일어나고 있는 장소에 공통점이 있다는 점에서도 음악이 스트레스에 영향을 미친다는 것을 쉽게 상상할 수 있다.

실험에서도 음악이 스트레스를 경감하는 능력이 증명되고 있다. 릴랙스 시키는 음악을 들은 후에는 코르티솔이 저하되고 심리상태도 긍정적이게 된다. 이러한 의미에서는 음악을 듣는다는 것은 실로 '생리현상'이라 말할 수 있어 객관적으로 측정함으로써 '과학적으로' 사람의 감정을 움직이고 행동을 조장하는 힘이 있는 것이다.

6) 음악으로 기억력 상승

"공부할 때 음악이 있으면 공부가 더 잘 된다."라는 이야기를 들은 적이 있다. 단어를 기억할 때에 음악이 있으면 기억에 잘 남는지 아닌지를 조사한 프랑스의 연구가 있다. 평균 연령 23.5세의 22명의 남녀를 대상으로 7개의 단어를 1팀으로 해서 그것을 3팀 기억하게 하는 과제를 이용하여,
- 음악을 틀고 기억하는 편이 기억할 수 있는 단어의 수가 확실히 많다.
- 음악을 틀고 기억하는 편이 단어의 기억에 관계하는 뇌의 혈류가 더 활성화 된다는 것을 확인하였다.

음악이 기억력을 향상시키는 가능성을 시사하는 결과이다. 또 아이에게 모차르

트의 '피아노 소나타 K.448'을 들려주자 학습효과가 올라간다는 것이 세계 최고의 과학잡지 네이처에 보고되어 모차르트 효과라 불리게 된다.

최근에는 음악을 붙여, 사회과의 역사 연호 및 이과의 원소기호를 기억하는 교재까지 나와 있어 실제로 아이들의 성적 향상에 기여하고 있다고 한다.

● **음악으로 일(사건)을 생각해 내다**

옛날에 들었던 곡을 우연히 듣게 될 때, 곡명(曲名)은 몰라도 당시의 기억이 순식간에 떠올랐던 경험이 있을 것이다.

음악은 듣는 사람의 마음에 일(사건)이나 정동의 체험을 재현시키는 힘을 가지고 있다는 것이다. 이와 같은 경험의 이유를 해명하기 위해 기능적 자기공명화상(fMRI)의 데이터를 이용해 평가한 미국의 연구가 있다. 21명을 대상으로 락, 랩, 클래식 등 다양한 타입의 음악을 들려주고 그때 기능하는 뇌 내 네트워크의 차이를 조사하였다. 그 결과 좋아하는 음악을 듣고 있으면, 먼저 떠올리는 것과 관련이 있는 뇌의 회로에서 접속이 증가하였다. 또 뇌 안의 청각에 관련된 영역과 일(사건)의 기억 및 사회적 움직임의 고정을 담당하는 영역의 접속이 변화하고 있다는 것을 확인할 수 있었다. 즉, 뇌 안에서 그리운 음악을 듣고 있는 영역과 그 음악을 듣고 있을 때 있었던 일이나 움직임에 관한 영역이 함께 활동한 것이다. 그러므로 우리는 그리운 음악을 들으면, 동시에 그때 있었던 상황이나 움직임을 순식간에 떠올리는 것이다.

이 원리를 사용하고 있는 것이 인지증 환자를 대상으로 하는 음악치료이다. 환자에게 있어 그리운 음악, 예를 들어 현재 노인 환자라면 동요, 민요, 당시 유행했던 가요곡, 때로는 군가 등을 사용해 그것을 들었던 시절의 그리운 기억을 최대한 많이 떠올리게 한다. 그러면 그때까지 별로 말이 없었던 분이 조금씩 그때 당시의 추억을 말하기 시작한다. 조금 전에 식사했던 것을 잊어버리는 분이 그리운 곡의 가사를 정확하게 부를 수 있는 장면도 목격한다.

이와 같이 인지증 환자라도 그리운 음악을 통해 여러 바람직한 반응을 이끌어낼 수 있는 것이다. 따라서 옛날 자주 들었던 음악을 다시 접하는 것은 건강한 사람이든 인지증 등 질환이 있는 사람이든 기억을 활성화시킨다는 사실은 틀림없을 것이다.

7) 음악으로 불면증 개선

역학조사에 따르면, 성인의 약 1/3이 수면에 문제를 안고 있다는 것이 밝혀졌다. 또 이러한 경향은 고령자나 교대로 근무하는 사람들에게서 많이 볼 수 있다는 것이 확인되었다. 밤에 잠을 잘 자지 못하면 피로와 면역기능저하, 수면 부족 등이 나타난다. 가능하면 질 높은 수면을 취하는 것이 좋은 것이다.

잠이 안 올 때의 각자 대처 방법은 여러 가지가 있을 것이다. 음악을 듣는 것이 수면에 미치는 효과에 대하여 수면장애를 가지고 있는 성인 환자를 대상으로 검토한 6가지 연구를 정리한 보고가 있다. 취침 전에 음악을 하루에 25분~60분간, 3일~5주간 듣게 한 결과, 음악을 들음으로써 수면의 질이 개선된다는 사실이 확인되었다. 게다가 음악의 청취는 안전하면서 간단하게 도입할 수 있는 방법이라는 부분도 높이 평가되고 있었다.

음악이 수면장애가 있는 환자의 수면에 가져오는 효과에 대해서 급성 수면장애와 만성 수면장애로 나눠 검토한 10가지 연구의 정리한 것도 있다. 그 결과 음악을 듣는 것이 급성, 만성 어느 수면장애에 대해서도 수면의 질을 개선시킨다는 것이 확인되었다. 특히 만성 수면장애에 대해서는 3주간 이상 계속되면, 음악이 수면제와 같은 정도의 효과를 보여주었다는 것이다.

수면장애에 특히 효과적인 음악은
- 느리면서(60~80bpm : 1분간에 60~80박 치는 속도) 안정된 리듬
- 차분하고 낮은 음정
- 부드럽고 릴랙스 되는 듯한 멜로디
- 익숙하고 친숙한 곡(曲)이라는 특징이 있다고 한다.

8) 클래식을 듣는 사람의 현명함

음악심리학의 실험에서는 항상 따라다니는 것이 '그것은 서양음악에 한정된 것이 아닌가', '서양음계에서의 이야기다', '아프리카의 음악에서도 같은 현상이 일어 나는가', '현대음악과 같은 무조(無調) 음악에서는 재현 되는가' 등의 아카데믹한 비판이다.

클래식음악을 들으면 머리가 좋아지는가? 클래식은 자주 이와같이 사용된다. 아마도 '모차르트 효과'가 인기가 있었던 것이 원인일 것이다. 모차르트 효과가 알려지게 된 것은 1993년에 캘리포니아대학의 프란시스 라우셔(Frances H. Rauscher) 박사 등이 영국의 과학잡지 『Nature』에 발표한 것이 시작이다. 모차르트의 '2대의 피아노를 위한 소나타 라장조 K.448'을 들으면 공간인지 능력이 향상하거나, IQ가 상승한다는 보고가 게재된 것이다.

실시 당시 실험 후의 일시적인 효과였던 것이 '모차르트를 들으면 머리가 좋아진다'는 결과로 확대 해석되어 작위적인 상업주의를 만들어냈다. '머리가 좋다'라는 표현에는 모차르트 효과와 같이 오해가 생기기 때문에, '사고력'이나 '말하는 방식'과 같은 말을 사용해 클래식의 효과에 대해 설명하고자 한다.

뭔가를 만들어 내는 것을 일로 하고 있는 사람에게 있어, 클래식을 듣는 경향이 있다는 것은 무언가 자연스러운 흐름이 있을지도 모른다고 생각하게 될 것이다.

클래식음악에 친숙해짐에 따른 또 하나의 효과는 '말하는 방식이 달라진다'라는 것이다. 클래식을 듣고 말하는 방식이 달라진다는 등 그러한 일은 믿을 수 없다고 생각할지도 모르지만 분명히 영향을 주고 있다고 생각한다.

클래식은 구조가 튼튼하다는 이야기를 하였다. 클래식 음악을 들음으로써 항상 매사의 구조를 의식하게 되면, 그 영향으로 인해 우선 확고하고 논리적으로 이야기할 수 있게 된다.

〈사진 2-5〉 공연장에서 음악감상

2.4 | 소리가 인체에 미치는 영향

소리의 진동은 세포의 구조를 변화시킬 만큼 강력한 에너지를 가지고 있으며 작은 소리도 우리 인체에 공명이 일어나게 되면 인체에 치유효과를 주기도 하지만 잘못 사용되면 질병을 일으키는 유해세균을 증식시키고 자연치유력을 약화시키며 살상 무기가 되어 인체를 파괴할 수 있다는 것이다.

사람의 의도는 생성되는 소리만큼이나 중요하다는 점이다. 왜냐하면 어떤 의도를 가지느냐에 따라 치유효과도 달라질 수 있기 때문이다. 그러므로 사람의 목소리는 어떤 악기보다 더욱 강력한 치유 에너지를 담고 있다. 그 이유는 사람에겐 의식이 있기 때문이다. 따라서 불행을 가져오는 말, 음악, 이름의 소리 에너지는 내 곁에서 철저히 제거해야 한다.

소리는 심신의 치유에 훌륭한 도구가 될 수 있다는 것이 그간의 연구에서 검증된 바 있다. 그러나 소리는 함부로 사용해서는 안 되며 매우 조심해서 선별적으로 사용해야 한다. 같은 소리도 나에겐 좋은 소리가 되지만 다른 사람에겐 치명적인 소리가 될 수 있기 때문이다. 같은 소리지만 서로 다른 반응이 일어나고 같은 이름도 서로 다르게 나타나는 이유는 사람마다의 진동 에너지가 다르기 때문이다.

인간은 태어나면서부터 소리로 '존재'의 탄생을 알리기 시작한다. 그리고 매 순간 죽을 때까지 소리의 영향을 받으며 살아간다. 소리의 울림이 없다면 그것은 살아 있는 생명체가 아니다. 모든 생명체의 시작은 소리이며 순간순간 나의 몸속에서 그리고 우주에서 들리는 소리로 나의 생명은 오늘도 살아 움직이고 있는 것이다. 아침에 일어나서 잠자리에 들 때까지 다양한 소리를 들으며 생명의 리듬은 시시각각 다른 형상으로 변화되고 있다. 어떤 날은 전화벨소리에 놀라서 깨기도 하고, 어떤 날은 아름다운 새소리에 평안한 마음으로 잠을 깨기도 한다.

또한 아침에 기분 좋은 음악을 틀어 놓으면 하루 종일 신이 나고 기분이 좋아 하루를 즐겁게 보내게 되고, 누군가 내게 칭찬의 말을 해주면 하루 종일 힘이 솟아난다. 반대로 누군가에게 꾸중을 듣게 되면 기운이 가라앉아 하루 종일 의기소침해지며, 화가 담긴 말을 듣게 되면 내 안에서는 분노의 불길이 일어나게 된다. 때로는 상대의 한마디 말이 내 인생을 송두리째 바꾸어놓는 경험을 하기도 한다. 격려의 말 한 마디로 인생을 살아갈 힘을 새롭게 얻기도 하고, 비난의 말 한 마디가 평생 마음의 상처로 남아 지울 수 없는 트라우마로 삶의 발목이 잡히기도 한다. 이렇듯 소리는 사람에게 고통을 주기도 하고 기쁨을 주기도 하며, 내 생명의 패턴을 바꾸어 나의 기운을 올리기도 하고 또한 기를 내리기도 한다. 이렇듯 우리의 인체는 소리로 상처를 받기도 하고 소리로 치유가 되기도 한다.

모든 물체의 소리는 각각의 특징이 있는데, 이것은 진동하는 방식이 각각 다르기 때문이다. 이렇게 자신만이 가지고 있는 진동수를 고유 진동수라 한다. 사람의 목소리도 사람마다 다른 것은 각자 성대의 크기나 굵기가 다르기 때문이며 대부분 여자의 목소리가 높고 남자의 목소리가 낮은 이유는 남자 성대에 비해 여자 성대가 더 짧고 얇기 때문이다. 즉, 진동부분이 짧고 팽팽할수록 원상태로 돌아가려는 힘이 세져 진동이 빨리 일어나며 높은 소리를 내게 된다. 소리가 높다는 것은 음파의 진동수가 크다는 것이다.

보통 성인 여자 목소리의 진동수는 대략 200~250Hz, 성인 남자는 100~120Hz 정도로 여자가 거의 2배 정도 빠르게 진동하며 어린아이는 300Hz 이상이다. 또한 진폭(진동의 폭 - 진동의 중심으로부터 가장 멀리 진동한 곳까지의 거리)이 크면 큰 소리를, 진폭이 작으면 작은 소리를 듣게 된다.

이러한 소리의 크기는 소리 치유에서도 중요한 요소인데 ㏈(데시벨) 단위로 표시하며 우리가 나누는 대화는 보통 50~60㏈이고, 락 음악은 120㏈ 정도이며 150㏈ 이상이 되면 생명체들은 죽게 된다.

위와 같이 소리의 크기, 높이, 맵시(소리의 거침과 부드러움)를 소리의 3요소라 한다. 이들 중 한 가지가 달라도 소리는 다르게 되는데 높은 소리라고 해서 큰소리는 아니다.

바람결, 물결, 비단결처럼 소리에도 결이 있다. 우리의 몸 안에서도 소리는 항상 결을 따라 흐르고 있다. 심장소리, 맥박소리, 호흡소리 등 평상시에는 잘 느끼지 못하나 첫눈에 반한 사람을 만났을 때나 사랑하는 사람을 보았을 때, 굳이 청진기를 대고 듣지 않아도 나의 심장이 뛰는 소리를 듣게 되며 놀라거나 위급한 상황에 닥쳤을 때, 호흡의 가파른 소리를 듣게 된다. 몸 안의 모든 조직들은 이렇게 주기적이고 반복적인 운동을 통해 내 몸을 유지해 나가고 있다.

소리는 우리 귀로 들을 수 있는 소리의 영역이 있고 반대로 들을 수 없는 영역이 있다. 우리의 귀로 들을 수 있는 소리를 가청 주파수라고 한다. 우리 인간의 가청 주파수 한계는 학자마다 주장이 다른데 보통 20㎐~20,000㎐라고 한다. 이것은 우리가 1초에 20번에서 20,000번 진동하는 소리까지만 들을 수 있다는 뜻인데, 돌고래의 가청 주파수가 150,000㎐인 것에 비하면 매우 좁은 범위이다.

우리의 가청 주파수 내에서도 더 크게 들리는 영역이 있고 덜 들리는 영역도 있다. 사람이 가장 민감하게 느끼는 최적 주파수는 1000~4000㎐이며, 가장 편안히 들을 수 있는 영역은 4000㎐~6000㎐이고 보통 남자가 말할 때는 약 120㎐이고 여자가 말할 땐 약 250㎐라고 한다. 16㎐보다 작은 진동수로 우리의 가청범위에 못 미치는 소리는 초저주파(infrasound)음이다. 반대로 20,000㎐ 보다 높은 진동수의 소리는 초음파(超音波, ultrasonic wave)인데 주파수가 높으며 강도 또한 일반 음파보다 훨씬 크다.

초, 저주파의 피해사례가 지구상 곳곳에 많이 있으나 그 일례로, 지구상의 가장 무서운 장소로 알려진 러시아의 하카스 공화국 북쪽에 위치한 카시쿨락스카야 동굴은 그곳을 탐험한 사람들에게 환각과 공포심을 일으켜 사망에 이르게까지 한다. 1993년에 러시아의 과학자 원정대 팀이 동굴에 특수실험실을 설치해 특수 장비로 실험을 실시한 결과 극도의 공포심을 일으키게 하는 강력한 저주파가 흐르고 있어 사람들에게 환각이 일어나게 해 극단적인 충동을 견디지 못하게 한다는 것이다. 이렇듯 소리의 영역에 따라 인체에 미치는 영향은 다르며 심리상태에 따라서도 다르다.

2.5 | 음악의 시작

음악이 역사적으로 어떠한 존재가치가 있었는가 하는 것은 우리의 선조로 거슬러 올라가지 않으면 안 된다.

지구상에 생명이 탄생한 것은 지구 탄생으로부터 6억 년 지난 약 40억 년 전이라고 알려져 있다. 생명이 탄생한 40억 년부터 생각해 보면, 수렵시대부터 현대까지는 시간적으로 불과 얼마 되지 않았다. 현대에 살다 보면, 맘모스를 쫓던 시대는 정신이 아찔해질 정도로 아주 먼 옛날이라고 생각해 버리지만 생명의 역사에서 보면 몇 분 전과 같은 것이다.

그렇다면 음악은 대체 언제 탄생된 것일까. 그림과 같이 공간 예술이라면, 현물 그 자체가 존재하고 있기 때문에 비교적 연대는 특정하기 쉽지만 음악은 시간 예술로 즉시 사라져 버리는 것이다. 따라서 연대의 특정은 매우 어렵지만 일설에 따르면, 예술이나 문화가 돌연 개화했다고 알려져 있는 4만 년 전이라고 생각할 수 있다. 뼈로 만든 악기도 발견되고 있기 때문에 거의 틀림없다고 말할 수 있을 것이다. 그 후 급격하게 인류의 문화가 발달하고 농경기술을 습득해 스스로 먹을 것을 만들어 내는 기술을 익혀 현대의 우리가 완성되었다. 이는 매우 흥미로운 사실이다.

인류가 급격하게 발달하는 시기에 음악이 탄생되었다고 하는 것은 음악이 보다 고도의 생활을 영위하게 하거나 보다 복잡한 문화를 창출하거나 하는데 가담한 것이 아닐까 하고 생각하는 것이다.

현재, 우리가 쓰고 있는 말이 만들어지기 훨씬 이전에 음악은 탄생되었다고 전해지고 있다. 문자를 가지지 않는 문화는 있어도 음악을 가지지 않는 문화는 없다.

이런 점에서도 음악은 인류의 기본적인 행동 중 하나였다고 생각된다. 왜 그럴까. 언뜻 보기에 필요불가견이라고 볼 수 없는 음악이 인류의 선조의 기본적인 행동이었던 것일까. 이 무렵 그들의 생활을 잠시 상상해 보자.

아침, 해가 뜨면 일어나 식재료가 되는 사냥감을 포획하러 나간다. 사냥감을 잡을지 못 잡을지는 남자들은 자신의 힘을 과시하는 동시에 사활 문제가 된다는 점에서 당시의 사람들에게 있어서는 매우 중요한 과제였을 것이다.

여성은 아이를 지키며 근처의 나무열매를 따면서 남자들이 사냥에서 돌아오기를 기다리고 있다. 설령 사냥을 실패했다 하더라도 나무의 열매 등으로 살아남을 수 있도록 용이주도하게 준비하고 있었을지도 모른다. 그러한 구도는 현대 사회에서도 전혀 변함이 없다. 현대에는 다양한 형태의 가족이 있는데, 얼마 전까지는 남성은 사냥 대신 돈을 벌고 여성은 충분히 배려하고 남성이 눈치채지 못하는 아이들의 마음상태를 알아차리거나 배우자에게 무슨 일이 있다 하더라도 서포트할 수 있도록 꼼꼼히 저금이나 먹을 것을 확보하거나 하는 것이다.

그렇다면 남성에게 수만 년 전의 시대에 음악은 어떻게 사용되고 있었을까. 그 해답을 찾는 힌트로 다윈의 '성선택'이라는 개념이 있다. 생물이 유전자를 후세에 남기기 위해서는 자손을 남겨야 한다. 이를 위해서는 '배우자를 사로잡는' 능력이 필요하게 된 것이다. 예를 들어, 많은 사냥감을 잡을 수 있는 남성은 많은 여성들에게 매력적으로 느껴졌다. 먹을 자원을 획득할 수 있는 능력은 자손을 남기는 과정에 있어서 확실히 유리하기 때문이다. 먹을 것이 풍요로워지면 배우자나 아이들도 살아남을 가능성이 높아지고 유전자적으로도 매력적으로 비치도록 게놈에 코드화 되어 있는 것이다. 남성이 이성의 마음을 잡는데 필사적인 것은 현대에도 4만 년 전에도 그리 변함이 없다. 그것은 남성측 입장에서 보면, 많은 자손을 남긴다는 유전자적인 요소가 있기 때문에 필연이라고도 말할 수 있다.

다윈은 성적인 적성을 제시하고 구애의 상대를 사로잡는데 음악이 도움이 되었다는 생각을 가지고 있었다. 수렵시대에 사용되었다고 알려진 악기도 발견되고 있다는 것은 앞서 소개한 바와 같은데, 악기를 통해 음악이 연주된 것은 틀림없는 듯하다. 그렇다면 음악은 왜 이성의 마음을 사로잡는데 도움이 되었을까?

특별히 피리를 불 수 있다고 해서 맘모스가 잡히는 것도 아니고 비바람으로부터 몸을 지킬 수 있는 것도 아니다. 일반적으로 생각해 보면, '피리를 불고 있을 여유가 있다면 사냥감을 잡아오길 바란다'라고 생각할 것이다. 하지만 그 시대에도 음악이 분명히 존재하고 있었던 것이다.

고래(古來), 대부분의 음악은 춤과 연관되어 있었다. 수렵시대의 음악은 리듬 중심이었을 거라는 것이 많은 연구자들의 일치된 의견이다. 음악의 요소에서 생각해 보면, 리듬은 몸과 관계가 있고 멜로디는 뇌와 관계되어 있다. 리듬이 몸과 연동하고 있다는 것은 누구나 경험상으로도 알 것이다. 멜로디만 있는 것보다 드럼의 리듬이 더해짐으로써 자연스레 몸을 움직이고 싶어질 것이다. 락콘서트 공연장에서 미동도 하지 않고 가만히 멈춰있는 사람이 있다면 부자연스럽다. 이와 같이 리듬이 있으면 인간은 움직이도록 입력되어 있는 것이다.

수렵시대의 리듬 중심의 음악은 몸을 움직이는 것, 즉 '춤'과 밀접한 관계가 있었다. 수렵시대에는 발을 사용해 사냥감을 쫓는다. 자신의 몇 배나 되는 동물과 막상막하로 싸우기 때문에 그 운동능력은 상당한 것이었음을 예상할 수 있다. 하루의 대부분을 과혹한 전투에 할애하고 있기 때문에 체력이 없으면 말이 안 된다. 여성들은 체력이 있고 심신 모두 건강한 남성에게 더욱 끌렸을 것이다.

건강이란 생존하는 힘과 연결된다. 현대에서 말하자면, 그것은 '경제력'이라는 말로 바꿀 수도 있다. 이른바, 그 무렵의「경제력」은 내일을 살아남을 수 있을지 없을지와 관련이 있었고, 남성에게 요구되는 능력 중 첫 번째는 단연 '운동 능력'이었던 것이다. 즉, 리듬 중심의 음악의 재능이 있다는 것은 '운동 능력'의 증거가 되는 것이다. 대부분의 부족의 춤은 리듬을 타고 반복적으로 점프하거나 발을 사용해 움직이거나 한다. 몸 안에서도 가장 에너지를 많이 사용하는 대퇴근을 혹사하는 것이다. 이러한 움직임이 가능한 것은 사냥감을 쫓는 것과 같고 체력에 자신이 있고 심신 모두 건강하다는 증명이 된다.

2.6 | BGM(Back Ground Music)의 효과

현재 일상적으로 음악에 접하는 가장 많은 기회는 BGM을 통해서가 아닐까. 여러 상점에서 BGM은「유선방송」등의 형태로 당연하듯이 사용되고 있다. 그러나 그 사용법은 기계에 전적으로 맡기거나 점포 경영자의 취향대로 이거나 하는 상태이다. 예를 들어 음식점에서는 비용의 관계에서 간판이나 내장, 메뉴 등 우선 시각적인 부분에서 투자하기 쉽다. 물론 그것도 괜찮지만 청각에서의 영향은 시각 이상으로 감정에 호소하는 힘이 있다는 것을 기억하길 바란다.

정신을 잃었던 사람의 의식이 돌아오는 것도 청각이 최초이며, 잘 때에도 청각의 감각이 최후까지 남아 있다. 그리고 청각은 시각과 달리 기본적으로는 차단할 수 없다. 청각은 이처럼 인간의 감정에 직결되어 있음에도 불구하고 거기에 대한 대응은 마케팅 방법으로는 미성숙하여 효과적인 방법은 확립되어 있지 않은 상태인 것이다.

음악은 무의식적으로 인간의 감정을 움직이는 파워가 있다. BGM은 그 이름대로 배경음악이라는 의미이므로, 의식에는 이르기 힘든 면이 있다는 것은 분명하다. 또 실제 그와 같이 사용되어야 한다.

음악은 본능적인 기능을 맡는 뇌의 대뇌변연계에서 느끼고 있고 설령 의식에 이르지 않더라도 확실히 감정의 유발에 영향을 미친다. 대뇌변연계는 섭식이나 수면, 성행동 등 생명의 존속에 빠질 수 없는 중요한 기관이기 때문에 무의식적으로도 일하고 있는 것이다. 이와 같은 무의식의 영역에 작용하는 음악의 힘을 이해하고 있다면 상점의 이미지, 매출, 스태프의 모티베이션(motivation) 등 다양한 부분에서 좋은 효과가 나타날 것이다.

BGM이 가져오는 또 다른 효과는 '감정 유도'이다. 그 이름대로 '감정'을 유도하는 작용을 말한다. 감정이란 인간의 존재에 관한 가장 광범위한 개념 중 하나로 동작, 지각, 기억, 학습, 의지 결정 등 거의 모든 행동에 관한 것이다.

아리스토텔레스는 이렇게 말하고 있다. "왜 소리는 감정을 자극하는 유일한 감각일까. 말이 없는 선율조차 감정을 가지고 있다. 그러나 색(色)이나 냄새는 그렇지 않다."

고대부터 음악이 감정을 움직인다는 사고는 있었다. 소리에는 말이 없지만 들으면 감정에 변화가 일어난다. 이 현상에는 아리스토텔레스도 흥미진진했던 것 같다. 시각이나 후각이 아니라 청각에 어필하는 음악의 대단한 면은 감정의 변화를 한 순간에 이끌어 낸다는 점이다. 예를 들어, TV에서 흘러나오는 음악을 듣고 갑자기 눈물을 흘린다든가, 연인이 친 피아노 음색에 순식간에 빠져든다든가, 아주 단시간에 감정을 변화시키는 것이다. 다른 자극에 비해 감정의 변화를 일으키기 쉽다는 음악의 특징을 잘 나타내고 있는 것이 아닐까.

음악이 왜 단시간에 감정을 움직이는가 하면 음악을 듣고 반응하는 뇌의 장소가 '오래된 뇌'이기 때문이다. 앞장에서도 설명했지만 '오래된 뇌'라는 것은 대뇌변연계라는 장소이다. 이것은 파충류에도 존재하고, 생존에 관계하는 원시적인 기능을 담당하고 있는 부분이다.

지금까지는 음악적인 감정이 일어나기 위해서는 청각피질 등의 대뇌신피질의 역할이 중요하다고 여겨져 왔다. 그러나 최신 연구에서는 음악을 들었을 때의 감정은 오래된 뇌인 대뇌변연계를 중심으로 한 장소에서 만들어진다는 것이 밝혀졌다.

고도의 선율을 구분해 듣거나 화음이나 리듬을 지각하거나 하는 것은 음악적 지식이나 교양이 필요하다. 그러나 음악을 듣고 '좋은 음악이구나' 하고 느끼는 것은 대뇌변연계의 작용에 의한 것이다.

음악을 듣고 감정이 움직이는 것은 원시적인 작용으로 고차원 레벨의 인식이 아니라 저차원 레벨의 어느 의미에서는 동물적인 반응이라고도 말할 수 있다. 특별히 음대 졸업생뿐만 아니라 모든 생물이 당연히 느끼는 것이다.

음악은 감정에 작용하는 것이 매우 뛰어나 부작용도 없다. 즉 음악에 의한 '감정 유발 효과'를 쓸 수밖에 없다. BGM의 효과 중에서 가장 유효한 방법이 될 것이다. 예를 들어, 병원 등에서는 환자의 불안감을 완화하기 위해 릴랙스한 BGM을 튼다. 이는 릴랙스 할 수 있는 음악을 들음으로써 부교감신경이 우위가 되어 불안을 경감하기 때문이다. 또 불안을 제거할 뿐만 아니라 실제로 통증을 완화하는 효과도 있다.

어느 날, 좋아하는 음악과 싫어하는 음악을 들으며 얼음물에 손을 넣는 실험을 하였다. 그러자 좋아하는 음악을 듣고 있는 경우가 싫어하는 음악을 들었을 때 보다 더 오랫동안 얼음물에 손을 담글 수 있었던 것이다.

좋아하는 음악을 듣고 있으면 뇌에서 베타 엔돌핀이나 도파민과 같은 쾌락 호르몬이 분비된다. 이들의 영향으로, 통증에도 견딜 수 있다는 것이다. 앞에서 설면한 것 같이 도파민은 모르핀의 5~6배의 침통 효과가 있다고도 알려져 있으므로 이 결과도 납득이 가는 데가 있다.

감정이 움직이면 결과 행동도 변화하는 것은 매우 흥미로운 행동 심리이다. 지금까지도 음악을 들으면 기뻐지는 것은 경험적으로 알 수 있었지만, 최신 연구를 통해 과학적으로 어떠한 변화가 뇌 안에서 일어나고 있는지 확인되기 시작한 것이다. 앞으로는 그러한 연구를 토대로 음악을 선택해 가는 방법이 확립되어 갈 것이다. 또 상점에서 흘러나오는 BGM에 의해 구매에도 변화가 나오는 것도 충분히 생각할 수 있다. 앞으로는 고객이 어떠한 감정을 가지길 바라는지. 즐거워지길 바라는지, 릴랙스하길 바라는지, 도회적인 분위기를 맛보길 원하는지, 거친 느낌으로 보내길 바라는지 등과 같은 것을 잘 고려해서 음악을 고를 필요가 있다.

음악의 효과에 부작용은 없으므로 감정유도 효과를 적극적으로 유효하게 사용해 가도록 하자.

1) 행동 유도효과

'이미지 유도 효과', '감정 유도 효과'와 함께 BGM의 역할로서 중요한 요소가 '행동 유도 효과'이다. 음악이 사람에게 주는 효과로서는 최종적으로 모두 여기에 귀착한다고 말할 수 있을지도 모른다.

'사람은 감정의 동물'이라고 하지만 무언가를 사거나 어딘가에 가거나 하는 것을 결정하는 것은 최종적으로는 감정에 의한 판단이다. '아니, 그런 일은 없다. 확고한 이유가 있다.'라고 생각할지도 모르지만, 그것은 대부분 나중이고 판단의 순간은 그 때의 감정이 지배하고 있을 것이다.

연인을 좋아하게 된 이유에서도 나중에는 얼마든지 이유를 댈 수 있지만, 좋아하게 된 그 때에는 '무조건 좋다'라는 감정이 지배하고 있을 것이다. '그의 키는 몇 센치이고, 편차값은 얼마'라는 것은 미래의 연봉은 이 정도는 견실하니, 뭐 괜찮네. 얼굴도 평균적인 크기이면서 얼굴형도 보통이고… 하고 생각하는 사람이 있다면 무섭기 때문이다. 이처럼 감정이라는 것은 인간의 행동이나 의지결정에 관계하는 중요한 존재인 것이다. 음악 하나로 사람의 행동도 바꿔버릴 수 있다. 즉, 자신도 모르는 사이에 사람을 멀리하는 일도 있을 수 있는 것이다.

BGM의 행동 유도 효과의 하나로 음악의 템포를 바꾸면 걷는 속도나 먹는 속도가 바뀐다. 또 음량이 크면 목소리가 자연스럽게 커진다. 단순하지만 음악의 요소가 바뀌는 것만으로 사람의 구체적인 행동도 바뀌는 것이다. 듣는 측은 의식해서 행동으로 옮기고자 하는 경우도 있는가 하면 무의식중에 바뀐 경우도 있다고 한다. 음악은 무의식의 영역에 작용하는 힘이 강하기 때문에 '잘 모르지만 행동해 버렸다'는 케이스도 있을 수 있는 것이다.

템포에 이어 '음량'도 손님의 행동 패턴을 바꾸는 중요한 요소이다. BGM에 유선방송을 틀고 있는 상점에서 음량을 신경 쓰고 있는 곳은 거의 찾아볼 수 없다. 한나절 음량을 설정했다면 거의 그대로이다. 때로는 여러 장르의 음악이 나오거나 하기 때문에 체감 음량도 제각각이기도 하다. 그렇다면 음량에 변화를 주면 손님의 행동이 어떻게 바뀌는지 살펴보도록 하자.

BGM의 음량으로 컨트롤 할 수 있는 것은 가게 전체에 흐르는 소리의 볼륨이다. BGM의 음량을 키워 가면 그에 따라 다른 음량도 올라간다. 낮추면 그에 따라 다른 음량도 줄어든다. 그렇다면 이 '다른 음량'이란 무엇일까? 정답은 '손님의 대화의 음량'이다. BGM의 음량이 큰 상점에서는 손님의 대화도 자연스럽게 커진다. 반대도 그러하다. 상점의 BGM 음량이 커지면 상점 전체의 각성도가 올라가 손님도 자연스럽게 성량이 올라갈 것이라고 추측된다.

이것은 상점의 콘셉트를 제시하고 컨트롤하는 데 효율적으로 이용할 수 있다. 호텔의 라운지에서 음량을 줄이고 있는 곳이 많은 것은 바로 그 때문이다. 일류 호텔의 라운지와 같은 성인 공간에서 큰 소리로 떠드는 것은 역시 장소에 어울리지 않기 때문이다. 선술집과 같은 떠들썩한 분위기를 연출하고 싶은 경우는 반대로 BGM의 음량을 약간 올려보면 좋을 것이다. 그 공간의 스피드감이나 하이텐션을 연출하는 데 도움이 된다. 실제로 음량을 키우자 맥주 주문이 늘었다는 보고도 있을 정도이기 때문이다. 이와 같이 심리학에서 말하는 '동조행동'과 같이, 인간에게는 BGM의 템포나 음량에 멋지게 동조해 버리는 성질이 있다. 선곡과 마찬가지로 템포나 음량에도 배려하면 보다 높은 수준의 음악 공간을 만들 수 있을 것이다.

2) 청감 감성

현대인은 소리에 대한 감각이 약해지고 있다. 도심에는 소음이 넘쳐나고 우리는 '듣지 않는' 것에 익숙해져 버린 점, 대인 커뮤니케이션에서도, 옛날에 비해 희박해진 것이 원인 중 하나라 생각된다.

소리에 대한 감각을 '청각 감성'이라 부르고 있다. 오감 마케팅이라는 말이 있는데, 그중에서도 '청각 감성'은 핵심이 되는 요소라고 평가하고 있다. 그것은 너무나 시각에 편중되어 있는 현대에 있어서 본래 살아가는 데 중요했던 '소리'에 대한 감각을 잊고 있다고 생각하기 때문이다.

우리는 백문이 불여일견이라고 하듯이, '본 것'이 전부라는 생각이 있다. 눈으로

본 것은 역시 설명할 필요도 없이 명백하기 때문이다. 그러나 실제는 그렇지 않다. 인간은 본래 소리를 통해 사실을 판단하거나 소리로부터 행동이나 감정에 영향을 받고 있는 것이 대부분인 것이다. 예를 들어, 영화로 생각해 보자. 같은 영상이라 할지라도 음악을 바꾸면 비치는 영상이 완전히 바뀐다. 음악에 의해 그 장면이 심각한 상황인지, 코미컬한 상황인지, 어느 쪽도 아니라 감상자에게 의존하고 있는지를 판단할 수 있는 것이다. 영상에서는 분명 '그 상황'을 알 수 있다. 그러나 거기서 무엇을 말하고자 하는지, 어떠한 감정이 그려지고 있는지는 음악에 의존하고 있는 것이다.

평소 생활에서도 소리로부터 판단하고 있는 일은 무수히 많다. 길을 걷고 있을 때, 차가 다가왔다고 판단하는 것은 청각부터이다. 귀에서 오는 정보가 먼저로, 시각은 그것을 확인한다. 상점에서는 손님이 들어 온 것을 귀로 판단한다. 문이 열리면 주위의 공기나 소리가 바뀌기 때문이다. 또 커뮤니케이션에서도 얼굴을 보지 않아도 소리를 들으면 인간은 상대가 무엇을 생각하고 있는지 알 수 있다. 적어도, 현대보다 이전까지는 말이다. '적어도'라고 표현한 것은 현대에서는 그러한 것이 조금 약해졌다고 느껴지기 때문이다.

오감의 감각은 도시에서는 느낄 수 없는 것이었다. 작은 소리가 물을 얻을 수 있는지, 없는지, 맹수를 만나는지 안 만나는지, 살지, 죽을 지와 관계가 있다. 그러한 감각을 현대인은 잊어버리고 있다. 물론 길을 가다가 곰을 만날 일은 없기 때문에 그런 의미는 약간 다르지만, 인간의 감각으로서 중요한 감각 중 하나인 '청각'이 상당히 둔감해진 것은 분명하다. 이는 청음 검사에서 실시하는 수치로 나타낼 수 있는 것이 아니다. 어디까지나 인간적인 청각 감성인 것이다.

생활을 하고 있는 중에 소리에 대한 감각은 상당히 달라진다. 어떻게 바꾸어 가는가? 그것은 '소리를 차단하는 능력'이 강화되는 것이다.

소리의 홍수에 휩싸이면, 필요한 소리만을 듣는 버릇이 생겨 다른 소리를 차단해 버린다. 이 기능은 본래 인간이 몸에 지니고 있는 귀의 특성인데, 그것이 과도해져 있는 상태. 핸드폰을 통근 시에 듣는 것은 주위의 잡음을 차단하고 싶은 것이 분명하다. 본래의 청각 기능으로 구분해 듣는 것이 아니라 강제적으로 음악 플레이어 등을 사용해 듣고 싶은 소리를 귀로 듣는 것이다. 그렇게 함으로써 주위의 노이즈를 듣지 않고 있다. '자신과 관계가 없는 소리는 듣고 싶지 않다. 자신에게 필요한 소리만 듣는' 것이 간단히 가능해져 버린다. 또 이어폰을 끼고 있을 때에는 인간의 퍼스널 스페이스(Personal Space)가 확대된다 – 퍼스널 스페이스(Personal Space)란 상대와의 심리적인 거리를 나타내는 것인데, 가까울수록 마음의 관계도 가까워진다. 이어폰으로 외부 소리를 차단하고 있을 때에는 이 퍼스널 스페이스가 넓어진다는 것을 알 수 있다. 이어폰을 끼고 있기 때문에 좁아지지 않을까 생각하지만 오히려 그 반대이다. 타인에 대한 경계심으로 이어폰을 사용하고, 그것이 퍼스널 스페이스를 더욱 넓히는 방향으로 작용한다. 외부의 소리를 차단하여 자기만의 음악에 몰두하는 것은 타인과의 커뮤니케이션도 차단하고 있는 것이다.

인간은 자극이 강한 것을 매우 좋아한다. 음식을 예로 들어 생각해 보자. 몸에 나쁘다는 것을 알고 있어도 무의식중에 정크푸드에 손을 대고 만다. 가끔 먹는 거라면 괜찮겠지만, 그 자극을 끊을 수 없게 되어 더 자극이 강한 음식으로 이행되어간다. 정신을 차렸을 때에는 몸은 엉망진창이 된 상태로 더 이상 보통 음식에는 만족하지 못하게 된다. 보통의 맛에는 '아무 맛도 안 난다'라고 느끼게 되어 버리는 것이다.

이는 음악에서도 마찬가지이다. 인간은 자극이 강한 것을 좋아하기 때문에 스트레스를 느낄 때나 짜증날 때에는 더 격렬한 음악을 듣기 십상이다. 음악치료의 관점에서도 틀린 것은 아니지만, 현대에는 자극이 너무 강하기 때문에 그에 의존해 버리는 경향이 있는 것이다. 그런데 '하드 록(hard rock)이 마음을 치유한다'라는 주장이 있는데, 그 효과는 일시적인 것이다. 맛이 진한 포테이토칩은 맛있지만 매일 먹으면 몸을 망가뜨릴 뿐이다. 설령, 먹고 있는 순간에 스트레스가 풀린다고 해서 계속 먹는 것이 좋다고 생각하는 사람은 없을 것이다. 오히려 건강한 사람은 적은 양념으로 만든 요리를 충분히 즐길 수 있다.

'음악은 특별히 건강을 해치는 것도 아니고, 아무리 격렬한 음악을 듣는다고 해도 무해할 것이다'라는 것은 잘못된 생각이다. 물리적으로 생각해 봐도 소리는 공기의 진동이다. 소음 공해라는 말이 있듯이, 장기간에 걸쳐 소음을 들을 정도의 고통은 없을 것이다. 또 초저주파 음을 계속 듣고 있으면 건강에 영향을 미친다.

3) 청감 감성의 효과

자극이 강한 소리나 음악에 반복적으로 노출되면 의식도 난폭해져 가는 문제에 대한 설명이 있는데, 이는 소리에 대해 감각이 둔화되어 가기 때문이다. 소리의 홍수 속에서 살고 있으면 '소리를 차단하는 것'에 익숙해져 버리므로 평소 대화에서도 상대의 섬세한 말에 반응하지 못하게 된다. 소리를 강제적으로 차단하여 자신에게 편한 소리만 듣는 것이 익숙해지면 당연히 커뮤니케이션에도 영향이 나타난다. 듣기 좋은 소리에 익숙해져 갑작스런 상대방의 대화에 친절히 응할 수 없게 된다.

'핸드폰으로 음악을 듣는 것과 상담에 응하는 것이 관계가 있을까?' 하고 생각할지도 모른다. 그러나 '듣는다'라는 행위는 '음악을 듣는다', '작은새의 지저귐을 듣는다', '상사의 이야기를 듣는다', '연인의 말을 듣는다', '스**스의 드라이브 인에서 안내자의 목소리를 듣는다' 등 모두 같은 맥락이다. 얼핏 관계가 없어 보이는 것도 '듣는다'라는 자극으로서 같아지는 관계를 구성하고 있다고 생각하면, 세계가 다르게 보인다.

평소의 대화에서도 어딘가에 반드시 '듣는다'라는 감각의 습관이 나온다. 따라서 평소에 사소한 소리의 변화에 귀를 기울이는 것이 중요하다.

우리의 감각은 수만 년 전의 그대로 변하지 않았다고 알려져 있다. 인간이 환경의 진화에 적응하는 데 약 5만 년 걸린다는 설(說)도 있다.

우리는 대부분 도시의 빌딩군과, 만원 전철을 경험하기보다 자연 속에 서 심신을 재충전하길 원한다. 이것이야 말로, 인간의 감각이 수만 년 전부터 바뀌지 않았다는 증거 중 하나일지도 모른다.

자극이 약한 음악이나 중립적인 소리, 자연의 소리로부터 약간의 변화나 감정을 읽어내는 훈련은 사소한 일에 배려하는 감성을 단련하고 대인 커뮤니케이션마저도 향상시킨다. 이들 모든 것의 토대가 되고 있는 것이 청각 감성이다.

자연과 사람의 관계, 사람과 사람의 관계 그리고 사람과 소리와의 관계에서 청각 감성을 높이는 것은 인생을 풍요롭게 만드는 것으로 이어지고 있다.

3. 음악치료에 적용되는 추천 클래식 음악

제1곡	베토벤 『교향곡 제9번 합창』
제2곡	보로딘 『교향곡 제1번, 2번』, 『폴로베츠 사람의 춤』
제3곡	요한 스투라우스 『GALA – Walzer & Polkkas』
제4곡	시벨리우스 『핀란디아(Finlandia)』
제5곡	시벨리우스 『관현악곡』, 『타피올라』, 『슬픈 왈츠』, 『카렐리아』
제6곡	슈베르트 『마왕(魔王)』
제7곡	바그너 『발퀴네』
제8곡	베토벤 『교향곡 제5번』
제9곡	리하르트 슈트라우스 『영웅의 생애』
제10곡	바흐 『브란덴부르크 협주곡』
제11곡	라벨 『밤의 가스파르(Gaspard de la nuit)』
제12곡	슈베르트 『죽음과 소녀』
제13곡	로시니 『서곡집녀』
제14곡	모차르트 『피아노 협주곡 제20번』
제15곡	그리그 『피아노 협주곡』, 『관현악곡』
제16곡	쇼팽 『피아노 협주곡 1번』
제17곡	라흐마니노프 『피아노 협주곡 제3번』
제18곡	바흐 『골드베르크 변주곡』
제19곡	베토벤 『바이올린 협주곡』
제20곡	드보르자크 『교향곡 제9번(신세계로부터)』
제21곡	차이코프스키 『교향곡 제4번』
제22곡	베를리오즈 『환상 교향곡』
제23곡	브람스 『교향곡 제1번』
제24곡	차이코프스키 『백조의 호수』
제25곡	라흐마니노프 『피아노 협주곡 제2번』
제26곡	차이코프스키 『바이올린 협주곡』
제27곡	모차르트 『교향곡 제40번』
제28곡	베토벤 『피아노 소나타 8번』

음악치료에 적용되는 추천 클래식 음악 · 01

베토벤 『교향곡 제9번 "합창"』
Symphony no.9 in d Major, Op.125

'환희의 찬가'로 유명한 이제는 대중적이라고도 말할 수 있는 곡이다. 젊은 시절부터 귓병으로 고민해 온 베토벤(1770~1827)이었지만 이 곡을 완성시키는 최만년 무렵에는 거의 청력을 잃고 있었다. 더불어 건강 상태도 악화되어 많은 후원자 및 친구들도 떠나 금전적으로 곤궁해져 실의와 고독의 만년을 보내고 있었다.

그 무렵 빈(Wien)은 G. 로시니(Gioachino Antonio Rossini)의 밝고 경쾌한 음악이 인기를 얻어 베토벤의 심각한 음악은 경원시 되고 있었다. 또 그 자신의 음악도 대중이 선호하는 음악과 점점 거리가 멀어지고 있었다.

장년기에는 운명과 싸우는 듯한 격렬한 곡을 썼지만, 40대 후반부터는 후기의 피아노 소나타로 대표되는 명상적이고 철학적인 곡을 쓰게 되었다. 그런 베토벤이 50세에 격렬하고 투쟁적인 『제9교향곡』을 완성시킨 것이다. 베토벤은 생애의 마지막에 다시 한 번 인생과 예술에 대해 격렬한 승부를 건 것이다.

제1악장의 신비한 도입부분은 지금까지 어느 작곡가도 자아낸 적이 없는 신비한 울림이다. 20세기 최고의 지휘자 빌헬름 푸르트뱅글러(Wilhelm Furtwängler)는 이 서두를 '우주의 창세(創世)'에 비유했다. 실제 우주가 어떻게 탄생되었는지는 모르지만 암흑의 혼돈의 세계에 작은 빛이 생겨 그것이 명멸하면서 천천히 회전을 시작하여 마침내 거대한 소용돌이가 되어 우주가 모습을 드러낸다. ─ 마치 그러한 이미지를 방불케 하는 서두이다. 그리고 음악은 굽이치듯 또 큰 파도가 밀려왔다 밀려가듯이 혼돈된 세계의 두려움을 보여준다. 제1악장은 베토벤의 장년기의 웅혼함과 만년의 철학성이 융합된 최고의 음악이다. 제2악장은 격렬한 투쟁의 음악이다. 엄습해 오는 어두운 운명을 상징하는 듯한 팀파니가 처절한 소리를 낸다. 전곡 중 가장 짧은 악장이긴 하지만 강렬한 인상을 남긴다. 제3악장은 앞 악장에서의 투쟁의 피로를 치유하듯 싹 달라진 조용한 음악이다. 주선율은 이 더할 나위 없이 로맨틱하여 젊은 날의 걸작 피아노 소나타 '비창'의 제2악장과 흡사하다. 깊은 정신성이 담긴 이 제2악장이야말로 『제9교향곡』의 백미라고 하는 사람도 적지 않다. 이 악장을 끝으로 곡을 마쳤으면 좋았을 것이라고 말하는 극단적인 사람도 있을 정도로 제3악장은 훌륭하다. 그리고 맞이한 최종 제4악장은 서두에서 갑자기 폭풍과 같은 격심한 음악이 불어닥친다. 마치 제3악장의 달콤한 꿈을 날려 버리는 폭풍과도 같다. 그리고 저현악기(첼로와 콘트라베이스)에 의한 레치타티보(Recitativo)가 연주된다.

레치타티보란 원래는 오페라 등에서 사용되는 멜로디가 붙은 대사인데 악기만으로 연주되는 멜로디도 레치타티보라 부른다. 그러므로 이 부분은 첼로와 콘트라베이스가 말하고 있는 것처럼 들린다. 레치타티보가 잠시 중단되고 돌연 제1악장의 우주의 혼돈을 연상시키는 선율이 나타난다. 그러나 바로 레치타티보로 지워진다. 다음으로 제2악장의 투쟁의 선율이 나지만 이 역시도 레치타티보로 바로 지워진다. 그리고 제3악장의 선율이 흐른다. 이번에는 앞 두 악장처럼 바로 지워지지 않는다. 부드럽게 위무(慰撫)하듯 아름다운 멜로디가 잠시 지배한다. 그 도중 멀리 '환희의 찬가' 선율이 들리는데, 바로 다시 제3악장의 감미로운 음악으로 싹 사라진다. 이 부분을 듣고 있으면 베토벤의 심정이 애달플 정도로 전해져 온다.

그는 이 달콤한 세계에 계속 머물고 싶었을 것이다. '환희'를 지향하기 위해 싸우는 것이 아니라 언제까지나 이 꿈같은 세계에서 잠들고 싶었을 것이다. 그러나 베토벤은 그 미련을 끊었다. 어떠한 결의처럼, 두 강력한 화음이 제3악장의 선율을 부정한다. 그리하여 마침내 그 유명한 '환희의 찬가'의 선율이 피아니시모로 조용히 연주된다. 같은 선율을 반복하면서 서서히 악기가 늘어간다. 다시 폭풍 같은 음악이 불어 닥치고 모든 음악이 멈춘 뒤, 베이스 가수가 '오 벗이여, 이와 같은 음이 아니다'라고 노래한다. 그 선율은 지금까지 반복된 레치타티보의 선율이다. 그리고 가사는 베토벤 자신이 직접 쓴 것이다. 즉, 그는 여기에 이르기까지 모든 음악을 부정한 것이다. 가사는 이렇게 이어진다. '우리는 더 즐거운 노래를 원한다' 그때, 우리는 그때까지 저현으로 연주되던 레치타티보가 실은 그 말을 이야기하고 있었던 것을 알게 된다.

이 구성을 '과하다', '고의적이다'라며 비난하는 사람도 있다. 마치 음악을 드라마와 같은 구성으로 만들었다는 것이다. 그러나 지금까지 음악의 세계에서 이러한 시도를 한 사람은 아무도 없었다. 베토벤이 말한 것 중 "미(美)를 위해 깨서는 안 되는 규칙은 없다"라는 말이 있는데, 그는 진리와 미(美)를 위해서는 못할 것이 없는 예술가인 것이다. 약 200년이나 전에 이러한 음악을 만든 베토벤은 실로 대단하다고 생각한다. 한편, 음악은 드디어 '환희의 찬가'로 이어간다. 이 가사는 실러(Johann Christoph Friedrich von Schiller)가 쓴 송시(頌詩) '환희에 부침'이다. 베토벤이 이 시(詩)에 음악을 붙이고자 생각한 것은 20대 무렵이라고 전해지고 있는데, 젊은 날의 뜻을 최만년에 이룬 셈이다. 이 노래는 일반적으로 '사람들이 손을 붙잡고 환희의 노래를 부르자'라는 밝고 명랑한 노래라고 믿고 있지만, 그러한 보이스 칼라적인 가벼운 노래는 결코 아니다.

시(詩) 안에는 확실히 '진실된 우정을 얻은 자여, 여성의 따뜻한 사랑을 얻은 자여, 환희의 노래를 함께 부르자. 그러나 그것조차 가지지 못한 자는 눈물 흘리며 발소리 죽여 떠나가라'라고 되어 있다. 즉, '사랑과 우정을 얻지 못한 자는 떠나라!'라고 선언하고 있는 것이다. 오늘날 젊은이들의 달콤한 고독, 은둔형 외톨이적인 것 등은 모두 부정하고 있다. 사람들의 진정한 연대, 사랑과 우정의 이상을 노래한 것이다. 이는 청력을 잃은 만년의 베토벤의 영혼의 부르짖음이기도 했다. 그리고 『제9 교향곡』의 마지막은 '백만의 사람들이여, 껴안아라!'라는 합창으로 노래되며, 장대한 오케스트라로 마무리된다. 전곡을 연주하면 1시간이 훨씬 넘는 거대한 곡으로 과거 이 정도로 장대한 교향곡을 쓴 사람은 아무도 없었다. 또 교향곡에 4명의 가수(소프라노, 알토, 테너, 베이스), 나아가 합창단까지 가세한 공전의 곡이다.

생애 최고의 성공

이 곡의 초연은 1824년, 이미 완전히 청력을 잃은 베토벤이 지휘했지만 교향악단원들은 베토벤 옆에 선 부지휘자를 보면서 연주하였다. 연주가 끝나고 관중은 매우 감동하여 떠나갈 듯한 갈채를 보냈지만, 베토벤에게는 들리지 않아 알토 가수가 그의 손을 잡고 관객석으로 돌아보게 했다. 그때, 청중이 열광적으로 박수를 보내는 광경을 본 그는 너무 기쁜 나머지 정신을 잃었다. 이것은 그의 생애 최고의 성공이었다. 이 초연의 대성공은 음악의 신이 고난의 생애를 보낸 베토벤에게 보내준 마지막 선물이라고 생각한다.

『제9교향곡』의 진가가 처음으로 세상에 알려지게 된 것은 베토벤이 세상을 떠난 지 약 20년 후 리하르트 바그너(Wilhelm Richard Wagner)에 의한 드레스덴에서의 연주이다. 바그너는 관계자들의 반대를 무릅쓰고 『제9 교향곡』을 프로그램에 싣고 엄청난 리허설을 반복하여 멋진 연주를 이루어냈다. 이때 청중은 처음으로 베토벤의 『제9 교향곡』의 위대함을 알게 되었고 이후 이 곡은 유럽을 제패하게 된다.

압도적인 드라마 바이로이트의 『제9 교향곡』

『제9교향곡』의 명연은 무수히 많다. 명연은 우선 푸르트뱅글러의 연주이다. 십여 종류 남아 있는 그의 『제9교향곡』은 모두 훌륭한 연주이지만, 전설적인 명반이라고 말할 수 있는 바이로이트 축제관현악단 판(1951년)은 놓칠 수 없을 것이다. '바이로이트의 제9 교향곡'이라고 불리는 이 연주는 70년된 옛 음반이지만 이 녹음의 진가는 결코 사라지는 것이 아니다.

바그너의 오페라만을 연주하는 바이로이트 음악제는 전후 한동안 연합군에 의해 금지되었지만 1951년에 재개되었다. '바이로이트의 제9 교향곡'은 그 재개를 축하한 오프닝 콘서트에서 푸르트뱅글러가 지휘한 연주이다. 연주는 이상은 없다고 말할 수 있을 정도로 극적이고 감동적이다.

게오르그 솔티 지휘의 시카고 심포니(1972년)의 연주는 실로 호쾌하고 강력한 연주이다. 오케스트라도 합창도 최고급 레벨의 명연주로 평가받는다.

지휘 : 게오르그 솔티
시카고 심포니 오케스트라
1972년 녹음

음악치료에 적용되는 추천 클래식 음악 · 02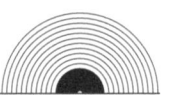

보로딘 『교향곡 제1번, 2번』, 『폴로베츠 사람의 춤』
Symphony No.1 in E flat ma
Symphony No.2 in B minor
Polovtsian Dances from 'Paince Igor'

보로딘 교향곡 1, 2번(A. Borodin, symphony No.1, No.2)

교향곡은 대부분 작곡가들(쇼팽 등 극히 일부를 제외한)의 로망이었다. 교향곡은 작곡가의 역량을 단적으로 보여주는 지표였는데, 그럴 만도 한 것이 교향곡을 작곡하기 위해서는 관현악법에 정통해야 했고 5~20분 정도 되는 악장들로 20분~1시간에 달하는 대작을 구성할 수 있어야 했기 때문이다. 악장들에도 각각의 특징이 부과되어 작곡가는 보통 템포(1악장), 느린 템포(2악장), 빠른 템포(4악장)의 악장들을 3박자의 3악장과 함께 작곡할 수 있어야 했고 더 나아가 이들을 기승전결 순서에 따라 유기적으로 결합시킬 수 있어야 했다. 즉, 교향곡은 작곡가가 악기론에 정통하고 다양한 장르의 작품들을 쓸 수 있으며 크고 작은 작품을 모두 작곡할 수 있음을 증명하는 장르였다.

훌륭한 교향곡의 반열에 오른 작품들은 어느 한 악장이라도 내버릴 것이 없다. 그런 측면에서 보면 러시아의 작곡가들은 차이콥스키가 등장하기 전까지는 다소 미흡한 면이 있었다. 러시아 음악의 선구자로 불리는 글링카(Mikhail Glinka 1804-1857)는 두 곡의 교향곡을 작곡했으나 어느 한 곡도 완성하지 못했다. 그 뒤를 직접적으로 이은 러시아 5인조들은 대부분 전업 작곡가들이 아니었고, 동시대의 독일 작곡가들과 달리 교향곡에 그렇게 몰두하지도 않았다. 결국 안톤 루빈슈타인(Anton Rubinstine)의 교향곡 2번 '대양'(1851)과 차이콥스키의 교향곡 4번(1878) 사이, 긴 시간의 간극 동안 주목할 만한 러시아의 교향곡은 러시아 5인조 중 보로딘의 교향곡 1번(1867), 2번(1876) 뿐이라 해도 과언이 아닐 것이다.

보로딘의 직업은 화학자였다. 그는 남는 시간에 주로 작곡을 했기 때문에 그리 많은 작품을 작곡하지는 못했다. 달리 말하면, 한 작품을 작곡하는 데에 매우 긴 시간을 필요로 했다. 교향곡 1번 작곡에는 5년, 교향곡 2번 작곡에는 7년이 걸릴 정도였다. 그리고 이 작품들은 아직 러시아 교향곡이 독일 교향곡 수준의 완성도에 도달하기 위해서는 더 많은 시간과 경험 많은 '전문 작곡가'가 필요함을 보여주었다.

보로딘은 보통 템포 혹은 느린 템포의 작품에 강점을 보이는 작곡가였는데, 이 교향곡들도 모두 1악장과 느린 악장은 대단히 독창적이고, 러시아적이고, 인상적이다. 반면 교향곡의 구성에서 하일라이트인 4악장은 힘과 기백이 있기는 하지만 그 앞 악장들에 비해 지극히 평범하다.

보르딘, 폴로베츠 사람들의 춤(이고르 공 중에서)
A. Borodin, Polovtsian Dances(Prince Igor)

'러시아 고전음악의 아버지' 글링카를 필두로 서유럽 음악과 다르게 독자적인 길을 걷기 시작한 러시아 클래식 음악은 '러시아 5인조'에 이르러 완전한 틀을 만들기에 이른다. 이후 차이콥스키와 라흐마니노프가 선배들의 뒤를 이어 빅 히트곡을 쏟아내며 세계 음악계의 한 축으로 러시아 음악이 당당히 자리 잡게 되는 것이다.

5인조를 뜻하는 '모구차야 쿠치카(Moguchaya Kuchka)'는 러시아 말로 '강력한 패거리'라는 뜻이다. 밀리 발라키레프, 니콜라이 림스키 코르사코프, 모데스트 무소르크스키, 세자르 큐이가 그들이다. 이들이 표방한 국민주의는 극히 러시아적인 정서와 향기로 가득 차 있다.

상트페테르부르크 국립대학의 화학과 교수가 직업이었던 보로딘은 본업이 바빠 '5인조' 가운데서도 '일요일'에만 곡을 써야 했기에 작품의 수는 적지만 무게감이 느껴지는 걸작들이 대부분이다. 그 가운데 필생의 역작이 되었던 오페라 '이고르 공'은 끝내 완성하지 못하고 림스키 - 코르사코프와 글라주노프에 의해 마무리되었다. 결국 1890년 11월 보로딘이 세상을 떠나고 3년이 지나서야 마린스키 극장에서 초연되어 갈채를 받았다.

오페라는 12세기 키예프 공국 시대에 노브고로도의 이고르 공이 남방 유목민족인 폴로베츠인과 전쟁을 다루는 영웅 서사시에서 스토리를 가져왔다. 우크라이나어로 'Pole'는 초원이라는 뜻이다. 중앙아시아의 넓은 초원지대에 살던 유목민족을 러시아에서는 타타르인이라고 하고 '폴로베츠인(Polovtsian)'은 우크라이나에서 부르던 말이다. '폴로베츠인의 춤'은 〈이고르 공〉 2막에 포로로 잡혀온 이고르 공을 적군의 왕 콘차크 칸이 회유하는 장면에서 나오는 한바탕 춤이다.

"우리가 부르는 노래가 바람에 실려 우리의 고향으로 날아가게 해주오.
우리가 자유로울 때 그곳에서 노래 불렀지, 불타오르는 하늘 아래서,
대지는 행복으로 가득 찬 채로 산들은 꿈을 꾸고 바다의 음성을 듣고,
빛나는 태양이 비치고 장미꽃이 계곡에 만발하고,
나이팅게일이 노래하고 달콤한 포도가 자라나고,
거기서 우리의 노래는 자유롭지, 날아가게 해주오."

동양적인 선율을 타고 흐르는 느린 부분은 '여자 노예들의 춤'으로 시작한다. 비애감이 넘친다. 그리고 강력한 팀파니과 타악기가 폭발하면서 칸을 찬양하는 대목이 등장하고 최고조로 치닫는다. 이른바 '활 춤'이 펼쳐진다. 활을 들고 강렬한 스텝으로 무대를 누비는 폴로베치안 전사들의 춤사위는 극히 원초적이다.

"칸(Khan)을 찬양하는 노래를 부르자! 칸의 힘을 찬양하라! 태양과 같은 그의 영광을 노예 소녀들이여 칸을 찬양하라."

이 춤은 따로 독립되어 연주하기도 하고 마린스키 극장의 위대한 안무가 미하일 포킨이 연출한 버전은 오페라 뿐 아니라 발레 공연에 등장하기도 한다.

보로딘(Aleksandr Borodin, 1833.11.12 ~ 1887.2.27)

19세기의 대표적인 러시아 민족음악 작곡가이며 알데히드 연구로 유명한 과학자이다. 그루지야의 왕자와 여군의관 사이에서 사생아로 태어났으나 일찍이 언어와 음악에 뛰어난 재능을 보여 학생 때 피아노 · 플루트 · 첼로 · 작곡을 배웠다.

1850~56년 의과대학에서 화학을 전공했으며, 1858년 박사학위를 받았다. 1859~62년 서유럽 유학을 마친 후 모교의 화학과 조교수, 1864년에 정교수가 되었으며 이 시기부터 중요한 작품이 나오기 시작했다.

교향곡 1번 E♭장조(1862~67)는 그가 속했던 5인조 작곡가들과 친교를 맺으면서 나오게 된 작품이다. 1869년 교향곡 2번 B단조의 작곡을 시작했으며 같은 해에 걸작 오페라 〈이고리 공 Prince Igor〉(미완, 사후 림스키코르사코프와 알렉산드르 글라주노프에 의해 완성됨)도 작곡하기 시작했다. 〈이고리 공〉 2막에는 자주 연주되는 '폴로비치안 춤'이 포함되어 있다.

그는 현악 4중주 2곡과 다수의 가곡, 미완성 교향곡 3번 A단조, 교향시 〈중앙 아시아의 초원에서 In the Steppes of Central Asia〉도 작곡했다. 보로딘에게 음악활동은 학문 연구에서 오는 긴장을 푸는 여가활동에 지나지 않았으며, 1872년 여성을 위한 의학강좌 개설을 돕기도 했다. 1880년대에는 과중한 업무와 나빠진 건강 때문에 작곡할 시간적 여유가 거의 없었으며 무도회에서 갑자기 사망했다.

보로딘의 작품은 그를 러시아 작곡가들 가운데 선두에 서게 했다. 그의 음악은 강한 서정성을 지녔으면서 영웅적 주제를 다루는 데도 뛰어났고, 그는 흔치 않은 섬세한 리듬 감각을 지녔으며, 관현악 음색과 이국정서를 불러일으키는 데 뛰어난 능력을 발휘했다.

낭만주의 시대의 걸작들로 평가되고 있는 그의 교향곡과 현악 4중주에서 처음 등장하는 하나의 동기에서부터 전체 악장을 전개하는 공식적인 구조를 발전시켰다. 그의 선율은 러시아 민요의 성격을 반영하고 있으며, 19세기 다른 러시아 민족음악 작곡가들처럼 서구 음악에 없는 파격적인 화성(和聲)을 사용했다.

「Borodin String Quartets Nos 1&2」
Borodin String Quartet
2005.1.1 발매

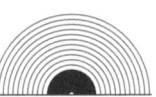

요한 스트라우스 『GALA - Walzer & Polkkas』

장르별 대표작	
무대작품	오페레타 『박쥐』 (1873년 작곡, 1874년 초연)
왈츠	『아름답고 푸른 도나우』 Op.314 (1867년 작곡·초연)
	『빈 숲속의 이야기』 Op.325 (1868년 작곡·초연)
	『술 · 여자 · 노래』 Op.333 (1869년 초연)
	『빈 기질』 Op.354 (1871년경 작곡)
	『황제 왈츠』 Op.437 (1889년 초연)
폴카	『안넨 폴카』 Op.117 (1852년 초연)
	『샴페인 폴카』 Op.325 (1858년 작곡)
	『트리치-트라치 폴카(Tritsch-Tratsch-Polka)』 Op.214 (1868년 작곡·초연)

요한 스트라우스 2세(Johann Strauss II)

다수의 음악가를 배출한 일족(一族), 소위 '음악가 일가'가 고명한 바흐 일족을 비롯해 음악 사상에는 몇몇 존재한다. '왈츠의 왕' 요한 슈트라우스도 역시 '음악가 일가'이다. 아버지 요한은 19세기 중엽의 빈에 일대 붐을 일으킨 빈 왈츠의 양식을 확립한 작곡가이며, 밤마다 무도회에 불려갔던 이 인기 악단을 이끌었던 지휘자로 바이올린을 연주하면서 지휘를 하는 모습이 평판이 좋았던 인기 연주가였다.

아버지의 교향악단을 계승한 장남 요한 2세도 역시, 바이올린을 연주하며 지휘를 하는 매력적인 모습은 그의 아버지와 흡사하여(슈트라우스의 포즈라고 불림) 브람스나 빌로가 감탄할 정도로 훌륭한 작곡가였다. 아우 요제프(Joseph Strauss)는 건축기사였지만, 건강을 해친 형을 대신해 지휘대에 올라 왈츠 및 폴카를 300곡 가까이 작곡하고 있다. 또 다른 동생 에두아르트(Eduard Strauss)는 지휘자로서 높이 평가를 받아, 1870년 이후에는 궁정 무도회의 악장으로 취임하는 한편 무곡 작품을 300곡 이상 작곡하였다. 1902년에 에두아르트가 이끈 슈트라우스 악단은 미국을 순회 연주하였는데, 에두아르트가 악단 멤버와 불화가 생겨 70년 이상 이어져 온 악단을 해산시켜 버렸다.

무곡이 무도를 위한 반주음악인 이상 무곡 그 자체의 역사는 음악만큼이나 오래되었다고 말할 수 있다. 유럽에서 무도가 인기가 있었던 것은 '댄스의 세기'라 불리는 16세기로 알망드(allemande), 쿠랑트(courante)와 같은 무곡이 다수 작곡되었다.

빈 시립공원 「슈트라우스의 포즈」를 취하는 요한 2세의 조각상

¾박자의 왈츠는 오늘날에는 가장 대중적인 무곡인데, 무곡 그 자체의 역사에서 보면 새로운 부류에 속한다.

탄생된 것은 18세기 말 무렵의 오스트리아 및 독일의 바이에른 지방으로 남녀가 껴안고 원을 그리며 춤을 추는 스타일이 음란하다 하여 금지되거나 하층계급의 춤으로 간주되었던 시대도 있었다.

왈츠가 왕궁에서도 추어지게 된 것은 1814~1815년의 '회의는 춤춘다'고 야유 받았던 빈(Wien) 회의 이후의 일이다.

빈·왈츠는 요한 1세와 함께 악단을 결성한 요제프 라너(Joseph Lanner)가 양식을 확립한 것으로 템포는 빠르고 몇 개의 독립된 소왈츠로 구성되며 도입부와 코다가 있는 것이 특징이다. 슈트라우스 부자(父子)가 쓴 명곡의 다수로 대표되듯이 화려함이 넘치며 전 세계에서 유행하였다.

그렇다면 빈 왈츠가 인기를 얻은 것은 어느 시대였을까. 합스부르크 제국은 1848년에 16세의 프란츠 요제프를 황제로 맞아 67년에는 오스트리아=헝가리 이중 제국이 성립되었다. 그로 인해, 호경기에 들뜬 사람들이 밤마다 샴페인을 한 손에 들고 무도회를 여는 환상 같은 날들이었던 것이다.

1873년에는 빈 만국박람회가 열려 요한 2세가 지휘하는 「세계박람회 관현악단」이 왈츠 '빈 기질'을 연주하며 화려한 분위기를 더했다. 그런데 박람회가 시작된 지 일주일 후 주식시장이 폭락하여 금융공황이 시작된다. 황혼이 오면 몰락은 가까워진다. 연회는 끝이 나고 사람들은 요한 2세의 음악으로부터 못다 꾼 꿈의 잔재를 느끼게 된다. 빈 왈츠는 유럽 중앙부를 오랫동안 지배한 합스부르크 제국의 영광과 몰락의 상징이라고도 말할 수 있다.

같은 이름의 부친(1804~49)은 빈에서 절대적인 인기를 자랑한 작곡가이자 지휘자, 바이올린 연주자였다. 음악을 직업으로 하는 것을 아버지가 반대하여 당초에는 은행원이 되려고 했지만, 음악에 대한 꿈을 포기할 수 없어 아버지 몰래 바이올린과 작곡을 공부한다.

1844년에는 자신의 악단을 결성하여 아버지와 맞서게 되지만 46년에는 화해하고 아버지의 사망 후 두 악단을 통합하여 인기를 얻었지만 과로로 쇠약해져 두 동생 요제프(1827~70), 에도아르트(1835~1916)와 번갈아 가며 지휘대에 오르게 되었다.

요한 2세는 아버지와 마찬가지로 빈 왈츠의 매력을 충분히 담은 다수의 곡을 작곡하여 연주하며 일세를 풍미했다. 유럽 각지 및 러시아, 미국으로도 연주여행을 떠나 궁정 무도회의 지휘도 맡았다. 3번 결혼하였고, 1899년에 폐렴으로 사망했다.

『숲속의 이야기』
지휘 : 헤르베르트 폰 카라얀
빈 필하모니 오케스트라

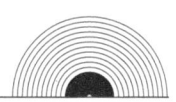

시벨리우스 『핀란디아(Finlandia)』
Finlandia, op.26

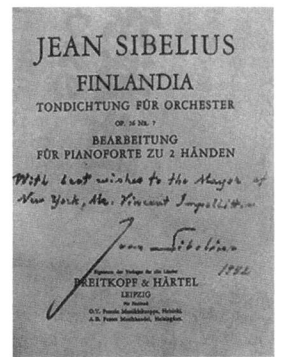

1902년에 출판된 『핀란디아』의
악보 초판의 표지

『핀란디아(Finlandia)』(1899년)는 말할 필요도 없이 시벨리우스의 작품 중 가장 잘 알려진 작품이다. 10분도 채 되지 않는 곡에는 서정성이라든지, 극적상황이라든지, 시벨리우스의 특징이 잘 응축되어 있다.

평범한 작곡가는 결코 쓸 수 없는 명품이다. 그럼에도 불구하고 우리가 라이브로 일류 연주를 만날 가능성은 낮다고 말하지 않을 수 없다. 너무 유명한 소품곡 특히 오케스트라 소품곡의 숙명이라 할 수 있는데 안타까운 일이다.

먼저 음울한 개시 부분을 살펴보자. 듣는 이를 압도하듯이 금관악기가 울려 퍼진다. 그 후 목관악기, 현악기와 각 그룹으로 교대하는 명쾌한 진행이다. 러시아의 성가와 같은 분위기도 있다. 마침내 템포 지정이 안단테(Andante)에서 알레그로(allegro)가 되면서 가속된다. 트럼펫의 리듬이 호전적인 분위기를 풍기고 곧이어 완전하게 영웅적인(heroic) 돌격 조(調)가 된다. 그러나 이 웅혼한 음악은 뜻밖에 파도가 빠지듯 조용해지고 목관악기 군에 의해 맑고 깨끗한 가락이 흘러나온다. 소박한 기도와 같은 악상이다. 템포의 변화가 특별히 기록되어 있지는 않지만, 악상이 바뀜으로써 사실상 늦어진 듯한 느낌이 들고 또 자연스럽게 그렇게 되는 부분이다. 다시 용맹스러운 음악으로 되돌아와 이번에는 한 번에 곡 말미까지 고양시켜 가서 빛나는 엔딩을 맞이한다. 소곡이라는 생각이 들지 않을 정도로 굉장한 고조가 나타난다.

짧은 곡이기 때문에 소나타형식처럼 서서히 변화와 갈등이 전개되어 가는 것은 아니다. 미리 정해진 선율과 리듬이 그대로 일관한다. 그런 만큼 간결하고 명쾌한 이미지를 제시할 수 있는가가 중요하다.

시벨리우스라 하면, 북유럽의 금욕적인 인물과 같은 이미지가 있지만 어째서인지 대단한 정열가였다고도 전해진다.『핀란디아』에서는 정열적인 몸짓부터 명상까지 등장하는 소재는 마치 극음악처럼 뚜렷하고 선명하다.

카라얀과 베를린 필의 연주는 상상하는 바와 같이 중량감 있는 울림으로 너무나 멋진 느낌이 든다. 호르스트 슈타인(Horst Stein)이 스위스・로만드 관현악단과 제작한 녹음 음반은 반짝반짝 빛나는 색채와 박력을 가진 음질이다.

지휘 : 헤르베르트 폰 카라얀
베를린 필하모니 오케스트라
(유니버설)UCCG-4757

지휘 : 호르스트 슈타인
스위스 로만드 관현악단
(유니버설)UCCD-7071

음악치료에 적용되는 추천 클래식 음악 · 05

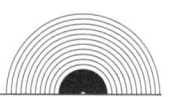

시벨리우스 『관현악곡』, 『타피올라』, 『슬픈 왈츠』, 『카렐리아』
Symphonic Poem 'Tapiola', Op.112
Valse triste Op. 44
Karelia-Suite Op.11

콘서트에서 익숙한 시벨리우스의 작품(관현악곡)으로 말하자면, 『핀란디아』, 『카렐리아 조곡』, 『슬픈 왈츠』, 『투오넬라의 백조』 등을 꼽을 수 있고 이들 곡을 수록하고 있는 CD도 많다. 특히 주목할 만한 것은 19세기부터 20세기에 걸친 핀란드에서의 연극 인기를 말해주듯 극 부수음악들일 것이다. 사실 『핀란디아』나 『슬픈 왈츠』 등도 원래는 극음악 중 하나로 작곡된 것으로 콘서트용으로 편곡·구성되어 새로운 생명을 얻은 작품인 것이다.

극(劇) – '역사적 정경'을 위한 음악 『핀란디아』

교향시로서 알려진 『핀란디아』가 조국 독립의 기운에 한 몫을 했다는 에피소드는 너무나 유명한데, 원래는 신문이나 그 종사자들을 서포터 하는 기념일에 상연되었던 극 『역사적 정경』을 위한 음악이었다. '핀란디아는 눈 뜬다'라는 제목이 붙여진 피날레의 음악이 『핀란디아』가 된 것이다. 이 명곡은 현재도 핀란드의 풍토 및 정신, 자부심 등을 전하는 상징적인 작품으로서 전 세계에 인정되고 있다. 나아가 이 극음악으로부터 3곡으로 구성되는 '역사적 정경' 조곡 제1번도 만들어져 있지만 같은 배경을 가지는 작품으로서도 더 주목을 받고 있다.

역사극을 위한 『카렐리아 조곡』

핀란드 민족의 정신적 원천이라고 알려져 있고 핀란드와 인접국 러시아에 걸친 카렐리아 지방으로부터 영감을 얻은 『카렐리아 조곡』도 오리지널은 역사극을 위한 음악이다. 거기서 편곡·발췌된 조곡은 '간주곡', '발라드', '행진곡풍으로'의 3곡으로 구성되며, 제3번째 곡 '행진곡풍으로'는 앙코르 피스로서 연주되는 경우가 많다.

「슬픈 왈츠」는 '쿠올레마(죽음)'의 부수 음악

또 하나의 앙코르 피스(Encore Piece)로서 유명한 『슬픈 왈츠』도 '쿠올레마(Kuolema)(죽음)'라는 극의 부수 음악으로서 탄생된 작품이다. 이 극으로부터는 애절하고 슬픈 분위기를 가진 '학이 있는 풍경' 및 극의 재연 시에 추가된 '칸초네타,' '로맨틱한 왈츠'와 같은 곡도 독립적으로 연주된다.

『레민카이넨의 어머니』
악셀리 갈렌 칼레라 작(1897년)

『칼레발라』에 등장하는 레민카이넨은 남자답고 완력도 강하지만 여자관계가 나쁘다. 독화살에 맞아 강에 떨어져 죽어 버린다.
레민카이넨의 어머니는 갈퀴로 강바닥을 휘저으며 파편을 긁어 모아 원래 모습으로 만들었다.

셰익스피어의 유명한 희곡 『템페스트(tempest)』를 위해 만들었던 곡도 연주회용 조곡도 만들어졌다. 시벨리우스가 창작으로부터 멀어지려 하던 시기의 작품으로 동시기에 만들어진 교향시 '타피올라(Tapiola)'의 잔향을 방불케 하는 부분도 있다. 그 외에도 스웨덴의 작가 스트린드베리(Johan August Strindberg)의 작품인 『백조공주』를 위한 음악, 구약성서의 유명한 에피소드를 연극화 한 『벨사살 왕의 연회(Belshazzar's Feast)』 등 몇 가지 극음악도 남아 있다.

오페라는 『탑 속의 처녀』 하나의 작품뿐

그런데 시벨리우스는 많은 극 음악을 쓰면서도 오페라에 관해서는 『탑 속의 처녀』라는 1막의 작품밖에 남기지 않았다. 그러나 관심과 구상이 전혀 없었던 것은 아니다. 그가 20대 시절에 핀란드의 장편 서사시 『칼레발라』에서 일부를 베이스로 한 장대한 오페라를 계획하였지만 아쉽게도 좌절되어 버렸다.

바그너의 악곡을 연상시키는 그 구상은 훗날 교향시 '4개의 전설 곡(레민카이넨

조곡)'이라는 형태로 결실을 맺었고, 그 안에서 연주되는 유현한 『투오넬라의 백조』는 시벨리우스의 대표작으로도 꼽힌다. 『칼레발라』에 등장하는 주요 등장인물 중 한 사람, 레민카이넨과 그의 모험을 모티브로 쓰인 4곡으로 구성된 연작교향시집으로 4악장 형식의 유사(類似) 교향곡으로도 볼 수 있는 대작이다.

『핀란디아』, 『카렐리아 조곡』,
『투오넬라의 백조』, 『타피올라』
지휘 : 네메 예르비(Neeme Järvi)
예테보리 교향악단
(유니버설)UCCG-5337

『슬픈 왈츠』, 『학이 있는 풍경』,
『밤의 기행과 일출』 외
지휘 : 피에타리 인키넨(Pietari Inkinen)
뉴질랜드 교향악단
(NAXOS)8.57.763

시벨리우스

장 시벨리우스는 음악가 중에서는 장수 그룹에 속한다. 그의 91세 9개월의 삶을 이어온 인물이었다. 이 세월은 물론 그의 나라 핀란드에 있어서도 국민의 고난이 뒤따랐던 격동의 역사였다.

어린 시절부터 음악에 호감을 가지고, 바이올리니스트를 동경하다

유로를 도입하기 전까지 핀란드의 100마르카(markka) 지폐를 장식하고 있던 시벨리우스는 1865년 12월 8일, 핀란드 남부의 헤멘린나(Hämeenlinna)에서 태어났다. 가계는 스웨덴계로 부친은 외과의사. 세례명은 'Johan Julius Christian'이다.

2살 때 부친이 세상을 떠났기 때문에 그는 외가에서 자라며 누나 린다의 피아노를 들으면서 성장한다. 마침내 본인도 피아노를 치기 시작해 소품곡도 작곡하고 15세부터 바이올린을 배웠다. 그 무렵부터 누나의 피아노와 동생의 첼로로 트리오를 결성하게 되고 이 트리오용으로서 실내악 작품을 쓰게 되었다.

1885년 가을, 시벨리우스는 헬싱키의 대학에서 법률 공부를 시작하는 한편, 헬싱키 음악원에서 바이올린 연주를 익힌다. 목표는 솔리스트였다. 그러나 학내 연주회에 출연하게 되었을 때, 극도로 긴장한 탓에 지리멸렬한 연주를 해 버려 그 이후 두 번 다시 사람들 앞에서 바이올린을 연주하지 않았다.

그는 솔리스트를 단념하고 작곡가가 되기로 결심한 후 베를린과 빈으로 유학을 떠나 작곡 공부에 매진하였다.

20대 중반,
빈에서 유학하던 시절의
시벨리우스

민족 서정시로부터 얻은 영감 : 교향시 작품들

빈에서 귀국한 후인 1892년 6월 10일, 27세의 시벨리우스는 러시아 육군 장군으로 스웨덴계 군인귀족의 딸 아이노 예르네펠트와 결혼했다. 마침 이 해는 지휘자 카야누스(Robert Kajanus)의 의뢰로 작곡한 교향시 '전설(En Saga)'가 대성공을 거둔 해로 그 영예는 신부 아이노에게 최고의 선물이 되었다. 부부는 사랑이 가득한 가정을 꾸리며 6명의 딸을 얻었다.

1890년대의 시벨리우스는 서곡『카렐리아(karelia)』, 조곡『카렐리아(karelia)』, 세 번째 곡으로 유명한『투오넬라의 백조』가 담긴 교향시집『칼레발라(Kalevala)에 의한 4가지 전설』을 잇따라 썼다. 칼레발라란 핀란드에 옛날부터 전해져 오는 민족 서사시를 모아놓은 사화집(anthology)으로 그 서사시들은 참으로 숲과 호수의 나라다운 신비로운 스토리를 가지고 있다.

세계적 명성을 얻은 애국적 교향시 :『핀란디아(Finlandia)』

이와 같은 민족 문화에 의거하는 창작 활동을 높이 평가받은 시벨리우스는 1897년, 32세의 젊은 나이에 핀란드 정부로부터 종신연금 수급이 결정되어 이후 생계에 대한 걱정 없이 작곡에만 몰두할 수 있게 되었다. 그 안정된 창작 기반 위에 서서 99

년에 완성한 것이 그의 이름을 전 세계에 알리게 된 교향시 『핀란디아』이다.

이 교향시는 러시아의 압정에 고통받는 핀란드 사람들에게 용기를 북돋아 국민정신을 고무시키기 위해 작곡한 것으로 곡의 곳곳에서 알 수 있는 독립 희구의 메시지가 담겨 있다. 그 다음 해에 발표되자마자 국민들로부터 압도적인 지지를 받아 제2의 국가처럼 왕성히 연주되었다. 당연히 러시아 정부는 연주를 금지했지만 국민들은 숨어서 즐겨들었다. 이후 타이틀을 'Suomi'라고 바꾸고 탄압의 눈을 피해 각지에서 연주를 계속하였다.

1950년대, 만년의 시벨리우스

> ### 장 시벨리우스 Jean Sibelius
>
> | | |
> |---|---|
> | 1865년 | 헬싱키로부터 북쪽 100㎞, 헤멘린나에서 태어남. 어린 시절부터 바이올린을 좋아했고, 누나와 남동생도 악기를 잘 다룸. |
> | 1875년 | 처녀작 바이올린과 첼로를 위한 '물방울' |
> | 1885년 | 헬싱키 음악원에 입학. |
> | 1889년 | 베를린으로 유학, R. 슈트라우스 등 독일의 최첨단 음악을 접한다. 빈에서도 유학, K. 골드마르크(Karoly Goldma)에게 사사. |
> | 1892년 | 클레르보 교향곡, 교향시 '전설(En Saga)'를 초연. 아이노 예르네펠트와 결혼. |
> | 1896년 | 『레민카이넨 조곡(4개의 전설)』 초연. |
> | 1899년 | 교향곡 제1번, 교향시 『핀란디아』 |
> | 1901년 | 교향곡 제2번 |
> | 1903년 | 바이올린 협주곡. 극음악 '쿠올레마(Kuolema)' 초연. |
> | 1904년 | 헬싱키 근교의 야르벤파에 '아이놀라' 산장을 건축. |
> | 1905년 | 극음악 '펠레아스와 멜리장드(Pelléas et Mélisande)' |
> | 1907년 | 교향곡 제3번. |
> | 1908년 | 목 수술. |

1911년   교향곡 제4번.
1915년   자신의 탄생 50주년 축하연주회를 위해 교향곡 제5번을 작곡.
1923년   교향곡 제6번.
1924년   교향곡 제7번.
1925년   교향시 '타피올라'
1957년   뇌출혈로 사망, 국장으로 장례가 치러짐.

교향곡 작곡가로서의 시벨리우스는 『핀란디아』와 같은 해인 1899년에 교향곡 제1번을 완성시킨데 이어 1901년에는 교향곡 제2번을 완성 다음해 1902년 3월에 그의 직접 지휘로 초연하여 공전의 대성공을 거두었다. 지금까지 자국의 작곡가가 직접 쓴 본격적인 교향곡을 가지지 못했던 핀란드 국민에게 있어, 이 제2번은 중앙 유럽 제국의 작곡가들의 작품에 비견할 만한 걸작 교향곡으로서 큰 자부심이 생겼다.

1903년에는 바이올린 협주곡 라단조의 초고를 완성시켰지만, 그 무렵에는 외국 여행도 겹친 탓인지 신경이 쇠약해져 귀의 상태도 좋지 않아 고생하였기 때문에 조용한 창작환경의 필요성을 통감한다.

1904년, 그는 헬싱키의 북방 40㎞의 호반의 절경지 야르벤파(Järvenpää)에 사랑하는 아내의 이름을 딴 '아이놀라 별장'이라는 산장을 건축하여 여행을 갈 때 이외에는 이곳에 머무르며 창작 활동에 시간을 보내게 되었다. 새소리와 들판을 스치는 바람의 속삭임, 사계절이 바뀜에 따라 들판에 만발한 꽃들 등 야르벤파의 풍부한 자연환경은 시벨리우스의 피로해진 정신을 부드럽게 치유해 주었다.

1907년, 교향곡 제 3번의 초연 후 그는 목에 이상증세를 느꼈다. 검사 결과 폴립의 일종이 발견되어 다음해 여름에 절제수술을 받게 된다. 이 투병 경험은 그의 사생관에 심각한 영향을 끼쳐 1911년의 교향곡 제4번과 15년의 교향곡 제5번, 그리고 23년의 교향곡 제6번은 일종의 음영이 깃든, 깊은 정신성을 엿볼 수 있는 교향곡이 되었다. 1924년, 59세의 시벨리우스는 교향곡 제7번을 완성시켰다. 그리고 다음해 1925년, 60세에 교향시 '타피올라(Tapiola)'를 작곡한 것을 끝으로 그의 펜은 멈췄다.

음악치료에 적용되는 추천 클래식 음악 · 06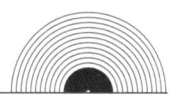

슈베르트 『마왕(魔王)』
Der Erlkönig D.328 Op.1

　슈베르트의 음악은 단지 마음속에 조용히 스며든다. 그리고 참을 수 없이 애절하고 슬픈 기분이 들게 한다. 그러한 음악은 다른 작곡가에게도 있다. 그러나 슈베르트의 경우 모든 곡이 그러한 기분이 들게 만든다.

　슈베르트는 1797년에 빈에서 태어났다. 모차르트가 세상을 떠난 지 6년 후이다. 참고로 같은 빈에서 활약했던 베토벤은 이때 27살이다. 클래식 작곡가의 대부분은 어린 시절에 철저한 영재교육을 받았지만 슈베르트가 받은 음악교육은 평범했다. 음악을 좋아했지만 생계 때문에 16세에 초등학교의 임시 교사가 된다. 그러나 아무래도 음악의 길을 포기하지 못해, 21살에 교사직을 그만둔다.

　이후 그는 작곡에 전념하게 되는데, 당시 음악의 도시였던 빈에서 무명의 슈베르트가 주목받을 리가 없었다. 그것은 그가 피아노를 잘 치지 못했던 점도 한 몫을 한다. 그 무렵의 빈에서는 작곡가로서 유명해지기 위해서는 우선 뛰어난 연주가가 아니면 힘들었다. 정식 교사가 아닌 슈베르트는 오선보조차 살 수 없을 정도로 가난했다. 그러나 그에게는 훌륭한 벗이 많이 있었다. 친구들은 슈베르트의 인간성과 음악을 사랑하여 다양한 형태로 그를 도왔다. 어떤 친구는 방을 빌려주고 또 어떤 친구는 오선보를 사주었으며 또 다른 친구는 먹을 것을 제공했다. 친구들은 부자도 귀족도 아닌 슈베르트와 같이 가난한 젊은이들이었다. 그러한 그들이 재능 있는 친구를 위해 뭔가 도움을 줄 수 없을까 하고 힘껏 도움의 손길을 내밀었던 것이다. 그러한 도움의 손길들이 마침내 '슈베르티아데(Schubertiade)'라 불리는 것이 되어 슈베르트를 둘러싸고 그의 신작을 즐기는 모임이 되었다.

　슈베르트는 그러한 환경에서 서서히 명곡을 탄생시켰다. 그는 '잉크의 얼룩이 생기지 않았다'고 할 정도의 속필(速筆)로 누군가가 책상 위에 놓여 있던 시집을 흘끗 보면 바로 음악을 붙였다고 한다.

슈베르트는 키가 작고 약간 비만체형으로 상당히 근시였다. 며칠씩이나 목욕을 하지 않아 옷차림은 항상 더러웠다. 내성적이고 부끄럼을 잘 타는 사람으로 여성들에게는 전혀 인기가 없었다. 머릿속에는 음악밖에 없었고, 하루 종일 작곡에 매진하였다. 레스토랑에서 친구가 메뉴 뒤에 그린 오선보 위에 작곡을 했다는 에피소드도 남아 있다. 그리하여 평생 독신인 채, 1000곡 가까이나 되는 곡을 남겼고 빈곤 속에서 31세의 젊은 나이로 세상을 떠났다. 그가 진심으로 존경하던 베토벤이 죽은 다음 해였다. 슈베르트의 이름이 널리 알려지게 된 것은 사후 몇 년이 지나서부터였다.

『마왕』은 문호 괴테의 시에 음악을 붙인 것이다. 스토리는 폭풍이 치는 밤 병으로 고통스러워하는 어린 아들을 품에 안고 아버지가 말을 타고 달리는 장면부터 시작된다. 고열로 의식이 몽롱한 아들은 마왕의 모습을 본다. 마왕은 부드러운 목소리로 아이를 죽음의 세계로 유혹한다. 공포에 떨고 있는 아이에게 아버지는 마왕 따위는 없다고 말하며 계속 말을 달린다. 그러나 집에 도착했을 때, 아이는 아버지의 품에서 숨을 거둔 상태였다. - 는 내용이다.

음악은 세게 내리치는 듯한 피아노로 시작된다. 섬뜩하고 격렬한 단조의 셋잇단음표는 폭풍 치는 밤에 질주하는 말발굽 소리로 전곡을 통해 멈추지 않는다. 그리고 한 가수가 '내레이터', '아버지', '마왕', '아이'의 4배역을 노래한다. 음악은 배역에 따라 극적으로 변화한다. 조용하고 억제된 톤으로 비극성을 예감시키는 '나레이터'의 노래, 그리고 강력한 장조의 '아버지', 비통한 단조의 '아이', 그리고 부드러운 목소리로 노래하는 '마왕' 이들의 네 노래가 교차하며 격렬하게 전조와 이조가 반복되어 관중의 영혼을 흔든다. 겨우 몇 분의 곡 안에 엄청난 드라마가 내포되어 있다.

일반적으로 슈베르트의 음악은 부드러운 음악이라고 믿고 있다. 분명 틀리지는 않지만 그것은 그의 일면에 불과하다. 그의 내면에는 사실 엄청난 '디먼(Demon, 악마적인 성향)'이 숨어 있다. 슈베르트의 곡에는 종종 그것이 얼굴을 내미는 순간이 있다. 유명한 '미완성 교향곡'도 그렇고, 현악 4중주곡 '죽음과 소녀'도 그러하며, 유작인 피아노 소나타도 그렇다.

아름다운 화원에 있었다고 생각했지만 정신을 차려 보면, 그곳은 죽음의 세계였다고 느껴지는 순간이 슈베르트의 음악에는 있다. 그것은 마치 다정했던 마왕이 무서운 얼굴을 보여주는 순간과 비슷하다. 그러므로 『마왕』은 슈베르트의 모든 것이 담겨 있다고 해도 과언이 아니다. 참고로 이 곡은 슈베르트가 만든 곡 중에서 처음으로 출판된 것으로 '작품번호 1'이 붙어 있다.

『마왕』이 50년 후의 바그너의 음악을 앞서고 있다고 느껴지는 부분이다. 바그너는 그때까지 누구도 쓰지 않았던 선진적인 음악을 작곡한 클래식음악계의 혁명아이다. 그의 걸작 '발퀴레(Walküre)' 제2막에서, 전장의 사자인 브륀힐데(Brunnhilde)가 지크문트(Siegmund)에게 죽음을 고하러 오는 장면이 있다. 브륀힐트는 지크문트가 죽어 신들의 성에서 영웅이 되는 것의 위대함을 낭랑하게 노래하는데, 이것이 감미롭고 녹아내릴 듯한 선율인 것이다. 그에 반해, 사랑하는 여성을 남겨두고 죽어야 하는 고통을 호소하는 지크문트의 노래는 비통한 음감을 가지고 있다. '죽음'을 테마로 한 드라마의 긴박감, 감미로운 장조와 비통한 단조가 서로 반복되는 구조, 이 장면은 정말이지 『마왕』 그 자체이다.

『마왕』은 지금까지 많은 명가수가 녹음하고 있다. 원래는 바리톤을 위해 만들어진 곡이지만 테너 가수가 녹음한 케이스도 있고, 여성 가수도 적극적으로 녹음하고 있다. 한편 수많은 『마왕』의 녹음 중에서 역시 '최고'라고 말할 수밖에 없는 것은 디트리히 피셔 디스카우(Dietrich Fischer-Dieskau)의 노래일 것이다. 전후의 독일이 낳은 불세출의 명가수 디트리히 피셔 디스카우의 기교는 완벽하다고 할 수 있을 정도로 나레이션, 아버지, 아이, 마왕의 4배역을 멋지게 구분해 노래한다. 더할 나위 없이 드라마틱하고 박진감이 넘친다. 독일어를 모르더라도 그 배역의 성향을 이해할 수 있다.

디트리히 피셔 디스카우(Dietrich Fischer-Dieskau)
피아노 : 제랄드 무어(Gerald Moore)
1966-67 녹음

음악치료에 적용되는 추천 클래식 음악 · 07

바그너 『발퀴네』
Richard Wagner / Die Walkure

리하르트 바그너(Richard Wagner, 1813~1883)는 클래식 음악계의 '돌연변이'라고도 말하고 싶은 이상한 작곡가이다. 젊은 시절의 습작은 제외하고 주요 작품의 모두가 오페라라는 특이함은 물론이거니와 놀라운 것은 그 오페라의 대본도 자신이 직접 썼다는 점이다.

보통 오페라는 대본작가가 있고 작곡가는 그 대본에 맞춰서 곡을 써 간다. 음악적인 재능과 문화적인 재능은 전혀 다른 것이기 때문이지만 바그너는 뭐든지 혼자서 다했다. '싱어 송 라이터'의 선구자와 같은 존재라 할 수 있는데, 현재의 싱어 송 라이터의 대부분이 작곡 부분은 멜로디뿐이고 오케스트라 파트는 프로 편곡자가 쓰고 있다. 그런데 바그너는 몇 시간이나 걸리는 극의 대본을 쓴 다음 중후한 오케스트라의 총보를 혼자서 썼다. 그와 같이, 문학사와 음악사 양쪽에 이름을 남긴 작곡가는 클래식 음악의 오랜 역사 속에서 단 한 사람도 없다.

그의 대본의 문학성과 정신성은 오늘날에도 높이 평가받고 있으며, 19세기의 천재 철학자 니체(Friedrich Nietzsche)가 젊은 시절 바그너의 혁명적인 사상과 예술성에 심취했다는 사실은 유명하다. 당연히 음악가로서의 바그너는 문학 이상으로 훌륭하다. 불협화음을 대담하게 구사하여 상식 밖의 대위법을 이용하였고, 때로는 거의 무조(無調)로 생각할 수 있는 선율마저 쓰는 실로 전대미문의 작곡가였다.

그러한 바그너의 필생의 대작이라고 불리는 것은 『니벨룽의 반지(Der Ring des Nibelungen)』인데, 이 오페라는 상연하는데 무려 4일이나 걸린다는 장대한 곡이다. CD로 쉬지 않고 듣는다 해도 13시간은 걸린다.

'라이트모티브(Leitmotiv)'라는 새로운 시스템
'니벨룽의 반지' 중에서 『발퀴레』에 대하여 알아보고자 한다. '니벨룽의 반지'는 4

부작으로 『라인의 황금(Das Rheingold)』, 『발퀴레(Die Walküre)』, 『지크프리트(Siegfried)』, 『신들의 황혼(Götterdämmerung)』으로 이루어져 있다. 이야기는 세계를 지배할 수 있다는 마력(魔力)을 가진 반지를 둘러싸고 신들과 지하의 니벨룽 족이 싸운다는 스케일이 큰 작품이다.

'니벨룽의 반지' 중에서도 『발퀴레』는 특히 인기가 높은 곡으로 이 오페라만 자주 단독 상연되는 경우가 있다. 그래도 극장에서 볼 때는 막간의 휴식시간을 포함하면 5시간은 걸린다.

발퀴레란 전쟁의 여신들로 그녀들은 하늘을 나는 말을 타고 전장을 맴돈다. 영화 『지옥의 묵시록』에서 공격 헬리콥터가 네이팜탄으로 숲을 불태우는 유명한 장면의 배경으로 사용되고 있는 음악은 '발퀴레의 기행'이라 불리는 곡으로 이것은 제3막의 서두에서 발퀴레들이 'Hojotoho!'라는 고함을 지르며 용맹하게 하늘을 날아 모여드는 장면의 곡이다. 겨우 몇 분에 지나지 않는 음악이지만 이 부분을 듣는 것만으로 바그너의 위대함을 느낄 수 있다.

그런데 통상 오페라는 '아리아'와 '2중창', '3중창', '합창'이 포인트로 그 이외의 부분은 레치타티보나 대사 등으로 이어가는데, 바그너의 오페라에서는 음악은 일절 끊이지 않고 계속 이어진다. 즉, 독립된 '아리아'나 '이중창' 등은 없이 대본상의 모든 단어에 음악이 붙여져 있다. 그 자신은 이것을 '악극(樂劇)'이라고 부르며 오페라와 다른 장르라는 의식을 가지고 있었다. 그리고 '라이트모티브'라는 수법을 발명하여 음악 전체에 통일성을 부여했다. 등장인물이나 감정 등을 나타내는 테마(모티브)를 만들고 그들을 조합시켜 음악을 진행시켜 가는 방법이다. 예를 들어, 무대 위에 한 여성이 서 있고 그곳에 '어느 남성'의 모티브와 '애정'의 모티브를 서로 조합시킴으로써 그 여성이 그 남성에게 사랑을 느끼는 것을 음악으로 표현해버리는 것이다.

『발퀴레』 중에는 이러한 모티브가 100개 이상 있고, 바그너는 그들의 테마를 다양하게 변주 및 전조를 통해 조합시켜 장대한 음악을 완성시켰다. '라이트모티브'라는 시스템은 이후에 할리우드의 영화음악에 도입되었다. 『발퀴레』의 스토리는 줄거리의 재미, 극적인 긴박감, 클라이맥스의 고조, 결말의 여운 등 이 정도로 완성도가 높은 이야기는 일류 극작가라 할지라도 쉽게 쓸 수 있는 것이 아니다. 거기에 묘사되어 있는 것은 사랑, 분노, 슬픔, 복수, 성, 죽음, 부활, 운명 등 너무나 많아서 영화 몇 편을 본 기분이 든다.

제1막에서 등장하는 인물은 겨우 3명. 폭풍 속에서 많은 적들과 싸워 부상을 당한 지크문트가 숲속에 있는 저택에 당도하는 장면부터 시작된다. 그러나 그 저택은 적의 수령 훈딩의 저택으로 집을 지키는 그 아내는 어린 시절 헤어진 쌍둥이 여동생 지클린데(Sieglinde)였다. 두 사람은 그 사실을 모른 채 처음 본 순간 사랑에 빠진다. 마침 훈딩이 집으로 돌아오는데 지크문트에게는 싸울 무기가 없다. 훈딩은 숲의 관례로서 하룻밤 재워줄 것을 약속하지만 다음 날 죽일 것을 경고하며 방을 열쇠로 잠근다.

이제 끝이라고 각오한 지크문트였지만 방 안에 있는 큰 나무에 깊숙이 꽂혀 있던 검(劍)을 발견한다. 이 검이야말로 그의 아버지인 보탄이 몇 년 전에 언젠가 지크문트가 운명의 실에 이끌려 이곳에 올 것을 예기하여 꽂아 둔 것이었다. 검은 아무나 뽑을 수 있는 것이 아니어서 오랜 세월동안 그곳에 잠들어 있었다.

음악을 들으면 누구나 그 색다른 드라마에 압도된다. 기구한 운명에 찢겨진 지크문트와 지클린데가 서로 사랑을 나누는 장면의 이 이상은 없을 정도의 금단적이고 감미로운 음악 그리고 클라이맥스에서 지크문트가 검을 뽑을 때의 박력은 말로 다 표현할 수 없을 정도로 대단하다. 검이 빛을 발하는 모습까지도 음악을 들으면 확실히 알 수 있다.

제2막에서는 신들이 사는 발하라 성이 무대이다. 여기서 지크문트는 신들의 통치자 보탄이 세계 정복을 위해 '영웅'을 만들기 위해 인간 사이에서 낳은 자식이라는 것을 알 수 있다. 그러나 그 야망은 근친상간이라는 용서할 수 없는 사태로 인해 무너진다. 따라서 보탄은 발퀴레 중 하나이자 자신의 딸이기도 한 브륀힐데에게 지크문트를 죽일 것을 명한다. 브륀힐데가 지크문트에게 죽음을 고하는 장면은 애절함의 극치이자 또 소름 끼치는 음악으로 실로 바그너의 진가라 할 수 있다.

제3막에서는 아버지 보탄의 명령을 거역한 브륀힐데는 그의 분노를 사서 신성을 빼앗긴 채 바위산에서 오랜 잠에 빠지게 되었는데, 그녀를 처음 발견한 남자의 소유물이 되는 무시무시한 운명이 주어진다. 그러나 브륀힐데는 "겁쟁이의 소유물이 되고 싶지 않다." 따라서 "이 산을 불로 덮어 달라."라고 간청한다. 보탄은 그녀의 간절한 소원을 받아들여 산을 불로 뒤덮고 사랑하는 딸과 영원한 작별을 고한다.

이 부분은 『발퀴레』 전곡의 백미이다. 이 장면을 여러 번 들어도 가슴이 떨릴 정도로 감동한다. 바그너 이전에도 이후에도 이 정도의 음악을 쓴 작곡가는 없다.

제임스 레바인(James Levine) 지휘, 메트로폴리탄 오페라극장 관현악단의 연주의 DVD가 좋은 평판을 받는데 브륀힐데를 노래하는 힐데가르트 베렌스(Hildegard Behrens, 소프라노)는 아름다운 외모에 노래도 훌륭하다. 보탄을 노래하는 제임스 모리스(James Morris)도 만족스럽고 지클린데를 노래하는 제시 노먼(Jessye Norman)도 굉장히 박력이 넘친다.

추천하는 CD로는 지금은 역사적 명반이 되었지만 게오르그 솔티가 지휘하는 빈 필하모니 오케스트라의 연주가 역시 훌륭하다는 평판을 받고 있으며, 새로운 녹음으로는 크리스티안 틸레만(Christian Thielemann) 지휘의 바이로이트 축제 관현악단의 연주가 좋은 평가를 받는다.

지휘 : 게오르그 솔티
빈 필하모니 오케스트라
1965년 녹음

음악치료에 적용되는 추천 클래식 음악 · 08

베토벤 『교향곡 제5번』
Symphony No.5 in c minor Op.68

　많은 클래식 음악 중에서 가장 사람들 입에 오르내리는 곡이라 하면 베토벤(1770~1827)의 『제5교향곡』이 아닐까. 서두의 「다다다단~」 하는 멜로디를 모르는 사람은 아마 없을 것이다. 이것이야말로 '교향곡 중의 교향곡' 즉, 'The Classic'이다.

　다만 너무나 유명하기 때문에 이 곡만큼 오래전부터 다양한 패러디로 사용된 곡도 없을 것이다. 단순히 명곡이라 부르는 레벨이 아니다. 엄청난 걸작으로 클래식 음악계 뿐만 아니라 모든 음악 가운데의 금자탑이 되고 있는 불멸의 명곡이다. 실로 완전무결, 천의무봉(天衣無縫) 등 『제5교향곡』의 위대함을 칭송하는 말은 얼마든지 있다.

　이 곡은 '운명'이라고 불리는 경우가 많은데, 이는 작곡자가 타이틀을 붙인 것이 아니고 사실 일본에서 붙인 명칭이다. 정말로 '운명'과 격투하는 드라마가 묘사되고 있기 때문이다. 서두의 「다다다단~」의 소리에 대해서 베토벤은 "운명은 이처럼 문을 두드린다."라고 말한 유명한 이야기가 그의 개인 비서와 같은 존재였던 안톤 신들러(Anton Schindler)에 의해 전해지고 있다. 이 에피소드가 신들러의 창작이 아닐까 강하게 의심하고 있다. 만약 사실이라면, 베토벤 특유의 농담을 진지하게 받아들였을 거라고 생각한다. 그는 후세의 낭만파 작곡가들과는 달리, '문의 소리'와 같은 것을 구체적으로 표현하는 사람이 아니었다. 베토벤은 음악을 통해 이야기나 정경을 그리는 '표제음악'을 쓰는 사람이 아니라 순수하게 음악만의 예술을 추구하는 '절대음악'의 작곡가였다.

　본래 가사가 없는 순수 악기의 음악은 듣는 사람의 감정에 강하게 호소할 수 있어도 문학적 메시지를 주기란 매우 어렵다. 그러나 베토벤은 음악의 힘으로 그것을 가능하다는 것을 증명하였다. 물론 문자로 쓰인 것은 아니므로 구체적인 이야기를 그릴 수는 없다. 그러나 그는 이야기의 깊은 근원적 이미지를 듣는 사람의 마음속에

환기시키는데 성공한 것이다.

베토벤의 음악에는 훌륭한 드라마가 내포되어 전체적으로 변증법적 발전이 있다. "변증법"이란 '서로 상반되는 것이 충돌하여 더 높은 차원으로 승화'되는 것을 의미하는 철학 용어인데, 베토벤은 음악의 세계 속에서 철학을 실천하고 있는 것이다. 웅장하고 강력한 제1주제, 그리고 그것을 지워버리는 듯한 제2주제, 그 두 주제가 서로 충돌하며 진행되면서 마침내 전체가 극적인 변용을 이룬다.

『제5교향곡』은 그러한 변증법적 드라마를 극한까지 추구한 곡이다. 또 4개의 악장은 유기적으로 연계되어, 각각이 '기·승·전·결'을 이루며 하나의 드라마를 구성하고 있다. 그것은 가혹한 운명에 농락당하면서도 불굴의 투지로 맞서는 남자의 모습이다. 이 남자란 베토벤 자신임이 틀림없다.

제1악장은 갑작스레 찾아오는 비극의 운명이다. 베토벤은 힘껏 맞서지만 폭풍처럼 덮쳐오는 운명 앞에 쓰러진다.

제2악장은 한순간의 평안이다. 상처 입은 그를 치유하듯 평온함이 가득한 음악이 흐른다. 그러나 그 평온함 속에도 비극이 조용히 다가오고 있다. 여기서는 서두의 「다다다단~」('운명 동기'라 부름)이 형태를 바꾸어 섬뜩한 형태로 울리고 있다.

제3악장에서는 다시 어두운 운명이 찾아온다. 운명 동기는 제1악장과 같이 격렬하지는 않지만 불행한 인간을 비웃는 듯한 멜로디이다. 슈만이 어린 시절, 연주회에서 이 악장을 듣고 "너무 무섭다"고 울부짖은 것은 너무도 유명한 일화이다. 곡이 진행됨에 따라 섬뜩함과 공포는 점점 더해져 간다. 곧 무거운 구름이 하늘을 뒤덮듯이 모든 것이 암흑의 세계로 바뀌어 간다. 그런데 여기서 베토벤은 대단한 일을 해치운다. 세계가 암흑으로 바뀌었다고 생각한 바로 그때, 하늘을 덮고 있던 먹구름이 크게 갈라지고 눈부신 빛이 세계를 비추는 것이다.

3악장에서 끊김 없이 4악장으로 돌입하는데, 3악장의 라스트에서 무섭게 이어지는 다단조의 화음이 갑자기 빛나는 다장조로 전환되는 것이다. 제4악장은 승리의 음악이다. 참고 견딘 고통으로부터 해방되어 어두운 운명을 극복한다.

곡의 종반에서 운명은 또 한 번 덮치지만 베토벤은 그에 일격을 가한다. 그리고 빛나는 승리의 외침을 끝으로 전곡은 마무리된다.

인류의 위대한 문화유산

『제5교향곡』에서 묘사되고 있는 것은 '투쟁'이자 '불굴의 정신'이다. 베토벤은 음악가로서 가장 중요한 청각을 잃었다. 그 절망의 깊이는 상상조차 할 수 없다. 그러나 그는 인생을 포기하지 않았다. 자신에게 닥친 '운명'에 단호히 맞설 것을 결심하고, 빈곤과 고독 속에서, 인류의 위대한 문화유산이라고도 할 수 있는 걸작을 많이 완성시켰다. 그리고 200년 후의 전 세계 사람들이 그의 음악을 듣고 용기를 얻고 인생의 희망을 얻었다. 베토벤은 '운명'을 이겨낸 것이다. 『제5교향곡』은 단순히 뛰어난 음악이라는 차원을 초월한 인류의 위대한 문화유산이다.

지휘자에게 베토벤이 영접한 듯한 명반

절대적인 명반은 빌헬름 푸르트뱅글러 지휘의 베를린 필하모니 관현악단의 연주(1947년)이다. 제2차 세계대전 중 마지막까지 독일에 머문 그는 전쟁 후 연합군으로부터 '나치에 가담했다'고 하여 음악계에서 추방되었는데 1년에 걸친 재판을 통해 무죄를 이끌어냈다. 그리고 2년 만에 베를린의 청중 앞에서 연주회를 열었는데 이때의 연주회의 녹음 음반이다. 반세기 이상 이전의 빈약한 모노럴 녹음으로 심지어 실수도 잡음도 많은 라이브 연주임에도 불구하고 연주는 '최고'라는 한마디면 충분하다.

카를로스 클라이버(Carlos Kleiber) 지휘, 빈 필하모니 오케스트라의 연주는 에너지 덩어리이다. 불타오르는 연주라는 표현이 이 정도로 딱 맞는 연주도 없다. '천재'라 불린 클라이버의 장년기의 유산이다.

지휘 : 빌헬름 푸르트뱅글러
베를린 필하모니 오케스트라
1947년 녹음

음악치료에 적용되는 추천 클래식 음악 · 09

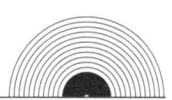

리하르트 슈트라우스 『영웅의 생애』
Ein Heldenleben Op.40

　클래식 음악은 19세기 후반부터 쇠퇴하기 시작해 20세기 후반에는 동시대성을 거의 잃어버렸지만, 슈트라우스가 그러한 시대에 클래식 음악계에 우뚝 선 최후의 거장으로 보인다.
　한편, 왈츠로 유명한 요한 슈트라우스 2세는 다른 사람으로 클래식 음악계에서는 이 둘을 구별하기 위해 R. 슈트라우스라고 표기하는 경우가 많다.
　슈트라우스와 동시대에 같은 빈에서 활약한 작곡가로 4살 연상의 말러가 있는데, 말러가 항상 '인생이란 무엇인가?' 등의 심각한 질문을 계속한 성격이 어두운 남자였던 것과 대조적으로 슈트라우스는 향락적이고 돈을 좋아하는 속된 남자였다. 또 비극성을 띤 말러의 곡에 비해, 슈트라우스의 음악은 낙천적인 면이 있고 그러한 이유로 진지한 사람이 많은 클래식 팬 사이에서는 말러가 인기가 높지만 많은 사람들이 슈트라우스를 좋아한다.
　그는 20대 초부터 '이야기를 음악으로 말하는' 교향시를 여러 곡 작곡하여 주목을 받았다. 다만 그 음악은 어디까지 진지한지, 장난인지 잘 알 수 없는 면이 있다. 이상형을 쫓아 여성편력을 반복하는 남자를 그린 '돈 주앙(Don Juan)', 빈사(瀕死)의 병자가 죽어가는 모습을 묘사한 '죽음과 변용', 독일의 옛 동화에 나오는 무용자가 마구 날뛰는 모습을 그린 '틸 오일렌슈피겔의 유쾌한 장난' 등을 들으면, 슈트라우스가 자신의 작곡기법을 즐기면서 만들고 있다는 생각이 든다.
　그는 '테이블 위에 있는 술잔이 금제(金製)인지, 은제(銀製)인지까지도 음악으로 표현할 수 있다'고 호언했을 정도로 오케스트레이션(관현악 작곡 기법)의 재능이 뛰어났다. 실제로 그러한 것이 가능할리 없지만 그런 허세를 밀어붙일 정도로 모험심과 자신감이 넘치는 사람이었다.
　그러나 교향시 '차라투스트라는 이렇게 말했다'의 서두를 들으면, 그의 묘사력의 수준에 놀라게 된다. 이 장면은 진리를 쫓아 10년의 오랜 세월에 걸쳐 산에 틀어박힌 차라투스트라가 산꼭대기에서 암흑의 하계를 내려 보고 있을 때, 멀리 지평선 위로 태양이 솟아 세상이 빛으로 가득차 가는 신비하고 장엄한 광경을 묘사한 것인데 정말이지 음악이 이 장면을 멋지게 표현하고 있다. 이 부분은 영화 〈2001년 우주의 여행〉에서 유인원이 지혜를 얻는 첫 장면으로도 사용되어 매우 유명한 곡이 되었다.

슈트라우스는 그 후 세르반테스의 소설 『돈키호테』를 교향시로 만든 후 34세에 최후의 교향시를 쓴다. 그것이 이번에 소개하는 『영웅의 생애』이다. 이 『영웅의 생애』에서 묘사되는 영웅은 바로 슈트라우스 자신이다. 그는 자기 자신을 영웅에 비하며 1시간 가까이나 되는 대교향시를 세상에 발표한 것이다.

곡은 전부 6부 구성으로 되어 있고, 제1부 '영웅'에서는 돌연 멋진 테마가 연주된다. 음계가 아래에서 위까지 치닫는 긴 주제는 듣는 사람의 마음을 고양시킨다. 여하튼 멋진 멜로디이다. 여기서는 젊은 작곡가 슈트라우스가 음악의 이상을 추구하여 활약하는 모습이 그려진다.

그러나 제2부의 '영웅의 적'에서는 영웅은 여러 적들에게 시달린다. 이 "적"이란 비평가이자, 동시대의 작곡가, 악의로 가득 찬 청중을 말한다. 이 곡이 작곡된 당시는 12음 기법이나 무조(無調)와 같은 음악 기법이 유행하고 있었는데, 슈트라우스는 그에 대해 부정적이었다. 여기서는 그러한 음악이 적을 상징하고 있지만 이 싸움에서 영웅은 큰 타격을 입는다.

제3부 '영웅의 반려(伴侶)'에서는 상처를 입은 영웅이 상냥한 여성을 만난다. 영웅의 반려자가 되는 여성은 바이올린 독주에 의한 아름다운 선율로 표현된다. 실제 슈트라우스의 아내 파울리네(Pauline de Ahna)는 무섭고 기가 센 여성으로 슈트라우스는 평생 아내에게 휘둘리며 살았다. 그러므로 이 부분은 아내에 대한 아첨으로 들려 흥미롭다. 여기서는 또 연애 묘사도 있다.

제4부 '영웅의 전장'에서는 서두에 트럼펫의 팡파르가 울리고 다시 전투의 순간이 왔음을 알린다. 상냥한 아내의 사랑을 받으며 기력을 회복한 영웅은 씩씩하게 일어나 전장으로 향한다. 영웅에게 또 다시 적이 공격해 오지만(제2부에서 싸운 적), 성장한 영웅은 그들과 호각(互角) 이상으로 맞선다. 그리고 그런 영웅에게 아내(바

이올린 독주)도 가세한다. 그리하여 마침내 영웅은 모든 적들을 물리친다.

제5부 '영웅의 업적'에서는 지금까지 슈트라우스가 작곡한 곡이 차례대로 나온다. 사실 슈트라우스 자신은 '영웅'이 누구인지 언급하고 있지 않지만, 이 부분을 들으면 누구를 말하는지 다 알 수 있다.

그리고 전곡을 매듭짓는 제6부는 '영웅의 은거와 완성'이다. 사실 지금까지의 5부에서는 약간 장난스러운 면도 전혀 없지는 않았지만 이 최종 부분은 슈트라우스 자신이 의외로 진지하게 곡 작업을 하고 있다. 음악도 제1부에 뒤지지 않을 정도로 훌륭하다. 여기서 영웅은 시골에 은거하면서 자신의 인생을 조용히 되돌아본다. 그런 영웅의 곁을 끝까지 지키는 것은 상냥한 아내이다. 바이올린 독주가 연주하는 아름다운 선율로 지켜보는 가운데 그는 조용히 생을 마감한다. 그리고 영웅이 숨을 거둔 순간 그를 칭송하듯이, 빛나는 화음이 높이 울려 퍼지며 전곡이 막을 내린다.

슈트라우스는 구두쇠라고 험담할 정도로 돈에 민감한 남자였다. 슈트라우스의 친구였던 말러의 아내 알마는 '슈트라우스의 머릿속에는 항상 돈뿐이었다'라고 경멸했다고 쓰여 있다. 실제로 그의 '돈 집착' 성격을 나타내는 일화는 많이 있다.

슈트라우스는 전성기에는 독일 최고의 작곡가로서 영광과 인기를 누리지만, 제2차 세계대전 후에는 나치에 협력했다는 혐의로 연합국에 의해 비 나치 재판에 서게 된다. 최종적으로 재판에서는 무죄가 되었지만 슈트라우스의 명성을 땅에 떨어져 그는 독일을 떠나 스위스에서 은둔생활을 한다. 그리고 1949년, 그 땅에서 85년의 생을 마감하였다.

연주예술의 극치, 라이너가 지휘한 명연

『영웅의 생애』는 높은 연주기술을 요하는 곡이니 만큼 일류 오케스트라가 아니면 그 진가를 발휘할 수 없다고 한다. 명연주로서 명성이 높은 것은 헤르베르트 폰 카라얀 지휘의 베를린 필하모니 오케스트라의 연주이다. 슈트라우스의 음악에 특히 자신감을 보인 그는 『영웅의 생애』도 여러 번 녹음하고 있는데, 1970년대에 남긴 녹음이 특히 훌륭하다는 평판을 받고 있다.

게오르그 솔티 지휘의 빈 필하모니 오케스트라의 연주도 멋지다. 부드럽고 한편으로 강력하며 박력 만점의 영웅이다.

최근 녹음으로는 사이먼 래틀(Simon Rattle) 지휘의 베를린 필하모니 오케스트라관의 연주, 크리스티안 틸레만(Christian Thielemann) 지휘의 빈 필하모니 오케스트라의 연주, 다니엘 바렌보임(Daniel Barenboim) 지휘의 시카고 심포니의 연주가 훌륭하다.

슈트라우스가 직접 연주한 것도 몇 개 남아 있다. 자신을 그린 작품이면서 연주는 의외로 담박(淡泊)하여 오히려 순음악적으로 연주하고 있는 것이 흥미롭다.

지휘 : 게오르그 솔티
빈 필하모니 오케스트라
1977-78년 녹음

음악치료에 적용되는 추천 클래식 음악 · 10

바흐 『브란덴부르크 협주곡』
Brandenburg concerti, BWV 1046-1051

'음악의 아버지'라고도 불리는 요한 세바스티안 바흐(Johann Sebastian Bach, 1685-1750년)는 인생을 음악에 바친 인물이었다. 당대 최고의 오르간 연주자이자, 지휘자, 교육자, 작곡가였던 그가 쓴 곡은 1,000곡이 훨씬 넘는다.

전성기의 활동은 도저히 사람의 능력이라고는 생각할 수 없다. 라이프치히의 교회의 칸토르(Kantor ; 음악감독) 시절, 최초 수년간은 교회 합창단의 지도 및 오르간 반주를 하면서 매주 일요일의 본 미사에서 연주하기 위한 교회 칸타타를 작곡하였다. 이것은 오케스트라와 독창자 거기에 합창단이 더해진 대대적인 것으로 오늘날 200곡 이상 남아 있다.

어느 한 곡을 들어도 보통 작곡가라면 1년에 걸쳐서도 완성시킬 수 있을까 말까 할 정도의 높은 수준의 곡으로 그것을 매주 작곡했다는 것은 도저히 믿을 수 없다. 게다가 일요일에 연주한다는 것은 주 초반에는 작곡과 기보를 마치고 후반에는 악단원들과 연습을 해야 한다. 즉, 실질적인 작곡 시간은 3일 정도였던 셈이다. 그리고 또 마음이 맞는 친구들과 연주하기 위한 곡도 만들었다. 이들은 '바흐의 세속곡 – secular music'이라 불리는 곡들이다. 사실 바흐는 '음악은 신에게 봉사하는 일'이라는 신념을 가지고 있어서 가장 주력했던 것은 교회 칸타타를 비롯한 종교 곡으로 그 어느 곡도 인류의 지보(至寶)라 할 수 있을 만한 걸작들이었는데, 틈틈이 만든 '세속곡'도 역시 대단한 명곡이다. 대체 바흐의 재능은 어디까지일까. 이런 전대미문의 작곡가는 동서고금 그 어디에도 없다. 아니, 음악 세계뿐 아니라 모든 장르의 예술 속에서도 이 정도의 창작을 평생에 걸쳐 계속해 온 예술가는 없다.

바로크 시대의 재즈

바흐의 세속곡 중에서 『브란덴부르크 협주곡』을 소개한다. 전부 6곡으로 구성되는 이 곡집은 바흐가 비교적 젊은 시절에 쓴 곡들을 모아 놓은 것인데, 아마도 친구들이나 마음이 맞는 오케스트라 동료들과 '즐기기 위해 작곡하지 않았을까' 하고 일컬어지고 있다. 곡은 바흐답게 참으로 폴리포닉(polyphonic) 한 구성이다. 폴리포닉이란 동시에 두 개 이상의 선율이 연주되는 음악으로 '주선율이 있고 그 외는 반주'라는 호모포닉(homophonic) 한 음악의 대극에 있다.

다양한 악기의 연주자들이 각각 다른 선율을 연주하면 그들이 조합되어 곡 전체가 환상적인 하모니를 이루며 나타나는 것이다. 조연은 어디에도 없고 모든 선율이 주역인 것이다.

6곡 모두 최고로 훌륭하다. 3번과 6번은 독주 악기가 없이 현악 합주군이 협주곡 풍으로 전개되는데, 그 음악의 자유로움은 대단하다. 영국의 명지휘자 존 엘리어트 가디너(John Eliot Gardiner)는 "이 곡은 바로크 시대의 재즈이다."라고 말하고 있는데, 가히 그 표현이 훌륭하다고 할 수 있다. 이 곡에는 지휘자 등은 필요 없고 각 연주가가 서로의 소리를 들으면서 호흡을 맞추고 연주하는 곡이라고 생각한다.

1번, 2번, 4번은 현악합주와 더불어 많은 관악기가 활약한다. 1번 등은 2개의 호른, 3개의 오보에, 파곳과 함께 솔로 바이올린의 7개 독주 악기가 있다. 호화찬란하기 그지없다.

이 곡집의 백미는 제5번이다. 사실 이것이 곡집의 최후에 만들어진 곡이다. 참고로 작곡의 순번은 6번, 3번, 1번, 2번, 4번, 5번 순이라고 알려져 있다. 5번은 현악 오케스트라에 바이올린 독주, 플루트 독주, 쳄발로 독주가 대활약하는 화려한 곡이다. 3개의 독주 악기가 현악합주를 배경으로 해서 격렬하게 부딪히는 부분은 바흐의 면목이 생생하게 드러난다.

이 곡에서는 1악장의 마지막에 청중은 깜짝 놀라게 된다. 현악합주와 바이올린 독주, 플루트 독주가 조용히 사라지고 쳄발로 1대만이 남게 되는데, 그때까지 현악합주와 독주 바이올린, 플루트, 쳄발로가 합주해 온 협주곡을 단 한 대의 쳄발로로 표현시키는 것이다. 사실 이것은 갑작스럽게 시도된 것이 아니다. 이 곡을 만들기 이전에 바흐는 비발디의 협주곡을 여러 곡 쳄발로 독주로 편곡한 적이 있다.

바흐의 쳄발로 연주 실력은 당대 최고로 그 작곡기법 또한 초절적인 경지에 이르고 있었다. 두 팔을 사용하여 4개 이상의 선율을 동시에 연주하는 등 최고의 실력을 지녔다. 그러한 바흐가『브란덴부르크 협주곡』에서 직접 쳄발로의 테크닉과 작곡 기법을 마음껏 집어넣은 것이 바로 이 독주 부분이다.

피리어드 악기에 의한 '21세기의 바흐'

한편 이 곡의 전곡 CD 중 칼 리히터(Karl Richter) 지휘의 뮌헨 바흐 관현악단에 의한 연주이다. 리히터는 바흐 연주에 평생을 바친 음악가로 뮌헨 바흐 관현악단도 그러한 목적에서 직접 구성한 악단이다. 남겨진 녹음은 모두 훌륭한데, 이『브란덴부르크 협주곡』도 최고의 연주이다.

오토 클렘페러(Otto Klemperer)가 지휘한 필 하모니아 오케스트라의 연주는 더 천천히 연주되고 있지만 대위법(폴리포니)의 귀신이라고 불린 지휘자인 만큼 바흐의 폴리포닉한 재미를 충분히 맛볼 수 있다.

지휘 : 칼 리히터(Karl Richter)
뮌헨 바흐 관현악단
1967년 녹음

라벨 『밤의 가스파르(Gaspard de la nuit)』
Ravel, Gaspard de la Nuit

'볼레로'로 알려진 모리스 라벨(Maurice Joseph Ravel, 1875-1937년)은 '오케스트라의 마술사'라는 별명을 가진 작곡가인데, 실은 현악(絃樂) 이상으로 피아노의 작곡기법이 뛰어나다.

20세기 전반에 프랑스에는 두 명의 천재 피아노 작곡가가 등장했다. 한 사람은 클로드 드뷔시(Claude Debussy)이고 또 한 사람이 바로 라벨이다. 두 사람의 피아노곡은 그때까지 19세기의 피아노곡과는 전혀 다른 것이었다.

클래식 음악에 대해 전혀 모르는 사람일지라도 모차르트의 피아노곡과의 차이는 바로 구분해 들을 수 있다. 조성적으로는 반음계가 다용되어 장조라고도, 단조라고도 말할 수 없는 화성이 많이 사용되고 있다. 두 사람의 음악은 '인상파'라 불리는데, 사실 원래는 야유해서 사용된 말이었다.

『밤의 가스파르』는 라벨이 1908년에 33살일 때, 프랑스의 시인 알루아지우스 베르트랑(Aloysius Bertrand, 1807-1841년)의 유작 시집『밤의 가스파르』를 읽고 영감을 받아 작곡했다. 베르트랑은 빈곤과 병으로 34세의 젊은 나이에 세상을 떠난 천재 시인인데, 생전에는 완전히 무명이었다. 사후에 출판된『밤의 가스파르』도 전혀 팔리지 않았고 그 후 몇 년이 지난 후에야 평가 받아 보들레르(Charles Baudelaire) 등에 큰 영향을 미쳤다고 한다. 그 작품은 사자(死者), 악마, 영혼 혹은 이 세상 것이 아닌 존재 등이 등장하며 환상적이고 악몽적이다. 참고로 가스파르(gaspard)란 그리스도의 탄생을 예견하여 그것을 축복하기 위해 베들레헴에 온 동방박사 중 한 사람의 이름인데, 베르트랑은 구태여 그 이름을 '악마적인 것'이라는 존재로서 시집의 타이틀에 붙였다.

무소륵스키가 친구인 화가 하르트만의 그림에서 영감을 얻어 피아노조곡 '전람회의 그림'을 작곡했는데, '그림'과 '시'라는 차이는 있지만 라벨도 무소륵스키도 음악 이외의 예술작품으로부터 영감 받아 작곡을 했다는 사실이 흥미롭다. 재미있는 건 '전람회의 그림'은 후에 라벨에 의해 관현악곡으로 편곡되어 대단히 유명해졌다. 어쩌면 라벨은 무소륵스키의 곡에서 자신과 비슷한 감성을 알아챘을지도 모른다.

'물의 요정(Ondine)'은 '몬스터'에도 등장

『밤의 가스파르』는 '물의 요정(Ondine)', '교수대(Le gibet)', '스카르보(Scarbo)'의 3곡으로 구성되며 연주시간은 5~10분 정도의 짧은 곡이지만 세 곡 모두 매우 환상적인 곡이다.

제1곡인 '물의 요정(Ondine)'은 인간 남자에게 사랑을 느낀 물의 요정 온딘이 비 오는 밤, 창가에 찾아와 "나와 결혼해 주세요."라고 사랑을 고백한다. 남자가 청혼을 거절하자 온딘은 슬픔의 눈물을 흘리지만 이내 큰소리로 웃자 격렬한 빗속으로 사라져 간다. 그 후 창문 유리에 물 자국만이 남아 있었다는 내용의 시(詩)다.

음악은 창문 유리를 부드럽게 두드리는 빗방울의 모습이 아름다운 음(trill)으로 연주된다. 매혹적인 아르페지오(arpeggio : 분산화음)가 창문 유리에 흐르는 물의 모습을 표현하고 있다. 이 묘사력이랄까, 표현력은 대단하다고 밖에 할 말이 없다. 1대의 피아노로 이 정도까지 표현할 수 있을까. 온딘이 사랑을 속삭이는 이 부분은 너무나 아름답다. 마지막에 사랑을 거절당한 온딘이 갑자기 웃으며 사라져 가는 모습에서는 슬픔인지 허무함인지 종잡을 수 없는 이상한 여운으로 채워진 음악이다.

제2곡인 '교수대(Le gibet)'는 해질녘 외롭게 선 교수대를 표현한 곡이다. "멀리서 장송의 종소리가 울려 퍼진다. 거기에 뒤섞여 들리는 것은 매서운 북풍인지, 목 매달린 죽은 자의 한숨인지, 교수대의 밑에서 우는 귀뚜라미인지, 죽은 자의 두개골에서 피범벅이 된 머리카락을 뽑고 있는 풍뎅이인지"라고 자문하는 듯한 말이 이어진다. 그것은 실제 교수대의 묘사가 아니라 베르트랑의 마음속에 있는 기괴한 심상 풍경이다.

라벨의 음악에서는 종소리가 옥타브의 화음으로 연주되어 이는 곡의 처음부터 마지막까지 계속해서 울린다. 그리고 시인의 섬뜩한 상상의 세계가 소리로 그려진다. 곡의 템포는 일정하지만 상상하는 장면이 바뀔 때마다 리듬은 어지러울 정도로 변화한다. 그러나 음악은 음울하고 어둡고 마지막은 조용히 사라져 가듯이 끝이 난다.

제3곡인 '스카르보(Scarbo)'는 땅속에 사는 악령 스카르보가 집안에 나타나서는 사라지는 기괴한 현상을 묘사한 시이다. 침대 밑에서 모습을 드러냈다고 생각하자 굴뚝 위에서 나타난다. 찬장 속에 있어야 하는데 문을 열면 거기엔 없다. 한밤중에 몇 번이고 출현하며 커지거나 새하얘지거나 하다 마침내 촛불처럼 투명하게 사라진다. 이것도 참으로 기괴한 시이다.

라벨의 음악은 스카르보가 나타나서는 사라져 주위를 맴도는 모습을 다이내믹하게, 때로는 환상적이게, 또 때로는 화려하게 표현해 간다. 그곳에 사용되는 연주기술은 최고 난이도로 피아니스트에게는 초절적인 기교가 요구된다.

『밤의 가스파르』는 3곡을 합친 곡집처럼 보이지만 실은 3곡을 합쳐 한 곡이라고도 말할 수 있다. '물의 요정(Ondine)'은 소나타형식의 제1악장, '교수대(Le gibet)'는 '스카르보(Scarbo)'는 빠른 론도의 마지막 악장이라는 방식으로 전체적으로 보면 고전적인 3악장의 피아노 소나타에 가까운 곡이 되는 것이다.

'오케스트라의 마술사'라고 불린 라벨은 자신의 피아노곡 중 몇 곡을 오케스트라 곡으로 편곡하였는데, 무슨 이유에서인지 『밤의 가스파르』는 관현악으로 편곡하지 않았다. 단, 그 자신은 오케스트라의 음향을 상정하고 있었다고도 일컬어지고 있다. 라벨에게서 직접 이 곡에 대한 설명을 들은 명 피아니스트 블라도 페를뮈테르(Vlado Perlemuter)에 따르면, 악곡의 설명 시에 라벨은 오케스트라의 악기 음을 예로 들었다고 한다.

라벨은 만년, 교통사고의 영향으로 뇌에 장애를 일으켜(교통사고 이외의 원인설도 있다) 악보에 문자를 쓸 수 없게 되어 작곡활동을 할 수 없게 되었다. 벗에게 울면서 "내 머릿속에는 음악이 가득 차 있는데, 그것을 악보로 옮길 수 없어."라고 말했다는 증거가 남아 있다. 그의 음악에는 그러한 그의 비극을 예감시키는 듯한 어둡고 소름 끼치는 곡이 많다. 『밤의 가스파르』는 실로 그것을 상징하고 있는 곡처럼 느껴진다.

천재성이 있는 프랑수아의 성공작

라벨과 같은 프랑스인 피아니스트, 샹송 프랑수아(Samson François)의 연주가 훌륭하다. 라벨과 드뷔시의 곡이 특기였던 그는 천재성이 있고 감정기복이 심하여 완성도에 차가 극심했던 피아니스트라고 일컬어지고 있는데(알코올 중독이라고도 전해지고 있다) 이 곡과의 궁합은 매우 좋아 환상적이고 기괴성을 전면에 내세운 스케일이 큰 연주를 하고 있다. '온딘'에서 아르페지오의 아름다움은 최고라 평가를 받는다. '교수대'에서도 섬뜩한 분위기가 가득하다.

마르타 아르헤리치(Martha Argerich)는 테크닉과 소리의 반짝임이 빼어나다. '스카르보'에서의 초절적 기교는 아연실색 할 정도로 뛰어나다. 물론 '온딘'도 최고로 아름답다. 피아니스틱(pianistic) 한 미(美)에서는 최고일지도 모른다.

프리드리히 굴다의 연주도 최고급 연주이다. 바흐나 모차르트, 베토벤과 같은 독일 음악을 연주하면 비할 데 없는 연주를 하는 굴다이지만, 사실 라벨이나 드뷔시와 같은 인상파의 음악도 특기였다. 참고로 굴다는 재즈 연주도 일류였다.

그 외에는 이보 포고렐리치(Ivo Pogorelich), 안드레이 가브릴로프(Andrei Gavrilov)의 연주도 흠잡을 데가 없다.

피아노 : 마르타 아르헤리치(Martha Argerich)
1974년 녹음

슈베르트 『죽음과 소녀』
String Quartet d minor
'Death and the Maiden' D810

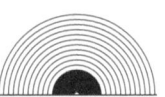

프란츠 페터 슈베르트(Franz Peter Schubert, 1797-1828년)는 일반적으로는 감미로운 멜로디의 곡을 쓰는 작곡가라는 이미지가 있지만 그것은 당치도 않는 오해이다. 분명히 슈베르트의 곡 중에는 부드럽고 감미로운 곡도 많다. 그러나 잘 들어보면, 그 이면에는 뭐라 말할 수 없는 슬픔과 어둠이 있다. 이상한 것은 장조 속에도 그것이 내재되어 있다는 점이다. 그런 슈베르트가 단조로 곡을 썼을 때의 비극성은 무시무시하다. 그것은 'dämonisch(악마적)'이라 해도 틀림없다. 그보다 더 비통한 곡을 쓴 클래식 작곡가는 없지 않을까 하는 생각이 들 정도이다.

현악4중주곡 『죽음과 소녀』이다. 현악4중주곡이라는 것은 4개의 현악기로 연주되는 곡이다. 보통 제1 바이올린, 제2 바이올린, 비올라, 첼로의 구성이 되며, 4개의 현이 각각 소프라노, 알토, 테너, 베이스의 4성부를 맡아 최소의 악기로 거의 완벽한 하모니를 만들어낸다.

애절함의 극치

슈베르트는 약 30곡의 현악4중주곡을 작곡하였는데, 그 대부분은 미완으로 번호가 달린 곡은 전부 15곡이다. 『죽음과 소녀』는 그 14번째 곡으로 그가 27세의 나이에 작곡하였다. 31년이라는 짧은 생애 중 만년에 접어들고 있었는데, 작곡가로서 충실했었던 시기이기도 했다. 전체 4악장, 40분 이상의 대곡이다.

제1악장의 서두부터 무시무시한 음악이 시작된다. 4개의 현악기가 일제히 포르테로 라단조의 섬뜩한 주제를 연주하는데, 이 주제는 실로 비통한 '부르짖음'이다. 아니, 섬세한 귀와 마음을 가진 자라면 '절규'한다고도 들릴지도 모른다. 겨우 4개의 현이 연주하고 있다고는 전혀 생각지도 못할 정도의 박력이 있다.

대 오케스트라도 이럴까 싶을 정도의 무시무시함으로 폭풍과 같은 음악이다. 참고로 라단조라는 조성은 베토벤의 『제9교향곡』, 모차르트의 절필 『레퀴엠』과 마찬가지로 어둡고 극적인 조성이다.

마음을 동요시키는 격렬한 제1주제가 끝나면 더욱더 불안감을 야기하는 제2주제가 연주된다. 그리고 그 안에 슈베르트다운 우미한 선율이 가끔 얼굴을 내미는데 전체적으로는 베토벤과 같은 격렬한 투쟁의 음악이다. 슈베르트는 거의 동시대에 살았던 베토벤을 마치 신과 같이 존경하여 그와 같은 음악을 추구하고 있었는데 『죽음과 소녀』의 제1악장의 투쟁은 베토벤의 그것과는 다르다. 그의 투쟁은 승리를 향한 것이었는데 『죽음과 소녀』는 그렇지 않다. 그저 오로지 극적인 최후를 향해 나아가는 느낌으로 거기에는 승리도, 구원도 없다. 이 격렬한 제1악장 만으로 압도되지만 전곡의 백미는 제2악장이다. 실은 현악4중주곡 『죽음과 소녀』라는 타이틀은 이 제2악장에서 유래한다. 『죽음과 소녀』는 원래 슈베르트 자신이 20세 무렵에 쓴 가곡의 타이틀이다. 그는 평생 600곡 이상의 가곡을 작곡하였는데, 후에 악기 곡을 작곡할 때 종종 그 멜로디를 전용하고 있다. 그리고 현악4중주곡 14번의 제2악장에 가곡 『죽음과 소녀』의 피아노 반주 부분을 전용하였다. 참고로 이 가곡은 마티아스 클라우디우스(Matthias Claudius)의 『죽음과 소녀』라는 시에 멜로디를 붙인 것이다. 그것은 죽어가는 소녀와 죽음(사신)의 대화이다. 그 내용은 다음과 같다.

〈소녀〉
저리로, 아 저리로!
지나가다오, 사나운 죽음이여!
나는 아직 젊다. 가거라!
그리고 나를 다치지 말아다오!

〈죽음〉
그대, 손을 다오.
아름답고 상냥한 소녀여.

친절한 나는 그대를 해치지 않는단다.
편안한 기분으로!
나는 두려운 존재가 아니란다.
나의 품 안에 고이 잠들게 되리!

　가곡 『죽음과 소녀』는 매우 아름답고, 동시에 깊은 슬픔으로 가득 찬 명곡인데, 현악4중주곡으로 연주되자 그것은 한 단계 더 비극성이 증가하게 되었다. 그런데 이 '소녀'와 '죽음'의 대화가 무언가에 비슷하다고 느껴지지 않은지? 그렇다. 바로 슈베르트의 가곡 『마왕』이다. 『마왕』도 역시 마왕이 아이를 죽음의 세계로 유혹하려고 상냥한 말을 건넨다. 아이는 공포심에 울지만 마왕은 마지막에 강제로 아이를 죽음의 세계로 데려간다. 이는 우연일까? 사실 슈베르트는 '죽음'이라는 것에 홀린 남자였다고 생각한다. 어쩌면 젊은 시절부터, 자신은 오래 살지 못할 것이라는 예감이 있었을지도 모른다. 슈베르트가 직접 그런 식으로 쓴 편지나 일기는 남아있지 않고, 그가 그렇게 말했다는 증언도 없다. 하지만 그렇게 생각하지 않을 수 없다. 왜냐하면 슈베르트의 음악에는 항상 '죽음'을 연상시키는 요소가 있기 때문이다.

　쇼팽의 '장송행진곡'을 떠올리게 하는 무겁고 어두운 주제는 동시에 가슴이 아플 정도로 슬프고 아름답다. 이 탐미적이라고 말할 수 있는 아름다움은 어떨까. 마치 듣는 사람에게 마법을 건 듯하다. 그리고 주제가 끝나면 변주곡이 시작되는데 음악은 한층 더 미(美)를 증가시킨다. 그와 동시에 비극성도 더 증가된다. 그리고 제1변주의 후반, 음악은 애절함이 극치에 도달한다. 이 부분을 듣고 슬픔이 느껴지지 않는 사람은 아마 없을 것이다. 여기에는 가사도 아무것도 없는데, '소녀'와 '죽음'의 무서운 대화가 들린다. '죽음'을 뿌리치려는 소녀의 비통한 소원과 그녀를 죽음의 세계로 유혹하려 하는 '죽음'의 감미로운 속삭임이 4개의 현악기가 연주하는 음악으로 표현된다. 어쩌면 이 소녀의 말은 슈베르트 자신의 소원이었을지도 모른다. 왜냐하면 이 곡의 작곡 당시 그는 이미 건강이 좋지 않았기 때문이다. 그리고 이 곡을 만든 4년 후 빈곤 속에서 세상을 떠났다.

　제2악장은 스케르초(scherzo : 3박자의 해학곡)인데 여기서도 평온함은 없다.

왜냐하면 이 악장 역시 단조이기 때문이다. 음악적으로는 슈베르트가 종종 썼던 렌틀러(Ländler : 3/4박자의 무곡)이지만 전체적으로 어둡고 무곡의 즐거움은 전혀 없다. 그리고 놀랍게도 이어지는 최종악장인 제4악장도 역시 단조이다. 교향곡, 소나타를 통틀어 전 악장을 단조로 관철한 곡은 『죽음과 소녀』 이전에는 한 곡도 없지 않았을까.

마지막 악장은 '타란텔라(tarantella)'라는 무곡으로 완성되어 있는데, '타란텔라'는 타란툴라(tarantula, 독거미)에게 물리면 독을 빼기 위해 계속해서 춤을 춰야 한다는 것에서 유래되어 이름이 붙은 무곡이다. 악마가 웃고 있는 듯한 섬뜩한 곡으로 베토벤의 유명한 '크로이처 소나타(Kreutzer Sonata)'(바이올린과 피아노의 이중주곡)의 마지막 악장에도 매우 흡사하다. 참고로 러시아의 문호 톨스토이는 '크로이처 소나타'를 듣고 강한 영감을 얻어 질투와 성욕에 미친 남자의 광기를 그린 『크로이처 소나타』라는 소설을 쓰고 있다. 어쩌면 슈베르트도 역시 '크로이처 소나타'를 듣고 거기에 잠재된 어두운 정념(情念) 같은 것을 알아챘을지도 모른다.

공포마저 느끼게 하는 이탈리아 현악4중주단의 연주

알반 베르크 현악4중주단의 연주가 매우 극적이다. 슈베르트의 악마적인 부분을 이끌어낸 명연주이다. 이탈리아 현악4중주단의 연주는 소름끼친다. 제1악장 서두의 '부르짖음'은 비통함의 극치로 듣는 이에게 공포마저 느끼게 한다. 에머슨 현악4중주단, 멜로스 현악4중주단, 보로딘 현악4중주단의 연주도 좋다. 모노럴이지만 빈 콘체르트하우스 현악4중주단의 연주는 예전의 좋았던 시대의 풍미가 있다.

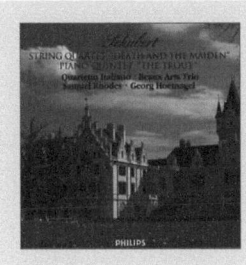

이탈리아 현악4중주단
1965년 녹음

로시니 『서곡집』
Gioacchino Rossini / Virtuoso

클래식 음악의 역사는 '천재들의 기록'이라고도 할 수 있는데, 조아키노 로시니(Gioacchino Antonio Rossini, 1792-1868년)도 그들 중의 하나이다.

그의 음악을 들으면 재기가 격류처럼 쏟아지는 것을 느끼게 된다. 거기에는 샴페인이 터지는 듯한 신선함이 있고 햇살이 눈부시게 쏟아지는 듯한 눈부심이 있으며 아름다운 꽃이 만발한 듯한 화려함이 있다.

전체적으로 흐르는 듯한 '노래'가 있고, 빠른 부분에서는 끓어오를 듯한 고양감을 얻을 수 있다. 그런가 하면 로맨틱한 부분에서는 울고 싶을 정도의 애절함을 느낄 수 있고 고조되는 부분에서는 엄청난 박력에 압도된다. 참으로 음악의 매력을 모두 가지고 있다 해도 과언이 아니다. 그러나 클래식 마니아 사이에서는 로시니에 대한 평가는 높지 않다. 그 이유는 알 것 같다. 왜냐하면 재능을 믿고 휘갈겨 쓴 듯이 보이는 곡이 많기 때문이다.

그의 가장 유명한 오페라 『세빌랴의 이발사(Il Barbière di Seviglia)』는 무려 3주 만에 완성했다. 이 오페라의 상연시간은 3시간이나 되고, 작곡가는 전 오케스트라의 악보뿐 아니라 아리아, 이중창, 삼중창, 합창 등도 써야 한다는 것을 고려하면 이는 경이적인 속도라 할 수 있다. 거기다 대단한 걸작이다. 어지간히 재능이 넘치지 않으면 불가능한 일이다. 그는 이 집필 속도로 약 20년 동안 40곡이 넘는 오페라를 작곡하였다. 그러나 한편으로 자작의 재사용도 예사로 하는 엉성한 남자이기도 했다. 또 매우 게을렀다고도 전해진다.

앞서, 그의 음악에는 모든 것이 있다고 말했는데 사실 단 하나 없는 것이 있다. 그것은 '심각함'이다. 애절한 부분은 있지만 결코 슬프지 않고, 비극적으로 보여도 진정한 '어두움'이나 '공포'는 아니다.

같은 시기에 빈에서 활약한 베토벤의 곡에 있는 깊은 '정신성'과 같은 요소는 로

시니의 음악에서는 느낄 수 없다. 왜냐하면 그의 음악은 너무나 우미(優美)하고 가볍기 때문이다. 계절에 비유하자면, 사계절이 없이 항상 여름과 같은 이미지이다. 그렇다고 해서 그를 낮게 평가하는 것은 잘못된 일이다. 클래식은 모두 '심각'하고 '진지'하며 '음영'이 꼭 있어야 할 이유는 없다. 상하의 음악이 있어도 상관없다.

로시니는 20살 무렵에 대인기 작곡가가 되었다. 오페라는 썼다 하면 모두 다 성공하여 금전적으로도 매우 윤택했다. 파리를 방문했을 때에도 청중은 열광하였고 문호 스탕달(Stendhal)이 '나폴레옹은 죽었지만 다른 남자가 나타났다'라고 썼을 정도이다.

영화나 TV에서 사용되는 초유명곡

로시니의 서곡집에 대하여 알아보면 그의 대표적인 오페라 서곡이 들어간 CD는 여러 장 나왔는데, CD에 따라 수록된 곡은 약간 다르지만 『세빌랴의 이발사』, 『윌리엄 텔』, 『도둑 까치』와 같은 초인기곡은 대개 포함되어 있다.

200년 전의 작곡가라고는 도저히 생각되지 않을 정도로 현대적인 센스가 넘친다. 로시니의 음악은 시대를 초월하여 듣는 이에게 쾌감을 준다.

『세빌랴의 이발사』 서곡을 들어보면, 신나고 즐거운 서주가 끝난 후 황홀하고 감미로운 노래가 흐른다. 이윽고 미스터리하고 요기스러운 패시지가 다그치듯 연주되는데, 그 매혹적인 선율은 마음을 동요시키는 마약적인 매력이 넘쳐나고 있다. 비극적인 예감이 든 바로 다음 순간, 이번에는 애절하기까지 한 음악으로 바뀌어 센티멘털 한 감정을 부추긴다.

음악은 만화경처럼 어지럽게 변화하여 조금도 정체되는 일이 없다. 그리고 종반은 템포를 점점 올려 엄청난 드라이브 감을 가지고 코다로 돌진한다. 겨우 몇 분 안에 여러 명곡이 채워져 있는 듯한 호화로움이 있다.

보통의 작곡가라면 하나의 동기(모티브)를 철저히 구사하는 부분을 로시니는 멜로디를 아낌없이 투입하는 것이다. 소설로 비유하자면, 여러 장편을 쓸 수 있을 만큼의 재료를 단편 속에 모두 넣어버린 느낌이다.

『도둑 까치』 서곡도 멋진 곡이다. 군악대를 연상시키는 활기찬 행진곡풍의 서주가 끝난 후 로시니 특유의 경쾌한 패시지가 반복된다. 스피드를 타고 올라갔다 내려갔다 하는 그 멜로디는 음악의 악마가 조롱하는 듯한 무서운 유머로 가득 차 있다. 그렇다 해도 온몸이 떨릴 정도로 아름답다. 영화감독인 스탠리 큐브릭(Stanley Kubrick)은 클래식 음악을 자주 영상에 접목시키는 천재인데, SF 영화 〈시계태엽 오렌지(A Clockwork Orange)〉에서 부서진 극장에서 불량소년들의 참혹한 난투 장면에 이 곡을 사용하여 멋진 효과를 만들어냈다. 마치 이 영상에 맞춰서 곡을 작곡한 것처럼 느껴질 정도로 현대적인 음악으로 들린다.

『윌리엄 텔』 서곡은 아마 로시니의 곡 중에서 가장 유명한 곡일 것이다. 피날레에 사용된 행진곡은 여러 클래식 곡 중에서도 특히 알려진 명곡이라 말할 수 있다. 참고로 이 곡의 피날레는 전술한 〈시계태엽 오렌지(A Clockwork Orange)〉 속에서 코믹스러운 장면의 BGM으로 사용되고 있다.

이 오페라는 스위스의 전설적 영웅 윌리엄 텔의 활약을 그린 곡인데, 서곡 자체가 오페라 전체를 나타내고 있다. '새벽', '폭풍', '정숙', '스위스 군대의 행진'의 4부로 구성된 대대적인 서곡은 그것만으로도 하나의 드라마가 되고 있고 마치 작은 교향곡이라고도 할 수 있을 정도로 완성도가 높다.

첼로와 콘트라베이스, 팀파니만으로 연주되는 '새벽'의 아름다움은 절품이다. 그리고 다음의 '폭풍'에서는 오케스트라가 전체 합주로 위력을 보여주는데, 그 박력은 바그너도 능가할 정도이다.

폭풍이 지나간 후에는 알토 오보에, 잉글리시 호른, 코르 앙글레와 플루트가 로맨틱 한 목가(牧歌)를 연주한다. 그리고 피날레인 '스위스 군대의 행진'은 승리의 환호성이라고도 할 수 있는 노도(怒濤)한 행진곡이다.

로시니의 오페라에는 이 외에도 '아르미다(Armida)', '알제리의 이탈리아 여인', '비단사다리' 등 명곡이 가득하다. 어느 곡이든 모두 밝고 애틋하며 달콤하고 로맨틱한데 그런데도 스피드감은 넘친다.

그는 19세기의 빈에서 대단한 인기를 누렸고 그 자신도 금전적인 성공을 거두었다. 빈곤으로 힘겨워 하던 작곡가가 적지 않은 가운데 이것은 매우 보기 드문 케이스이다. 그의 게으른 버릇은 어쩌면 큰돈을 벌었기 때문일지도 모른다. 인간은 누구나 돈이 있으면 일하기 싫어지기 마련이다. 만약 그가 모차르트나 베토벤처럼 금전적으로 어려웠던 상황이라면 그 재능을 더 사용해 작곡에 임했을지도 모른다.

그는 37세의 나이에 마지막 오페라를 쓴 후 작곡활동에서 거의 은퇴해서 남은 약 40년의 인생을 요리연구와 여행에 몰두하게 된다. 그리고 만년은 고급 살롱과 레스토랑을 경영한다.

토스카니니의 대단한 명연

연주는 아르투로 토스카니니(Arturo Toscanini) 지휘의 NBC 교향악단의 CD가 훌륭하다고 모두의 평판을 받는다. 어느 곡도 '노래'로 가득하고 동시에 기백과 에너지가 넘친다. 60년이나 이전의 모노럴 녹음이지만 연주는 전혀 낡지 않다. 『윌리엄 텔』 등은 최고 명연이라고 해도 좋다. 마지막의 '스위스 군대의 행진' 등은 실로 노도의 대 박력이 느껴진다.

프리츠 라이너(Fritz Reiner) 지휘의 시카고 심포니의 연주도 대단하다. 박력만 놓고 본다면 토스카니니를 앞설지도 모른다. 이것도 50년 이상 이전의 녹음이지만 당시 세계 최고라 불린 시카고 심포니의 저력에는 모두가 찬사를 보낸다.

지휘 : 샤를 뒤투아(Charles Dutoit)
몬트리올 교향악단
1990년 녹음

음악치료에 적용되는 추천 클래식 음악 • 14

모차르트 『피아노 협주곡 제20번』
Piano Concerto No.20 in d minor K.466

    모차르트의 후기 8곡의 피아노 협주곡('제20번' ~ '제27번')은 모두 다 걸작이지만 그 중에서도 『제20번』은 한층 더 뛰어난 곡이다.

    모차르트는 작곡에 관해서는 올라운드 플레이어로 모든 장르의 곡을 작곡하였다. 교향곡, 오페라, 협주곡, 실내악, 기악곡 등 아마 그가 쓰지 않은 장르는 없을 것이다. 그 대부분의 곡은 누군가에게 의뢰받아 작곡한 것으로 즉 모차르트라는 작곡가는 예술가라기보다 오히려 장인(匠人)이었다. 그래서 그는 곡을 의뢰해 온 악단이나 솔리스트의 역량에 맞춰 작곡하는 모토를 가지고 있었다. 예를 들어 '초심자를 위한 소 클라비어 소나타'라는 부제가 붙어있는 피아노 소나타, 다장조 K545는 제자의 레슨용으로 만든 곡으로 테크닉적으로는 매우 쉽게 쓰여 있다. 그런데도 만년을 대표하는 걸작이 되는 부분에 모차르트의 대단함이 있다.

    그런 식으로 그는 의뢰주의 리퀘스트에 맞춰 곡을 쓰는 것이 보통이었지만 하나만은 예외가 있다. 그것이 피아노 협주곡이다. 그의 27곡 있는 피아노 협주곡은 그 대부분이 자신이 공개 연주에서 연주를 위해 작곡한 곡이다. 즉 그가 피아노 협주곡을 작곡할 때에는 다른 사람의 연주 등을 고려하지 않고 진짜 쓰고 싶은 음악을 썼다. 또 피아노 연주의 명수였기 때문에 피아노 파트도 힘을 아낄 필요는 없다. 그렇다고 해서 테크닉 면에서 어렵게 작곡된 것은 아니다. 또 음악적으로도 참으로 깊이가 있다. 어쩌면 모차르트는 자신의 예술성을 더 강하게 내세우고자 마음먹었을 때, 직접 연주하는 피아노 협주곡으로 그것을 표현하지 않았을까.

스스로의 금기를 깨고 라단조로 작곡

    『제20번』은 모차르트가 피아노 협주곡에서 처음으로 쓴 단조곡이다. 사실 그는 철저한 장조 지향 작곡가였다. 왜냐하면 단조가 당시 많은 청중들에게 인기가 없다는 것을 알고 있었기 때문이다. 그러나 이 곡으로 그는 스스로의 금기를 깨고 라단조라는 매우 어두운 조성으로 작곡하였다. 참고로 라단조는 그의 가장 비극적인 오페라 『돈 조반니』 서곡 및 그의 절필이 된 『죽은 자를 위한 미사곡(레퀴엠)』과 같은 조성이다.

『제20번』의 피아노 협주곡은 서두부터 정체를 알 수 없는 무언가가 다가오는 듯한 섬뜩한 음악으로 시작된다. 그것은 듣는 이의 마음을 불안과 공포로 떨게 만드는 음악이다. 베토벤의 『제5교향곡』과 같은 갑작스레 덮쳐오는 듯한 격렬한 '운명'이 아니다. 조용히 다가오는 사신(邪神)의 발소리와 비슷하다. 이윽고 전체 합주로 포르테가 연주되면 비극성이 단숨에 증폭된다.

오케스트라의 제시부가 끝나면, 피아노가 새로운 주제로 조용히 들어온다. 이 동적에서 정적으로의 전환도 훌륭하다. 그러나 곧 오케스트라와 투쟁을 반복하는 듯한 극적인 전개를 보여준다. 이런 표현이 적절하지 않다는 것을 알면서도 말하지만 이 극적 전개는 베토벤적이다. 실제, 모차르트보다 14살 아래의 베토벤은 이 곡에 대해 강한 애착을 가지고 있어 이 곡의 카덴차(cadenza)를 작곡했을 정도이다. 카덴차란 고전적 협주곡에 따라다니는 부분으로 악장의 끝부분에 연주음이 솔로로 명인의 실력을 보여주는 부분이다. 모차르트의 경우, 카덴차는 악보로 만들지 않는 경우가 많았는데, 즉 연주자의 애드리브(즉흥 연주)에 맡기는 것이다. 아마도 모차르트가 실제로 연주회에서 연주할 때도 즉흥으로 연주했을 것이다.

즉흥이라 하면 그의 피아노 협주곡에는 피아노 파트 부분도 즉흥에 맡긴 부분이 적지 않다. 원래 그 자신이 연주하기 위해 작곡한 곡이므로 상세한 악보나 지정은 필요 없었던 것이다. 악보는 간단히 해 두더라도 실제 연주 시에는 즉흥으로 얼마든지 어렵게 연주할 수 있는 것이다. 훗날 협주곡은 프로 연주가가 연주하게 되어 작곡가도 악보에 자세히 음표를 기입하고 세세한 지정도 썼지만 모차르트의 시대는 그렇지 않았다.

제2악장은 모차르트의 수많은 곡 중에서도 손꼽히는 명곡이 아닐까 생각한다. 피아노가 단음으로 연주되는 아름다운 멜로디는 듣는 이를 위무(慰撫)하는 듯한 상냥함이 흘러넘치고 그러나 동시에 가슴을 죄는 듯한 애절함이 있다. 모차르트의 풍류를 좋아하는 인생을 그린 명화 〈아마데우스〉의 엔딩의 타이틀 BGM으로 이 악장의 전곡이 사용되었는데, 마치 그의 진혼곡처럼 들렸다.

제3악장은 갑자기 돌변하여 다시 격렬한 투쟁이 반복된다. 그런데 그것은 베토벤과 같은 승리를 향한 투쟁은 아니다. 마치 저항할 수 없는 운명에 파괴되는 비통함으로 가득 차 있다. 이윽고 카덴차를 지나 장조가 되어서야 비로소 빛을 되찾은 것처럼 보이지만 결코 밝은 빛은 되지 않는다. 그리고 비극의 색채를 남긴 채 곡은 격렬하게 마무리된다. 이 곡이야말로, 20대 후반이 되어 원숙기를 맞이하려 했던 모차르트가 스스로 작곡가로서 가질 수 있는 힘을 결집시켜 만든 대걸작이다.

악마적인 우월함을 이끌어낸 명연

프리드리히 굴다(피아노)와 클라우디오 아바도 지휘 빈 필하모니 오케스트라의 연주. 굴다의 피아노 연주는 베토벤적인 강력함을 가진 웅혼한 것으로 그럼에도 우미한 분위기도 잃지 않는다.

다음은 블라디미르 아슈케나지(Vladimir Ashkenazy)가 지휘와 피아노를 맡은 필하모니아 오케스트라의 연주이다. 아슈케나지의 단정한 연주는 특히 아름답다. 카덴차는 베토벤. 모차르트의 피아노 협주곡은 피아니스트가 직접 지휘를 겸해 녹음하는 케이스가 비교적 많다. 그렇게 하는 편이 생각대로 연주할 수 있기 때문일까. 다니엘 바렌보임, 머레이 페라이어(Murray Perahia) 등도 지휘와 피아노 연주를 하고 있는데 모두 명연으로 평가받고 있다.

피아노 : 클라라 하스킬(Clara Haskil)
지휘 : 이고르 마르케비치(Igor Markevitch)
콩셰르 라무뢰 관현악단(Concerts Lamoureux)
1960년 녹음

음악치료에 적용되는 추천 클래식 음악 • 15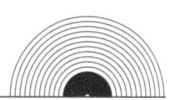

그리그 『피아노 협주곡』, 『관현악곡』
Piano concerto in a minor Op.16
"Peer Gynt" Suite No.1, Op.46

피아노 협주곡

그리그는 자신이 피아니스트로 활약했던 점도 있어 피아노 작품에는 현재도 많은 피아니스트들에게 사랑받고 있는 작품이 많다. 그 중에서도 걸출한 작품이 **피아노 협주곡 가단조**. 그리그는 북유럽의 애수를 띤 서정성이 전체를 감싸고 있는 이 협주곡을 코펜하겐의 교외에 위치한 Sollerod에서 작곡하였다. 후에 리스트에게 극찬을 받고서 그리그는 크게 자신감을 높였다.

그리그는 도시를 떠나 가족들과 함께 하며 정신적으로 풍요롭고 여유로운 마음으로 작곡에 몰두할 수 있었을 것이다. 이 작품은 우미함 속에 싱싱한 생명력이 살아 숨 쉬고 있어 아주 기분이 좋게 느껴진다.

제1악장은 팀파니의 트릴(trill)이 계속되다 갑자기 피아노가 카덴차(cadenza)를 연주하는 인상적인 오프닝을 가진다. 제1주제는 슈만의 협주곡과의 유사성이 종종 지적되지만 이것은 어디까지나 노르웨이적인 주제로 애수로 가득 찬 제2주제와 함께 그리그만의 특징이 흘러넘친다.

제2악장은 고전적인 아다지오(Adagio) 악장이 아니라 아다지오의 템포로 연주되는 환상적인 간주곡으로 소박한 향토색이 드러난다.

제3악장은 노르웨이의 민족적인 무곡풍의 주제가 피아노로 제시되고 오케스트라가 이를 이어나간다.

그 사이 피아노는 분산 화음을 반복한다. 마지막은 오케스트라가 광란의 무곡을 연주하며 장엄한 클라이맥스를 맞이한다. 다른 피아노 작품으로는 피아노 협주곡과 마찬가지로 20대 시절에 작곡한 **피아노 소나타 마단조**가 있다. 라이프치히에서의 유학을 끝내고 코펜하겐으로 돌아온 그리는 청년 작곡가 노르드라크(Rikard Nord-

제2장 음악치료에서의 소리

raak)와 만나게 된다. 그의 영향을 받아 노르웨이의 국민주의를 지향하게 되어 이 소나타를 탄생시키게 된다. 소나타라고는 하나 매우 자유로운 형식으로 만들어져 온화하고 아름다운 가요적인 작품이다.

인기가 높은 '서정소곡집'

그리그의 피아노 작품 중에서 가장 인기가 높은 '서정소곡집'은 그때그때 피아노 소품곡을 써두고, 몇 곡씩 모아 정리하여 출판한 것이다.

니나와 결혼한 1867년경에 쓰기 시작하여 이후 40년에 가까운 세월에 걸쳐 계속 써 나가 제10집 66곡으로 구성된다. 이들은 그리그의 인생의 일기와도 같은 스타일을 가지며 나날이 일어났던 일이나 주위 사람들의 모습, 자연, 행사, 풍물 등이 음악으로 스케치하듯 묘사되어 있다.

'아리에타(arietta)', '나비', '봄에 부침', '난장이의 행진', '야상곡', '집으로 가는', '트롤하우겐에서의 결혼식' 등이 포함된다.

그리그가 인생의 위기를 맞았을 때 썼던 어둡고 우울한 기분이 지배적인 '노르웨이 민요에 의한 변주곡 형식의 발라드'는 많은 피아니스트들이 어려운 곡으로 꼽는 작품이다. 이것은 노르웨이의 작곡가, 민요 수집가인 L. Lindemann이 모은 화성이 달린 발드레스(Valdres) 지방의 민요를 주제로 이용한 변주곡이다.

주제가 분산화음의 다용, 카덴차 풍의 패시지(경과구), 3연속 음표 및 16분 음표의 세밀한 움직임, 또렷한 리듬 등에 의해 거듭 표정을 바꿔간다. 코다는 극적인 고조를 보여주고 마침내 온화한 피날레를 맞이한다.

『피아노 협주곡』
피아노 : 짐머만
지휘 : 카라얀
베를린 필
(유니버설)UCCG-70019

『서정소곡집』
'아리에타',
'자장가', '나비'
피아노 : 에밀 길렐스
(유니버설)UCCG-4612

관현악곡

그리그의 대표작으로 불리는 관현악곡 '페르 귄트(Peer Gynt)'는 문호(文豪) 입센(Henrik Johan Ibsen, 1828~1906)이 1867년에 발표한 동명 희곡의 부수음악으로서 작곡된 것으로 75년에 완성하였다.

페르 귄트 Peter Nicolai Arbo (1831~1892) 작품

스토리는 노르웨이의 옛 전설을 토대로 하고 있고 공상가로 걸핏하면 싸우려 들고 자기자랑이 심한 페르 귄트의 모험을 그린 이야기이다. 초연 당시에는 30곡 이상의 곡이 포함되어 있었다고 하는데 후에 개정이 이루어져 정리되었다. 그 후 1888년에는 제1조곡이, 1891년에는 제2조곡이 작곡자가 직접 편곡하여, 현재는 극의 부수음악으로서가 아닌 조곡으로서 연주되는 기회가 더 많다.

제1조곡은 상실감을 안고 모로코에 표착한 페르가 해안가에서 맞는 상쾌하고 시원한 아침의 기분을 묘사한 '아침'(원제 '아침의 기분')으로 시작되고 플루트의 맑은 주제가 인상적이다. 페르가 (임종을) 지키는 가운데 어머니 오제가 죽는 '오제의 죽음'은 약음기를 붙인 현악기가 슬프게 연주된다. 이어 베두인(Bedouin)족의 딸 아니트라가 페르를 유혹하는 장면에 연주되는 요염하고 이국적인 정서가 넘치는 무곡 '아니트라의 춤'은 현악합주에 트라이앵글이 더해진다. 마지막은 약탈한 신부 잉그리트에게도 질려 페르가 홀로 산속을 헤매며 마왕의 부하에게 몰리는 '산속 마왕의 궁전에서'로 막이 마무리된다. 괴기스러운 요괴의 춤의 주제가 콘트라베이스로 표현되며 이윽고 격렬한 클라이맥스를 구축한다.

제2조곡은 잉그리트의 비통한 외침에 의한 '신부의 약탈 – 잉그리트의 탄식'으로 시작된다. 예언자를 가장한 페르가, 아라비아 미녀들의 춤으로 환대를 받는 '아라비

아의 춤'은 이국적인 동양의 무곡이 전편을 장식한다. 바그너의 '방황하는 네덜란드인'을 연상시키는 격렬한 음악의 '페르 귄트의 귀향 – 해안에서의 폭풍의 밤'가 강주 화음으로 연주되고, 마지막은 목관악기가 태풍이 지나간 후의 정숙을 표현한다. 음악은 페르가 돌아오기를 손꼽아 기다리는 연인 솔베이그가 노래하는 '솔베이그의 노래'로 이야기를 마친다. 페르는 늙은 솔베이그의 무릎에 얼굴을 묻고 편안한 자장가를 들으며 숨을 거둔다.

그 외의 관악기곡으로는 '리카르 노르드라크를 위한 장송행진곡', '9개의 노래'(작품 18의 4), '가을의 폭풍'을 관현악 편곡한 서곡 '가을에', 조곡 '십자군 병사 지구르', 피아노 연탄용 무곡으로부터 편곡된 '4개의 노르웨이 무곡' 등이 있다.

한편, 연주되는 기회가 많은 작품으로는 조곡 '홀베어의 시대(Fra Holbergs Tid)'. 노르웨이 및 덴마크 문학의 시조인 루드비그 홀베어(Ludvig Holberg)의 탄생 200년제를 기념하기 위해 만들어진 피아노곡으로 1884년에 작곡되었다. 이 작품은 다음 해에 현악합주용으로 편곡되었다. 그리그는 홀베어를 매우 숭배하여 그의 시를 오랫동안 애독(愛讀)하고 있었다. 그 경애하는 마음이 작품에 투영되어 있다.

조곡은 '전주곡', '사라반드(Sarabande)', '가보트(Gavotte)', '아리아', '리고동(Rigaudon)'의 5곡으로 구성되며 홀베어가 살았던 시대의 양식을 상징하는 바로크풍의 우아한 무곡집으로 되어 있다.

그리그, 극음악 『페르귄트』
지휘 : 파보 야르비
에스토니아 국립교향악단
(Warner)WPCS-12996

그리그, 극음악 『페르귄트』 제1조곡, 제2조곡 외
지휘 : 헤르베르트 폰 카라얀
베를린 필하모니 오케스트라
(유니버설)UCCG-5238

그리그의 생애

에드바르드 그리그는 1843년 6월 15일, 노르웨이 제2의 도시 베르겐(Bergen)에 해산물 가게의 아들로 태어났다. 스칸디나비아 반도의 서쪽을 차지하는 이 나라에서는 인구의 대부분이 남서부 해안의 피오르드 지대에 집중되어 있고 베르겐은 그 중심도시이다.

그리그의 부친은 상인이면서 영사(領事)를 역임한 적이 있는 교양인이고 모친은 피아니스트였다. 그녀는 집에 베르겐의 음악애호가들을

에드바르드 그리그
(Edvard Hagerup Grieg)

초대해 매주 콘서트를 열었기 때문에 어린 그리그는 그 풍요로운 음악환경 속에서 피아노와 친숙해져 12세부터 곡도 쓰기 시작했다.

1858년, 15세의 그는 라이프치히 음악원에서 유학을 했다. 수업에서는 그다지 얻을 만한 것이 없었지만 오페라나 콘서트를 감상하러 다녔던 것은 수확이었다. 그가 매료된 피아니스트는 클라라 슈만(Clara Schumann)이었다. 졸업 후 1863년부터 3년간 그는 덴마크의 코펜하겐에 살면서 닐스 가데에게 사숙(私淑)하였다.

1867년에는 2살 연하의 사촌 누이동생이자 그의 많은 가곡의 초연자가 되는 소프라노 가수인 니나 하게 루프(Nina Hagerup)와 결혼한다.

그리그의 출세작이 된 피아노 협주곡 가단조는 결혼한 다음 해인 1868년, 신혼의 달콤한 기분 속에서 작곡되었다. 이듬해, 로마에 리스트를 찾아간 그리그는 이 곡을 지참하여 거장의 평을 청한다. 그러자 59세의 리스트는 처음 보는 악보를 곧장 연주하며 젊은 그리그를 극찬해 주었다.

그 무렵 그는 크리스티아니아(Christiania, 현 오슬로)의 필하모니협회의 지휘자뿐 아니라 크리스티아니아 음악원의 부원장도 역임했었다. 한동안은 여러 가지로 바쁜 생활이 계속되었지만, 1874년에 국가로부터 종신연금을 받게 된 것을 계기로 고향 베르겐으로 돌아와 작곡에 전념하게 되었다.

그 최초의 큰 결실이 1875년에 완성한 극음악 '페르 귄트(Peer Gynt)'이다. 몽상

가 청년 페르가 파란만장한 모험 끝에 무일푼이 되어 고향으로 돌아와 그를 계속 기다리던 늙은 연인의 무릎을 베고 죽어간다는 스토리인 이 희곡은 노르웨이의 문호 입센(Henrik Ibsen)이 67년에 발표하였다.

입센은 그리그의 재능에 흠뻑 빠져 전부터 그에게 극음악의 작곡을 의뢰하고 있었다. 그리그는 입센의 기대에 부응하여 30여 곡에 이르는 부수음악을 작곡하였다. 크리스티아니아의 국민극장에서 초연된 이 희곡은 대호평을 받았다.

1884년, 그리그는 베르겐 교외의 트롤하우젠(Troldhaugen)에 집을 지어 이사하고 평생 이 집에서 작곡에 전념한다.

모국 노르웨이의 자연과 풍물을 진심으로 사랑한 그는 평생 때때로 그들의 인상이나 자신의 심상 풍경을 소품 피아노곡의 형태로 작곡하였다. 66곡에 이르는 이 소품곡은 몇 곡씩 묶어 『서정소곡집』으로서 순차적으로 출판되어 갔다. 거기에는 '북유럽의 쇼팽'이라 불렸던 그의 서정성이 녹아 있다.

젊었을 때 늑막염을 앓았던 그리그는 만년, 왼쪽 폐가 거의 기능하지 못할 정도까지 되었다. 1907년 봄, 베를린과 킬(Kiel)에 연주여행을 떠난 그는 귀국 후 호흡부전과 위의 부조(不調)로 몸져누웠다. 그런데도 또 9월 런던으로 연주여행에 나서기 위해 베르겐의 항구를 향하던 도중 그는 호흡부전을 일으킨다. 그리고 그대로 64세의 생애를 마감했다.

음악치료에 적용되는 추천 클래식 음악 · 16

쇼팽 『피아노 협주곡 1번』
Piano Concerto No.1 in e minor, Op.11

피아노의 순수한 음색을 살려내어 '피아노의 시인'이라는 별명을 가진 쇼팽에게는 2곡의 피아노 협주곡이 있는데, 두 곡 모두 19~20세의 어린 나이에 작곡된 작품이다. 제1번의 작품번호는 11번으로 되어 있지만 피아노 협주곡 제2번이 먼저 완성되었고 제1번이 오히려 두 번째로 작곡되었다. 이 곡은 쇼팽이 그가 평생을 두고 그리워한 고향 폴란드를 떠나기 두 달 전인 1803년 9월에 완성되었다.

초연은 같은 해 쇼팽 자신의 연주로 이루어졌는데, 이 공연은 그의 첫사랑 그라도코프스카에 대한 고별 연주이기도 했다. '피아노의 시인'이라는 작곡가의 별명답게 두 곡 모두 피아노 솔로파트는 역시 쇼팽다운 눈부신 피아노 작법이 매력적이다.

이 작품은 피아노의 순수한 음색을 살려 생명을 불어넣은 쇼팽의 명작으로 생명력과 피아노를 종횡하는 탁월한 기법을 유감없이 발휘하고 있다.

제1악장 Allegro maestoso : 전통적인 협주곡풍의 소나타 형식으로 관현악이 포르테로 곧바로 힘찬 제1주제를 제시한다. 감수성이 풍부한 쇼팽에게서는 찾아보기 힘든 당당한 기백이 나타나는 악장이다. 피아노는 고난이도 테크닉이 발휘되며 빛나는 악구를 세차게 쌓는다.

제2악장 Romance – Larghetto : 쇼팽 자신은 이 악장에 대해 '이를 테면 아름다운 봄날의 달 밝은 밤'과 같은 인상을 불러일으키려 했다고 친구에게 써 보냈다. 약음기를 단 바이올린이 여리게 도입하고, 계속해서 피아노가 칸타빌레의 아름다운 주제를 노래한다. 이 주제도 2개 부분으로 되어 있고 후반은 피아노의 기교로 장식된다.

제3악장 Rondo – Vivace : 발랄하고 힘차지만 우아한 론도 악장으로 피아노의 기교가 찬란하게 빛나는 악장이다. 제2악장에서 중단 없이 아타카로 이어진다. 투티에 의한 서주를 받아서 피아노가 스케르찬도로 연주하는 민속음악풍의 발랄한 론도 선율이 이어진다.

프레데리크 쇼팽(Frédéric François Chopin)

39년이라는 짧은 생애로 거의 피아노곡 밖에 작곡하지 않았고, 게다가 20세에 바르샤바를 떠난 이래 한 번도 돌아가지 않은 쇼팽이 바르샤바의 브랜드를 혼자 떠맡을 수 있는 것일까. 쇼팽의 주요 작품의 대부분은 인생 후반의 18년간을 보낸 파리에서 작곡되었으며 때문에 쇼팽을 프랑스인이라 생각하는 사람도 많다. 실제로 쇼팽의 아버지는 프랑스인으로 쇼팽이라는 성(性)의 느낌도 프랑스적이다.

쇼팽은 이름에서 보면 역시 폴란드 사람 같지 않다. 그러나 쇼팽의 마음은 항상 조국 폴란드에 있었다는 것을 애국심이 강한 폴란드인들은 의심치 않는다. 실제로 쇼팽은 파리에서도 폴로네즈와 마주르카 등의 민족 무곡을 다수 작곡하였으며, 마지막 콘서트도 폴란드 난민을 위한 자선 연주회였다. 또 유언에 따라 쇼팽의 누나가 쇼팽의 심장을 폴란드에 가지고 돌아왔기 때문에 물리적으로도 쇼팽의 "마음"은 조국에 틀림없이 존재한다. 제2차 세계대전 중에는 폴란드인의 애국심을 불러일으키는 위험한 존재라 해서 나치는 쇼팽의 곡을 연주하는 것을 금지시켰다. 유명한 와지엥키 공원(Park Łazienkowski)의 쇼팽 동상도 애국심의 상징으로 치부하여 어느 조각상보다도 먼저 파괴되었다. 나치가 이토록 강하게 경계한 것을 봐도 알 수 있듯이 쇼팽은 폴란드인들에게 진심으로 사랑받는 존재이다.

1810년 태생의 쇼팽은 2010년에 탄생 200주년을 맞이했다. 이 기회를 바르샤바가 놓칠 리 없었다. 쇼팽의 탄생일에 성대한 세리머니를 열었을 뿐만 아니라 "쇼팽 벤치"라는 관광 코스를 신설하였다.

쇼팽 연고의 지점에 검은 돌로 만든 벤치가 설치되어, 버튼을 누르면 쇼팽의 곡이 흘러나오도록 되어 있다. 보드에 쓰인 해설을 읽거나 인터넷으로 배포되고 있는 오디오 가이드를 열어 쇼팽의 연고지를 산책할 수 있도록 되어 있다.

이미 대도시인 바르샤바이지만 마치 쇼팽으로 도시를 부흥시키고자 하는 기세이다. 쇼팽 벤치는 15개소에나 설치되어 있기 때문에 바르샤바를 거닐다 보면, 싫든 좋든 쇼팽 벤치를 몇 번이나 보게 된다.

바르샤바에 연고가 있는 세계적인 인물은 쇼팽뿐만이 아니다. 여성으로는 처음으로 노벨상을 수상하고 또 혼자 두 번이나 노벨상을 수상한 최초의 인물인 퀴리 부인도 있다. 퀴리 부인은 바르샤바에서 태어나 23세에 파리로 떠나기까지 바르샤바에서 교육을 받았다. 구시가에서 가까운 퀴리 부인의 생가도 박물관으로서 공개되고 있다. 물리와 화학 분야에서 혁신적인 발견을 해 여성 최초를 차례로 달성하여 여성의 사회적 지위를 향상시키고 교육에도 힘을 쏟은 퀴리 부인의 공적은 "위인(偉人)"이라 불리기에 어울릴 정도로 크다.

8살에 쇼팽이 처음 연주회를 한 라지비우(Radziwiłł) 궁전 및 쇼팽이 다녔던 음악학교 터, 쇼팽 일가가 살았던 차프스키(Czapski) 궁전, 쇼팽이 피아노 협주곡을 초연한 국립극장이 있던 크라신스키 광장(Krasinski Square) 등이 쇼팽 벤치의 설치 장소로 되어 있다. 어느 쇼팽 벤치든 바르샤바 중심가 부근에 있어 쇼팽 연고지와 함께 구시가까지 발길을 옮기는 것만으로 바르샤바의 주요 경치를 거의 망라할 수 있게 된다. 쇼팽 벤치 설치 장소 중 하나인 비즈트키교회는 제2차 세계대전으로 인한 파괴를 기적적으로 면한 교회로 쇼팽이 15살에 이곳의 오르간 연주를 맡은 적이 있었다. 쇼팽이 넋을 잃고 오르간의 즉흥연주에 빠진 바람에 사제가 미사를 속행할 수 없어 연주를 저지당했다는 에피소드가 있다.

작곡가의 연고지로서 가장 먼저 떠오르는 것은 그 작곡가가 태어난 생가가 아닐까. 안타깝게도 바르샤바에는 쇼팽의 생가가 없다. 쇼팽이 태어나고 생후 7개월에 바르샤바로 옮기기 전까지 보낸 것은 바르샤바에서 55㎞ 정도 떨어진 젤라조바 볼라(Żelazowa Wola)라는 마을로 그곳에는 생가를 복원한 박물관이 있다. 또 쇼팽의 무덤도 바르샤바에는 없다. 쇼팽은 인생 후반을 파리에서 보냈기 때문에 파리의 페르 라 셰즈(Cimetière du Père-Lachaise)묘지에 묘가 있다. 삶과 죽음이라는 인생의 가장 중요한 국면에서 자리를 지키지 못했던 바르샤바이지만 어쨌든 쇼팽의 일생에서 가장 오랜 기간을 보내고 쇼팽의 재능의 토대가 완성된 장소임은 틀림없다.

쇼팽이 세상을 떠난 후 심장만은 바르샤바에 귀환하여 현재는 바르샤바의 성 십자가교회에 안치되어 있다. 성 십자가교회는 일국의 수도에 있는 대표적인 교회라고는 생각이 들지 않을 정도로 그 지역의 소박함이 느껴지는 교회이다. 교회 근처를 지나갈 때, 교회 안에서는 미사와 결혼식 등의 식전이 열리고 있는 것이 보인다. 언제나 교회 안은 사람들이 많고 참회실 앞에 줄을 서서 기다리는 사람도 볼 수 있다.

프레데리크 쇼팽(Frédéric François Chopin) 박물관

쇼팽과 관계가 있는 장소를 찾아가 보면, 쇼팽이 경제적으로도 유복한 환경에서 자라 부모로부터 두터운 교육과 애정을 받았다는 것을 알 수 있다. 그러나 당시 바르샤바는 러시아에 의해 지배받고 있어서 언론의 자유조차 속박 받을 정도의 압제를 받고 있었다. 쇼팽도 드나들었던 Miodowa 거리의 카페에는 항상 러시아로부터 스파이가 파송되어 반러시아적인 언동을 감시하고 있었다.

쇼팽이 바르샤바를 떠나고 얼마 후에 일어난 11월 봉기에서는 폴란드가 러시아의 지배에 대해 무장반란을 시도했지만 결국에는 러시아군에 의해 진압되었다. 동시기에 쇼팽이 작곡한 '혁명'의 에튀드는 조국에서 일어난 이 사건을 알게 된 쇼팽의 감정이 녹아 있다. 불안정하고 긴장감이 있는 시대의 복잡한 상황이 섬세하고 정열적인 작곡가 쇼팽을 낳은 원인 중 하나가 되었을지도 모른다.

폴란드를 대표하는 오케스트라인 바르샤바 국립 필하모니 오케스트라는 전쟁에서 입은 상처와 그 후의 재건을 상징하는 존재이다. 1901년에 설립된 교향악단은 파데레프스키(Paderewski)의 피아노 연주와 함께 개관하여 그 후에도 그리그 및 프로코피예프(Prokofiev), 라흐마니노프(Rakhmaninov), 라벨, R. 슈트라우스, 스트라빈스키, 클렘페러(Klemperer), 호로비츠(Horowitz) 등 쟁쟁한 음악가들과 연주하는 초일류 오케스트라로 급성장했다. 그러나 제2차 세계대전으로 인해 활동이 저해되었고, 또 71명의 오케스트라 멤버 중 절반 이상인 39명 이상이나 되는 사람이 생명을 잃게 되었다. 오케스트라와 동시에 설립된 콘서트홀도 파괴되어 전쟁 후 한동안은 연주할 장소조차 잃어버렸지만 견실히 활동을 계속 이어나갔다.

전후 10년이 된 1955년에 마침내 홀이 재건됨과 동시에 "국립"이라는 칭호를 얻게 됨으로써 정식으로 나라를 대표하는 오케스트라임을 인정받았다. 전쟁 전만큼은 아니더라도 현재는 세계적인 오케스트라로서의 지위를 확실히 되찾고 있다.

와지엥키 공원(Park Łazienkowski)의 쇼팽 조각상과 야외 콘서트

쇼팽 연고지 순례의 정점이 되는 것은 와지엥키공원에 있는 쇼팽 조각상이다. 중심가보다 남쪽으로 걸어서 20~30분 정도 떨어진 한적한 장소로 바르샤바 최대의 공원인 와지엥키 공원이다. 바르샤바가 유럽의 각 도시에 비해 특히 충실하다고 말할 수 있는 것이 공원의 풍부함이

와지엥키 공원의 프레데릭 쇼팽 조각상

다. 쇼팽 조각상으로 유명한 와지엥키 공원에는 광대한 부지 내에 별궁과 연못 등 다양한 경치가 있고 구석구석까지 깔끔하게 정비되어 있어 산책하기에 좋다.

나치에 의해 1940년에 파괴된 후 1958년에 오리지널로 충실히 재현된 쇼팽 조각상이 원래의 장소로 복귀했다. 실제로 보면 상상했던 것보다 훨씬 큰 이 조각상의 기슭에 여름이 되면 피아노가 설치되어 무료 야외 피아노콘서트가 열린다. 쇼팽 조각상의 앞에 있는 연못을 둘러싸는 듯한 형태로 많은 관광객과 현지 사람들이 모여든다. 매회 다른 피아니스트가 초청되어 쇼팽이 큰 귀를 기울이는 바로 옆 피아노에서 연주를 펼친다.

쇼팽의 영원한 연인 – 조르주 상드

조르주 상드를 후대에 널리 알린 것은 극작가 알프레드 드 뮈세 같은 당대 최고 예술가들과의 스캔들이었다. 특히 상드는 쇼팽의 연인으로 유명하다. 상드는 몸이 약한 쇼팽을 어머니와 같은 헌신적인 사랑으로 보살폈다. 둘은 10년 가까이 함께했

고 그 기간 쇼팽은 걸작을 남겼다. 쇼팽은 상드와 헤어지고 2년 뒤 세상을 떠났다.

"언젠가 이 세상은 나를 알게 되고 이해하게 될 것이다.
그렇지만 그런 날이 오지 않는다고 해도
크게 상관할 일은 아니다.
다른 여성들을 위해 길을 열어줄 뿐이다."

시대를 앞서간 자유연애주의자
조르주 상드
(프랑스, 1804~1876)

귀족가문에서 태어난 개성 강한 여자아이

19세기 동시대 다른 여성 예술가들처럼 비극적인 말로를 맞이하지 않았지만, 그녀는 자유분방한 사고와 행동으로 시대를 앞서간 여류 소설가였다. 본명이 '오로르 뒤팽'인 조르주 상드는 폴란드 왕가의 혈통인 아버지와 서민 출신인 어머니 사이에서 외딸로 태어났다. 그러나 네 살 때 아버지를 여읜 그녀를 실질적으로 양육한 사람은 할머니였다. 엄격하고 보수적인 할머니는 손녀를 수녀원이 운영하는 기숙학교로 보냈다.

할머니가 돌아가신 후 상드는 남작과 결혼했는데, 기질적으로 모험심이 강하고 자유분방한 그녀에게는 기숙학교생활도, 결혼생활도 지루하고 답답할 뿐이었다. 그러던 중 남편의 불륜을 계기로 상드는 마침내 알을 깨고 나온다. 자신을 감추려 필명을 사용해 작가로 데뷔한 것이다. 당시 대담한 필력을 보인 그녀를 여성이라고 생각한 독자는 없었다.

1842년작
〈콩쉬엘로〉

1842년작
〈콩쉬엘로〉

남장(男裝)을 즐긴 여류 소설가

상드는 당대 최고의 예술가들과 자유롭게 교류하며 작품 세계를 넓혀나갔다. 아버지와 할머니가 물려준 대저택은 예술가들의 아지트가 됐다. 그녀는 남장을 즐겼으며 여성에게 금지된 공개 흡연을 서슴지 않아 극렬한 비난과 지지를 동시에 받았다. 사람들은 관습에 반하는 그녀의 행동을 자유연애주의 사상과 함께 그녀의 문학적 성취를 평가 절하하는 도구로 삼았다. 100편이 넘는 소설 중 남아있는 작품이 그리 많지 않은 것도 이 때문이다. 상드의 소설들은 인간과 자연에 대한 애정을 기반으로 한 이상주의적이면서도 사실적인 묘사로 유명하다.

말년에는 더욱 원숙한 필치로 파리 상류사회의 연애사에 대해 쓰면서 세월에 퇴색하지 않는 낭만과 열정의 작가임을 보여주었다.

쇼팽의 어머니 같은 연인 조르주 상드

쇼팽과 유명 여류 작가였던 상드의 연애는 처음부터 순탄치 않았다. 쇼팽보다 여섯 살 연상인 상드는 남장을 즐기는 자유연애주의자였다. 많은 예술가와 교류하던 상드는 리스트의 아내에게 쇼팽을 소개받았다.

쇼팽(Chopin, 1810~1849)

그녀는 쇼팽의 심약한 분위기에 끌렸고, 쇼팽은 자신이 아플 때 극진히 보살펴주는 상드의 모성애에 반했다. 두 사람은 1838년 가을부터 마요르카 섬에서 동거를 시작했다. 선천적으로 몸이 약한 데다 예민했던 쇼팽은 상드의 보살핌 속에서 안정을 찾았고 이런 그에게 상드는 헌신했다. 이 시기에 프랑스 중부 노앙에 머물면서 쇼팽은 수많은 명곡을 작곡했다

'환상의 폴로네이즈', '강아지왈츠' 같은 밝은 분위기의 명곡도 이때 작곡한 것이다. 하지만 함께 지낸 지 9년 만에 둘은 헤어지고 만다. 그리고 2년 후 쇼팽은 건강이 악화되어 세상을 떠났다.

24개의 전주곡 중 15번

마요르카에서의 행복한 생활을 꿈꾸던 두 사람은 주위의 시선과 경제적 어려움으로 지쳐 있었다. 하루는 상드가 아이들과 외출하고 쇼팽 혼자 집에 남았다. 떨어지는 빗소리를 들으며 소팽은 상드를 떠올렸고 피아노 앞에 앉아 이 곡을 작곡했다. 왼손으로 반복하는 반주 음이 빗방울을 연상시켜서 '빗방울 전주곡'이라고도 부른다.

쇼팽, 피아노 협주곡 제1번, 제2번
피아노 : 랑랑
지휘 : 주빈 메타
빈 필하모니 오케스트라
(DG)4777449

라흐마니노프 『피아노 협주곡 제3번』
S. Rachmaninov
Piano Concerto No.3 in d minor Op.30

작곡가이자 피아니스트로 이미 이름을 날리고 있었던 라흐마니노프는 미국에서 피아니스트로 데뷔하기 위해서 이 곡을 만들었다. 작곡은 1909년 여름과 가을 사이, 이바노프카에 있는 별장에서 이루어졌다. 이 시기 라흐마니노프는 특정한 조성에 매료되어 있었는데, 그것은 바로 쓸쓸하고 우수에 젖은 정취가 느껴지는 d단조였다. 『피아노 협주곡 3번』을 비롯하여 비슷한 시기에 작곡된 첫 번째 피아노 소나타, 그리고 교향시 '죽음의 섬' 역시 같은 조성을 사용하고 있다.

이 작품의 초연은 1909년 11월 28일, 미국 뉴 시어터에서 발터 담로슈(Walter Damrosch, 1862~1950)가 지휘하는 뉴욕 필하모닉 오케스트라 그리고 라흐마니노프 본인의 피아노 미국 데뷔 연주로 이루어졌다. 7주 후 구스타프 말러의 지휘로 다시 연주가 되었을 때의 반응은 초연 때보다 훨씬 좋았다고 한다. 라흐마니노프는 연주자로서 미국에 성공적으로 데뷔하게 된 것이다. 덕분에 라흐마니노프에게는 연주회나 오케스트라의 지휘자 자리 등의 제안이 수없이 이어졌다.

호주 출신의 피아니스트 데이비드 헬프갓을 모델로 한 영화 〈샤인〉에서는 주인공이 영혼을 빼앗기다시피 한 곡, 주인공이 혼신의 힘을 다해 연주했던 곡으로 바로 이 곡이 등장한다. 영화 속에서 이 곡은 '미쳐야만 연주할 수 있다'라고 묘사되는데, 그만큼 극단적이고 난해한 기교를 요구하는 협주곡으로 악명이 높다. 아마도 이미 인정받은 연주자이자 작곡가이기는 했으나, 새로운 무대인 미국의 청중들을 단번에 휘어잡을 무언가가 필요했기 때문이었을 것이다.

라흐마니노프는 자신과 지속적으로 예술적 교류를 나누었던 피아니스트 요제프 호프만에게 이 곡을 헌정했는데, 가공할만한 비르투오지티 때문에 요제프 호프만조차 "나를 위한 곡이 아니다."라고 하며 이 곡을 공식적인 자리에서는 단 한 번도 연주하지 못하였을 정도이다. 당대에는 라흐마니노프를 제외하고 이 곡을 성공적으로 연주해 찬사를 받은 연주자는 블라디미르 호로비츠(Vladimir Horowitz) 정도가 있는데, 호로비츠는 1930년 이 곡을 처음 연주하였고 그 이후에도 여러 차례 연주하였다. 그의 연주를 들은 라흐마니노프는 "호로비츠가 협주곡을 삼켜버렸다."며 감탄했고 호로비츠와 만남을 가진 뒤에는 그의 조언을 받아들여 카덴차를 비롯하여 작품의 일부를 수정하기도 했다. 1960년대의 블라디미르 아쉬케나지를 필두로 하여 현대에는 다양한 연주자들이 이 대곡에 도전하고 훌륭히 소화해내고 있으며, 비르투오조 피아니스트들의 필수 레퍼토리로 자리 잡기도 하였다.

제1악장 : 알레그로 마 논 탄토(Allegro ma non tanto)

a단조로 시작하는 알레그로 마 논 탄토이다. 오케스트라의 서주부를 거쳐 d단조의 주제 선율이 피아노에서 제시된다. 이 주제는 체계적으로 발전하여 나중에 웅장하고 장엄한 힘과 에너지를 불출한다. 힘찬 진행은 변주곡 섹션을 지나 빠른 패시지에서 변주되어 최고에 다다르며 카덴차 부분으로 향하고 화려하면서도 장엄한 피아노 솔로 카덴차를 거쳐 다시 제1주제와 제2주제가 제시되고 악장이 끝난다.

제2악장 : 인테르메조(간주곡) 아다지오(Intermezzo: Adagio)

인테르메초 : 아다지오로, f#단조에서 시작된다. 오보를 통해 흘러나오는 서정적인 멜로디가 관현악부로 이어지며 이어서 불협화음으로 피아노 독주가 등장하고 독주와 협주로 섹션들을 이끌어 나가면서 3악장으로 이어진다. 장엄한 분위기의 느린 악장에서 라흐마니노프는 대담한 화성적 시도를 감행하였다.

제3악장 : 알라 브레베(Finale: Alla breve)

피날레는 두 번째 악장에서 아타키로 이어지는데 d단조의 알라 브레베로 시작된다. 이 곡을 '세상에서 가장 어려운 피아노 협주곡'이라고 불리게 할 만큼 이 악장에는 극단적인 기교가 집약되어 있다. 특히 피아노가 오케스트라를 주도하며 클라이맥스를 향해가는 후반부에서는 그 극적인 긴장감이 최고에 달한다.

제2악장과는 대조적으로 웅장한 오케스트라가 러시아의 축제는 생각하게 한다. 이는 비르투오조를 위한 찬가라고 말 할 수 있다. 웅대한 힘과 야성적 매력, 정교한 테크닉, 진한 서정성이 함께 하는 낭만주의 상상력의 최고점, 최절정을 나타내고 있다.

세르게이 라흐마니노프(S. Rachmaninov)

세르게이 라흐마니노프는 1873년 러시아 노브고로트의 일멘 호수 근처에 위치한 할아버지 소유의 영지인 오네그에서 태어났으며, 아버지는 퇴역 육군 장교였으며 어머니는 장군의 딸이었다. 이러한 가문 전통에 따라 소년 라흐마니노프는 육군 장교가 될 운명이었으나 그의 아버지는 무리한 투자로 가산을 모두 탕진하고 가족을 버렸다. 유명한 피아니스트이자 지휘자였던 사촌 알렉산드르 실로티는 그의 재능을 알아보고 모스크바에 있는 저명한 음악교사 겸 피아니스트인 니콜라이 즈베레프의 가르침을 받도록 권유했다.

음악사에 금세기 최고의 피아노 거장 가운데 한 사람이 등장할 수 있었던 것은 라흐마니노프를 엄격하게 훈련시킨 즈베레프 덕분이었다. 일반교양과 음악이론 공부를 위해 그는 상트페테르부르크 음악원과 모스크바 음악원에 입학했다.

19세에 음악원을 졸업했으며 졸업 당시 단막 오페라 '알레코 Aleko'(알렉산드르 푸슈킨의 시 '집시들'을 바탕으로 함)로 금상을 받았다. 작곡가와 연주회 피아니스트로서의 그의 명성과 인기는 전주곡 C#단조와 피아노 협주곡 2번에서 시작되었다. 다른 사람보다 유난히 큰 손을 가지고 있었던 그는 특히 피아노에 탁월한 재능을 보였고, 어려서부터 장래가 촉망되는 피아니스트로 이름을 날렸다. 피아노곡 작곡에도 흥미를 보여 17살 때부터 피아노 협주곡을 쓰기 시작했다.

1892년에는 푸시킨의 '집시들'을 바탕으로 작곡한 오페라 '알레코'를 교내 콩쿠르에 출품해 심사위원인 차이콥스키로부터 극찬을 들었다. 이 작품으로는 그는 1등의 영예와 함께 부상으로 피아노를 받는 영광을 누렸다.

1892년에는 피아노곡 '환상적 소품집 작품 3'을 발표하여, 일약 명성을 얻었다. 다음 해에는 오페라 '일레코'가 스승 차이콥스키의 주선으로 볼쇼이 극장에서 상연되었고, 그해 가장 존경하던 스승 차이콥스키가 급서하자 '위대한 예술가의 추억'이라는 피아노 3중주곡을 발표하였다.

초기에 주로 피아노 소품을 작곡하던 라흐마니노프는 23살 때인 1896년, 처음으로 교향곡 작곡에 도전했다. 그의 『교향곡 제1번(Symphony No.1 in D Minor Op.13)』은 1897년 상트페테르부르크 필하모닉 홀에서 글라주노프의 지휘로 초연되었다. 하지만 지휘를 맡은 글라주노프가 제대로 단원들을 연습시키지 않은 데다가 연주 당일 술에 취한 상태였기 때문에 초연은 참담한 실패로 끝났다.

이에 충격을 받은 라흐마니노프는 자신감을 잃고 심각한 우울증에 걸려 3년 동안 곡을 쓰지 못했다. 1900년, 치료를 맡은 모스크바의 정신병 전문의 니콜라이 달 박사가 사용한 요법은 최면술과 자기암시를 병용하는 일종의 정신병 치료법이었다. 라흐마니노프가 침대에 누우면 최면술을 걸고, 같은 말을 되풀이하여 자신감을 불어넣었다. "당신은 협주곡을 쓸 수 있다… 협주곡을 쓸 수 있다…. 작곡이 술술 된다… 작곡이 술술 된다… 멋진 협주곡이 된다… 멋진 협주곡이 된다…." 치료는 크게 효과를 보아 라흐마니노프의 병은 완치되었다.

1901년, 라흐마니노프는 오랜 침묵을 깨고 『피아노 협주곡 제2번(Piano Concerto No.2 in C minor Op.18)』을 자신의 연주로 초연했다. 결과는 대성공이었다. 이로써 그는 피아니스트이자 작곡가로서 확실한 입지를 다질 수 있었다. 피아니스트로 세계적인 명성을 떨치던 그는 1909년 멀리 미국까지 건너가 순회 연주회를 열었다. 이 무렵 『피아노 협주곡 제3번(Piano Concerto No.3 in D minor op.30)』을 완성해서 당대 최고의 피아니스트 블라디미르 호로비츠에게 헌정했으며, 호로비츠로부터 "이것이야말로 내가 바라던 바로 그 협주곡'이라는 찬사를 들었다.

그로부터 몇 년 후 러시아에 붉은 혁명이 일어났다. 대지주 출신인 라흐마니노프의 가족은 재산을 몰수당해 당장 의식주를 해결할 수 없는 처지에 놓였다. 그때 마침 스웨덴 왕자가 그를 초청했다. 1917년 12월, 그는 가족과 함께 러시아를 떠나 스웨덴으로 갔다. 그리고 이듬해 11월 미국으로 건너가 1919년 말부터 4개월 동안 총 40회의 연주를 했으며 이후 미국 땅에 정착했다. 비록 미국에 정착했지만 라흐마니노프는 죽을 때까지 러시아인으로 살았다. 러시아 비서, 러시아 요리사, 러시아 기사를 두고 러시아 정교를 굳게 믿었다. 흔히 미국은 여러 민족의 용광로라고 하지만 라흐마니노프는 문화적으로나 정서적으로 미국 사회의 일원이 되는 것을 거부했다.

비록 몸은 러시아를 떠났지만 영혼은 그대로 러시아에 두고 온 것이다. 그 때문인지 미국에 있는 동안 이렇다 할 작품을 쓰지 못했다. 1927년, 『피아노 협주곡 제4번(Piano Concerto No.4 in G minor Op.40)』을 발표했지만 그다지 좋은 평가를 받지 못했다. 그의 팬들은 불같은 열정의 새로운 협주곡을 원했지만, 고향을 떠나 영혼의 힘을 잃어버린 라흐마니노프는 더 이상 그런 곡을 쓸 수 없었다.

1930년, 러시아에 숙청의 피바람이 불기 시작했다. 스탈린은 죄 없는 사람들을 수없이 살해하고 예술가들을 탄압했다. 라흐마니노프는 〈뉴욕 타임스〉에 소련 정부를 비판하는 글을 발표했다. "러시아에 자유로운 예술은 없다. 오로지 억압받는 예술가가 있을 뿐이다. 그들은 직업적 살인자이다." 이 때문에 소련 전역에서 그의 작품에 대한 연주 금지 조치가 내려졌다. 이렇게 비록 고향에서는 홀대를 받았지만 그는 미국에서 엄청난 인기를 누렸다. 피아니스트이자 지휘자, 작곡가로 연주와 음반 녹음 등 눈코 뜰 새 없이 바쁜 나날을 보냈다.

1932년, 라흐마니노프는 건강을 회복하고 새로운 공기를 쐬기 위해 가족과 함께 스위스로 건너갔다. 여기서 '파가니니 주제에 의한 랩소디(Rhapsody on the theme of Paganini Op.43)'와 『교향곡 제3번(Symphony No.3 in A minor Op.44)』을 완성했다. 하지만 곧 제2차 세계대전이 일어나는 바람에 다시 미국으로 돌아왔다. 미국에서 그는 나치에 반대하는 운동을 위한 기금 모금 연주회에 참가했다.

1942년 초, 라흐마니노프는 흑색종이란 피부암에 걸렸다. 하지만 그럼에도 피아니스트로서의 활동을 계속했다. 그러다가 1943년 2월 17일의 연주를 마지막으로 무대를 떠났다. 그리고 그해 3월 28일, 70세를 일기로 세상을 떠났다.

라흐마니노프는 혁신적이거나 독창적인 작곡가는 아니다. 스크랴빈, 라벨, 버르토크와 같은 시대에 활동했으면서도 그의 음악에는 20세기 초 유행처럼 번졌던 전통의 파괴 같은 혁신성은 보이지 않는다.

자신이 피아니스트였기 때문인지 그의 중요 작품은 피아노에 집중되어 있다. 라흐마니노프의 피아노 작품은 피아니스트들에게 끊임없는 힘과 열정, 속도감과 긴장감을 동시에 요구한다. 초기 작품으로는 모스크바 음악원을 졸업할 당시에 작곡한 독주곡 '환상 소곡집'이 있으며, 피아노 협주곡 형식의 작품으로는 네 개의 피아노 협주곡과 '파가니니 주제에 의한 랩소디'가 있다.

이 중 가장 유명한 곡은 『피아노 협주곡 제2번』이다. 1899년부터 1901년 사이에 작곡된 이 곡은 러시아적인 우수와 로맨스를 한몸에 담고 있는 피아노 협주곡의 걸작으로 꼽힌다. 1악장은 피아노의 장중한 서주에 이어 매우 드라마틱한 제 1주제가 오케스트라에 의해 제시되고, 다음에 제 2주제가 피아노로 연주된다. 그리고 이 선율은 당당한 마에스토소의 발전부를 거쳐 재현부를 맞는다. 템포의 변화가 무쌍하며 카덴차가 없는 것이 특징이다. 2악장은 아주 느린 템포를 가진 아름다운 악장이다. 꿈같이 자유로운 형식의 환상곡으로 오케스트라의 취급이 풍부하고 다채롭다. 3악장은 빠른 템포의 눈부시게 강렬한 악장인데, 불규칙한 형식으로 이루어져 있다. 오케스트라가 서주를 연주하면 피아노가 중심 주제를 제시한다. 제2주제 선율은 오보에와 비올라로 시작되어 독주 피아노가 이어받는다. 주제 선율이 몇 차례 등장하는데, 나올 때마다 악상을 고조시켜 마지막에는 거의 폭발하듯 화려하고 장대하게 펼쳐진다.

피아노 협주곡 양식의 '파가니니 주제에 의한 랩소디'는 라흐마니노프가 피아니스트로 이름을 날리고 있을 무렵인 1934년, 스위스 루체른의 한 별장에서 작곡한 것이다. 유명한 파가니니의 '독주 바이올린을 위한 24개의 카프리스' 중에서 제24번의 멜로디를 주제로 작곡한 변주곡 형식의 랩소디로 『피아노 협주곡 제2번』과 함께 라흐마니노프의 작품 중에서 가장 자주 연주된다. 피아니스트의 작품답게 피아노의 다양성과 화려함을 한껏 돋보이게 하는 걸작이다. 변주곡은 모두 24개로 이루어져 있는데, 외형적으로는 변주곡의 형식을 취하고 있으나 단순한 변주곡에서 벗어나 주제 선율을 다양한 어법으로 채색함으로써 피아노의 모든 연주 기법을 두루 망라하고 있는 것이 특징이다. 서정적이고 로맨틱한 멜로디부터 고도의 기술을 요구하는 복잡한 패시지에 이르기까지 다양한 어법들이 등장하는데, 특히 제18변주의 낭만적인 멜로디는 영화의 주제 음악으로 쓰일 정도로 대중적인 인기를 얻고 있다.

관현악 작품으로는 세 개의 교향곡과 교향시 『죽음의 섬(The Isle of the Dead Op.29)』, 『교향곡 무곡(Symphonic Dance Op.45)』 등이 있다. 이 중 『교향곡 무곡』은 말년인 1940년에 작곡된 것이다. 모두 3개의 악장으로 이루어진 일종의 모음곡으로 춤곡의 형식을 빌린 연주회용 무곡이라고 할 수 있다. 1악장은 힘차고 리드미컬한 춤곡의 테마로 시작한다. 중간에 색소폰을 중심으로 한 관악기로 연주되는 러시아 민요 선율이 나오고 나중에 다시 리드미컬한 춤곡의 분위기로 돌아간다. 2악장은 3박자의 왈츠풍 리듬을 갖고 있지만 이는 춤곡의 형식을 갖추려는 암시적인 상징에 불과하다. 그리고 3악장 렌토의 서주로 시작되는 빠른 템포의 알레그로 비바체로 이어진다. 스케르초의 성격을 지닌 눈부신 춤곡으로 밤의 음산한 분위기를 연상케 한다. 마지막에 '진노의 날' 테마로 클라이맥스를 이룬다.

그 밖의 작품으로는 피아노곡 '쇼팽 주제에 의한 변주곡', 실내악 '슬픔의 3중주', '첼로 소나타', 20세때 모스크바 음악원 졸업 작품으로 쓴 환상곡 '바위', 오페라 '인색한 기사', '프란체스카 다 리미니', 가곡 '보칼리제' 등이 있다.

라흐마니노프의 피아노 소나타

라흐마니노프는 평생 2편의 피아노 소나타는 남겼는데, 두 작품 모두 부피가 커 협주곡이나 소품곡과 같은 자연스러움, 유려함은 결여되어 있다. 대(大) 피아니스트였던 라흐마니노프에게 있어 피아노, 특히 독주곡은 자신의 사상을 가장 웅변하게 표현할 수 있었다. 그러므로 너무 요설스럽다는 점과 교향곡을 만드는 것과 동질의 패기와 마음가짐으로 임하고 있기 때문에 벗인 스크랴빈이나 메트너(Nikolai Karlovich Medtner)의 새로움과는 일선을 그은 루빈스타인(Artur Rubinstein) 등 과거의 대가의 전통에 충실한 작품이 되었다.

제1번은 1907년 초부터 5월에 걸쳐 드레스덴에서 작곡되었다. 명작인 교향곡 제2번과 병행해서 만들어졌는데, 라흐나미노프의 작품 중에서는 유독 인기가 없는 작품이다. 이 소나타는 라흐마니노프가 직접 초연하지 않았던 거의 유일한 피아노곡으로 알려져 있다. 초연자 콘스탄틴 이굼노프(Konstantin Igumnov)의 말에 따르면, 괴테의 『파우스트』를 영감의 원천으로 하고 제1악장이 '파우스트', 제2악장이 '그레첸', 제3악장이 '브로켄산과 메피스토펠레'라고 라흐마니노프가 직접 말했다고 하는데, 묘사음악이 아니라서 문학적 요소도 없다.

한편, 피아노 소나타 제2번은 1913년 초부터 9월에 걸쳐 주로 이탈리아에서 작곡되었다. 합창교향곡 『종』과 함께 작곡되어, 같은 해 12월에 작곡자가 직접 모스크바에서 초연하였다. 그러나 청중 및 친구로부터의 나쁜 평판을 두려워 해, 1931년에 개정을 하였다. 그것은 오히려 해체로 각부를 잘게 자르고 두툼한 성부를 줄여 정리하였다. 그러나 본래 가지고 있던 좋은 면도 없애 버렸던 것에 라흐마니노프를 숭배하고 자식같은 존재였던 호로비츠도 난색을 표하며 허가를 받은 후 양 버전을 없앤 독자적인 버전으로 연주하여 보급에 힘썼다. 3악장으로 구성되지만 하나의 동기에서 전체적인 주제를 파생시키는 순환형식으로 볼 수 있다. 라흐마니노프가 깜짝 놀랄 만한 작곡 기술을 보여주고 있지만 그것을 탐닉하고 있는 감도 있다.

    라흐마니노프의 피아노 소나타 제2번은 녹음도 적지 않고 연주회 및 콩쿠르에서 연주되는 경우도 많다. 매우 어렵지만 피아니스트의 생리에 맞기 때문일까, 연주자에게는 대단히 매력적인 듯하다. 그러나 일반 음악팬에게 인기가 있다고는 말하기 어렵다. 라흐마니노프만의 매력적인 멜로디와 표정 풍부한 서정성을 기대한다면 허탕을 칠 것이다. 실제 이상의 길이감을 느끼고 숨도 쉴 수 없다. 그것은 제1번에서도 마찬가지이다.

라흐마니노프, 피아노 협주곡 제3번
지휘 : 블라디미르 아슈케나지
NHK 심포니 오케스트라
2015.7.2. 발매

음악치료에 적용되는 추천 클래식 음악 · 18

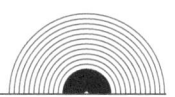

바흐 『골드베르크 변주곡』
Goldberg Variations G Major BWV988

편곡 능력이야말로 작곡가의 진정한 힘

　J. S. 바흐(Johann Sebastian Bach, 1685-1750년)의 『골드베르크 변주곡』은 처음에는 쳄발로를 위해 작곡된 곡으로 다 카포(da capo/반복)를 넣으면 1시간은 가볍게 넘기는 장대한 곡인데, 클래식 팬들에게는 매우 인기가 높은 곡으로 현재 매년 신인, 베테랑을 불문하고 많은 피아니스트 및 쳄발로 연주자들이 새로운 녹음을 내고 있다.

　변주곡이라는 것은 간단히 말하면 '주제를 어레인지(편곡) 한 곡'으로 사실 이 편곡 능력이야말로 작곡가의 진정한 힘을 측량할 수 있다 해도 과언이 아니다. 어린 베토벤이 모차르트가 흥얼거리는 주제를 듣고 즉석에서 피아노로 변주해서 깜짝 놀라게 했다는 유명한 전설이 있다.

　『골드베르크 변주곡』은 주제와 30개의 변주곡으로 구성되는데, 바흐의 변주는 상당히 대담한 것으로 처음 들으면 주제의 멜로디는 제1변주부터 거의 알아들을 수 없다. 사실 베이스의 주제(저음부)를 남기고 나머지는 자유분방하다고 해도 좋을 정도로 대담한 변주를 반복하고 있기 때문이다.

　바흐는 예로부터 유일한 대위법 작곡가로 동시대에 견줄 사람이 없는 건반 연주자였는데, 이 곡에서는 그 능력의 전부를 쏟아 붓고 있다. 대위법이란 다른 두 개 이상의 멜로디(성부)가 동시에 진행되는 음악이다.

　바흐의 건반 곡의 경우는 3개 혹은 4개의 다른 성부가 동시에 진행된다. 주제의 아리아는 부드럽게 말을 거는 듯한 곡이다. 지친 마음에 스며드는 힐링의 음악이다. 그것이 제1변주곡에서 갑자기 역동하는 듯한 곡이 된다. 계속해서 제2변주에서는 다시 명상하는 곡이 된다. 그리고 제3변주에서는 유니즌(unison)의 카논(Kanon ; 돌려 부르기)이 된다. 카논이란 엄격한 푸가(둔주곡)로 완전 동일한 멜로디가 어떤 간격을 두고 쫓아가는 곡이다.

참고로 제6, 9, 12, 15, 18, 21, 24, 27 변주, 즉 3배수의 변주곡에서는 모두 카논으로 되어 있는데, 제6변주에서는 2도, 제9변주에서는 3도, 제12변주에서는 4도와 같은 식으로 뒤따르는 멜로디가 한 번씩 최초의 멜로디가 들려온다. 그러므로 제24변주에서는 옥타브 떨어진 카논이 된다. 또 제15변주의 5도 카논은 '반행 카논'으로 되어 있고 이는 5도 떨어져 뒤따르는 멜로디가 최초의 멜로디를 뒤따라 연주되는 형태가 되고 있다. 이들 카논을 듣고 있는 것만으로 바흐의 무섭기까지 한 천재성을 알 수 있는데, 그 이외의 변주곡도 한숨이 새어나올 정도로 훌륭하다. 얼핏 평범하다고 생각될 수 있는 주제의 아리아가 만화경처럼 다양하게 변화해 가는 모습은 "음악'이 가지는 무한한 가능성을 보여주고 있는 것이다.

인벤션, 심포니아(symphonia), 푸겟타(Fughetta), 프랑스풍 서곡, 트리오 소나타, 더 많은 무곡이 있고, 여기에는 바흐의 건반음악의 모든 것이 있다. 그 중에는 곡예적인 기교를 필요하는 곡도 있어 바흐 자신이 유례가 드문 테크닉 소유자였다는 것을 엿볼 수 있다.

이 위대한 곡이 얼마나 정밀하게 만들어져 있는지 하나하나의 변주곡에 사용되고 있는 기법이 얼마나 놀라운 것인지에 대해서는 보다 전문적인 설명을 필요로 한다. 다만, 마지막인 제30변주, 이것은 '쿼들리벳(Quodlibet)'이라고 기록되어 있다. 쿼들리벳이란 라틴어로 '좋을 대로'를 뜻하는 말인데, 바흐 시대에 유행했던 음악 놀이로 여러 사람이 각각 다른 노래를 동시에 부르는 것이다. 음악 일가인 바흐家에서는 가족들끼리 자주 했었다고 전해지는데, 그는 『골드베르크 변주곡』의 마지막을 장식하는 변주곡으로 이 놀이를 도입한 것이다. 사용된 것은 당시의 민요 '오랫동안 만나지 못했군'과 '양배추와 순무'라는 노래이다. 그런데 바흐는 이 두 노래를 조합시켜 멋진 변주곡을 만들고 있다. 게다가 이들이 때로는 카논이 되고, 푸가가 되며, 베이스 주제에 맞춰 4성부로 연주되는 것이다. 바로 바흐의 대위법이 완성된 모습이다. 심지어 속요의 타이틀을 잘 보면 그곳에도 바흐의 장난 끼가 만재되어 있는 것을 알 수 있다. '오랫동안 만나지 못했군'이라는 가사는 이 이후에 돌아오는 아리아를 연상시키고 있다. 또 '양배추와 순무(무청)'의 가사 역시, 30곡의 변주곡으로 쫓기는 아리아의 기분을 대변(代辯)하고 있는 것 같다.

이름의 유래(由來)

『골드베르크 변주곡』의 안에는 작곡가나 연주가를 자극시키는 뭔가가 있는 것이다. 이 곡의 성립과 이름에는 유명한 전설이 있다. 이 곡은 불면증에 시달리던 어느 카이저링이라는 백작이 잠들지 못하는 밤을 보내기 위해 바흐에게 의뢰하여 만들었다는 것이다. 백작에게는 골드베르크라는 전속 쳄발로 연주자가 있었는데, 백작은 매일 밤, "골드베르크, 오늘 밤도 나의 변주곡을 들려 줘'라고 청하여 그것을 감상했다는 사실에서 그 이름이 붙여졌다고 전해진다. 카이저링 백작도 골드베르크도 모두 실존하는 인물이지만 이 이야기는 실화가 아님이 밝혀졌다.

굴드 명연의 쾌감

명곡이기 때문에 명연주는 셀 수 없을 정도로 많은데 이 곡에 관한한 역시 글렌 굴드(Glenn Gould)에 의한 2종류의 연주(1955년 음반, 1981년 음반)는 너무나 유명하다.

기행(奇行)이라 알려진 이 캐나다 출신의 천재 피아니스트는 1955년, 그때까지 일부 애호가에게만 알려져 있던 이 곡으로 강렬하게 데뷔하여 클래식 레코드로서는 이례적으로 대히트를 기록하였다. 뿐만 아니라『골드베르크 변주곡』을 일약 인기곡으로 만들었다. 그러한 의미에서도 이 연주는 레코드 역사상에 남을 명반이다. 반세기 이상이나 이전의 녹음으로 모노럴이지만 스타카토에 가까운 논 레가토(non legato)주법을 자주 이용하고 있고 심지어 초절기교로 연주된 이 연주는 지금 들어도 일종의 스포츠적인 쾌감을 느낄 수 있다. 또 굴드는 대위법을 부각시키는 것이 매우 뛰어난 피아니스트인데 그것이 여기에서 멋진 효과를 올리고 있다. 그는 최만년인 1980년에 같은 곡을 재녹음(스테레오)하였는데 이쪽은 철저하게 깊이 생각한 연주로 일부 되풀이(다 카포)를 하고 있다.

굴드 이후 훌륭한 명반이 계속해서 탄생하였는데 그 중에서 하나를 꼽자면, 안드라스 시프(Andras Schiff)를 들 수 있다. 굴드가『골드베르크 변주곡』의 재미를 추구한 연주라 한다면, 시프는 『골드베르크 변주곡』을 음악적으로 추구했다고 말할 수 있을지도 모른다.

현재 이 곡은 실로 많은 편곡 버전의 CD가 만들어져 있는데, 그 기선을 잡은 것은 바이올린 연주자 드미트리 시트코베츠스키(Dmitry Sitkovetsky)가 바이올린과 비올라, 첼로의 삼중주로 편곡한 연주이다. 이는 시트코베츠스키가 굴드의 음반을 듣고 감동을 받아 편곡 후 연주한 것으로 '글렌 굴드를 기리며'라는 말을 달고 있다. 원곡의 3개 혹은 4개의 성부로 구성하는 대위법을 3개의 현악기가 멋지게 표현하고 있다. 아니, 그때까지 1대의 쳄발로나 피아노 연주로는 들을 수 없었던 성부까지도 부각시키고 있다.

J. S. 바흐(Johann Sebastian Bach, 1685-1750)

클래식음악의 성지라 하면, 오스트리아의 빈이 가장 먼저 떠오른다. 빈이라고 하면 모차르트 및 베토벤, 슈베르트 등의 작곡가가 활동한 도시로 클래식음악에 있어서는 확실히 중요한 도시라 말할 수 있다. 그러나 19세기 낭만파 시대에는 빈과 쌍벽을 이룰 정도로 클래식 음악에 있어 중요한 도시가 독일 동부에 있었다. 전 세계의 음악가가 교향악단에서 성공을 거두기 위해서는 피할 수 없는 그 도시를 방문하고 있다.

그것은 "음악의 아버지"라 불리는 바흐가 최후 27년간을 보내면서 수난곡 및 미사곡 등의 대표적인 작품을 잇달아 작곡한 라이프치히라는 도시이다. 라이프치히에서는 바흐가 음악감독을 지낸 성 토마스 교회에서 정기적으로 종교음악 및 오르간곡의 연주뿐만 아니라 6월에는 도시 전체에서 100년 이상의 역사를 자랑하는 바흐 페스티벌이 개최되며 또 격년으로 바흐 콩쿠르도 실시된다.

바흐와 관련된 교회 및 궁전, 시청사 등 바흐와 관계있는 장소가 많다. 실로 바흐의 도시라 말할 수 있다. 그러나 라이프치히가 음악의 중심지가 된 19세기에 모인 음악가들은 18세기에 태어난 "음악의 아버지" 바흐의 구심력으로 모인 것은 아니었다. 18세기 라이프치히에서 음악의 발전에 바흐가 공헌한 것은 사실이지만, 19세기 당시에는 벌써 잊혀진 존재였다. 더구나 바흐가 1723년에 라이프치히에 오기 이전에 라이프치히에서는 이미 시민을 위한 음악문화가 성숙해 있었던 것이다.

시민을 위한 음악활동이 급속히 발전한 19세기에는 이 시대를 대표하는 수많은 작곡가가 라이프치히에서 시간을 보내고 있었다. 낭만파를 대표하는 작곡가 멘델스존은 세계 최고의 민간 오케스트라인 라이프치히 게반트하우스 관현악단의 악장을 지내면서 자작을 포함한 당시의 곡을 연주했을 뿐만 아니라 100년 정도 이전의 바흐 음악의 재발굴에도 몰두하고 세계 최초의 바흐 동상의 제작까지 추진했다.

작센왕국의 수도 드레스덴은 궁정이 있었기 때문에 왕후귀족이 주도해서 화려한 문화가 구축되었다. 한편 라이프치히는 시민이 도시를 발전시켰다. 중세시대부터 약 1000년은 계속되고 있다고 하는 견본시(見本市)를 비롯한 상업으로 발전하여 1409년에는 라이프치히대학이 설립되었고, 16세기 무렵부터는 출판과 인쇄 등도 성행했다.

드레스덴에서는 왕후귀족들이 선호하는 가극이 주요한 음악문화로서 번영하여, 오페라극장 젬퍼오퍼(Semper Oper)에서는 독일 오페라의 대가인 베버 및 바그너, 리하르트 슈트라우스 등이 주요 흔적을 남기고 있다. 라이프치히에서는 대조적으로 시민이 음악활동을 주도했기 때문에 일찍부터 수수한 음악문화가 뿌리내리고 있었다. 시민을 위한 음악의 전통은 오래되어 1212년에는 현재도 활동을 계속하고 있는 성 토마스 교회의 소년합창대가 설립되었다. 1479년에는 시의 식전 음악을 담당하는 음악대도 상설되었고, 1693년에는 유럽에서 3번째로 오래된 시립 오페라극장이 설립되었다. 1702년에는 텔레만이 시민악단 콜레기움 무지쿰(Collegium Musicum)을 설립하여 커피숍에서 시민을 위해 음악을 연주했다.

시민에 의한 음악활동이 활성화 했던 라이프치히에 1723년, 음악사에 있어 가장 중요한 음악가가 나타났다. 쾨텐의 궁정악장을 그만두고 라이프치히의 성 토마스 교회 음악감독에 취임하게 된 요한 세바스챤 바흐이다.

라이프치히의 여러 곳에서 활약한 바흐의 존재를 가장 강하게 느낄 수 있는 장소는 바흐가 음악활동의 주축으로 삼았던 성 토마스 교회이다. 교회 내부는 19세기 후반에 내장이 쇄신되어 버려 오르간을 포함해 바흐가 활동했던 당시의 모습은 없지만 후에 설치된 바흐의 스탠드글라스 및 바흐 오르간, 전후에 성 요한 교회로부터 이

전된 바흐의 묘, 남쪽 입구의 광장에 설치된 바흐의 조각상 등에서 바흐의 존재감을 물씬 느낄 수 있다. 이곳에서는 매주 칸타타 및 모테토가 연주되는 것 외에 바흐의 시대와 동일하게 성금요일이 되면 '수난곡', 크리스마스가 되면 '크리스마스 오라토리오'가 연주되고 있다.

성 토마스 교회와 함께 바흐의 활동 거점인 성 니콜라이 교회에서, 바흐는 '요한수난곡'과 '크리스마스 오라토리오'를 초연했을 뿐만 아니라, 가장 많은 칸타타를 연주했다. 1165년에 건조된 로마네스크 양식이 남은 낡은 외관과는 대조적으로 옅은 핑크색의 고급스러운 디자인이 꾸며진 내장은 숨을 삼킬 만큼 아름답다. 또한 성 니콜라이 교회는 베를린의 장벽 붕괴를 이끈 평화집회가 열린 장소로 동서 독일이 통일된 후에 라이프치히가 "영웅의 도시(英雄의 都市)"로 불리는 계기를 만든 교회이기도 하다. 성 토마스 교회의 남쪽에는 예전 바흐와 절친한 사이였던 부호인 보제(Bose) 가족이 살았던 바로크 양식의 건물이 있는데, 2010년부터 새로운 바흐 박물관의 건물로서 이용되고 있다.

피아노 : 안드라스 시프(Andras Schiff)
1982년 녹음

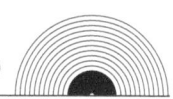

베토벤 『바이올린 협주곡』
Violin Concerto in D major, op.61

우미(優美)한 베토벤을 대표하는 곡

베토벤은 30대 초반 즈음부터, 돌연 엄청난 걸작을 잇달아 발표한다. 물론 그 이전부터 미래를 촉망받는 명곡을 여러 곡 썼고, 그 곡들은 지금도 인기곡이지만 중기 이후의 베토벤은 창조의 신이라도 내려 온 것처럼 예술가로서 대변혁을 고했다. 그때까지는 말하자면, 하이든이나 모차르트의 연장선상에 있었던 음악이 돌연 누구도 들어본 적이 없는 참신한 음악으로 변모한 것이다. 그 무렵 베토벤은 음악가에게 있어 가장 중요한 귓병을 앓아 급기야 자살을 생각할 정도까지 골몰한다. 그러나 죽음을 단념한 이후 마치 과혹한 운명에 맞서기라도 하는 듯이 격렬한 음악을 쓰기 시작한다. 그리고 중기(中期)를 대표하는 명곡이 잇달아 탄생되었다. 이 작품 군(群)을 가리켜 훗날 로맹 롤랑(Romain Rolland)이 '걸작의 숲'이라 이름 붙였다.

장대하면서도 웅장한 『에로이카』 교향곡, '운명'이라 불리는 『제5교향곡』, 피아노 소나타 중 가장 격렬한 '열정' 소나타, 4개의 현악기가 불꽃을 튀기는 '라즈모프스키 4중주곡' 등 이 무렵 그의 음악은 참으로 운명과 격투하는 듯한 곡이다. 그러나 그 한편으로 베토벤은 우미하고 섬세한 음악도 쓰고 있다. 『에로이카』에 이어 쓴 『제4교향곡』, 『운명』과 거의 동시기에 작곡한 『전원』 교향곡 등은 듣는 이를 위로하는 듯한 감미로운 곡이다. 완전 대극적인 음악을 쓸 수 있다는 그 자체가 베토벤의 스케일의 크기를 말해주는데, 『바이올린 협주곡』은 그런 우미한 베토벤을 대표하는 곡이다. 이 곡은 전곡(全曲)에 걸쳐 부드러움이 가득하다. 과연 이 곡이 그 베토벤의 작품인가 하고 생각이 들 정도이다.

앞서 우미한 곡의 대표로서 꼽았던 『제4교향곡』이나 『전원』만 보더라도 거기에는 역시 베토벤적인 투쟁이 포함되어 있다. 그런데 『바이올린 협주곡』만은 그러한 것이 일절 없다. 전곡에 걸쳐 행복감이 넘치고, 마치 화원에서 뛰어노는 듯한 느낌이다.

대체 이 시기에 베토벤에게 무슨 일이 일어난 것일까? 하고 누구나 생각할 것이 틀림없다.

베토벤이 이 곡을 만든 것은 36세 때로 이 무렵 그는 멋진 사랑을 하고 있었다. 상대는 9살 연하의 요제피네 폰 다임 백작 미망인이다. 요제피네는 결혼하기 전에는 베토벤의 피아노 제자였다. 젊어서 아버지의 뜻대로 20살 때, 27살이나 많은 다임 백작과 결혼했지만 그 결혼생활은 사랑이 없는 공허한 것이었다고 한다. 요제피네는 동생들에게 그것을 한탄하는 편지를 썼다. 그런데 다임 백작은 투기에 실패하여 급사한다. 요제피네는 24살에 미망인이 되었다. 4명의 아이를 품고 어찌할 바를 모르는 그녀 곁에 베토벤은 몇 번이고 찾아와 위로해 주었다. 그는 슬픔에 힘겨워 하는 친구들을 보면 아무 말도 하지 않고 진심을 담아 피아노를 연주해 주었는데, 아마 요제피네에게도 그러했을 것이다. 그리고 두 사람은 어느덧 사랑에 빠졌다.

두 사람의 관계가 어디까지 진행되었는지는 신(神)만이 알 수 있다. 그러나 현재 남겨진 다양한 증언이나 편지 등을 통해 두 사람은 분명 남녀 관계가 되었음을 추측할 수 있다. 1949년에 베토벤이 요제피네에게 보낸 편지가 대량으로 발견되었는데, 그것은 실로 열렬한 것으로 두 사람의 관계가 보통이 아니었음을 말해주고 있다.

『비창』을 소개했을 때도 언급한 적이 있지만 그는 속설에 따르면 매우 인기가 있었다. 많은 귀족 규수나 부인과 사랑을 했고 그 대부분은 성취했다. 단, 신분차이 때문에 혹은 사회적 혹은 윤리적 제약 때문에 그는 평생 결혼하지는 않았다.

오케스트라는 베토벤, 솔로 바이올린은 연인

『바이올린 협주곡』은 베토벤의 행복감이 가득 넘치고 있다. 거기에는 격렬한 투쟁도 없고, 운명에 대한 분노도 없다. 있는 것은 그저 만족스러운 기쁨뿐이다.

제1악장은 갑자기 청중의 의표를 찌른다. 어쩜 팀파니가 약음으로 4개의 음을 치는 부분부터 시작된다. 이는 기묘하게도 『운명』 교향곡 서두의 '운명동기'와 동일하다. 단, 다른 점은 『운명』은 알레그로에서 갑자기 격렬하게 포르테로 연주되는 데 반해, 『바이올린 협주곡』은 마치 연인의 어깨를 살짝 스치는 듯한 부드러운 소리로 시작된다. 그리고 이 4개의 음은 전곡을 통해 여러 번 등장한다.

주제는 우미한 멜로디이다. 마치 연인을 위해 노래하는 세레나데 같기도 하다. 여기에는 그 분노하는 사자 베토벤은 그 어디에도 없다. 사랑의 기쁨을 노래하고 있는 소년과 같은 모습이다. 또 베토벤 특유의 제1주제와 제2주제가 서로 충돌하면서 변증법적 발전을 이루는 수법도 취하지 않았다. 오로지 아름다운 멜로디가 전곡을 통해 흐른다. 그러나 결코 감미로움만 있는 곡은 아니다. 즐거움 속에서도 종종 애절한 멜로디가 얼굴을 내민다. 다만 그것은 결코 심각해지지는 않는다. 말하자면, 행복한 사랑 속에 있는 '쓸쓸한 애절함'이라고나 할까. 요컨대 전곡은 사랑에 취해 있는 곡인 셈이다.

제2악장은 마치 연인의 품에 안겨 잠들어 있는 듯한 곡이다. 그렇다. 베토벤은 꿈을 꾸고 있는 것이다. 바이올린이라는 악기는 여성적인 악기로 오케스트라에서는 종종 여성을 나타내는데 솔로로 이용되는 경우가 있다. 이 악장에서 베토벤은 마치 솔로 바이올린을 '연인'에 비유했다. 어쩌면 이 부드러운 멜로디는 사랑하는 요제피네의 말일지도 모른다. 곡은 제2악장의 끝부터 끊어짐 없이 마지막 악장(제3악장)에 돌입한다. 이 론도 악장에서 베토벤은 사랑의 기쁨을 폭발시킨다.

요제피네와 베토벤의 사랑은 축복받을 수 있는 사랑이 아니었다. 신분의 차이나 윤리상의 문제는 당시로서는 극복할 수 없는 커다란 장벽이었다. 결국 두 사람은 이 곡이 만들어진 다음 해에 이별하게 된다. 요제피네는 후에 어느 귀족과 재혼하는데 이 결혼도 불행하게 끝이 난다. 남편은 요제피네의 재산을 탕진하자 행방을 감춰버렸다. 빈곤해진 그녀를 도와준 것은 베토벤이었다. 사실 이 무렵 요제피네는 딸을 낳았는데, 그 아버지가 베토벤이라는 설이 있다. 물론 확증은 없다. 그러나 오늘날의 연구가에 따르면 이 설은 상당히 유력시 되고 있다. 요제피네는 베토벤이 50살이었을 때 41세의 젊은 나이로 세상을 떠났다. 그녀는 생전에 누구에게도 베토벤과의 사랑에 대해 전혀 말하지 않았다. 아니 그것은 요제피네뿐만이 아니다. 로맹 롤랑은 이렇게 쓰고 있다. '베토벤과 깊은 관계가 있었던 여성들은 무슨 이유에서인지 모두 이상하게 침묵을 지켰다. 그녀들은 모두 이 매력 넘치는 천재와의 추억을 성유물(聖遺物)처럼 마음에 간직한 채 생애를 마감하고 있다'고. 한편, 베토벤은 이후 죽을 때까지 『바이올린 협주곡』은 쓰지 않았다.

1926년의 역사적 명음반

이 곡 역시 명반이 많다. 예로부터 유명한 바이올리니스트 중 이 곡을 레코딩 하지 않은 사람은 없다. 옛날부터 명반으로 꼽아지고 있는 것은 다비드 오이스트라흐(David Fiodorovich Oistrakh)(바이올린)와 앙드레 끌뤼땅스(André Cluytens) 지휘, 프랑스 국립 방송관현악단의 연주이다.

프리츠 크라이슬러(Fritz Kreisler)(바이올린)와 레오 블레히(Leo Blech) 지휘, 베를린 국립오페라극장 관현악단의 연주는 역사적 명반이라고 일컬어지고 있다. 최근 녹음된 것 중에는 이작 펄만(Itzhak Perlman)(바이올린)과 카를로 마리아 줄리니(Carlo Maria Giulini) 지휘, 필하모니아 오케스트라, 정경화(바이올린)와 클라우스 텐슈테트(Klaus Tennstedt) 지휘, 로열 콘세르트헤보 오케스트라의 연주가 훌륭한 평가를 얻고 있다.

베토벤, 바이올린 협주곡 Op.61
지휘 : 클라우스 텐슈테트
바이올린 : 정경화
로열 콘세트르헤보 관현악단
1992.4.1 발매

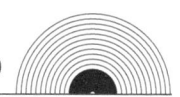

드보르자크 『교향곡 제9번』
Symphony No.9 in E minor
"From the New World" Op.95

"나의 마음은 뮤즈의 신이 그에게 은총을 내린 것에 큰 기쁨을 느낀다."

H. 잘루스의 시 '드보르자크'에 그려진 '체코 음악의 아버지' 안토닌 드보르자크. 그는 스메타나의 뒤를 이어 체코 음악을 세계 수준으로 끌어올린 장본인이다. 또한 스메타나, 야나체크와 함께 체코 민족주의 운동의 가장 위대한 작곡가다. 민족주의적인 어법과 교향악적 전통을 가장 잘 결합시키는데 성공했으며, 다른 관현악 작품과 합창음악, 오페라 그리고 실내악 분야에서도 평생을 두고 조국 체코의 마음을 투영하는데 게을리 하지 않았다.

2020년은 드보르자크가 세상을 떠난 지 116년이 되는 해다. 프라하 중앙역에서 남서쪽으로 가다 보면 케카로부 20번지에 드보르자크 기념관이 있다. 바로크 양식의 단정한 2층 집은 방문객이 끊임없이 이어진다. 교향곡 외에 드보르자크가 생애 전반에 걸쳐 몰입한 분야가 실내악 장르이다. 우선 눈에 띄는 것이 '신과 사랑과 조국 오로지 이것만이 행복을 가져다 준다'라는 드보르자크의 좌우명이다. 신에 대한 그의 경외감은 '레퀴엠'과 오라토리오 '성 루드밀라' 그리고 오르간 작품들로 구체화 되었는데, 마침 다가오는 5월 '프라하의 봄' 음악축제 때 공연될 '성 루드밀라'의 악보가 전시되어 있었다. 스메타나에게 발탁될 때까지 국립극장에서 비올라 주자로 활동하며 어려운 시절을 보냈던 드보르자크의 비올라는 세월을 고스란히 증언하며 유리 장식장 안에 세워져있다. "드보르자크는 우리의 자랑이자 그의 음악은 바로 체코인의 정신입니다."라고 후대에 전하고 있다. 무려 30배의 급료를 주는 파격적인 조건에 이끌려 1892년에 미국행을 택한 드보르자크는 광활한 신대륙에서 소중한 경험을 하는데, 그해 12월에 뉴욕 필하모닉에 의해 초연된 교향곡 9번『신세계에서』는 미국 음악계를 뒤흔드는 대성공을 거두었다.

이 교향곡에서 들리는 미국적인 요소는 그러나 다분히 체코적이다. "그것은 모두가 체코 음악이며 앞으로도 그렇게 남아 있을 것이다."라고 말한 작곡가의 조국사랑은 향수병에 시달리게 했으며 2년 만에 프라하로 돌아오게 한다.

조국은 돌아온 대작곡가를 영웅으로 대했다. 1904년 봄에는 제1회 체코 음악축제가 드보르자크를 중심으로 열렸고, 전국에서 76개의 합창단이 모여들어 드보르자크의 교회음악을 불렀다. 수천 명의 청중은 『신세계』 교향곡이 끝나자 일제히 기립했다. 그러나 뇌일혈이 악화된 드보르자크는 불과 한 달 후인 5월 1일 눈을 감고 말았다. 그의 장례 행렬에는 수만 명의 인파가 몰렸으며 유해는 몰다우강이 프라하에 이르러 우러러보는 체코인의 마지막 안식처인 비셰흐라드 성의 묘지에 묻혔다. "나는 아메리카 흑인들이 부르는 노래에서 위대하고 고귀한 음악에서 필요로 하는 모든 것들을 찾았습니다." 드보르자크가 1893년 5월 21일 뉴욕 해럴드지와의 인터뷰에서 말한 대로 미국에서 그가 얼마나 흑인음악에 심취했는지를 알게 해주는 대목이다. 또한 아메리카의 원주인이었던 인디언에게도 깊은 관심을 가졌다. 교향곡 9번은 바로 백인이 만든 '신세계'가 아니라 원래 아메리카 대륙의 주인이었던 인디언과 아프리카에서 끌려와 비참한 생활을 하고 있던 흑인들의 애환이 담긴 '신세계'였다. 하지만 드보르자크 스스로도 1900년 베를린 초연 때 해설지에 인디언과 아메리카의 주제를 사용한 것을 삭제해달라고 했을 만큼 체코의 산물이자 전적으로 체코 음악이다. 머나먼 타국에서 조국에 대한 끝없는 애착과 향수가 곳곳에 흐르고 있는 보헤미안의 음악인 것이다. 인디언 민요와 흑인영가는 교묘하게 녹아들어 양념 역할을 담당하고 주 메뉴는 여전히 체코다.

1893년 12월 15일 안톤 자이돌이 지휘하는 뉴욕 필하모닉 오케스트라에 의해 초연되었다. 1악장 이 교향곡의 중요 덕목인 당김음 리듬과 기존 7음계가 아닌 5음계를 사용하는 펜터토닉한 음계의 진행이 대단히 독특하다. 느린 첼로의 저음이 명상하듯이 23마디를 진행하다 느닷없이 '알레그로 몰토'의 주부로 뛰어든다. 팀파니가 가격한다. 서유럽 작곡가들에게는 볼 수 없는 드보르자크만의 '작곡틀'이 직설적으로 드러나고 있다. 플루트와 오보에가 노래하는 G단조의 2주제는 흑인영가 '장미꽃을 파는 모세 할아버지'의 가락이 찰랑댄다. 리드미컬하고 활기에 넘치는 악장은 끝까지 에너지를 잃지 않는다. 유명한 2악장 '라르고'. 관악기의 은은한 서주에 이어 드디어 잉글리시 혼의 주제가 떠오른다. 클래식 음악을 사랑하는 이라면 누구나 한 번쯤은 들어보았음직한 멜랑콜리하고 아득한 향수를 떠올리게 하는 천국적인 멜로디다. 전설적인 인디언 영웅의 이름이자 헨리 롱펠로우의 서사시 '하이아워서'에서 모티브를 가져온 드보르자크의 천재성이 그대로 돋보인다. 숲의 장례식은 음악으로 그려진다. "Going Home, Going Home, I,m just going home ; Quiet-like, some still day, I,m just going home…" 미국 시절 드보르자크의 제자였던 윌리엄 피셔는 1922년 이 라르고 악장에 시를 쓰고 노래를 만들었다. 우리에게는 '꿈속에 그려라 그리운 고향, 옛 터전 그대로 향기도 높다. 지금은 사라진 동무들 모여…'로 번역돼 널리 알려졌다. 가장 친근하고 가장 사랑스러운 악장이다. 또다시 체코의 흙냄새가 풍겨온다. 3악장 스케르초(scherzo)는 '푸리안트'와도 같은 독특한 현의 리듬감으로 충만하다. '하이아워서'에서 결혼식을 축하하는 댄스파티 장면이 연상된다.

목관을 적시적소에 배치하는 드보르자크의 능력은 실로 탁월하다. 중간부 트리오는 두 번 나온다. 첫 번째는 체코 시골마을의 정겨운 춤곡 같이 일렁이는 애수어린 선율이 으뜸이다. 여기저기에서 새들이 노래하고 물결이 일렁인다. 대비되는 두 번째 트리오도 여전히 소담스럽다. 이 스케르초 악장 하나만으로도 드보르자크의 가슴속으로 들어가는데 조금도 부족하지 않다. 피날레 악장의 장대한 주제는 행진곡풍으로 터져 나온다. 화끈하게 몰아붙이는 드보르자크 특유의 전합주가 악장 전편을 수놓고 있다. 곁들여져 등장하는 클라리넷의 2주제는 다시금 서정미를 풍긴다. 재현부 이후의 장대한 클라이맥스는 그저 마음껏 즐기면 된다. 그 어떤 작곡가도 모방할 수 없는 드보르자크만의 모든 역량이 총집결되어 있는 걸작이다.

드보르자크, 교향곡 제9번 『신세계로부터』
지휘 : 로린 마젤
빈 필하모니 오케스트라
1998.6.1. 발매

차이코프스키 『교향곡 제4번』
Symphony No.4 in f minor, Op.36

교향곡 4번 f 단조, 작품번호 36

차이코프스키가 37세였던 1877년에 작곡해 이듬해 초연한 『교향곡 제4번』은 모두 6개의 교향곡을 작곡한 차이코프스키의 작품중 대표적인 곡으로 러시아풍 교향곡의 전형을 선보이고 있는 걸작이다. 이 곡에 대해 차이코프스키 본인 스스로 매우 상세한 해설을 남겨놓고 있어서, 별도로 곡의 제목을 붙이지 않았음에도 '표제음악'으로 받아들여지기도 한다. '표제음악'이란 작곡가가 곡의 제목을 별도로 붙이고 해설까지 달아 출판하는 경우를 말한다.

차이콥스키의 6개의 교향곡 중 가장 드라마틱한 작품으로 차이코프스키 스스로도 "내가 작곡한 작품 중 최고"라며 애정을 보인 작품이다. 차이콥스키는 제자 세르게이 타네예프(Sergey Ivanovich Taneyev, 1856~1915)에게 "『교향곡 4번』의 단 한 마디라도 내가 느낀 것을 진실하게 표현하지 않은 것은 없으며, 깊게 숨겨진 나의 마음을 반영하지 않은 것이 없다."고 전하며 곡에 대한 애정을 표현하였다. 작품은 고뇌하며 방황하는 인간, 어쩌면 차이콥스키 본인의 고뇌를 그린 작품으로 해석할 수 있다.

1악장 : 안단테 소스테누토 – 모데라토 콘 아니마

호른과 바순이 작품의 중심 선율을 격렬하게 연주한다. 주부로 들어가면 시름에 잠긴 듯 괴로움을 표현하는 제1주제와 클라리넷으로 표현하는 감미로우면서 서정적인 제2주제가 이어진다. 2개의 주제가 여러 갈래로 발전하면서 인간의 괴로움 그리고 이와 상반되는 꿈같은 행복의 분위기가 교차한다.

주제 선율을 차이콥스키는 '운명 주제'라고 했다. 운명적 힘이 압도적이기 때문에 절망은 심해지고 그래서 실현될 수 없는 공상에 빠지는 것이 더 낫다고 말한다. 1

악장의 전체적인 분위기는 비극적이라 할 수 있다.

2악장 : 안단티노 인 모도 디 칸초네

차이코프스키 특유의 애상적이지만 밝고 북방적인 전원 춤곡의 분위기다. 쾌활한 주제가 중간부를 이루며 거칠게 클라이맥스에 다다르고, 느리고 목가적인 주제가 어두운 색조를 표현하며 조용히 끝난다. 차이코프스키는 2악장에 대해 "일에 지쳐 쓰러진 자가 밤중에 홀로 앉았을 때 그에게 감도는 우울한 감정입니다. 읽으려고 든 책은 그의 손에서 떨어지고 많은 추억이 샘솟습니다. 이렇게 여러 가지가 모두 지나가 버렸고 사라져 버렸다는 것은 얼마나 슬픈 것이겠습니까?"라고 그의 영원한 지원자인 폰 메크 부인에게 썼다.

3악장 : 스케르초 : 피치카토 오스티나토 – 알레그로(Allegro)

현악기 전체의 피치카토로 시작되는데, 몽상적이면서 거칠고 황량한 기분을 느낄 수 있다. 3악장에 대한 차이코프스키의 설명은 다음과 같다. "3악장은 이렇다 할 뚜렷한 정서나 확정적인 표출도 없습니다. 술을 마시고 얼큰히 취했을 때 우리들의 뇌리에 스며들어 오는 어렴풋한 모양입니다. 이 공상 속에 취한 농부와 흙냄새 풍기는 민요의 장면이 떠오릅니다. 멀리서 군악대가 지나가는 울림이 들립니다. 이것은 모두 잠자는 사람의 머릿속의 상상입니다. 현실과는 관계없는 혼란입니다."

4악장 : 피날레 : 알레그로 콘 푸오코(Allegro con fuoco)

자유스러운 론도 형식으로 힘찬 박력과 빛나는 색채감이 나는 오케스트라의 매력을 한껏 느낄 수 있다. 3개의 주제가 광적이고 강렬한 종결부를 형성하며 희열이 극에 달한 클라이맥스로 끝난다.

4악장에 대해 차이코프스키는 "자신 속에 환희를 찾지 못한다면 주위를 살펴보는 것이 좋습니다. 사람들 속으로 들어가 보는 겁니다. 사람들이 어떻게 삶을 즐거워하고 환락에 몸을 던질까요. 그들의 감정은 소박하고 단순한 것입니다. 행복은 단순하고 소박한 행복은 아직 존재합니다."라고 말했다. 불행한 운명의 수레바퀴 아래서 행복을 느끼고 싶어 했던 차이코프스키의 모습이 떠오르는 대목이다.

표트르 일리치 차이코프스키(Pyotr Ilich Tchaikovsky, 1840~1893)
　러시아를 대표하는 작곡가 차이코프스키는 1840년 러시아 캄스코 보트킨스크의 광산촌에서 태어났다. 부모님의 뜻에 따라 법률학교를 마치고 법무성 관료가 되었지만 작곡, 연주활동에 꾸준히 관심을 보이던 차이코프스키는 1860년 안톤 루빈슈타인이 개설한 음악학교에 등록해 전문적인 음악공부를 시작했다.
　여성을 어려워했다고 알려져 있는데, 그러한 점에서 사인에 얽힌 수상한 소문도 생겨났다. 유력한 귀족의 자제에게 구애를 했기 때문에 동성애 스캔들을 우려한 주위 사람들이 무리하게 비소를 먹였다는 등의 소문이었다. 너무나 급작스럽게 세상을 떠났기 때문에 생긴 소문이었지만, 현재는 사인이 장티푸스라는 것이 정설이 되고 있다.

차이코프스키, 교향곡 제4번
지휘 : 크리스토프 에센바흐
필라델피아 오케스트라
2005.10.16 발매

음악치료에 적용되는 추천 클래식 음악 · 22

베를리오즈 『환상 교향곡』
H. Berlioz Symphonie Fantastiquem Op.14

　　베를리오즈의 정열적 로맨티시즘을 가장 단적으로 표현한 이 곡은 당시 표제음악이라는 새로운 분야에 큰 영향력을 끼쳤다. 24세의 청년 베를리오즈는 프리마돈나 해리엇 스미슨에게 실연당하고, 슬픔과 소외감 속에서 이 곡을 썼다. 실연이 예술작품을 창출하는 에너지가 되는 경우는 드물지 않지만, 그것을 노골적인 형태로 교향곡으로 만든 것이 헥토르 베를리오즈(Louis Hector Berlioz, 1803~1869)이다.
　　베를리오즈는 청년 시절엔 의사가 되고자 의과대학에 진학하였지만 해부학을 배울 때 의욕을 상실하게 되었고, 그 대신 음악으로 관심이 옮겨져 파리의 오페라극장을 드나들게 된다. 원래부터 음악을 좋아하여 그때까지도 플루트를 연습하거나 독학으로 '화성론' 등을 공부하곤 했었는데, 결국 19세에 의학의 길을 포기하고 음악가로서의 길을 걷게 된다.
　　베를리오즈의 인생을 크게 바꾼 사건이 일어난 것은 그로부터 5년 후인 1827년의 일이다. 24살의 베를리오즈는 파리로 공연을 온 영국의 셰익스피어 극단의 연극을 보고 해리에트 스미스슨(Harriet smithson)이라는 3살 연상의 아일랜드 출신의 간판 여배우에게 첫눈에 반하게 된 것이다.
　　완전히 푹 빠진 베를리오즈는 해리에트에게 정열적인 편지를 몇 통이나 보내며 필사적으로 만남을 요구했지만 당시의 베를리오즈는 작곡 콩쿠르에서 계속 낙선하는 무명의 음악가였다. 한쪽은 지금 한창 날리는 인기 여배우로서 격차는 엄연하여 예상대로 베를리오즈는 전혀 상대해 주지 않아 이 사랑은 열매를 맺지 못한채 끝나게 된다. 그런데 그는 지독히 타산적인 남자였다. 어쩜 이 실연의 아픔을 곡으로 만들고자 생각한 것이다. 그는 자신을 전혀 상대해주지 않는 해리에트에게 증오를 품고 그 굴절된 감정을 쏟아 부어 작품을 만들어냈다. 이것이 그의 첫 심포니『환상 교향곡』이다.

전부 5악장으로 구성되는 이 곡에는 '스토리'가 있다. 그것은 한 젊은 음악가가 어느 여성을 사랑하게 되지만 실연을 당하고 이에 인생을 절망하여 아편을 마시고 자살을 시도하지만 치사량에 미치지 않아 빈사상태에서 기괴한 환상을 본다는 내용이다. 각 악장에는 모두 표제가 붙어져 연주 시에는 청중에게 해설이 담긴 프로그램을 배포하도록 작곡가가 직접 지시하였다.

　제1악장 '꿈, 정열'에서는 이 곡의 주인공이 여주인공에게 사랑에 빠지는 감정과 사랑이 담긴다. 술가는 아직 연인을 만나지 못했다. 그의 마음에는 불안과 초조와 동경이 교차하지만 곧 염원하던 연인을 발견한다. 꿈을 꾸는 듯한 조용한 가락으로 시작하여 이윽고 어지럽히는 듯한 곡조와 정열의 표현이 이어진다. 단조와 장조가 교차되는 양상은 바로 사랑의 기쁨과 고통을 묘사하고 있다.

　제2악장 '무도회'에서는 주인공이 화려한 무도회에서 그녀가 다른 남자와 왈츠를 추는 모습을 보고 절망한다. 축제의 소용돌이 속에 끼어들기도 하고 자연미의 평안한 상념에 잠기기도 한다. 마을에서도 들에서도 어디를 가든 연인의 모습이 끊임없이 눈앞에 아른거린다. 우아하고 로맨틱하지만 슬픔이 깃든 음악이기도 하다. 여기서는 하프가 황홀한 멜로디를 연주한다.

　제3악장 '들판 풍경'에서는 자연의 산과 들을 거닐며 그녀를 떠올린다. 멀리 천둥소리가 그녀를 잃는 불안감을 되살아나게 한다. 여름날 시골의 해질 무렵, 두 목동이 부는 피리소리가 들린다. 시원하게 스치고 지나가는 바람, 온화한 들판의 풍경이 흐트러진 음악가의 마음에 일찍이 느낀 적 없던 고요함을 주고 그의 머리를 맑게 한다. 한편 이 부근까지는 훌륭하긴 하지만 보통의 명곡처럼 느껴지는데, 『환상 교향곡』은 이 이후가 대단하다.

　제4악장 '단두대(斷頭臺)로의 행진'에서 사랑에 좌절한 음악가는 아편으로 음독자살을 기도하지만 치사량에 이르지 못해 무서운 환상을 수반한 깊은 잠에 떨어져 애인을 죽이고 사형을 선고받는다. 그리고 형장으로 끌려간다. 이 부분부터 음악이 이상한 고조를 보여주기 시작한다. 단두대로 향하는 장면이 어쩜 밝고 왠지 섬뜩한 행진곡이 아니던가. 행진 끝에 고정악상을 나타내는 4개의 소절이 사랑의 마지막 추억처럼 다시 나타나는데 오케스트라의 결정적인 일격으로 지워져버리고 만다. 그리고 놀랍게도 최후는 단두대(guillotine)로 목을 치는 것인데, 이 장면을 음악으로 표현하고 있다. 고약한 취미의 극치라고도 할 수 있는데, 음악은 소름끼치는 느낌이 있다.

마지막 제5악장 '마녀의 밤, 축제의 꿈'에서는 음악은 더욱 무시무시해 진다. 죽은 그는 악마들의 밤의 향연 속에 던져지게 된다. 애도의 종소리를 배경으로 예술가의 장례식에는 그로테스한 요괴와 마녀들이 환성을 지르고 있다. 야릇한 소리, 신음, 오싹한 웃음, 멀리서 들리는 고함소리에 또 다른 고함소리가 호응하듯하다. 사랑하는 사람의 선율이 다시 나타나지만 고귀한 소리는 간데없고 그로테스한 분위기가 물씬 풍기는 기괴한 소리로 변해버렸다. 그리고 마지막에 한 마녀가 찾아오는데, 세상에 그 마녀는 예전에 그가 사랑했던 여자였다! 그녀가 도착하자 괴물들은 환희하며 그녀는 악마적인 봄의 향연에 동참한다.

이 악장은 전곡의 백미이다. 참신한 화성, 연주법, 리듬 등 50년 후의 바그너를 앞서고 있다고 해도 과언이 아니다. 게다가 오페라도 아닌데 매우 연극적으로 그 박력은 보통이 아니다. 이 악장을 지배하고 있는 것은 그레고리오성가(cantus gregorianus) 안에 있는 '분노의 날'의 멜로디이다. 이 오랜 선율을 베를리오즈는 효과적으로 사용하면서 '악마들의 향연'을 음악으로 묘사해 간다. 참고로 이 부분은 스티븐 킹(Stephen King)의 호러 소설을 스탠리 큐브릭(Stanley Kubrick) 감독이 영화로 만든 〈샤이닝(The Shining)〉의 서두에 반복적으로 사용되어 공포감을 유발시키고 있다.

지휘 : 레오폴드 스토코프스키
뉴 필하모니아 오케스트라
1968년 녹음

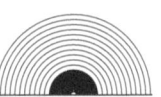

브람스 『교향곡 제1번』
Symphony No.4 in f minor, Op.36

요하네스 브람스(Johannes Brahms, 1833~1897년)가 태어난 19세기 후반의 클래식 음악은 모차르트, 하이든, 베토벤 등의 고전파 시대에서 낭만파 시대로 완전히 이행되고 있었다. 슈만이나 쇼팽의 초기 낭만파를 거치면서 음악은 더욱 모던하고 스토리성을 띠었고 후기 낭만파라 불리는 새로운 세계로 나아가고 있었다. 엄격한 형식을 벗어나 작곡 스타일은 점점 자유롭고 환상적으로 바뀌어 갔다. 그 선봉이 바로 바그너였다.

그런데 바그너보다도 20살이나 어린 브람스의 음악은 "의고전(擬古典)"이라고도 말할 수 있는데, 모종의 고전풍을 가지고 있다. 의고전이란 고전예술을 규범으로 해서 전통적 형식을 고수한 예술 스타일을 말하는데, 브람스는 동시대의 새로운 음악이 아닌 베토벤을 지향하고 있었다. 이 곡을 초연한 유명한 지휘자 한스 폰 뷜로(Hans Guido Freiherr von Bülow)는 "브람스의 『제 1교향곡』은 베토벤의 『제10 교향곡』이다."고 말했다.

브람스의 갈등에, 가슴이 미어질 듯하다

제1악장은 돌연 격렬한 팀파니의 연타로 서주가 시작된다. 이는 참으로 어두운 운명이 엄습해 오는 것처럼 들린다. 주제는 반음계의 으스스한 진행으로 듣는 이에게 불안감을 준다. 많은 평론가들에게 이 제1악장은 '운명과의 격렬한 투쟁'이라 불리고 있는데, 또 다른 무언가가 보인다. 그것은 브람스 자신의 갈등이다.

브람스는 목표로 삼은 베토벤적인 음악을 그리기 위해 본래의 자신을 억제하면서 필사적으로 허우적거리는 느낌이 들지 않을 수 없다. 그러하기에 21년이나 되는 오랜 세월에 걸쳐 산고의 고통을 맛 본 것이다.

제2악장의 완서악장(緩徐楽章)은 위무(慰撫)하는 듯한 아름다운 멜로디이지만,

어딘가 고독의 그림자가 있다. 동경심을 품으면서 그것을 가질 수 없는 체념 같은 슬픔이 전곡을 뒤덮는다. 음악은 장조이지만 밝아질 수 없다. 뭐라고 표현할 수 없는 이 애절한 음악이야 말로 브람스의 음악인 것이다. 여기서는 제1악장과 달리 그 자신이 자주 자신에 대해 말하고 있는 것 같다. 도중에 바이올린이 연주되는 센티멘털한 멜로디가 듣는 이의 가슴에 와 닿는다.

제3악장은 마지막 악장으로 향하는 경과구적인 음악이다. 장조이지만 어딘가 불안감을 조성하는 섬뜩함이 있다. 인상적으로는 베토벤의 『운명』의 제3악장을 연상시킨다. 흥미로운 건 이 악장의 도중에 제4악장의 주제가 한 순간 얼굴을 내미는 점이다.

제4악장은 다시 어두운 다단조로 돌아온다. 제1악장의 서주와 유사한 격렬한 첫머리의 서주 속에 가끔 밝은 주제가 단편적으로 얼굴을 내미는데, 이 부근의 구조는 베토벤의 『제9교향곡』과 매우 흡사하다. 이윽고 팀파니의 롤 연주 후 호른이 새벽을 고하듯 밝은 멜로디를 연주한다. 그것을 목관이 이어받아 또 한 번 호른이 높이 울려 퍼진다. 이 부근은 참으로 어두운 밤에 태양빛이 비치는 듯한 감동적인 부분이다. 그리고 마침내 다장조의 주제가 등장한다. 이것은 『제9교향곡』의 '환희의 노래'의 명백한 영향이 있다. 음악은 "어둠에서 밝음"으로 극적인 변화를 이루는데, 브람스의 경우는 베토벤의 투쟁과는 다르다.

베토벤의 경우는 운명을 굴복시키는 듯한 힘을 보여주지만 브람스의 경우는 더 대범하게 기쁨을 노래한다. 이상한 비유지만 이 양자의 차이는 '나그네의 외투를 벗기는 북풍과 태양의 우화'를 연상시킨다. 물론 브람스가 태양이다.

코다(coda ; 악곡의 마지막)는 브람스의 곡 안에서도 매우 격렬한 음악이다. 이 부분을 듣는 것만으로 그가 진정 전력을 기울여 작곡했음을 알 수 있다.

이것이 브람스의 대표적인 작품이라고는 생각지 않는다. 왜냐하면 이 곡에는 베토벤적인 성향과 브람스적인 성향이 기묘한 형태로 혼재되어 있기 때문이다. 그러나 그것이 이 곡의 매력일지도 모른다. 물론 걸작임은 틀림없는 사실이다. 그 증거로 제2번은 어깨 힘을 뺀 듯한 면이 있다. 극적이고 투쟁적인 제1번과는 달리 서정성이 가득한 온화한 곡이다. 여기서는 더 이상 베토벤적인 성향은 찾아볼 수 없다.

이후에 작곡된 제3, 제4교향곡도 포함해서 브람스의 개성이 충분히 들어가 있다. 모두 걸작이다.

브람스가 『제1교향곡』을 만드는데 필요했던 21년이라는 세월은 그 안에 있었던 베토벤적인 성향을 지워가는 시간이었을지도 모른다.

푸르트뱅글러 지휘의 박력

연주는 푸르트뱅글러가 베를린 필하모니 오케스트라을 지휘한 것이 훌륭하다고 평가받고 있다. 1952년의 라이브로 녹음 상태는 매우 나쁘지만 음악이 가지는 박력과 에너지는 반세기의 세월이 지나도 조금도 낡지 않는다.

스테레오에서는 카를 뵘 지휘의 베를린 필하모니 관현악단의 연주가 좋다. 요즘 유행하는 세련된 연주가 아니고 오히려 무뚝뚝하다고도 할 수 있는 연주이지만 감동은 더할 수 없이 깊다.

브람스의 음악도 특기였던 헤르베르트 폰 카라얀 지휘 베를린 필하모니 오케스트라의 연주는 여러 종류가 있지만 모두 다 명연이다. 샤를 뮌슈(Charles Munch) 지휘의 파리 관현악단의 연주는 고전적 명반으로서 정평이 나 있다.

이 외에 게오르그 솔티, 귄터 반트(Günter Wand), 쿠르트 잔데를링(Kurt Sanderling) 등도 훌륭하다는 평가는 모두에게 있다.

지휘 : 카를 뵘(Karl Böhm)
베를린 필하모니 오케스트라
1959년 녹음

음악치료에 적용되는 추천 클래식 음악 · 24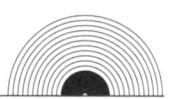

차이코프스키 『백조의 호수』
Swan Lake Op.20

　우리나라의 음악 애호가들이 좋아하는 클래식 작곡가로 표트르 일리치 차이코프스키(Pyotr Il'yich Tchaikovsky, 1840~1893)가 자주 일컬어진다. 『제5교향곡』, 『제6교향곡』('비창'), 『피아노 협주곡 제1번』, 『바이올린 협주곡』 등은 콘서트에서도 매우 인기가 높다.

　『백조의 호수』 이 곡은 대중음악이라고도 말할 수 있을 정도로 유명한 곡인데, '백조의 테마'를 들으면 누구라도 '아, 이 곡인가' 하고 생각할 것이 틀림없다. 『백조의 호수』에는 그의 음악이 가지는 매력이 모두 담겨 있기 때문이다. 이 곡을 작곡한 36세 무렵, 그는 결혼생활의 실패와 사생활로 고민에 빠져 모스크바 강에 몸을 던져 자살을 시도했을 정도로 정신적으로 쇠약한 시기이기도 했다. 이 만큼 힘든 시기에 이 정도의 걸작을 작곡했다는 사실이 놀랍다.

　차이코프스키는 문화의 중심이었던 유럽에서 멀리 떨어진 러시아 땅에서 음악교육을 받았다. 당시는 지리적인 거리의 차는 그대로 문화의 차이로 나타났다. 게다가 그가 본격적으로 음악교육을 받은 것은 22세 때이다. 상트페테르부르크에 음악원이 창립되었을 때, 법무성 공무원 자리를 포기하고 음악원에 입학하였다. 이는 클래식 작곡가로서는 이례적인 커리어이다. 또 매우 늦다. 하지만 어린 시절부터 음악적인 재능은 있었다고 전해지고 있다.

『백조의 호수』는 교향시 중 하나

　『백조의 호수』는 발레의 반주음악으로서 작곡되었다. 이 발레의 줄거리를 간단히 소개하면… 무대는 중세의 독일, 왕자 지크프리트는 어느 날 밤, 숲속의 호수에서 아름다운 백조를 만난다. 그 백조는 악마 로트바르트의 저주로 백조의 모습으로 변해버린 오데트 공주였다. 그 저주는 오데트에게 영원한 사랑을 맹세하는 남자가 나타나면 풀린다. 지크프리트는 오데트를 사랑하지만 로트바르트의 함정으로 오데트로 둔갑한 그의 딸에게 구애하게 되고 오데트와의 서약을 져버린다. 속았다는 것을 안 지크프리트는 호수에서 오데트에게 용서를 구하지만 저주는 풀리지 않는다. 지크프리트는 로트바르트와 싸우지만 역으로 호수에 가라앉는다. 그것을 본 오데트는 왕자를 뒤따라 호수에 몸을 던지고 두 사람은 천상에서 맺어진다. (단, 이 라스트는 후에 개정된다) 그냥 동화 같은 로맨티시즘으로 가득한 스토리이다.

전체 4막으로 구성되는 이 발레에 붙여진 음악은 그 어떤 것도 훌륭하다. 유명한 '백조의 테마'가 나타나는 것은 1막의 피날레이다. 형태를 바꾸어 몇 번이고 등장하는 이 비극적인 멜로디는 그때마다 가슴을 죄는 듯한 애절함으로 다가온다. 그러나 무곡(舞曲)에서는 우아하고 즐거운 곡이 여러 곡 나온다. 1막의 왈츠, 2막의 '백조들의 춤', 3막의 헝가리 무곡, 러시아무곡, 스페인 무곡 등 모두가 마음이 들뜨는 음악이다. 이 외에도 곡이 장면에 따라 환상적인 분위기가 가득한 곡, 로맨틱한 곡, 극적이고 격렬한 곡 등 진정으로 다양한 매력이 있는 곡들이 잇달아 나타난다. 마치 호화 풀코스와 같은 음악이다.

전곡 어느 부분이든 모두 아름답지만 백미는 4막의 피날레이다. '백조의 테마'가 급박한 리듬을 치고 음악이 풍운 분위기를 고한다. 그리고 비극을 향해 나아가 가장 고조된 부분에서 같은 테마가 비극적으로 나타난다. 결국 악마의 저주를 이기지 못한 것이다. 그러나 다음 순간 '백조의 테마'는 장조로 전환되어 두 영혼이 맺어진 것을 알려준다. 이 효과는 탁월하다. 하프와 현의 트레몰로(tremolo ; 동음 또는 복수의 음을 가늘게 규칙적으로 반복하는 주법)가 천상으로 올라가는 두 사람의 모습을 표현하고 있다. 이 코다의 아름다움은 말로 표현할 수 없을 정도다. 그리고 음악은 드높은 불멸의 사랑을 노래하며 극적으로 끝을 맺는다.

피날레는 겨우 몇 분의 곡이지만 차이코프스키의 최고의 센스가 담겨 있는 걸작이라고 생각한다. 원래는 발레음악이기 때문에 정확히는 발레를 감상하면서 듣는 것이 본래의 형식이겠지만 음악만으로도 충분히 즐길 수 있다고 생각한다. 아니, 이것은 『백조의 호수』라는 교향시라는 생각마저 든다. 교향시라는 것은 리스트가 만든 음악형식으로 이야기의 정경 등장이나 인물의 심정 등을 음악에 의해 관현악곡으로 만들어 가는 것이다. 이는 후에 R. 슈트라우스가 크게 발전시켜 클래식 음악의 한 장르가 되었지만 『백조의 호수』도 교향시 중 하나로서 보고 있다. 단, 리스트나 R. 슈트라우스와 같은 통일감을 가진 완성도는 없다. 그러나 오히려 그러한 것이 좋다.

차이코프스키는 교향곡이나 협주곡을 작곡할 때에는 형식에 맞춰 엄격한 스타일로 작곡하는 일이 많았는데, 발레음악에서는 그러한 제약으로부터 해방되어 하고 싶은 것을 모두 하고 있는 느낌이 든다. 즉, 그가 본래 가지고 있는 선율의 아름다움, 러시아적인 풍미, 형식에 구애받지 않는 자유분방함을 마음껏 표출하고 있다. 때문에 이야기의 변화에 따라 음악도 다양하게 변하여 마치 만화경과 같이 다양한 매력을 보여준다.

전곡판과 하이라이트판

전곡판으로는 오자와 세이지(小澤 征爾) 지휘의 보스턴 교향악단 연주, 안드레 프레빈(André Previn) 지휘의 런던 교향악단의 연주, 볼프강 사발리시(Wolfgang Sawallisch) 지휘의 필라델피아 관현악단의 연주가 좋다. 두 연주 모두 호화찬란하여 『백조의 호수』의 매력을 충분히 전해주는 연주이다.

지휘 : 오자와 세이지(小澤征爾)
보스턴 심포니 오케스트라
1978년 녹음

라흐마니노프 『피아노 협주곡 제2번』
S. Rachmaninov / Piano Concerto No.2 in c minor, Op.18

명화 〈밀회(Brief Encounter)〉의 또 하나의 주역

20세기의 명곡인 세르게이 라흐마니노프(Sergei Rachmaninoff, 1873~1943)의 『피아노 협주곡 제2번』이다.

라흐마니노프는 동시대에는 작곡가로서보다 피아니스트로 유명했다. 연주가 사상에 남을 비르투오소(virtuoso ; 완벽한 기법을 가진 연주가에 대한 칭호)로 그 테크닉은 비길 데 없었다. 신장 2미터가 넘는 장신으로 거대한 손은 12도를 쉽게 누를 수 있었다.

라흐마니노프는 1873년에 러시아의 귀족 집안에서 태어나 10대 시절에 차이콥스키에게 인정받아 모스크바 음악원을 수석으로 졸업하였다. 장래를 촉망받고 있었지만 러시아 혁명으로 유럽으로 망명하게 되고, 그 후 미국으로 건너가 1943년에 69세의 나이로 비버리힐즈에서 세상을 떠났다.

한편, 이번에 소개하는 것은 그의 대표적 작품 중 하나인 피아노 협주곡 제2번이다. 이 곡은 1901년, 실로 20세기가 개막되던 해에 작곡되었다. 감미롭고 로맨틱한 곡은 발표된 후 청중에게 인정받아 인기를 누렸다. 그러나 동시대의 음악평론가나 작곡가들의 평가는 낮았다. 당시의 클래식 음악계는 도데카포니(12음 기법)와 무조(無調)의 시대를 맞이하고 있었다. 최첨단을 나아가는 현대 음악가들로부터, 라흐마니노프의 『피아노 협주곡 제2번』은 '시대착오(anachronism)의 극치', '전세기의 유물'이라고 비웃음 당했다.

확실히 아름다운 멜로디를 주체로 한 센티멘털리즘이 만재한 이 곡은 무드음악이라고 폄하되어도 어쩔 수 없는 일면도 가지고 있었다. 그러나 이 곡은 거기에 멋진 매력이 있다. 그 증거로 위대한 영화감독들이 그 매력을 이해하여 영화에 도입함으로써 절대적인 효과를 올리고 있다.

사실 이 곡을 널리 알린 것은 영국 영화 〈밀회〉(1945년 제작)에서였다. 〈아라비아의 로렌스(Lawrence Of Arabia)〉, 〈콰이강의 다리 (The Bridge On The River Kwai)〉로도 잘 알려진 거장 데이비드 린(David Lean)이 30대 시절에 만든 연애 영화의 걸작이다.

전편에 흐르는 라흐마니노프의 피아노 협주곡 제2번의 멜로디였다. 다만 당시는 그 곡이 클래식인지 몰랐고 영화용으로 제작된 곡이라고 생각하고 있었다.

오프닝의 타이틀백에 곡의 서두가 흐른다. 피아노가 피아니시모로 단조의 구슬픈 화음을 연주하는데, 마침내 오케스트라가 더해지면 돌연 격렬한 음악으로 바뀐다. 마치 앞으로 일어날 비극을 암시하듯이 관객의 불안을 부추긴다. 이야기는 정거장의 찻집에서 처자식이 있는 남성과 영원한 이별을 한 유부녀가 집으로 돌아와 남편이 있는 거실에서 연인과 보낸 몇 주간의 시간을 회상하는 장면부터 시작된다.

여기서 여주인공은 라디오를 켜는데, 이때 라디오에서 흘러나오는 음악이 라흐마니노프의 피아노 협주곡 제2번이다. 그리고 영화의 오프닝에서 흐른 애수 서린 선율과 함께 회상 장면이 시작된다.

이후 영화에서는 여주인공의 사랑했을 때의 놀라움 그리고 사랑에 빠지는 도취, 기쁨, 후회, 슬픔을 이 곡의 모든 부분을 사용해 표현하고 있다. 꼭 이 영화를 위해 만들어졌나 하고 착각할 정도이다. 아니 이 곡이야말로 이 영화의 또 하나의 주역이라 해도 될 정도이다. 그리고 이 영화의 BGM에서는 라흐마니노프의 『피아노 협주곡 제2번』 이외의 음악은 일절 사용되고 있지 않다.

특히 인상적이었던 것은 두 사람이 사랑에 빠지기 직전 여주인공이 그를 만나지 못해 실망하여 터벅터벅 역의 플랫폼을 향하고 있을 때, 달려오는 그를 발견한 장면이다. 여기서 사용되고 있는 음악은 제3악장의 마지막에 가까운 부분으로 그때까지 흐르던 단조에서 일전하여 장조가 되고 피아노와 오케스트라가 기쁨을 폭발시키고 있다. 마치 이 장면에서 여주인공의 무한한 기쁨을 음악이 멋지게 대변하고 있다. 이 외에도 두 사람이 처음 키스하는 장면에서는 제1악장 재현부의 가장 비극적인 고조를 보여주는 부분이 사용되고 있다.

금단의 열매의 달콤함과 아련한 성적 향기

그런데 이 곡은 또 한 작품의 유명한 영화에도 중요한 모티브로서 사용되고 있다. 1955년에 미국 영화의 거장 빌리 와일더(Billy Wilder) 감독이 만든 〈7년만의 외출(The Seven Year Itch)〉이다. 마릴린 먼로(Marilyn Monroe)가 지하철 통풍구에서 뿜어 올라오는 바람으로 스커트가 뒤집히는 장면으로 유명한 명작이다. 순수한 백치미의 사랑스러운 여성을 연기하는 최고의 여배우 먼로의 대표작이다.

이 영화는 우연히 아내가 아이들을 데리고 피서를 떠난 후 오랜만에 독신 기분을 만끽하는 결혼 7년차 중년 샐러리맨이 주인공이다. 같은 아파트 위층으로 섹시한 금발미녀(먼로)가 이사를 오면서 그의 바람기가 들먹인다는 성인 코미디이다(원제 "The Seven Year Itch"를 직역하면 〈7년만의 바람기〉).

영화 안에서 주인공은 다양한 에로틱한 망상에 빠지는데, 그 장면에서 이 곡 제1악장의 제2주제가 사용되고 있다. 감미로운 멜로디를 배경으로 비서, 여성 간호사, 아내의 친구들이 연심(戀心)을 참지 못하고 주인공에게 마음을 고백하는 것이다. 하이라이트는 자신의 방에 2층의 금발미녀를 부를 때의 장면이다. 그녀가 섹시한 이브닝드레스를 입고 다가올 때의 음악은 제1악장의 서두이다. 〈밀회〉의 오프닝에서도 사용된 같은 부분이다.

가장 이상한 점은 남자가 망상의 세계에서 자신의 방으로 금발 미녀를 불러 이 곡을 피아노를 치면서 들려주는 장면이다. 그것을 들은 여자는 넋을 잃고 '라흐마니노프~'라 속삭인 후 그에게 몸을 맡기는 장면이다. 즉, 그는 이 곡만 들려주면 어떤 여자든지 참지 못하고 그에게 몸을 맡기고 싶어 한다고 생각하고 있다. 와일더 감독은 이 곡에는 그 정도로 매력이 있다고 믿고 있는 스노브(snob, 속물)가 많다는 역설로서 사용하고 있는 것이다.

흥미로운 건 이 두 명작 영화(한쪽은 진지하고, 한쪽은 코미디)가 모두 '불륜의 사랑'을 테마로 하고 있다는 점이다. 즉 라흐마니노프의 『피아노 협주곡 제2번』이라는 곡에서는 어딘가 그러한 금단의 열매와 같은 감미로움과 난숙(爛熟)의 위험함 그리고 그 외 성적인 향기 등이 느껴지는 것이다. 적어도 린 감독과 와일더 감독은 그 냄새를 맡고 영화에서 그 효과를 여가 없이 발휘시켰다.

영화를 떠나서 말하자면 곡 그 자체는 우울하고 지나간 옛 좋은 시절을 그리워하고 동시에 무드 가요나 연가 같기도 하며 또 한편으로 러시아의 황량한 대지를 연상시켜 야만(barbarian)적인 매력도 충분히 있다.

제1악장 : 모데라토(Moderato)

첫 부분의 장중하고 인상적인 피아노 터치는 '크렘린의 종소리'라는 별명을 가지고 있다. 이윽고 오케스트라가 제1주제를 힘차게 유도하고 첼로가 느리게 선율을 전개하면 피아노는 그 주제를 에워싸고 섬세하게 받는다. 제2주제는 독주 피아노로 전개되는 시적이고 서정적인 선율이다. 마지막에 화려하고 정열적인 악상으로 바뀌면서 급속한 템포로 광휘에 찬 악장은 끝난다.

제2악장 : 아다지오 소스테누토(Adagio sostenuto)

라흐마니노프의 서정성이 가장 잘 발휘된 악장이다. 약음기를 붙인 현과 클라리넷, 바순, 호른에 의한 반음계적 구조와 서주로 시작된다. 곧 피아노의 분산 화음 위에 플루트와 클라리넷이 차례로 애달프고 감미로운 선율을 연주해 간다. 이 곡의 주제 선율은 에릭 카멘의 팝송 "All by Myself" 선율의 기초가 되기도 했다.

제3악장 : 알레그로 스케르잔도(Allegro scherzando)

2개의 주제가 교대로 등장하며 론도에 가까운 느낌을 주는 빛나는 악장이다. 오케스트라의 서주 위에 피아노가 제1주제를 씩씩하게 연주한다. 제2주제는 오보에와 비올라로 나타내는데 독주 피아노가 이를 반복한다. 발전부를 중심으로 푸가토가 시작되고 재현부를 지나 코다로 끝마친다.

동시대의 평론가나 작곡가들로부터 '전세기의 유물'이라는 험담을 들었고, 죽은 후에도, 음악계의 권위인 『그로브 음악사전』(1954년 판)에서 '모조품같이 과장된 선율', '그 인기는 오래 가지 않는다'와 같이 혹평을 받았지만, 21세기가 되면서 그 평가는 완전히 역전되었다. 오늘날에는 20세기 최고의 음악가 중 한 사람이라고 평가되고 있다. 한편, 라흐마니노프는 망명 후 작곡 활동이 현저하게 저하된다. 그 자신이 그것을 친구에게 호소하며 '벌써 몇 년째 호밀의 속삭임과 자작나무의 술렁임도 듣지 못하고 있다'는 말을 남기고 있다. 라흐마니노프에게 있어서 러시아의 자연과 풍토야말로 작곡의 원천이었을지도 모른다.

러시아 출신, 리히터(Sviatoslav Richter)의 역사적 명반

라흐마니노프의 피아노 협주곡 제2번의 명연주는 많다. 그 중에서도 역사적 명반으로 알려진 스비아토슬라프 리히터(Sviatoslav Richter)가 스타니슬라브 비스로키(Stanislaw Wisłocki)가 지휘한 바르샤바 국립 필하모니 관현악단의 협연 연주가 역시 훌륭하다. 러시아 출신의 20세기 최고의 피아니스트가 조국 출신 작곡가의 대표적인 명곡을 마음을 담아 연주하고 있다. 오늘날에는 오래된 스타일이라고도 할 수 있는 과장된 움직임을 살린 연주이지만, 감동의 깊이는 보통 피아니스트에게서는 맛볼 수 없다.

이 외에는 블라디미르 아슈케나지(Vladimir Ashkenazy)(피아노)・안드레 프레빈(André Previn)이 지휘한 런던교향악단의 연주가 좋은 평가를 받는다. 프레빈은 뮤지컬 〈마이 페어 레이디(My Fair Lady)〉의 작곡가로서 유명한데, 사실 클래식음악의 지휘자이기도 하다. 반 클라이번(Van Cliburn | Harvey Lavan Cliburn Jr.)(피아노)・프리츠 라이너(Fritz Reiner) 지휘의 시카고교향악단의 연주도 훌륭하다는 평가를 받는다.

라흐마니노프, 피아노 협주곡 2번
지휘 : 리카르도 무티
필라델피아 오케스트라
2005.9.5. 발매

음악치료에 적용되는 추천 클래식 음악 · 26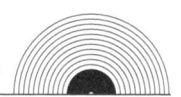

차이코프스키 『바이올린 협주곡』
P. I. Tchaikovsky / Violin Concerto in D major, Op.35

　차이코프스키가 많은 애정을 갖고 있었던 이 작품은 1878년 석 달 만에 파경을 맞은 결혼의 상처를 달래려 스위스 제네바 호수 근교에서 요양 중일 때 작곡되었다.
　차이코프스키는 원래 이 협주곡을 당시 페테르부르크 음악원 교수였던 레오폴트 아우어에게 헌정하였으나 아우어는 기술상 연주가 불가능한 난곡이라며 버려두었다. 그때 바이올리니스트 아돌프 브로드스키가 이 작품의 악보를 보고 반해 연주에 자진함으로써 빈에서 초연이 이루어졌다.
　당시 유명 평론가 한슬리크가 "악취를 풍기는 음악"이라 혹평하여 실패했지만, 브로드스키는 몇 개월 후인 1882년 4월 런던에서 한스 리히터의 지휘로 다시 협연하면서 크게 성공하였다. 이에 따라 차이코프스키는 브로드스키에게 이 작품을 헌정하였다.
　오늘날 이 작품은 베토벤, 멘델스존, 브람스의 바이올린 협주곡과 더불어 최고의 바이올린 협주곡으로 자리 잡았다. 바이올린 독주의 눈부신 근대적 기교가 충분히 발휘되며 풍부하고 색채적인 오케스트라의 면모가 돋보인다. 러시아 민요를 가미한 지방색과 차이코프스키 특유의 애수에 젖은 아름다운 선율 등에서 그의 독창성을 찾을 수 있다.

제1악장 : 알레그로 모데라토(Allegro moderato)
　조용한 서주와 함께 두 개의 주제가 제시된다. 도입 선율이 여리게 연주되고 10마디부터 제1주제가 연주된다. 이 곡에서는 오케스트라와 바이올린 솔로의 미묘한 균형이 주목할 만하다. 화려한 오케스트레이션의 폭발적인 파워가 느껴지며 차이코프스키만의 대단히 기교적인 카덴차의 대비감이 돋보인다.

제2악장 : 칸초네타 안단테(Canzonetta: Andante)

관악기의 서주가 흐른 후 서정적인 주제를 바이올린이 노래하는데, 차이코프스키의 감수성이 잘 표현되어 있다. 무엇보다 바이올린의 부드러운 음색 조절은 연주자의 능력을 가늠하는 키워드가 되기도 한다.

제3악장 : 알레그로 비바치시모(Allegro vivacissimo)

피날레- 오케스트라의 강력한 어택과 함께 16마디~37마디까지 바이올린 카덴차가 화려하게 펼쳐진다. 러시아의 민속 춤곡 스타일이 물씬 풍기는 이 악장은 서정성과 격정 그리고 탄식과 희망 사이를 교차하고 있다. 5도 음정의 관악기들과 함께 제2주제가 시작되는데 활발하게 움직이는 독주 바이올린은 절망과 희망을 교차하면서 감정의 등고선(等高線)을 자극한다.

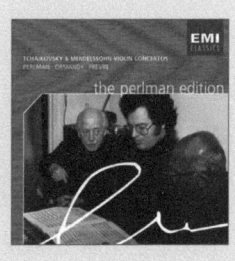

차이코프스키, 바이올린 협주곡
지휘 : 유진 오르먼디
필라델피아 오케스트라
2003.9.1. 발매

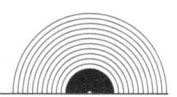

모차르트 『교향곡 제40번』
Symphony No.40 in g minor K.550

　교향곡은 가장 극적이며 긴장감 넘치는 음악이다. 1788년 6월부터 8월까지 작곡된 『교향곡 40번』은 모차르트 최후의 3대 교향곡이다. 일생 동안에 50곡이 넘는 많은 교향곡을 작곡했지만 『교향곡 25번』과 함께 단 두 곡밖에 없는 단조(短調) 교향곡 중 하나이다. 『40번 교향곡』은 그의 교향곡 중에서 걸작으로 분류되는 만년의 16개의 교향곡 중에서 단 한개의 단조 교향곡이다. 단순한 모티브의 극적 전개가 돋보이는 기쁨과 슬픔, 유머와 눈물이 융합된 걸작으로 꼽히고 있다.

　모차르트 최후의 3대 교향곡 중 두 번째 곡으로서 39번의 밝고 맑음, 40번의 장려함과 대조적으로 그윽한 애수를 담은 비극미를 특색으로 한다. 이는 모차르트가 살았던 시대가 절대음악을 추구하는 시대였다는 시대적 배경 또한 무시할 수 없겠으나 모차르트의 작품이 가지는 비자서전적인 특질이 중요한 원인인 것으로 생각된다. 물론 모차르트가 단조 작품을 만들어내는 시기는 일반적으로 자신의 환경이 불우해지는 시기와 일치한다.

　작품 전반에 걸쳐 장조 조성을 즐겨 썼던 모차르트는 전체 교향곡 가운데 단 두 곡만 단조로 작곡했는데 두 곡 모두 g단조이다. 같은 조성의 두 곡을 구분하기 위해 『25번』은 '작은 g단조 교향곡', 『40번』은 '큰 g단조 교향곡'이라 불린다. g단조는 전통적으로 깊은 슬픔과 슬픔을 상징하면서 라멘트에서도 자주 사용되었는데, 이 조성에 특별한 애착을 보인 모차르트는 교향곡 외에도 '피아노 4중주 K.478', '현악 5중주 K.516'에서 같은 조성을 사용했다.

　1791년 4월 빈에서 초연되었으며, 18세기 교향곡의 전형을 답습하지 않은 독특한 형식 표현방식 때문에 다양한 평가를 받았다. 작곡자이자 음악평론가인 로베르트 슈만은 이 교향곡에 감탄하며 "가볍고 고대 그리스적 우아함이 배어있다"라고 평한 반면에 음악학지 알프레트 아인슈타인은 "실내악적인 작품"이라 말하였으며, 로

빈스 램던은 "모차르트의 조울증을 반영한 작품"이라 평하는 등 다양한 의견을 나타내었다.

단순한 모티브의 극적 전개

『교향곡 40번』은 '1악장 몰토 알레그로, 2악장 안단테, 3악장 미뉴에트 알레그레토, 4악장 알레그로 아사이'까지 전체 네 악장으로 구성되어 있다.

1악장 몰토 알레그로(Molto allegro / g단조, 2/2박자, 소나타 형식)

비올라의 어두운 박자로 시작되어 곧 첫 번째 주제가 나온다. 서주부 없이 곧바로 주제를 들려주는 이러한 기법은 낭만주의 시대에 유행하게 되었다.

소나타 형식으로 작곡된 1악장은 영화 〈아마데우스〉에 삽입된 곡으로 대중에게 무척 친숙하다. 주제 선율을 구성하는 기본 단위인 단2도 하행 음정으로 이루어진 8분음표 두 개와 4분음표의 3음 모티브는 라멘트에서 자주 볼 수 있는 한숨의 모티브를 떠올리게 한다. g단조와 더불어 내면의 슬픔의 정서를 상기시키는 장치로 볼 수 있는 리듬형은 훗날 오페라 '피가로의 결혼'에 나오는 케루비노의 아리아 '내가 누구인지, 무슨 일을 하는지 나도 모르겠어요.'(Non so piu cosa son cosa faccio)의 주제 선율에 차용되기도 했다.

짧은 음표 2개에 긴 음표 1개로 이루어진 이런 형태의 음형 모티브는 로시니의 『빌헬름 텔』 서곡을 비롯해 비슷한 시기의 여러 작품에서도 볼 수 있지만, 모차르트는 비화성음인 전타음을 사용해 긴장감을 높이고 선율을 약박에서 시작함으로써 당김음과 유사한 일시적인 셈여림의 변화를 꾀한다. 또한 2도 음정의 반복 이후에 등장하는 4분음표의 6도 도약을 통해 자칫 밋밋하게 전개될 수 있는 선율에 역동성과 활기를 부여하기도 한다.

2악장 안단테(Andante / E♭장조, 6/8박자, 소나타 형식)

느린 2악장은 g단조와 관계조성인 E♭장조로 전개된다. 긴장감과 역동성을 강조한 1악장의 흐름을 잠시 쉬어가는 듯 부드럽고 평화로운 선율 속에 휴식 같은 분위기가 펼쳐지지만 관악기와 현악기가 대화를 나누듯 펼쳐지는 부분은 음색의 조화로운 하모니를 느낄 수 있다.

3악장 미뉴에트 알레그레토(Menuetto Allegretto / g단조, 2/2박자, 소나타 형식)

강렬한 헤미올라 리듬으로 시작 된다. 미뉴에트 리듬을 사용한 3악장은 상행하는 아르페지오와 하행하는 반음계 선율의 대조가 특징적으로 사용된다. 특히 오리지널 악보에는 사용되지 않았던 클라리넷이 개정판 이후에 등장해서 한층 음향적인 효과를 더한다.

4악장 알레그로 아사이(Allegro assai / g단조, 2/2박자, 소나타 형식)

1악장과 마찬가지로 소나타 형식으로 작곡된 4악장은 아르페지오 형태의 상행하는 음형이 극적인 분위기를 만들어낸다. 못갖춘마디로 불안정한 느낌으로 시작한 4악장은 단조의 정석. 가장 강하게 느껴지는 부분으로 비극적이면서 격정적인 피날레를 장식한다. 고전시대 교향곡의 피날레에서 나타나는 일반적인 경향인 단정하고 가지런함을 따라 주로 여덟 마디의 악절로 구성되어 있다. 반음계의 한 음만을 제외하고 모든 음이 연주되는 발전부의 시작 부분에 나타나는 전조악절에서는 조(調)가 매우 불안정해진다. 재현부에서는 제시부가 재현되지만 제2주제가 확대되어 나오고 종결부도 규모가 크게 편성되어 비장감이 감도는 가운데 대단원의 막을 내린다.

모차르트의 『교향곡 40번』은 대중적인 인기만큼이나 수많은 레코딩이 남아 있고 연주자마다 해석의 기준과 스타일도 각기 다르다. 모차르트 교향곡의 정석으로 평가받는 브루노 발터 지휘의 뉴욕 필하모닉의 연주, 푸르트뱅글러와 빈 필하모닉의 연주 그리고 18세기 스타일의 정격 연주로 해석한 니콜라스 아르농쿠르와 프란스 브뤼헨의 녹음 등이 있다.

모차르트, 교향곡 제40번
지휘 : 카를 뵘
빈 필하모니 오케스트라
2011.9 발매

베토벤 『피아노 소나타 8번 (비창)』
Piano Sonata No. 8 in c minor Op. 13

연주가 금지되었던 혁명적인 피아노 소나타

베토벤(1770-1827년)은 젊은 시절에는 작곡가보다도 피아니스트로서 성공하고 싶다는 꿈을 가지고 있었다. 그는 어마어마한 실력을 가진 피아니스트로 특히 즉흥연주에서는 당대 최고였다. 당시, 일류 피아니스트라 불리기 위해서는 악보를 전혀 준비하지 않고 피아노를 즉흥에서 연주하는 실력이 뛰어나야 하는 것이 절대 조건이었다. 베토벤의 즉흥연주는 오늘날에는 물론 들을 수 없지만 그것을 들어본 동시대 사람들의 증언을 살펴보면 모두 크게 절찬하고 있다.

베토벤이 모차르트에게 인정받았던 것도 바로 즉흥연주였다. 고향 본에서 빈으로 온 16살의 베토벤은 당시 30살이었던 모차르트에게 피아노 연주를 들려줄 기회를 얻었다. 그러나 모차르트는 그의 출중한 연주를 듣고도 별로 반응을 보이지 않았다고 한다. 그도 그럴 것이 그에게 인사치레로 오는 천재소년 등을 수없이 많이 봐 왔고 열심히 연습해 온 곡을 잘 치는 것은 당연한 일이기 때문이었다.

그러한 모차르트의 기분을 재빨리 알아챈 소년 베토벤은 "저에게 어떠한 주제를 제시해 주십시오."라고 말했다. 모차르트는 미완성 오페라의 주제를 흥얼거리며 별실로 자리를 옮겼는데, 잠시 후 소년의 즉흥연주가 들려왔다. 지금 자신이 제시한 주제가 잇달아 변주되어 새로운 음악으로 재탄생해 가는 것을 들은 모차르트는 벗에게 "저 소년은 언젠가 빈 안에서 이름을 떨칠 것이다."라고 말했다. 이 이야기의 진위는 알 수 없지만 베토벤이라면 충분히 있을 수 있는 이야기라고 생각한다.

베토벤이 자신의 테크닉을 모두 쏟아 부어 만든 것이 『비창』이다. 이때, 그의 나이는 28세 아직 교향곡이나 피아노 협주곡, 4중주곡 등을 한곡도 만든 적이 없는 작곡가로서는 거의 무명에 가까웠다. 이 곡이 『비창』이라고 불리게 된 것은 그가 악보의 표지에 '비창적인 대 소나타'라고 기록해 둔 것에 따른다.

베토벤이 자작에 타이틀을 붙이는 것은 매우 이례적인 일이다. 얼마나 이 곡에 애착을 가지고 있는지를 알 수 있다.

『비창』은 발표되자마자 빈에서 피아노를 배우는 학생들을 열광시켰다. 그들은 앞을 다투어 악보를 구입했다. 너무나 혁명적이고 강력하면서도 아름다웠기 때문이다. 그러나 교수들은 학생들에게 "이 곡은 쳐서는 안 된다."라고 하면서 금지시켰다. 왜냐하면 전통적인 피아노 소나타의 서법과 피아노 주법을 무시한 곡이었기 때문이다. 그때까지 피아노 소나타라는 것은 하이든이나 모차르트 풍의 우미하고 섬세한 것이었는데, 베토벤의 피아노 소나타는 격렬하고 거칠었다. 이는 그의 연주 방식에도 따른다. 모차르트 시대의 피아노 주법은 손가락으로 연주하는 것이었는데, 베토벤의 연주는 손목, 팔꿈치, 어깨, 나아가 전신을 사용하여 연주하는 마치 격투기와 같은 것이었다. 베토벤이 동시대의 피아니스트를 압도한 것은 이 연주법도 한몫했을지도 모른다.

곡은 돌연 중후한 다단조의 서주로 시작된다. 어두운 운명이 엄습해 오는 듯한 서두이다. 이 무렵 베토벤은 음악가의 생명이라고도 할 수 있는 귓병에 시달리며, 피아니스트로서의 미래에 큰 불안감을 안고 있었다. 참고로 '다단조'는 『교향곡 5번』('운명')과 같은 조성으로 베토벤이 운명과 격렬히 싸우는 음악을 쓸 때 선택하는 조성이다. 무겁고 심각한 서주가 끝나면 비극적인 주제가 연주된다. 애달프고 뭔가 골똘히 생각하는 듯한 멜로디이다. 가슴을 죄는 듯한 비통한 음악이긴 하지만 중기의 목숨을 건 듯한 투쟁은 아니다. 곡 전체에 센티멘털 한 서정성이 감돌고 있다. 초기의 베토벤 음악에는 이러한 '청춘의 음악'이라 부르고 싶어지는 풋풋한 매력이 넘친다.

제2악장의 아다지오(adagio)는 일변하여, 치유의 음악이다. 마음에 깊이 사무치는 듯한 멜로디는 도취될 정도로 아름답다. 베토벤은 일반적으로 격렬한 투쟁의 음악을 쓰는 작곡가라는 이미지가 있는데 그것은 그의 일면에 불과하다. 그의 진면목은 완서악장에 있다. 『비창』의 제2악장의 아름다움과 철학적인 깊이는 절품이라 할 수 있다. 참고로 그의 만년의 최고 걸작 『제9교향곡』 완서악장의 멜로디는 이 주제에 흡사하다.

마지막 악장인 제3악장은 일변하여 화려한 론도(rondo)이다. 베토벤의 멋진 피아노 테크닉이 풍성하게 수놓인 찬란한 곡이다.

괴테조차 지워버린 베토벤의 천재성

『비창』을 들으면 문득 떠오르는 것은 이 곡을 들은 귀족의 규수들이 금세 베토벤에게 푹 빠졌을 것 같다는 생각이다. 로맹 롤랑(Romain Rolland)의 명작『베토벤의 생애』에서는 베토벤은 평생 이루어질 수 없는 사랑에 여러 번 고통스러워했다고 쓰여 있어 그것이 세상 일반적인 그의 이미지가 되었는데 오늘날의 연구에 따르면, 베토벤은 오히려 많은 귀족 규수나 부인과 정열적인 연애를 했다는 사실이 밝혀졌다.

그는 귀가 들리지 않는 빈곤한 평민 출신으로 키는 작고 얼굴에는 천연두 자국이 있는 결코 잘생겼다고 말할 수 없었다. 그럼에도 불구하고 많은 귀족 규수나 부인들이 그에게 푹 빠진 것이다.

당시 빈의 귀족들의 음악적 교양은 매우 높았다. 베토벤의 뛰어난 음악성을 처음으로 인정한 사람들은 사실 대중이 아니라 귀족들이었다. 높은 음악 교양을 지닌 귀족 규수들이 베토벤의 연주를 목격하면 어떻게 될까? – 생각할 것까지도 없을 것이다. 그때까지 한 번도 들어본 적이 없는 멋진 피아노 소나타를 연주하는 천재를 보고 사랑에 빠지지 않는 여성들이 있을 수 있을까.

한 번 상상해보길 바란다. 라디오도 CD도 없던 시대에, 사람들이 피아노음악을 듣는 것은 실제 연주로 듣는 수밖에 없던 시대에 명곡의 명연주를 접한 청중의 감동은 얼마나 대단했을지. 그 감동의 깊이는 현대와는 비교도 안 될 정도로 컸을 것이다. 게다가 그 곡을 연주하고 있는 것은 작곡가 자신으로 심지어 그 곡을 연주할 수 있는 건 세계에서 그 남자뿐이라면 마치 '기적'을 만났다고 생각했다 해도 전혀 이상하지 않다.

실제로 교양 넘치는 많은여성들이 베토벤을 만나 놀라울 정도의 감동과 기쁨을 남기고 있다. 여류 문학자로서도 명성이 높고 문호 괴테와도 친분이 있었던 재원 베티나 폰 아르님(Bettina von Arnim)(구성 브렌타노(Brentano))은 괴테에게 편지로 이렇게 말하고 있다.

'처음 베토벤을 만났을 때, 나는 전 세계가 흔적도 없이 모조리 사라져 버린 것 같은 생각이 들었습니다. 베토벤이 나에게 세계의 모든 것을 잊게 만든 것입니다. 괴테 당신도….'

이 편지를 쓴 아르님의 소름끼칠 정도의 혜안에 감탄한다. 그녀는 베토벤의 음악을 들었을 때 그 천재성을 한 번에 알아본 것이다. 참고로 이 아르님도 베토벤의 연인 중 한 사람이 아니었을까 전해지고 있다.

이 편지로 인해 괴테는 베토벤을 만나게 된다. 그러나 18세기를 대표하는 두 거장의 해후는 행복한 만남은 되지 못했다. 베토벤은 괴테의 예술가답지 않은 빈틈없음에 실망하였고 괴테도 역시 베토벤의 거친 인간성에 혐오감을 느꼈다. 괴테가 베토벤의 진정한 천재성을 깨닫게 되는 것은 베토벤이 세상을 떠난 후였다.

『비창』 이후 베토벤의 피아노 소나타는 더욱더 깊이감과 철학성을 담게 되는데, 이 발랄한 '젊은 무사 베토벤'이라고도 부를 만한 곡도 중기나 후기의 걸작에 결코 뒤처지지 않는다. 아니 피아노 소나타의 역사에서 보면, 참으로 획기적인 걸작이다.

상쾌하면서도 중후한 굴다의 연주

빌헬름 박하우스(Wilhelm Backhaus), 이브 나트(Yves Nat), 빌헬름 캠프(Wilhelm Kempff), 클라우디오 아라우(Claudio Arrau)와 같은 옛 시대 명수(名手)의 연주도 좋고 알프레드 브렌델(Alfred Brendel), 블라디미르 아슈케나지(Vladimir Ashkenazy), 다니엘 바렌보임(Daniel Barenboim), 루돌프 부흐빈더(Rudolf Buchbinder)와 같은 그 다음 세대의 연주도 훌륭한 평판을 받는다.

베토벤, 피아노 소나타 8번 『비창』
피아노 : 다니엘 바렌보임
1999.7.12. 발매

03. 노인 음악치료

1. 노인의 음악치료에 있어서의 즉흥연주기법
2. 악기 활동의 실제

Classical music & Music Therapy

노인 음악치료

1. 노인의 음악치료에 있어서의 즉흥연주기법

노인의 음악치료에 있어서의 즉흥연주기법에 대해서 건강한 노인부터 인지증 최고 중증의 노인까지 각각의 상태에 맞춘 음악에 따른 관계 방식이라는 시점으로 정리하였다. 여기서 이루어지는 즉흥연주는 음악치료사와 클라이언트의 1 대 1 형태로 이루어지는 독주이다.

1.1 | 기성곡 연주와 즉흥연주

기성곡 연주란 이미 만들어진 틀에 따라 이루어지는 연주이다. 음악의 틀이란 템포, 멜로디, 리듬, 하모니, 다이내믹 등 그 음악을 구성하고 있는 요소를 지칭한다.
즉흥연주란 문자 그대로 틀이 없는 상태로 즉흥적으로 이루어지는 연주이다. 즉흥연주는 연주자의 자발적 참여의 정도에 따라 ① 전체적 즉흥연주 ② 부분적 즉흥연주로 나눌 수 있다. 노인의 음악치료에서는 이 외에 기성곡의 템포나 하모니, 리듬을 대상자의 표현에 맞춰 변화시키며 연주하는 경우도 포함된다.

1) 기성곡 연주의 목적

노인의 음악치료에서 기성곡을 연주하는 목적으로서 이하의 두 가지를 꼽을 수 있다.

① 틀을 이해하고 틀에 따라 행동하는 능력의 확인과 유지

기성곡은 작곡가에 의해 이미 세부까지 만들어진 곡이다. 작곡가의 의도에 따라 음악의 틀이 결정되어 있다. 틀이 있는 곡을 연주하기 위해서는 그 틀을 이해하고 거기에 맞춰 실행하는 능력이 필요하다.

노인이 기성곡의 틀에 따라 연주하는 것은 그들의 능력의 확인과 유지에 도움이 된다.

② 틀에 보호되는 가운데 이루어지는 연주 경험

틀에 따라 연주하는 것은 예정한 대로의 결과를 얻을 수 있다는 안심감과 연주자에게 특별한 창의, 노력이나 독자성이 요구되는 일이 없다는 안심감 속에서 이루어진다. 연주에 익숙하지 않은 사람이 안심하고 연주하는 경험을 쌓을 수 있다.

2) 즉흥연주의 목적

노인의 음악치료에 있어서의 즉흥연주에는 주로 3가지 목적을 꼽을 수 있다.
① 자유로운 자기표현
② 음악을 통한 교류(커뮤니케이션)
③ 부분 즉흥연주(기성곡의 즉흥적 연주)에 의한 틀에 머무는 능력의 유지

① 자유로운 자기표현

일반적으로 고령자는 사회의 틀(구조)에 따라 생활하고 있는 경우가 많다고 한다. 따라서 틀을 벗어나 자유로운 표현을 하는 것에는 익숙하지 않다. 그러

나 누구나 자기를 자유롭게 표현하고 싶은 소망을 가지고 있을 것이다. 즉흥연주는 틀에서 자유롭게 되는 경험을 가능하게 한다. 또 가령(加齡)에 따른 심신기능저하로 인해 말이나 신체가 부자유스럽고 평소 생활 속에서 자신을 충분히 표현하지 못한다는 생각이 쌓여가는 경우가 있다. 기성곡 연주의 틀에 갇히지 않겠다는 의지를 즉흥연주로 표현할 수 있다.

② **음악을 통한 교류(커뮤니케이션)**

커뮤니케이션은 타인과의 교신이다. 통상적으로 커뮤니케이션은 언어·문자·신체표현으로 이루어지는데, 음악치료의 클라이언트는 언어나 문자를 사용하는 능력이 떨어지거나 또는 불가능한 상태에 있는 경우가 많기 때문에 언어·문자가 아니라 소리·음악을 커뮤니케이션의 수단으로 사용하게 된다. 기능저하가 아직 심하지 않은 클라이언트와의 교류에서는 클라이언트가 자신의 생각을 음악으로 표현하고 그 표현에 음악치료사가 대응하는 등 활발한 교류가 이루어진다.

한편, 기능의 저하가 심해진 클라이언트와의 교류에서는 클라이언트가 간신히 내는 목소리나 소리(방울소리, 스틱의 끝이 북에 닿는 소리, 작은 헛기침) 또 약간의 손가락이나 발의 움직임, 몸의 미세한 움직임, 호흡, 안구의 움직임 등의 신체표현을 음악치료사가 파악하여 소리·음악으로 답하는 조용한 교류가 이루어진다. 클라이언트의 쇠약이 심해져 다른 방법으로는 타인과 커뮤니케이션이 불가능해진 상태에도 음악을 통해 커뮤니케이션을 취할 수 있는 가능성이 충분히 있다.

③ **부분 즉흥연주(기성곡의 즉흥적 연주)에 의한 틀에 머무는 능력의 유지**

기성곡의 틀을 이해하고 실행하는 능력이 저하되면 그 연주는 불규칙적이고 도중에 끊어지기 쉬운 연주가 된다. 기성곡의 즉흥적 연주라는 부분 즉흥연주에서는 음악치료사는 클라이언트의 기성곡의 틀에서 벗어난 연주를 기성곡의 틀을 유지하면서 곡을 완성시켜 간다. 불규칙적이고 도중에 끊어지기 쉬운 연주가, 음악치료사에 의해 기성곡의 틀에 맞게 만드는 것은 클라이언트의 틀에 머무는 능력을 지탱하고 유지시킨다.

〈사진 3-1〉 노인 음악치료 사례

1.2 | 즉흥연주기법 1(건강한 노인) '틀에서의 이탈을 위해'

일반적으로 노인은 지금까지의 인생을 통해 사회의 틀(규칙)에 따라 생활을 하고 있다. 사회의 틀에 따른 행동을 "올바른" 행동 그렇지 않은 행동을 "잘못된" 행동으로서 판단하는 경우도 많다.

음악치료의 세션에서 악기를 사용해 연주하는 경우에도 많은 분들이 '어떻게 연주하면 좋을까요' 하고 먼저 틀(규칙)을 묻는다. 또 그 틀에 따라 가능한지의 여부가 음악행동의 평가 기준으로 삼는 경우가 많다고 생각한다. 물론 그것이 잘못되었다고는 할 수 없지만 누구나 마음속에는 정해진 틀(규칙)이 있지만 거기서 벗어나 자유롭게 표현할 수 있는 것이다. 틀에 얽매이지 않고 자유롭게 자기표현을 함으로써 개방감을 느끼며 새로운 자신을 깨달을 수 있다. 또 가령에 따른 심신기능의 저하, 인지증 등에 의한 인지기능의 장애, 뇌경색의 후유증 등에 따른 신체기능의 장애로 인해 그 전에는 할 수 있었던 통상적인 방식에 따라 행동하기 어려워져 행동의 결과도 기대에 어긋난 결과가 되는 경우도 있다.

즉흥연주라는 틀에 얽매이지 않는 연주의 결과를 '좋은 결과'로 받아들이는 경험은 일상생활에서의 틀대로 할 수 없었던 행동을 수용하는 준비가 될 것이라고 생각한다.

여기서 이루어지는 연주는 모두 클라이언트와 음악치료사에 의한 1 대 1 개인연주이다. 즉흥연주기법 1은 가령에 의한 자연스러운 기능저하는 있지만, 거의 건강한 노인이 대상이므로 이 개인연주활동은 집단 세션 프로그램 속에서 이루어지는 경우가 많아 다른 클라이언트가 그 연주를 듣고 있는 환경 속에서 이루어진다.

1) 목적
① **독주에 임하는 경험** : 복수의 클라이언트 앞에서 이루어지는 독주에는 긴장감이 동반된다. 잘 알고 있는 곡을 틀에 맞춰 연주하는 것은 과도한 긴장을 일으키지 않기 때문에 독주에 임하는 계기로 삼을 수 있다.
② **성취감의 획득** : 기성곡 1곡을 그 틀에 따라 처음부터 끝까지 무사히 연주해 냄으로서 성취감을 맛볼 수 있다.
③ **기성곡 연주를 통한, 틀의 이해와 실행 능력의 확인과 유지** : 틀에 따라 연주하기 위해서는 틀을 이해하고, 실행하는 능력이 필요하다. 기성곡을 연주함으로써 그 능력이 있다는 것을 확인할 수 있어, 그 연주를 통해 그 능력의 유지가 도모된다.

2) 방법
① 음악치료사와 클라이언트가 협동해서 연주를 하기 위해 양자의 위치는 양자가 마주 보고 시선을 주고받을 수 있는 위치로 설정한다. 또 다른 클라이언트에게 양자의 연주 모습이 보이는 위치로 설정한다.
② 음악치료사와 클라이언트는 클라이언트가 고른 기성곡 등을 그 곡의 틀(멜로디, 리듬, 하모니, 템포 등)에 따라 연주한다. 음악치료사의 피아노 연주는 소위 '반주'의 형태를 취한다.

3) 사용곡
익숙한 기성곡(가창이나 악기 연주를 위한 곡 등)이나 클라이언트가 리퀘스트 한 곡 중에서 상의해서 결정한다. 음악치료용으로 작곡된 곡 또는 친숙해진 곡을 자주 사용한다.
- 고향의 봄 – 고향을 회상하고 인지하면서 노래의 가사에 자신의 고향을 개사하여 가창함.
- 달 타령 – 12달의 의미를 회상하고 달의 수만큼 리듬악기를 두드리며 숫자 인지를 도움.
- 퐁당퐁당 – 손가락 유희를 통하여 인지 재활을 도움.

그 외 익숙한 동요나 가요를 통하여 기억을 회상하여 인지 재활을 도울 수 있다.

4) 사용 악기

클라이언트가 선호하는 악기(하모니카, 실로폰, 오토하프) 등 어떤 악기든 가능한데, 북·심벌즈 등 조작이 간단하고 표현하기 쉬운 악기를 권하는 것도 좋을 것이다. 음악치료사가 담당하는 악기는 클라이언트의 연주를 이끌어 낼 수 있는 악기를 선택한다. 피아노는 대부분의 가창곡이나 악곡의 반주악기로서 이용할 수 있는데, 때로는 가창이나 허밍으로 이루어지는 경우도 있다.

〈사진 3-2〉 음악치료 악기 / 오토하프

1.3 | 즉흥연주 기법 2(인지증 노인) '틀에 머무는 능력을 유지하기 위해'

즉흥연주 기법 2는 인지증 등의 질환으로 인해 기능의 저하가 보이는 노인을 대상으로 한 기법이다. 기성곡 연주와 부분 즉흥연주(기성곡의 즉흥적 연주)에 의한 관계의 방법을 나타낸 것이다. '틀에 머무는 능력을 유지'하는 것을 목적으로 하고 있다. 기능저하가 보이는 인지증 노인이 대상이므로 개별 대응이 필요하다. 즉흥연주 기법 2는 2~3명의 집단 세션 또는 개인 세션 프로그램 중에 이루어지는 개인 연주를 통한 기법이다.

사람은 인지력・기억력・사회성・협조성・자기조절력・실행기능 등의 능력에 의해 틀에 머물고 사람과 관계할 수 있다. 사람이 사람으로서 살아가기 위해서는 사람과의 관계는 빠질 수 없다. 인지증의 진행에 따른 그 능력의 저하는 인지증 노인의 사람과의 관계, 사회생활을 어렵게 만든다.

기성곡의 틀을 이해하고 실행하는 능력이 저하되면 그 연주는 불규칙적으로 도중에 끊어지기 쉬운 연주가 된다. 이 기법에서 음악치료사는 클라이언트가 틀에서 벗어난 연주를 기성곡의 틀로 뒷받침함으로써 클라이언트에게 틀에 따른 연주를 하게끔 조장하여 클라이언트의 틀에 머무는 능력을 뒷받침하고 그 유지를 목표로 한다.

이 기법도 즉흥연주기법 1과 마찬가지로 클라이언트를 3가지 타입이다.

1.4 | 노인의 즉흥연주 기법 정리

기성곡, 즉흥곡 쌍방의 장・단점을 대상자의 상태, 대상자의 음악치료 목적에 맞춰 구분해 사용함으로써 음악에 의한 커뮤니케이션 기능의 유지, 새로운 자신의 발견, 자기 존재에 대한 깨달음 등이 가능해진다. 기성곡은 틀(곡의 길이, 멜로디, 리듬, 템포, 하모니, 다이내믹 등)이 정해져 있다. 그 정해진 틀을 이해하고 실행할 수 있는 또 그것을 좋아하는 클라이언트(TYPE 1-1, 1-2)에게는 기성곡 연주를 실시하면서 틀을 이탈하는 것을 목적으로 해서 부분 즉흥연주를 권하는 것도 좋을 것이다. 틀을 벗어나 자유롭게 표현하고 싶어 하는 클라이언트(TYPE 1-3)에게는 전체 즉흥연주가 좋을 것이다. 한편, 틀을 이해하고 실행할 수 없게 된 클라이언트(TYPE 2-1, 2-2, 2-3)에게는 기성곡을 틀대로 연주할 수 있도록 서포터 할 필요가 있다. 그 서포터 방법도 클라이언트의 상태에 따라 달라진다.

클라이언트의 상태를 이해하고 필요한 것을 찾은 후 기성곡・즉흥곡을 구분해 사용하는 것이 중요하다. 기능 저하의 과정은 생활환경의 차이나 개인차, 질환의 유무에 따라 그 속도나 정도에 차는 있어도 모든 사람이 이르는 과정이다.

음악치료에서는 노인이 건강한 상태일 때부터 그 과정을 예측한 참여 방식이 필요하다. 같은 음악치료사가 같은 곡·같은 악기를 사용해 동일한 활동을 계속함으로써 즉흥연주 기법 2-1, 2-2, 2-3과 같은 상태의 클라이언트가 사람과의 커뮤니케이션을 계속할 수 있게 되고, 그 행동을 서포터 하는 음악치료사의 존재를 인식할 수 있다. 자기의 존재도 알지 못하게 되는 상태가 되어도 타인과의 커뮤니케이션을 통해, 타인의 존재를 통해 자기의 존재에 대해 깨달을 수 있는 것이다. 그 커뮤니케이션을 시작하는 키는 음악이다. 음악이 클라이언트의 마음을 여는 KEY가 되고 그 KEY에 의해 두 사람 간의 교신 루트가 열리게 되는 것이다.

두 사람 간의 공통 키가 되는 음악을 만들어 두는 것이 중요하다. 음악이 아니라 음악치료사와 클라이언트 양자가 공유할 수 있는 음악일 필요도 있다. 음악치료사와 클라이언트가 공유하는 음악은 음악치료 세션을 계속 진행하는 가운데 양성된다. 악기 조작이라는 행동은 그 행동이 단순하고 반복적으로 이루어지고 있다면, 몸이 느낀 기억 즉 '절차적 기억(Procedural memory)'으로서 대상자의 기억에 남을 수 있다. '가령에 의한 감각·기억·주의·지능의 변화'에서 기억에 대해서 소개하였는데, 원격 기억은 에피소드 기억, 의미 기억, 절차적 기억 순으로 잃어버린다고 알려져 있다. 즉, 절차적 기억은 마지막까지 남는 것이다.

그룹 홈 등에서 생활하는 인지증 환자들에게 감자껍질을 벗기고 바느질을 하는 등 신체가 기억한 기억이 '절차적 기억'으로서 남아 있어 매일의 생활 속에서 그 일을 담당할 수 있다는 사례를 보고 들었다.

피아노 연주와 같은 복잡한 조작이 아니라 스틱 하나를 움직이는 단순한 조작을 통한 악기연주는 절차적 기억으로서 남아 상기되고 재생하기 쉬운 행동이라고 볼 수 있다.

〈사진 3-3〉 커뮤니티 음악요법(단순한 조작) 말렛잡고 북치기

2. 악기 활동의 실제

2.1 | 노인의 음악치료에서 사용하는 악기

노인의 음악치료 세션에서 사용하는 악기에 대해서 그 용도 및 조작방법 등을 포함해 소개한다.

사용하는 악기의 종류는 아동 영역의 경우와 노인 영역의 경우에서 큰 차이는 없다. 그러나 발달단계에 있는 아동과 일단 발달을 이룬 후 기능의 저하가 진행하고 있는 단계에 있는 노인의 경우에는 악기의 사용목적과 방법에서 다른 시점이 필요하다.

2.2 | 악기의 조작 – 운동기능의 시점에서

악기 연주는 음악 활동으로서 이루어진다는 점에서 그 활동의 과정이나 결과는 음악적일 필요가 있지만 그것만 있는 것은 아니다. 아름다운 연주를 하기 위해 필요한 악기 조작이 그 자체, 미세운동의 기능훈련으로서 유효한 것이다. 다음은 그 조작이 미세운동의 자극이 되는 악기와 구강기능 및 호흡 기능의 자극이 되는 악기를 소개하고 그 효과, 방법과 유의점 등에 대해서 예를 포함하여 알아보고자 한다.

1) 미세운동 기능의 유지·개선을 의도해서 사용하는 악기

만지는 악기, 흔드는 악기, 두드리는 악기, 누르는 악기, 튕기는 악기, 문지르는 악기의 조작은 미세운동기능의 유지·개선에 도움이 될 수 있다. 합주의 음악적 효과를 고려해 이런 악기를 선택하는 것도 중요하지만, 미세운동 기능이 저하되어 있는 노인의 경우는 그 기능의 유지라는 목적을 의식해서 악기를 선택하는 것도 중요하다.

이하에 오토하프(Autoharp)를 예로 들어, 그 조작방법에 대해 생각해 보자.

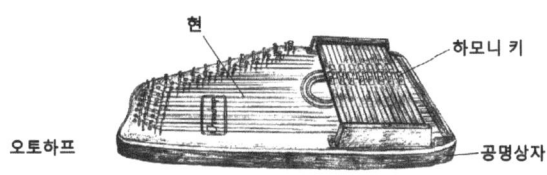

오토하프 / 현 / 하모니 키 / 공명상자

오토하프는 공명상자 위에 복수의 현이 평행하게 당겨져 있다. 현의 우측에는 하모니를 만들기 위한 키가 나열되어 있다. 키를 누르고 현을 켜서 울리면 키에 기록되어 있는 코드에 포함되는 소리가 울린다. 주로 악곡의 코드연주에 사용되는 악기이다. 부드럽고 아름다운 소리가 풍부하게 울려 그 여운도 맛볼 수 있는 악기이다.

이 악기에서 한 번에 많은 소리가 울리도록 연주하기 위해서는 수평으로 당겨진 현을 적당한 힘을 주어 한 번에 많이 튕기는 것이 필요하다. 무릎이나 테이블에 수평하게 둔 오토하프의 현을 가장 많이 튕기기 위해서는 키가 달려 있는 가는 봉에 따라 현의 끝에서 앞을 향해 똑바로 수평하게 튕기는 움직임이 필요하다. 매끄럽게 계속 튕기기 위해서는 손가락으로 집은 피크는 적당한 힘으로 계속 유지해야 한다.

이 동작에 필요한 운동은 손가락으로 피크를 단단히 집는 운동과 그 힘의 컨트롤, 상완(위팔)을 신체의 전방에서 앞을 향해 수평으로 똑바로 당기는 운동이다. 이때, 팔꿈치의 움직임도 상완의 움직임에 연동시킬 필요가 있다. 어깨관절의 매끄러움도 필요하다.

미세운동 기능에 장애가 있는 클라이언트가 이 운동을 하기 위해서는 대부분의 경우 옆에서 도와줄 필요가 있다. 음악치료사는 클라이언트의 팔꿈치를 가볍게 받쳐 고정하면서 팔꿈치를 상완의 움직임에 연동하도록 유도할 필요가 있을 것이다. 단계적으로 도움을 줄여감으로써 팔꿈치와 팔의 운동기능 개선이 가능해진다.

오토하프에는 현을 튕기기 위해 손톱에 끼우는 피크나 작고 평평하고 얇은 플라스틱제 피크가 부속되어 있다. 그러나 대부분의 노인은 손끝의 섬세한 동작이 어려워진 상태이므로 이들을 사용해 현을 튕기는 것은 어렵다. 피크를 사용하지 않고 손가락으로 현을 튕기는 것도 가능하지만 손가락이나 손톱에 무리가 간다. 그래서 조금 사이즈가 크고 두꺼운 펠트로 만들어진 우크렐레의 피크나 요리에 사용하는 스크레이퍼(긁개, scraper) 등을 사용하는 것도 괜찮을 것이다. 그 방법을 마스터했다면 약간 작은 피크에 도전해간다. 그렇게 함으로써 클라이언트의 기능 유지·개선을 도모해 나갈 수 있다.

2) 구강기능, 심폐기능의 유지·개선을 목적으로 해서 사용하는 악기

리드혼(reed horn)이나 콰이어혼(Choirhorn), 하모니카, 새피리 등 부는 악기는 그 조작이 혀나 입술 등의 구강기능과 호흡을 위한 심폐기능, 호흡의 컨트롤을 위한 복근의 자극이 된다.

호른을 입에 물어도 입술을 제대로 닫지 못하는 클라이언트를 자주 만난다. 겨우 숨을 불어 넣는다 해도 입술이 닫혀 있지 않기 때문에 숨이 새버려 소리가 나오지 않는다. 말로 "입술을 꼭 다물어 주세요."라고 말해도 잘 되지 않지만 '입술을 다문 순간 소리가 나오는' 체험을 거듭하면서 입술을 다물 수 있게 된다.

리드혼이나 콰이어혼을 한숨으로 길게 불기 위해서는 깊은 호흡과 날숨을 조금씩 천천히 길게 내뱉을 수 있는 복근의 힘이 필요하다. 이것을 매주 반복하면서 혼 소리의 지속시간의 변화를 통해 클라이언트 자신이 호흡 컨트롤의 변화를 실감할 수 있다. 집단 세션 속에서 실시하면 서로 긍정적인 경쟁심도 있어 조금씩 노력을 하는 것이다. 또 '어떻게 하면 그렇게 길게 불 수 있나?' 하고 대화를 주고받거나 서로 궁리하는 등 커뮤니케이션을 즐길 수 있다.

다양한 리듬으로 불거나 혀를 사용한 "텅잉(tonguing)"이라는 연주법으로 조금씩 끊어 부는 것은 혀의 매끄러운 움직임의 유지·개선에 유효하다. 이들은 섭식(攝食)에도 필요한 기능이기 때문에 건강한 생활을 유지하기 위해서도 필요한 것이다. 피아노 연주는 하모니를 밝게 하거나 반대로 블루스 스케일로 바꾸고 템포도 다양하게 바꾸어 즐겁게 활동 분위기를 돋우기 위해 노력하고 있다.

여기서 주의해야 하는 점은 기능저하가 진행된 고령자에게는 호흡이나 섭식을 위해 필요한 '(공기를) 들이마시는 기능'은 유지되고 있더라도 섭식에 크게 필요하지 않은 '(공기를) 부는 기능'을 잃어버린 경우가 종종 있다고 한다. 즉, 입에서 의식적으로 숨을 내뱉지 못하게 된 클라이언트가 있다는 것이다.

리드 혼이나 콰이어 혼으로 '부는' 활동을 계속해 나감으로써 부는 기능을 회복시킬 수 있는 경우도 있다. 클라이언트가 말을 잃게 되거나 노래를 하지 못하게 된 상태에서는 부는 행동에 의한 표현은 자신이 직접 숨으로 표현한다는 매우 귀중한 기회가 되기도 한다. 나아가 (공기를) 부는 행동을 통해 타액의 분비도 촉진되어 구강 내의 청결 및 소화에도 도움이 된다. 이러한 것을 달성하기 위해서는 기능저하가 현저해지기 전부터 이 활동에 돌입하여 계속 실천해 갈 필요가 있다.

2.3 | 악기사용에 관한 유의점

노인의 음악치료에서 악기를 사용할 때 주의해야 할 점을 몇 가지 소개하도록 한다.

① 클라이언트가 악기 연주에 대해 주저하거나 당혹감을 보이는 경우도 자주 있다. 그 기분을 충분히 이해하도록 하자.
② 인생 경험이 풍부한 노인의 존엄을 훼손하지 않는 악기를 선택하여 권하도록 하자. 한편 장난감 같은 악기라도 권하는 방법에 따라서는 즐겁게 연주할 수 있다.
③ 클라이언트의 심신기능 상태에 맞춘 조작의 악기를 선택하고 권하도록 하자. 클라이언트의 미세운동의 능력, 시각, 청각, 눈과 손의 협응력 등 악기 조작에 필요한 기능에 맞춰 악기를 제공하는 것이 좋다. 또 심신기능의 유지뿐 아니라 적극적으로 개선을 의도한 악기의 선택도 필요하다.
④ 악곡과 악기의 매칭에 유의하자. 악곡의 우수함, 아름다움을 조장하는 악기를 선택하여 연주가 음악적이게 되도록 유의하도록 하자.

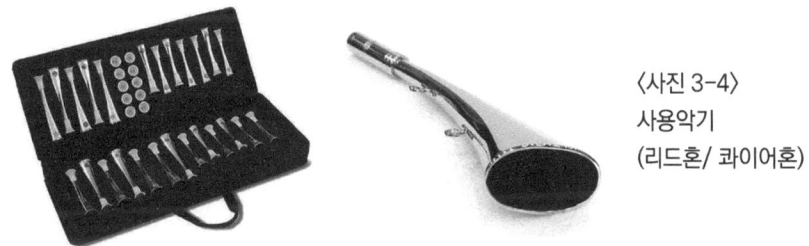

〈사진 3-4〉
사용악기
(리드혼/ 콰이어혼)

2.3.1 | 잼(jam) 연주

1) 방법
지정된 범위에서 리듬 등을 자유롭게 악기를 연주하는 방법이다.

잼 연주는 악기를 어떻게 울리든 상관없다는 설정이므로 합주 중에 거기서 한숨 돌릴 수 있다. 스페이스 연주나 하모니 연주 등 다른 연주 방법과 조합해 사용하는 경우가 많아진다. 여기서 나타내는 잼 연주는 그것과 달리 합주곡이 있는 부분을 한 사람 또는 복수의 사람이 연주하는 방법이다.

2) 사용 악기
주로 리듬악기를 사용한다. 트리 차임(tree chime)은 자주 사용되는 악기이다.

벨(bell)이나 톤차임(ToneChime) 등의 멜로디 악기를 사용할 수도 있다. 그 경우에는 악곡의 성조(聲調)의 으뜸음·딸림음을 사용하면 악곡의 하모니를 크게 벗어나지 않고 연주할 수 있다.

호른(horn)이나 래칫(ratchet) 등 별로 사용해 본 적이 없는 악기를 잼 연주에서 사용해 보는 것을 권장한다. 익숙하지 않은 악기를 어디서 언제 울려도 되는 잼 연주 속에서 사용함으로써 다양한 악기에 도전해 친숙해질 수 있다.

심벌즈, 큰 북, 징 등 큰 소리가 나는 악기는 그 악기의 소리가 전체를 지배하기 쉽기 때문에 사용 방식에는 주의가 필요하다. 그들을 사용하는 경우에는 음량 조절 조작이 가능한 클라이언트나 비트를 일정하게 유지할 수 있는 클라이언트에게 의뢰하거나 음악치료사 등 스태프가 담당하는 편이 안전할 것이다.

2.3.2 | 스페이스 연주

프레이즈 후 의도적으로 넣은 휴지부(休止符, space)를 클라이언트가 소리로 메우게 함으로써 그 프레이즈를 완성시키도록 만들어진 곡이다.

1) 방법

클라이언트 혼자이든 여러 명이서 함께 그 스페이스(휴지부)에서 악기를 연주할 수 있다. 여러 명이서 연주하는 경우에는 연주에 대한 심리적 부담을 크게 느끼지 않고 연주할 수 있다. 처음에는 전원이 스페이스 연주를 시작하고 연주에 익숙해진 무렵부터 클라이언트를 한 사람씩 지명하면서 연주하면 즐거운 활동이 된다.

2) 사용 악기

멜로디악기든, 리듬악기든 모두 사용할 수 있다. 곡의 분위기에 맞는 악기를 선택하도록 하자.

2.3.3 | 멜로디 연주

가창곡이나 악곡의 멜로디를 톤차임이나 벨 등의 멜로디 악기로(멜로디를) 입히듯 연주하는 방법이다.

1) 방법

멜로디 연주는 카운터·멜로디를 입히는 연주가 있다. 카운터·멜로디에는 1옥타브의 순차 진행으로 구성되는 것과 곡의 오리지널 멜로디와는 별도로 만들어진 카운터·멜로디가 있다.

1곡 전체를 멜로디 연주만으로 진행하는 경우도 있지만 음수가 늘어나는 경우가 많아 연주가 부담스러워지는 경우가 있다. AB 형식이나 ABA 형식의 곡에서는 하모니 연주 및 잼 연주와 조합하여 진행하는 편이 좋을 것이다. 멜로디 연주 속에서 음수가 많은 곡은 그 부분을 하모니 연주로 편곡해서 사용할 수 있다. 또 카운터·멜로디의 옥타브 순차 진행을 1음마다 울리게 하면 음수는 절반이 된다.

2) 사용 악기

톤차임이나 벨, 호른, 실로폰, 데스크벨, 스틸드럼, 에너지차임, 피아니카, 하모니카, 키보드, 피아노 등의 멜로디악기를 사용한다.

톤차임, 벨, 호른은 각각이 한음씩 독립된 악기이므로 여러 명이 각각 1음 또는 2음을 담당하여 멜로디를 입힐 수 있다.

실로폰, 데스크벨은 각각이 한음씩 독립된 악기이지만, 3음 또는 5음 등 복수 합쳐서 한 사람이 연주할 수 있는 악기이므로 혼자 멜로디 전체를 완성시키는 독주도 가능하다.

스틸드럼, 에너지차임(옥타브 등) 피아니카(멜로디언), 키보드, 피아노 등은 복수의 소리가 정리되어 있는 악기이므로 그 악기를 사용해 혼자 멜로디를 완성시키는 독주가 가능하다. 클라이언트의 상태에 맞춰 선택하도록 한다.

〈사진 3-5〉 악기연주를 중심으로 한 즉흥연주

04. 각 영역별 음악치료 사례

1. 아동 음악치료 사례 연구
2. 특수아동을 위한 음악치료
3. 청소년을 위한 음악치료
4. 성인을 위한 음악치료
5. 노인을 위한 음악치료

Classical music & Music Therapy

각 영역별 음악치료 사례

1. 아동 음악치료 사례

1.1 │ 자폐성 아동을 위한 음악치료

자폐는 의사소통과 이해 능력을 저하시키는 신경 발달적 장애를 뜻하며 전반적 발달장애(Pervasive Development Disorder : PDD)라는 용어로 기술된다.(Dorita S. Berger, 2012)

용어는 '자폐(autism)'라는 명사적 용어 대신 형용사 형태로 수정된 '자폐성장애 (autistic disorder)'라는 용어로 바꾸어 사용, 1990년 중반부터 학계에서 '자폐 범주성 장애(autistic spectrum disorder)'라는 용어를 도입, 대부분의 관련 분야에서 사용된다. 자폐 아동들이 가장 큰 결함을 나타내는 부분은 사회성 영역이라고 볼 수 있다.

Bakwe(1982)는 음악의 사용이 자폐 아동의 사회적 고립을 저지시키고 의사소통 패턴을 확립시키는 데에 효과적이었다고 보고하면서 음악치료가 자폐 아동을 위한 성공적인 치료방식의 하나임을 강조하였다. 자료에 의하면 자폐 아동의 약 50%가 언어 기술에 어려움이 있다고 한다. 언어적으로 가장 두드러진 특성은 반향어의 사용이다. 반향어는 들은 말은 금방 따라 하는 즉각 반향어와 과거에 들었던 말을 되풀이 하는 지연 반향어가 있다.

　　자폐 아동들이 가지고 있는 두 번째 언어 특성은 대명사 반전 현상이다. 이것은 "나"로 말해야 할 경우 "너"로 말하는 것을 의미하는데, 이러한 현상도 역시 반향적 특성과 관계가 있다. Eagetton(1994)는 놀도프-로빈슨의 창조적 음악치료 모델의 즉흥연주를 사용하여 자폐 아동의 의사소통 문제에 접근하였는데 집단 연주활동을 통해 충분한 음악적 자극을 경험하는 시간을 가짐으로써 부적절한 언어적 반응이 감소하고 적절한 반응이 강화되었다.

　　자폐는 하나의 증상만 있는 것이 아니라 일련의 장애가 나타나는 것을 지칭하는 의미에서 자폐 스펙트럼 장애(Autism Spectrum Disorders)라는 용어로 사용되기도 한다. 자폐 아동은 음악적 소리에 흥미와 민감한 반응을 나타낸다는 것이 림랜드, 셔윈, 프로노브스트, 오코넬, 애플바움, 타우트 등 많은 연구자들에 의해 증명되어 왔다.

　　Thaut(1999)는 자폐 아동들을 위한 음악치료의 목표 영역으로 "대·소근육 운동기능 향상, 집중력 향상, 신체인식능력 향상, 자아개념 발달, 사회 교류 기술 발달, 언어적·비언어적 의사소통 능력 발달, 기본 학습 개념 향상, 상동 행동 패턴의 제거 및 변형, 불안·분노·과잉행동의 감소, 청각·시각·촉각·운동감각 등의 감각 운동기능 통합"을 들었다.

　　자폐 아동을 위한 구체적인 음악치료 방법은 발성연습, 몸을 두드리면서 노래하거나 찬트하기, 움직임 및 창의적 몸동작, 음악적 게임, 즉흥적 연주, 음악 감상 등이 있다. 음악치료에서는 상동 행동과 자기 자극 행동의 큰 동기를 감각적 피드백이라고 보고, 이러한 감각적 피드백을 음악으로 대신하여 상동 행동을 감소시키는 것을 치료 목적으로 한다.

자폐 아동의 행동적 문제에 따라 음악치료 세션이 구성된다. 자폐 아동들은 의식적(ritualistic) 행동과 동일성을 고집하는 성향이 강하여 어떤 물건이 특정 위치에 있었다면 계속 그 위치에 있어야 한다든지 활동의 순서에서 시작과 끝이 항상 동일해야 하는데 세션 공간, 물리적 구조 또는 시작 노래와 헤어짐의 노래 등을 바꾸지 않고 꾸준히 유지해 줄 필요가 있다.

■ 자폐의 정의
장애인 등에 대한 특수교육법
자폐성 장애인은 사회적 상호작용과 커뮤니케이션에 결함이 있고 제한적이고 반복적인 관심과 활동을 보임으로써 교육적 성취 및 일상생활 적용에 도움이 필요한 사람을 의미한다.

미국장애인 교육법(IDEA, 2004)
자폐는 대게 3세 이전에 나타나 구어 및 비구어 커뮤니케이션과 사회적 상호작용에 심각한 영향을 미침으로써 아동의 교육적 성취에 부정적인 영향을 미치는 발달장애를 의미한다.

■ 자폐 범주성 장애의 하위 유형
① **자폐성 장애**
생애초기에 발생하며 현저하게 낮은 수준의 사회적 발달, 언어발달의 결함, 융통성 없는 행동으로 특징지어지는 심각한 발달 장애.

② **달리 분류되지 않는 전반적인 발달장애**
자폐성 장애나 아스퍼거 증후군(Asperger syndrome)을 지닌 아동과 유사하지만 장애 진단상 유의한 측면에서 서로 다른 아동을 묘사하기 위하여 사용되는 모호한 용어.

③ **소아기 붕괴성 장애**
3세부터 15세까지의 아동에게서 전형적으로 나타나며 언어, 사회성, 운동 기술, 용변 기술 등에서 급격한 퇴보를 보이는 휘귀 장애.

④ 레트 증후군(Rett Syndrome)

생후 1년 정도의 전형적인 발달을 보인 후 지적장애 및 경련장애와 함께 행동, 언어, 의도적인 손 움직임으로 특징지어지는 거의 여아(女兒)에게서만 나타나는 유전적 결함. (출처: Rosenberg, Westling, & Mcleskey (2011))

자폐와 관련된 기타 특성으로는 반복적인 활동 및 상동적인 움직임 환경적인 변화나 일과의 변화에 대한 저항, 감각적 경험에 대한 비 전형적인 반응 등이 있다. 이 용어는 아동의 교육적 성취에 부정적인 영향을 미치는 주요 원인이 정서장애인 경우에는 해당하지 않는다.

1.2 | ADHD 경향 아동을 위한 음악치료

주의력 결핍 과잉행동 장애(Attention Deficit Hyperactivity Disorder : ADHD)는 산만하고 부주의한 행동을 보이며 자신의 행동을 통제하지 못하고 과잉행동을 하는 경우를 말한다.

음악 활동은 비언어적 의사소통이기 때문에 언어적으로 접근하기 어려운 사람들에게도 관계를 형성하는 데 도움을 준다. ADHD 경향 아동들은 집단적 음악치료 활동을 통해 또래집단과의 관계에서 안정감을 갖게 되는데, 이를 위해 적용할 수 있는 음악적 활동은 악기 연주, 노래 부르기, 춤 동작 등이 있다. 아동들은 이러한 음악 활동을 반복적으로 모방함으로써 치료적 목적을 달성할 수 있다.

음악치료의 방법은 소리인식, 악기와 친해지기, 탬버린 등 타악기 연주하기, 언어연습, 언어동기와 리듬짓기, 노래에 맞추어 표현하기 등 단계별로 실시하였다. 그 결과 주의집중 행동 장애아의 불안 행동이 개선되었고 눈 마주침 행동의 빈도와 지속시간이 향상되었다.

1.3 | ADD 경향 아동을 위한 음악치료

주의력 결핍장애(Attention Deficit Disorder: ADD) 경향 아동은 ADHD 아동의 특징은 갖추고 있지만, 그 정도가 심하지 않은 아동을 말하며 의학적 방법으로써의 약물 치료를 필요로 하지 않는 아동을 말한다.

학령기(學齡期) 아동에게 흔히 보이는 질병 중 하나로 대개 7세 이전에 발병한다. 아이가 주로 활동하는 가정, 학교, 학원과 같은 장소 중 적어도 두 군데 이상에서 이런 증상을 보인다. 적절한 치료시기를 놓치면 정상적인 학습, 대인관계, 학교생활에 큰 지장을 주며 성인이 되어서도 사라지지 않는다.

다음 연구는 피아노 연주를 중심으로 한 음악치료 프로그램이 ADD 경향 아동의 주의집중에 미치는 영향에 대한 사례연구이다.

음악치료 프로그램으로 음악치료사와의 라포 형성과 피아노와의 라포 형성을 기본으로 하여 손가락의 협응력, 즉흥연주, 이론 활동 등 음악의 기본 요소들을 중심으로 진행하였다. 그 결과 피아노 연주 중심의 음악치료 프로그램은 주의력 결핍 아동의 "선택적 주의집중"과 "지속적 주의집중"에 효과를 나타내는 것으로 연구되었다.

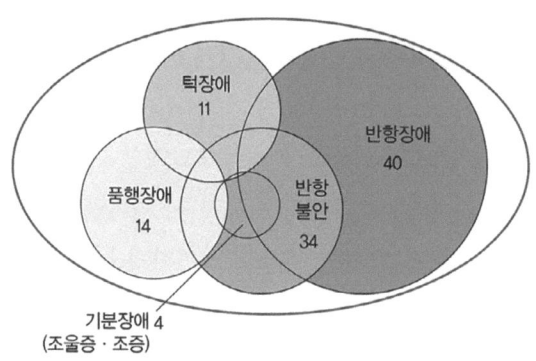

〈그림 4-1〉 ADHD 어린이 동반질환(단위 %)

2. 특수아동을 위한 음악치료

2.1 │ 자폐 범주성 장애 아동을 위한 음악치료

1) 자폐 범주성 장애의 일반적인 특성영역

영역	자폐의 특성
사회적 상호작용	• 가까운 부모 등과도 눈 맞춤하려 하지 않음 • 사회적 미소가 결여됨 • 신체 접촉을 피함 • 다른 사람에 대한 관심을 갖지 않음 • 관계 맺기에 실패함 • 대인 간 애착 형성에 흥미를 보이지 않음 • 타인을 원하는 것을 얻기 위한 수단으로만 이용하려함 • 안면 표정에 대한 반응이 없음 • 타인의 의도나 감정 파악에 문제를 보임 • 공동 관심에 결함을 보임 • 사회적 인지능력이 떨어짐 • 또래관계에 실패함 • 사람보다 특정 물건에 관심을 보임 • 모방 능력이 결함됨 • 협동놀이, 상징놀이를 하지 못함 • 교대하기, 규칙 지키기, 지시 따르기에 어려움을 보임
커뮤니케이션	• 상대방의 언어를 잘 이해하지 못함 • 상대의 숨겨진 의미나 추상적 개념을 이해하지 못함 • 몸짓 언어, 제스처 등 비언어적 의사소통에 어려움을 보임 • 사회적 단서를 파악하지 못함 • 조음변별이나 명료도가 낮은 수준임 • 음도가 높고, 단조로우며, 억양이 이상하거나 매우 작은 소리로 말해 잘 알아듣지 못하는 경우가 많음 • 무의미한 말을 반복함 • 반향어를 사용함 • 자신의 요구를 정상적으로 표현하는 데 심각한 어려움을 보임 • 대화를 시도하는 행동이 없고 대화를 유지하지도 못함 • 주고받기에 어려움을 보임 • 학습상황에서 어려움을 보임

행동	• 손 흔들기, 몸 흔들기, 빙빙 돌리기 등의 상동행동을 보임 • 자기자극적인 행동이나 자해행동, 충동적이거나 공격적인 행동을 보임 • 특정 물건을 집착하거나 이를 강박적으로 소지하려 함 • 시간, 장소, 패턴 등 동일한 환경을 고집함 • 변화에 대한 융통성이 결여됨 • 물건을 용도에 맞지 않게 사용함 • 장난감을 기능적이기 보다 감각적으로 사용함 • 사물을 길게 늘어놓으려고 함 • 자극에 예민하거나 무반응함 • 촉각-까칠까칠한 것을 거부함 • 빛, 색깔, 특정 패턴이나 형태 등에 집착함
발달	• 지능이 낮음 • 인지 및 학습능력이 낮은 수준임 • 집중력, 지속력이 낮은 수준임 • 호기심이 부족함 • 퇴행현상이 나타남 • 발달 속도가 느리고 불규칙함 • 커뮤니케이션 기술은 전혀 발달하지 않거나 퇴행함 • 운동 영역을 제외한 사회, 정서, 인지, 적응행동의 영역에서 모두 낮은 수준을 보임

〈표 4-1〉 자폐범주성 장애의 일반적 특성

2) 자폐 범주성 장애를 위한 음악치료 적용 영역

– 사회정서 발달을 위한 음악치료 목적

- 눈 맞춤 향상
- 적절한 정서 표현
- 사회적 상호작용
- 자기 및 타인 인지
- 타인의 요구에 반응하기
- 타인에게 시작 행동하기
- 교대 행동하기
- 공동관심
- 공동놀이
- 악기공유
- 규칙 지키기

3) 사회 정서적 발달
기악 재창조 연주

음악치료 임상에서 재창조란 미리 작곡된 곡을 노래하거나 연주하는 것을 말한다. 타인과의 관계보다 사물에 더 많은 관심을 보이므로 이들에게 악기나 음악을 사용하여 접촉을 시도할 수 있는데, 악기는 아동 발달에 맞는 수준으로 제공하고 자기 자극보다는 타인과 공유할 수 있는 악기를 제공하는 것이 효과적이다.

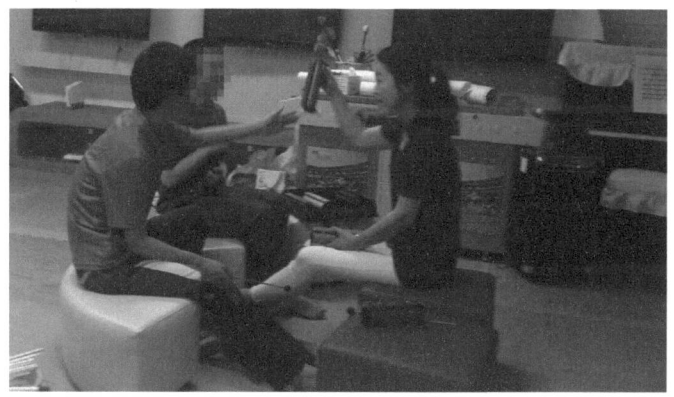

〈사진 4-1〉 자폐 범주성 장애의 상호작용 향상을 위한 음악치료

- 대상 : 자폐 범주성 장애
- 목적 : 상호작용 향상
- 목표 : 주어진 노래와 치료사의 악기 제시에 클라이언트는 자신의 차례에 악기(공명 실로폰)을 3번 시도에 3번 수행한다.

즉흥연주

즉흥연주는 집단뿐 아니라 개별 프로그램에서도 많이 실시되는 활동이며 치료사와 대상자간의 개별적인 음악적 상호작용이 주요 경험이 된다. 특히 개별 치료는 커뮤니케이션에 어려움을 보이거나 집단 활동에 잘 적응하지 못하는 대상자에게 적합한 환경이 되므로(Nordoff & Robbins, 1971) 담당 치료사는 이를 잘 판단하여 대상자를 배치해야 한다.

즉흥연주는 대게 북을 사용하거나 그 외에도 다양한 악기를 사용 할 수 있다. 대상자가 치료사와 함께 피아노를 칠 수도 있고, 노래 또는 동작을 이용해서도 즉흥적 경험을 할 수 있다(Bruscia, 1987).

- **방법**
  - 다양한 음악적 상호작용 시도
  - 음악의 속도 변화, 크기 및 박자, 리듬의 변화
  - 정박 연주에 셋잇단박을 제시하여 음악을 방해 또는 음악적 질문과 응답 유도
  - A(레가토 연주), B(행진곡풍), A(레가토 연주)로 반응 유도

여기서 중요 사항은 대상자의 연주를 반영할 때 치료사는 가급적 대상자보다 적게 연주하는 것이 포인트이다.

커뮤니케이션 발달

자폐 범주성 장애 대상자는 대부분 커뮤니케이션에 문제를 보이므로 각 대상자의 수준을 평가하여 음악활동을 계획하여야 한다.

커뮤니케이션 발달을 위한 음악치료 목적 영역은 다음과 같다.

- 표현 언어 및 수용 언어
- 언어적, 비언어적 의사소통
- 발성하기
- 호흡조절
- 조음변별 및 명료화
- 억양 및 프레이즈
- 단어 수준의 발성하기
- 사물의 이름말하기
- 질문에 적절한 사물 지적하기
- 질문에 언어로 답하기

- **방법**
  - 챤트 및 몸동작하기
  - 관악기 연주하기
  - 노래의 일부분 소리내기
  - 2~3음절 단어 모방하여 노래하기
  - 노래 질문에 언어로 답하기

- 동요를 한두 마디 정도로 번갈아 부르기
- 질문에 동작으로 답하기(pointing)

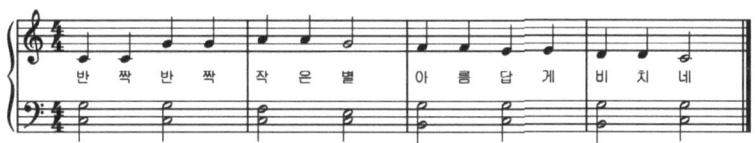

〈그림 4-2〉 노래부르기의 악보 예

- 대상 : 자폐 범주성 장애
- 목적 : 언어능력 향상
- 목표 : 주어진 익숙한 노래와 치료사의 지시에 클라이언트는 자신의 차례로 노래부르기를 3번 시도에 3번 수행한다.

자폐 범주성 장애를 위한 음악치료 사례

프로그램명 : 국화꽃 축제를 위한 공연 프로그램 '두드림 난타'
글 : 음악치료사 임영제
참여자 : 부산광역시 소재 ○○학교내 장애인○○명

> 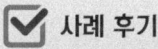 사례 후기
>
> ### 대단한 완성!
>
> 10월의 교정에는 국화향이 가득했다. 운동장 한 가운데 난타 북 10개는 주인공들을 기다리듯 멋지게 자리를 잡고 있었다. 1년을 발달장애 아이들과 음악치료시간에 열심히 준비한 난타 공연. 무에서 유를 창조한다는 것이 실감나게 하는 나로서는 큰 모험을 건 작업이었다. 발달장애를 가진 아이들은 무엇보다 인지능력이 부족하기 때문에 음악적 작품 완성의 기대는 어렵다. 악보를 읽어낼 수도 없을뿐더러 리듬에 대한 개념도 이루어지지 않으므로 공연을 준비한다는

그 자체가 불가능에 가까웠다. 담당 선생님은 "우리 아이들이 난타 공연을 할 수 있단 말입니까? 선생님 괜한 시작으로 아이들 마음만 어지럽히는 건 아닐지 걱정됩니다…" 그렇다. 아무리 장애를 가진 아이들이라 하여도 정서는 비장애인과 다를 바 없다. 혹여 아이들이 완성하지 못한다거나 공연에 실패한다면 상심하게 될 그 마음은 어찌 한단 말인가…

그렇다고 이 아이들이 시작조차 해 보지 않는다면 영원히 기회는 주어지지 않으리라는 생각으로 장애인을 위한 리듬악보부터 만들기 시작했다. 발달 장애인 특히 자폐 범주성 장애는 두드리는 북 활동이 가장 적합한 음악 활동임을 확신하고 장단 악보를 아주 쉽게 그림으로 만들어 '절차적 기억법'을 이용하여 몸이 기억하고 연주 할 수 있도록 반복 훈련을 시작하였다. '곰 세 마리', '337리듬', '독도는 우리땅'의 기본 언어 리듬 모방부터 리듬 치기와 채잡기, 두드리는 방법 등 체계적인 리듬 활동을 매주 1시간씩 시행하였다.

아이들은 제시하는 음원의 빠른 비트에 역동을 일으키고 매우 신나게 매 회기를 활동에 참여하였다. 결과 예측이 뭐가 중요한가. 이렇듯 준비 과정에서 이미 아이들은 즐거움과 행복감으로 시간을 채워나가고 있는데… 담당 선생님들도 준비과정을 지켜보면서 이미 이 시간만으로도 충분한 치료의 결과물이라고 지지를 아끼지 않으셨다.

주인을 기다리던 10대의 난타북은 제대로 주인을 만나 공연을 멋지게 마무리하였고 발달장애 부모와 관계자 및 대상자가 하나 되어 음악치료의 아름다운 꽃을 피울 수 있었던 사례였다. "베토벤 바이러스"의 당찬 배경음악은 운동장 전체에 멋지게 울려 퍼졌고 아이들은 그 음악에 맞추어 준비해온 여러 동작과 장단을 놀랍게 표현하였다. ○○이는 자신의 부모에게 멋진 모습을 보여줄 수 있어 신났는지 공연 내내 부모에게서 시선을 떼지 못한 채 자신의 존재감을 인식시키고 있었으며 그 부모 또한 감동의 시선으로 집중하였다.

"선생님, 감사합니다", "오히려 제가 더 감사합니다."

〈사진 4-2〉 자폐 범주성 장애 난타활동

2.2 | 엔젤만 증후군(Angelman Syndrome)을 위한 음악치료

1) 정의

1965년 정신지체, 꼭두각시 같은 인형걸음걸이, 발작적 웃음을 특징으로 하는 환아들을 연구한 Angelman이란 학자에 의해서 처음으로 명명되었고, 프라더 윌리 증후군과 마찬가지로 동일한 15번 염색체이상 질환이지만 임상 양상은 전혀 다르며 발생 빈도는 프라더 윌리 증후군보다 약간 낮다.

2) 원인

어머니로부터 유래한 15번 염색체의 이상이 주원인으로 15번 염색체의 장완 근위부(15q11q13)의 미세결실이 원인인 경우가 75% 정도를 차지하며 대부분은 자연발생적으로 생겨난다. 2%~3%에서는 부성 uniparental disomy(UPD)로 인해 발생된다. 2%에서는 15번 염색체의 장완근위부의 imprinting 과정의 돌연변이로 인해 발생한다는 보고가 있다.

3) 증상

두개안면에는 작은 머리(micro brachycephaly), 홍채와 맥락막의 색소 저하, 상악골 형성부전, 넓게 분포된 치아, 크고 벌린 입, 큰 하악골 등이 나타나며 운동실조(인형같은 걸음걸이), 발작성 웃음(행복해서 웃는 것이 아니라 뇌간의 신경학적 문제 때문에 웃는 것임), 근긴장저하, 간질, 심한 정신지체, 발달지연 등이 나타난다.
〈서울아산병원 www.amc.seoul.kr〉

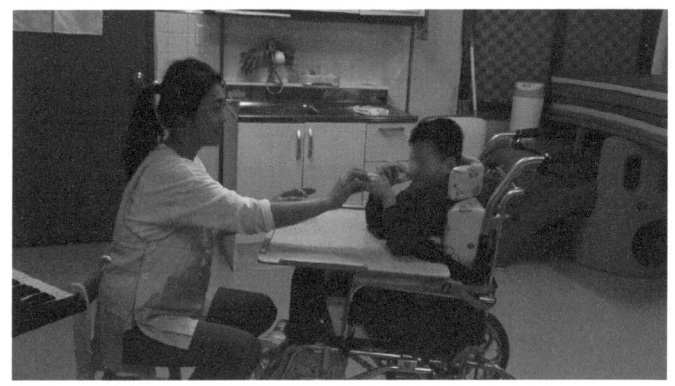

〈사진 4-3〉 안젤만증후군 개별 음악치료

사례 1   부산광역시 소재 ○○영아 재활원
         김○○ - 안젤만 증후군

- 언어장애
- 조절할 수 없는 웃음, 발작, 심한 지능저하
- 과다행동
- 짧은 주의 집중
- 혀를 내미는 행동
- 보행과 행동이상

● 음악치료 접근
- 신체활동을 통한 음악적 활동 유도
- 그림카드 활용하기

- 입을 통한 활동 유도하기 예)구강활동
- 과다운동을 하기 때문에 큰 공이나 몸을 움직이는 운동을 유도하며 음악치료 접근
- 자신의 행동 그대로 두며 한 번씩 지시하고 강화하기

[음악치료 진단평가]

Ⅰ. 일반정보			
이 름	김○○	생년월일	
학 교	○○학교	평가일	
장애유형	지적장애1급(안젤만 증후군)		
의사소통	언어적:N	비언어적 : Y	
운동성	보행:N	비보행 : Y	
추천이유 : 음악활동을 통하여 정서적 안정에 도움을주고자 추천합니다.			
Ⅱ. 관찰행동		Y=예, N=아니오, S=가끔	
A. 행동적/심리적			
1. 치료사와 쉽게 관계를 맺음		N	
2. 구조/한계를 수용하기		N	
3. 구조/과제에 대한 집중을 유지하기		N	
4. 제시된 과제에 참여하기		N	
5. 과제 사이의 전이(변화)를 인내하기		N	
6. 1:1 보조 없이 참여하기		N	
7. 눈마주침 유지하기		S	
8. 단순한 1단계 지시 따르기		N	
9. 복잡한 2~3단계 지시 따르기		N	
설명 : 눈마주침은 이루어짐.			
B. 언어/의사소통			
1. 신호/제스처를 사용하여 비언어적으로 의사소통하기		S	
2. 말하기		N	
3. 한 단어로 의사소통하기		N	
4. 구로 의사소통하기		N	
5. 완성된 문장으로 의사소통하기		N	
6. 질문에 반응하기		N	
7. 좋아하는 것을 표현하기		N	
8. 대화로 시작하기		N	
설명 : 언어적 의사소통 어려움.			

C. 정서	
1. 음악활동을 즐거워함	Y
2. 악기연주를	
- 주저하며 수행	N
- 공격적으로 수행	N
- 쉽게 수행	N
3. 음악의 분위기에 맞게 표현함	N
4. 다음 방법으로 정서를 표현함	
- 얼굴표정으로	S
- 음색으로	N
- 자세로	N
- 말로	N
- 악기연주로	N
5. 다음에 의해 정서의 변화가 유발됨	
- 노래를 통해	S
- 감상으로 통해	S
- 악기 연주를 통해	S
- 동작을 통해	S
설명 : 음악에 의해 정서적 반응이 이루어짐.	
D. 지각/운동	
1. 소근육	
a. 드럼 스틱/말겟을 잡고/놓음	S
b. 손가락을 각각 움직임	N
2. 시각/운동	
a. 대근육 협응	N
b. 눈-손 협응	N
3. 청각	
a. 음의 높낮이(pitch) 변화 식별	N
b. 빠르기(템포) 변화 식별	N
c. 다이내믹 변화 식별	N
E. 인지	
1. 단기 기억력을 요구하는 과제를 수행할 수 있음	N
2. 1~10을 셀 수 있음	N
3. A~G까지 알 수 있음	N
4. 기본적인 색깔을 알 수 있음	N

F. 음악	
1. 소리	
a. 친숙한 멜로디를 비슷한 음정으로 노래하기	N
b. 음정에 맞춰서 노래하기	N
c. 정확하게 멜로디 따라 부르기	N
2. 리듬	
a. 일정박으로 연주/유지하기	N
b. 단순한 리듬패턴 모방하기	N
c. 자신의 리듬패턴을 만들기	N
d. 리듬 기호 읽기	N
3. 기능에 따라 악기 연주하기	N
4. 반주에 맞추어 연주하기	N
5. 반주에 맞추어 노래하기	N
6. 단순한 오스티나토(동일한 음이나 리듬을 일정하게 반복적으로 연주하는 방법) 패턴을 연주하기	N
7. 즉흥적으로 멜로디 만들기	N
8. 멜로디 악보 읽기	N
설명 : 소리, 리듬 등에 긍정적 반응을 나타냄	

Ⅲ. 요약과 추천

이 학생에게 음악치료 서비스를

추천합니다		추천하지 않습니다	

사유 : 음악활동이 운동, 정서반응에 긍정적 역할을 할 것으로 사려됨.

음악치료 서비스가 추천된다면, 치료에서 가능한 목적과 목표들 :
통합적 음악활동을 통한 정서안정

평가한 음악치료사의 서명 :

음악치료 연간계획서			
학생명	김○○	생년월일	
학교명	○○	장애유형	지적1급 안젤만증후군
학년		치료	음악치료
		담당 치료사	임영제
세션	주1회	요일 및 시간	목요일 10:00~10:30
치료목표/평가	통합적 음악활동 프로그램을 통한 인지, 사회, 정서 영역의 향상		

월	치료 내용	비고
2~3월	인지-수행가능영역 찾기 사회성-눈맞춤, 관계 맺기, 지시 따르기 정서성-음악의 흥미도, 정서 표현하기	
4~5월	인지-소리인지 사회성-기다리기, 지시 따르기, 착석하기 정서성-악기를 통한 감정 표현	
6~7월	인지-시각인지 사회성-악기 변별, 소리변별 정서성-개별악기를 통한 표현활동	
8~9월	인지-기억력 사회성-악기를 통한 시선접촉유도 정서성-음악 감상을 통한 감정 표현	
10~11월	인지-집중시간 지속하기 사회성-비언어적 교류(음악을 통한) 정서성-박자별 리듬감 익히기	
12~1월	인지-달크로즈 음악활동 사회성-달크로즈 음악활동 정서성-달크로즈 음악활동	

2.3 | 코넬리아드랑게 증후군(Cornelia De Lange Syndrome)을 위한 음악치료

1) 정의

성장지연, 정신지체, 다모증 그리고 골격과 외모의 이상등을 특징으로 하는 희귀한 유전질환이다. 1933년 네델란드 의사 Cornelia De Lange에 의해 처음으로 알려지게 되었으며, 1916년 W. Brachmann에 의해 비슷한 환자에 대한 보고가 기술된 바 있어 때로는 Brachmann-de Lange Syndrome이라고도 불린다. 발생빈도는 정확하지 않지만 1만~3만 명당 1명꼴이며 남녀의 차이는 없다.

2) 원인

최근 Nipped-B-like(NIPBL)과 SMC1A 유전자의 이상이 약 50% 정도의 환자에서 보고되고 있다.

3) 증상

(1) 성장

- 임신 시부터 성장부진이 있고 성장해서도 키가 작음.
- 두개골 성숙의 지연(100%)
- 신생아기에 나타나는 저음이고 힘이 없으며 으르렁거리는(growling) 울음소리(74%)

(2) 지능

- 정신지체와 느린 행동
- 지능지수는 평균 53이고 30~86사이 : 출생 시 체중과 머리둘레가 크면 좀 더 높을 수 있음.

(3) 특징적인 외모

- 머리의 크기가 작고 얼굴이 짧은 편임(93%).
- 눈썹에 숱이 많고 미간까지 나 있음(98%), 길고 말려진(curly) 속눈썹(99%)
- 콧대가 낮고, 코끝이 위쪽으로 향함(83%), 콧구멍이 안쪽으로 향함(85%)
- 긴 인중, 윗입술이 얇고 입술의 끝이 아래쪽으로 향함(94%).
- 높은 구개궁(86%)
- 치아의 간격이 넓고 늦게 남(86%)
- 소하악증(작은 턱)(84%)
- 하악골 돌기(spur)(66%)
- 목이 짧고(66%) 헤어라인이 뒷목 아래쪽까지 있음(92%)

(4) 피부

- 다모증(hirsutism)(78%)
- 피부가 대리석과 같고 입 주위가 창백함(56%).

- 유두와 배꼽의 형성부전(50%)

(5) 사지(四肢)
- 짧은 팔다리(93%)
- 해표상지증(phocomelia), 손발가락 부족증(oligodactyly)(27%)
- 5번째 손가락의 만지증(74%)
- 일자형 손금(51%)
- 엄지 손가락의 기형(72%)
- 팔꿈치가 굽어 있음(64%)
- 2, 3번째 발가락이 붙어 있음(86%).

(6) 안과적인 이상
- 근시, 안검하수, 안구진탕(57%)

(7) 위장관계 이상
- 위식도의 역류(30%)
- 장의 중첩을 포함한 장폐색, 장이 꼬인 이상회전, 유문 협착

(8) 성기(性器)의 이상(남자)
- 성기 형성부전(57%)
- 잠복고환(73%)
- 요도하열(33%) 〈서울아산병원 www.amc.seoul.kr〉

 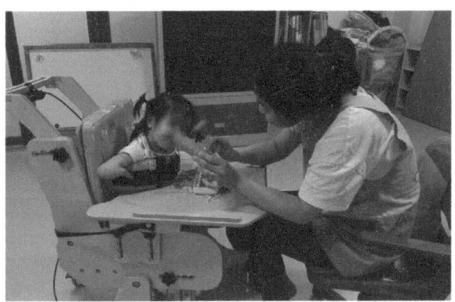

〈사진 4-4〉 코넬리아드랑게 증후군 음악치료

사례 2 부산광역시 소재 ○○영아 재활원
홍○○, 윤○○ - 코넬리아 디란지 증후군

- 언어장애
- 신체 움직임이 활발함, 심한 지능 저하
- 특이한 모양의 형태에 관심이 집중 예) 줄무늬, 현악기의 줄 등
- 소리에 대한 반응이 없음
- 가만히 있지를 못함

● 음악치료 접근
- 관심을 두는 사물을 이용하여 소리를 만들어내기 예) 현악기 줄을 튕기기 등
- 신체반응을 유도하기 예) 악기로 신체를 이용하여 소리 내기
- 입을 통한 활동 유도하기 예) 입으로 악기를 탐색하기
- 신체움직임이 원활함으로 이동하여 여러 활동을 전개하도록 유도함
- 자유로운 활동 안에서 구조를 만들어가기

● 반응
치료실로 들어오면 준비되어 있는 의자에 잘 앉지 않으려 하고 자유롭게 움직이고 싶어 한다. 컨디션이 저조한 날은 "흐흐흐"라며 흐느끼기도 하고 치료사가 눈을 마주치며 "안녕 안녕 안녕 예쁜○○아 선생님과 함께 놀아봅시다"라는 헬로송을 불러주면 익숙한 듯 지속적인 눈 마주침을 유지하며 멜로디에 집중하는 듯 보인다. 손가락이 각 2개씩으로 악기를 쥐고 흔드는 활동은 쉽지 않으며 무게가 가벼운 악기(작은 마라카스 등)는 두 손가락으로 쥐고 자유롭게 흔든다든지 자신만의 리듬을 만들어 참여함을 볼 수 있다. 음악 안에서 자유롭게 신체를 움직이며 언어적 소통은 전혀 이루어지지 않으나 지시 노래를 듣고 시선을 고정한다든지 헬로 송, 굿바이 송을 통하여 활동의 시작과 마무리를 인지하는 정도의 반응을 볼 수 있다.

2.4 | 프라더윌리 증후군(Prader-Willi Syndrome)을 위한 음악치료

1) 증상

Prader-Willi 증후군은 1956년 Prader, Labhart, Willi에 의해 처음 보고된 15번 염색체 이상 질환이다. 이 질환은 신생아 초기에 근긴장도 저하, 체중 증가 부족, 발달 지연을 보이다가 아동기 이후 비만, 저신장, 성선 기능저하증, 정신지체, 근긴장 저하 등을 특징으로 하며 출생아 1만 명 내지 1만 5,000명당 1명꼴의 빈도로 발생하고 남녀 간의 유병율은 비슷하다.

아동기 이후부터 비만이 중요한 문제가 되는데, 비만의 원인은 시상하부의 기능부전에 의해 식욕의 증가와 포만감 결여로 초래된다.

시상하부는 대뇌에서 가장 중요한 구조 중 하나로 성장호르몬, 성선자극 호르몬, 갑상선자극 호르몬, 황체 자극호르몬과 부신피질 자극 호르몬의 조절을 담당하고 있다. Prader-Willi 증후군 아동들의 비만증은 75%에서 나타나며 1/3에서는 이상체중의 200% 이상 되는 경우도 있으며, 25%에서는 비만하지 않다. 비만을 조절하지 못하면 대체로 고혈압, 심혈관 장애, 인슐린 비의존성 당뇨병(2형 당뇨병) 등 비만의 합병증으로 사망된다.

2) 원인

Prader-Willi 증후군은 아버지로부터 유래한 15번 염색체의 이상이 주원인으로서 크게 3가지로 분류할 수 있다.

첫째, 아버지로부터 유래한 15번 염색체의 장완 근위부(15q11q13)의 미세결실이 원인인 경우가 75% 정도를 차지하며 대부분 자연발생적으로 생겨난다. 둘째, 부모로부터 각각 한 개씩 유전되어야 할 15번 염색체 두 개가 모두 어머니로부터만 유래되는 uniparental disomy(UPD)로 인해 Prader-Willi 증후군이 되는 경우로서 25%를 차한다. 셋째, 나머지 드문 원인으로는 15번 염색체의 장완 근위부의 각인(imprinting) 부위의 유전자에서 돌연변이가 발생한 경우이다.

3) 증상

Prader-Willi 증후군은 2~3세에는 식욕이 증가되면서 몸무게가 과도하게 증가되는 특징을 보인다. 아동들은 이 시기에 말하기 시작하게 되고 음식에 대해 끊임없이 갈망하게 되면서 음식을 훔치거나 숨기는 등의 행동과 이식증(pica)을 보이기도 한다. 강박적인 경향이 있어서 자신의 피부를 심하게 뜯어

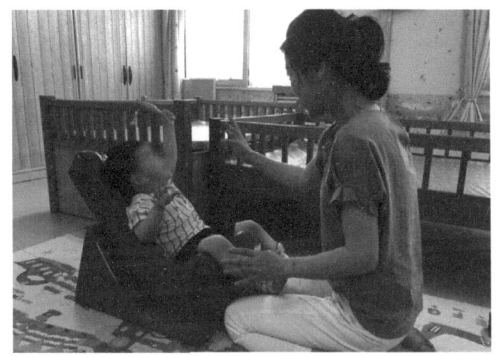

〈사진 4-5〉 프라더윌리 증후군 음악치료

서 상처를 만들기도 하며 사소한 좌절에도 분노발작과 문제 행동을 나타낸다. 2세 경부터 Prader-Willi 증후군은 아동의 대부분(70~100%)에서 욕구불만과 관련된 행동장애를 보이기 시작하는데 말이나 행동할 때 공격성을 보일 수 있고 거짓말을 하거나, 훔치거나, 자신의 피부를 할퀴거나 뜯는 행동들을 보일 수 있다. 또한 화를 잘 내거나 정당한 이유 없이 감정을 분출하는 행동을 할 수 있으며 수면장애, 수면 시 무호흡이 나타날 수 있다. 지능지수는 45~105의 범위를 나타내며 평균 IQ는 65 정도이며 약 40%에서는 정상에 가까운 지능을 보이기도 하지만 대부분은 IQ에 상관없이 다방면적으로 학습장애를 보이며 학습성취도 역시 떨어진다. 학습능력의 문제영역은 집중력 저하, 단기기억력 저하, 추상적인 사고능력 저하 등에서 찾아볼 수 있으며 일반적으로 장기기억력, 읽는 능력, 언어를 받아들이는 능력 등에는 정상적이거나 보다 잘 학습된다. 〈서울아산병원 www.amc.seoul.kr〉

사례 3 부산시 소재 ○○영아 재활원
김○○ - 프라더윌리 증후군

- 언어장애
- 발달지연을 보이나 비교적 간단한 인지는 이루어짐

- 집중력 저하, 욕구불만, 자주 웃고 활동이 원활함
  - 음악에 대한 반응이 좋음 / 눈마주침 등 소통이 비교적 원활함

● 음악치료 접근
  - 관심을 두는 사물을 이용하여 소리를 만들어내기 예) 현악기 줄을 튕기기 등
  - 신체 반응을 유도하기 예) 악기로 신체를 이용하여 소리 내기
  - 입을 통한 활동 유도하기 예) 입으로 악기를 탐색하기
  - 신체 움직임이 원활함으로 이동하여 여러 활동을 전개하도록 유도함
  - 단순한 언어표현을 노래를 통하여 유도하기

● 반응

밝고 쾌활한 성격을 나타내며 치료실로 오면 좋다는 표현을 두 팔을 흔들고 몸을 과도하게 움직임으로 표현한다. 헬로송을 부르면 치료사가 연주하는 우쿨렐레를 자신이 잡고 무언가 소리를 내고자 관심을 보이며 매 활동 시 제시되는 음악에 즐겁게 반응하고 특히 4박의 빠른 리듬에 더욱 긍정적 반응을 보인다. 성격이 밝은 편이며 눈 마주침의 지속시간이 길어 활동에 대한 지시 수행이 용이한 편이다. 간단한 악기 조작이 이루어지고 제시곡의 리듬에 신체를 움직인다든지 꺄르르 웃는다든지 하는 긍정적 반응을 보인다. 자신이 조작 가능한 악기에 집중하고 특히 우쿨렐레에 관심을 많이 보이고 치료사의 도움으로 줄을 튕기며 소리를 낼 수 있다.

2.5 | 다운증후군(Down Syndrome)을 위한 음악치료

1) 정의

다운증후군은 염색체 이상으로 발생하는 질환으로 처음으로 특징을 기술한 영국인 의사인 John Langdon Down의 이름을 인용하여 명명하였다. 정상인은 염색체가 2개의 쌍으로 이루어져 있지만, 다운증후군은 21번 염색체가 3개이며 다운증후

군을 21삼체성(trisomy 21)이라고도 부른다. 일부에서는 여분의 염색체가 다른 염색체에 결합되어 발생(전위형)하기도 하고, 세포 분열 오류로 인해 정상적인 핵형(核型)을 가진 세포와 비정상 세포들이 혼재(모자이크형)하기도 한다. 이러한 염색체 이상으로 특징적인 외모와 정신지체가 나타난다. 납작한 얼굴에 눈꼬리가 올라가 있고 눈가에 덧살이 있으며 귀, 코, 입이 작으며 키가 작고 손가락과 발가락이 짧으며 지능이 낮다.

2) 원인

인체의 세포에서 염색체수는 46개로서 1번부터 22번까지 22쌍의 상동염색체와 XY(남자) 또는 XX(여자) 두 개의 성염색체로 이루어져 있으며, 다운증후군의 경우 정상적으로 한 쌍, 즉 2개 존재해야 하는 21번 염색체가 3개 존재하는 것이 원인이라고 보고된다.

3) 특징

- 청력적 문제 : 중이염이나 중이의 기형에 의해 난청이 발생하며 언어 발달에도 영향을 주게 된다.
- 정신지체 : 행동 장애와 함께 70%에서 지능지수 20~40의 지능 저하가 있으나 다운증후군 아동을 위한 학령 전 조기교육의 확대로 최근 이들의 지능지수가 중등도와 경도의 수준으로 높아지는 경향을 보이고 있다.

〈사진 4-6〉 다운 증후군 음악치료

- 발달지연 : 다운증후군이 있는 영아는 성장 속도가 느리다. 행동 발달도 늦으며 특히 언어 발달이 늦다. 보통 태어난 지 12~14개월 사이에 걸음마를 시작하지만 다중후군이 있는 신생아는 15개월에서 길게는 36개월에 걸음마를 시작한다. 〈서울아산병원 www.amc.seoul.kr〉

사례 4   부산광역시 소재 ○○(찾아가는 셜리번)
         이○○ – 다운증후군

- 언어장애
- 인지가 어느 정도 이루어짐
- 고집스럽고 모든 활동이 자신 중심
- 음악에 대한 반응이 매우 좋음
- 눈 마주침 등 소통이 원활함

● 음악치료 접근
- 소근육을 이용한 악기 조작 활동
- 5음 음계 활용 인지활동 예) 실로폰 5음정 연주하기
- 8음 음계 확장 인지활동 예) 핸드벨 8음정 활용 연주
- 우쿨렐레를 이용한 C조 연주 5손가락 조작 활동

● 반응

음악적 반응이 타 장애에 비해 매우 긍정적이며 흥이 많고 활동에 적극적이다.
다소 감정 조절이 어렵기도하나 언어적으로 소통이 가능하며 이해력이 높은 편이다. 자유 즉흥연주를 즐기며 자신이 학교생활에서 받는 스트레스를 음악 안에서 해소한다는 표현을 할 정도로 인지가 이루어지며 점차 구조화된 음악치료 프로그램을 통하여 인지재활에 도움을 주었다.

2.6 | 뇌 병변장애를 위한 음악치료

1) 정의

지체장애란 정형외과적 손상이나 신경학적 손상(뇌성마비, 이분척추, 뇌수종, 척

수 손상, 절단, 골절 등)으로 인해 신체 구조와 기능에 문제가 있어 아동들 자신이 마음대로 움직이지 못하는 상태를 의미한다.

　미국 IDEA의 정의에 따르면 정형외과적 장애(orthopedic impairment), 외상성 뇌손상(traumatic brain impairment)과 중복장애(multiple disabilities)도 일부 지체장애를 포함하는 집단으로 볼 수 있다(이소현, 박은혜, 2011).

　그 중 소개할 사례는 외상성(外傷性) 뇌손상(traumatic brain impairment)이다. 외상성 뇌손상이란 외부의 물리적 힘에 의한 뇌손상으로 일부 혹은 전신기능장애와 심리사회적 손상 중 하나 혹은 양쪽 모두를 불러 일으키고 교육적 수행에 불리한 영향을 미친다. 외상성 뇌손상은 인지, 기억, 주의, 추론, 추상적 사고, 판단, 문제해결, 감각, 지각, 운동능력, 심리사회적 행동, 신체기능, 정보처리, 언어 중 한 영역 이상의 손상을 가져오는 개방형 혹은 폐쇄형 뇌손상을 말한다. 선천성 혹은 퇴행성 또는 출생 시 발생한 뇌손상은 외상성 뇌손상에 포함되지 않는다.

2) 진단기준

　우리나라의 '장애인 복지법'상의 지체장애와 뇌 병변장애의 진단 기준으로 뇌 병변장애인은 뇌성마비, 외상성 뇌손상, 뇌졸중 등 뇌의 기질적 병변으로 인하여 발생한 신체적 장애로 보행이나 일상생활의 동작 등에 상당한 제약을 받는 사람을 말한다.

3) 유형 및 특성

　신경학적 장애로 대표되는 뇌성마비는 학령기 아동의 가장 일반적인 지체장애로 출생전이나 출생 시에 뇌에 손상을 입어 신체 여러 부위의 마비와 자세 및 운동 능력에 장애를 말하며 뇌성마비의 가장 흔한 유형은 경직성의 특성이라 볼 수 있다.〈송미경, 최윤희(2013). 특수아 상담, 시그마프레스〉

> **사례 5**　부산광역시 소재 ○○영아 재활원
> 　　　　　뇌 병변장애 1급(외상성 뇌손상) 여아

- 음악치료 접근
  − 소근육을 강화할 수 있는 악기 조작 활동
  − 감각훈련을 위한 악기접근
  − 음악감상을 통한 릴렉세이션

- 반응

아무런 반응을 관찰할 수 없는 중증 장애로 매 회기마다 반복적인 소근육 훈련만 악기를 통해 진행하였다. 2년 동안 매주 1회 30분 동안 음악치료를 실시하였으며, 1년이 지날 즈음 실로폰 음색을 듣고 강한 신체 반응을 나타냈다. 과학적으로 설명이 어려운 긍정적 반응을 살피면서 실로폰의 말렛잡기를 꾸준히 수행하였으며 조금씩 손을 흔들며 반응을 보였다.

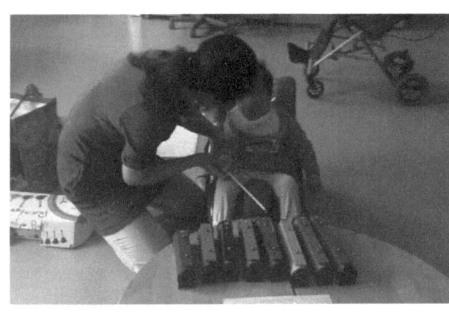

〈사진 4-7〉 뇌병변장애1급 여아 음악치료
공명실로폰 말렛잡기

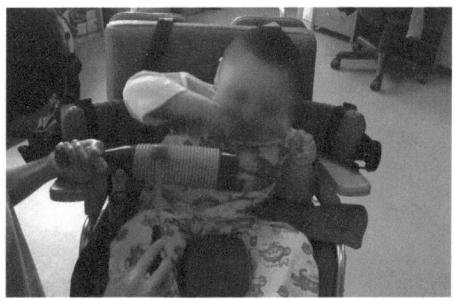

〈사진 4-8〉 뇌병변장애1급 남아 음악치료
귀로 악기의 소리탐색

3. 청소년을 위한 음악치료

3.1 | 일반청소년 대상

1) 청소년의 정의

청소년기가 중요한 만큼 청소년을 지칭하는 용어 역시 '소년(juvenile)', '십대(teenager)', '젊은이(youth)' 혹은 '미성년자(minor)' 등 다양하게 불리고 있지만 연령적으로 혹은 사회적으로 명확한 청소년기를 정의하는 것은 쉬운 일이 아니며 또한 학자들 간에 통일된 의견도 없는 상태다.

에릭슨(Erick Erikson)은 청소년기를 정체성의 확립과 혼미 사이에서 갈등하는 시기 오수벨(Ausubel)은 청소년기를 완전 상황으로 보지 않고 계속 성장하는 과정이며 생물학적으로는 육체적으로 균형 있게 발달하는 시기로 특성과 성별에 따라 다르게 나타난다고 보았다.

2) 청소년기의 특징
(1) 신체적 특징
- 체중과 신장의 급격한 변화
- 성적 호르몬의 변화와 2차 성징

(2) 심리적 특징
- 정서적으로 불안정 / 감정의 기복이 심함

(3) 사회적 특징
- 자아개념
- 자아 존중감, 자아 정체감

(4) 행동적 특징
- 지나친 자기주장   - 과격한 감정 표현
- 자기중심적   - 모험적인 행동

3) 청소년기 경험하는 문제들
(1) 학업 및 진로 문제
(2) 대인관계 문제
(3) 행동적 문제
(4) 정서적 문제
(5) 문화 적응적 문제
- 다문화 가정의 증가로 학교생활에 문제가 나타남 : 놀림, 차별의 경험
- 의사소통 부재, 문화차이에 따른 부적응, 가족 내 갈등

4) 청소년 음악치료의 목적

청소년에게 음악은 친숙하고 일상적인 경험이기도 하지만 청소년들과 치료적 음악활동을 함께 하는 것이 음악치료사에게 쉬운 일은 아니다. 이들은 여러 가지 측면에서 변화의 시기를 겪고 있으며 스스로 어른들로부터 독립하고자 하는 욕망이 강한 시기이다.

청소년을 위한 음악치료의 목적은 크게 두 가지로 나눈다.
① 대인 관계적(inter-personal) 영역
② 개인 내적(intra-personal) 영역

내면적 영역	대인관계적 영역
정서영역 • 자신의 감정 인식 • 적절한 감정표현과 조절 **인지영역** • 자아정체성 확립 • 인지적 왜곡, 부정적 사고로부터 인지적 재구성 **미적경험** • 음악을 통한 미적 경험 • 내재된 음악아이 깨우기	**대인관계영역** • 소통방식 향상 • 대인관계기술 향상 **행동영역** • 부정적 행동 조절 능력 • 긍정적 행동 증가 **부모영역** • 부모상담을 통한 협동치료 • 가족관계 개선방안 모색

음악치료 목적

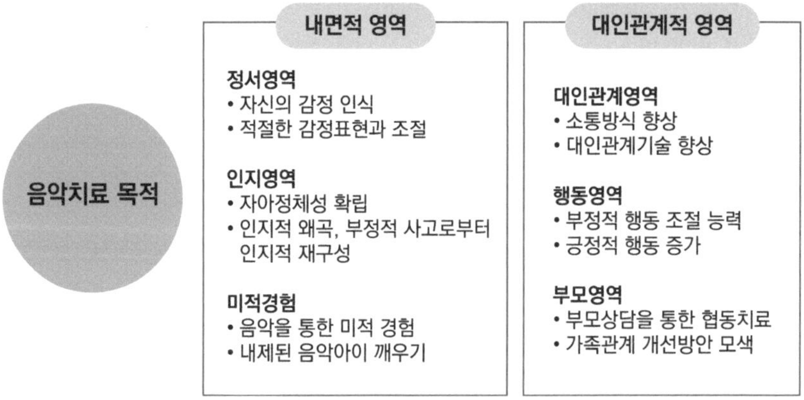

〈그림 4-3〉 청소년을 위한 음악치료 목적

5) 음악 활동

(1) 음악감상
① 개요
청소년들에게 음악은 삶 그 자체이며 음악을 듣는 활동은 청소년에게 매우 일상적인 경험이다. 청소년들은 음악감상을 통하여 그들 상호간의 공감대 및 공동체 의식, 신뢰감을 형성하며 낭만과 꿈을 표현하기도 한다. 음악감상은 그들에게 동질감을 갖게 하고 정서적으로 결속시켜주는 역할을 한다.

② 방법
내면의 통찰을 위한 음악감상 : GIM

이 방법은 1970년대 초반 헬렌 보니(Helen Bonny)에 의해 개발된 것. 'GIM'은 여행자(traveler)가 정신적·정서적·신체적·영적으로 통합을 이루어 가는 것을 치료목적으로 특화된 일련의 고전음악 프로그램을 사용하여 내면 경험이 역동적으로 전개되어 갈 수 있도록 자극하고 지속 시키면서 클라이언트의 의식을 탐색해가는 음악이 중심이 되는 초월 심리 치료다(황은영, 이유진, 정은주, 2014에서 재인용).

■ 방법
- 준비(prelude) : 치료사는 청소년과 대화를 통해 현재 고민하는 문제 등에 대하여 이야기 나눈다.
- 도입(induction) : 치료사는 청소년의 몸과 마음이 충분히 이완 될 수 있도록 하는 것이 필요하다. 이때 여행의 주제에 맞는 이완 방법을 사용함으로 다음 단계의 경험에 몰입될 수 있도록 하는 것이 중요하다.
- 감상(listening) : 치료의 핵심단계, 청소년이 음악을 감상하는 동안 치료사는 감상 시 나타날 수 있는 모든 심상(시각적, 촉각적, 후각적, 정서적)을 충분히 경험할 수 있도록 안내한다.
- 마무리(postlude) : 음악을 통해 경험 한 것들에 대해 간직하고 여행이 끝

난 후 그 의미들을 그림으로 표현하거나 연주를 통해 의식화 하도록 한다. 이때 치료사는 감상 시 경험했던 심상의 의미를 해석하는 것이 아닌 자신이 스스로 경험을 찾아 의미를 찾을 수 있도록 지지하는 것이 필요하다.

(2) 노래
① 개요
노래는 청소년들에게 매우 친숙한 경험이며 다양하게 활용될 수 있다. 노래를 통해 내가 누구인지, 어떻게 느끼고 있는지에 대해 표현하게 해 주며 또한 함께 노래를 부르면서 다른 사람과 친밀감을 갖는다.
- 노래의 특징
- 멜로디(감정)와 가사(메세지, 인간의 의지, 사고, 생각)의 결합
- 관계형성(동시대의 노래를 통한 관계)
- 문화반영(대중가요는 그 시대를 반영)
- 개인적인 삶(요람에서 무덤까지 음악과 함께 함)

② 방법
㉠ 노래 토론(song communication)과 가사 토의(song discussion)
  1단계 : 청소년(혹은 치료사)이 치료실에 CD나 MP3 음악을 선택하여 가져온다.
  2단계 : 치료사와 청소년이 함께 듣는다
  3단계 : 노래와 그것이 청소년(혹은 그룹)들의 삶에서 어떤 의미를 갖는지 토의하고 가사를 분석한다.

㉡ 노래 만들기(song writing)
노래 만들기(song writing)는 자기표현, 그룹 응집력, 통찰력, 자신과 삶에 대한 이해, 그룹간의 교류, 창조성, 현실인식, 문제 해결력 등의 목적으로 적용된다.
- 간단한 가사 채우기(Fill in the blank)
- 가사 바꾸기

- 전체 멜로디와 가사를 만드는 과정
ⓒ 노래 부르기

함께 노래를 부르는 것은 청소년과의 관계를 형성하는데 매우 좋은 활동이다. 치료사와 함께 노래를 부른다는 것은 치료에 참여할 의사가 있다는 것을 알려주는 것이다. 노래를 통하여 청소년의 삶의 경험이나 타인과의 관계에 대해서도 알 수 있다.

(3) 즉흥연주
① 개요

즉흥연주는 정의상 악보 없이 하는 모든 연주를 의미하며 대상자가 소리, 멜로디, 리듬 등의 형태를 즉석으로 노래나 악기 연주를 하는 것을 말한다.

- 목적
  - 악기를 통한 자신들의 감정 표현
  - 경험과 관련된 느낌토의
  - 음악 만들기를 통한 자신의 정체성 표현
  - 타인의 연주와 언어적인 교류
- 개리엔스텔(Gary Ansdell)의 규칙
  - 연주를 하는 것 보다 듣는 것이 더욱 중요하다
  - 계속 연주를 할 필요는 없다
  - 원한다면 악기를 바꿀 수 있다. (Skewes, 2001, p. 193 재인용)

② 방법

㉠ 창조적 즉흥연주 – 미국의 음악가 폴 노도프(Paul Nordoff) & 영국의 특수교육가 클라이브 로빈슨(Clive Robbinson)에 의해 시작 '창조적'이라는 의미는 치료사가 음악, 상황, 순서를 창조하는 가운데 클라이언트가 능동적으로 자유롭게 내면의 '음악아(music child)'를 창조적으로 발현하도록 돕는 것이다.

ⓒ 분석적 즉흥연주 - 1070년대 프리슬리(Pristley)와 피터 라이트(Peter Wright)에 의해 개발 심리적인 이론을 즉흥연주에 반영한 것.
음악치료는 피터 라이트(Peter Wright), 마조리 와들(Majorie Wardle)이 클라인(Klein)의 이론을 즉흥연주에 도입하면서 개발된 것(감정표현 즉흥연주)
'행복 - 분노 - 슬픔 - 행복'의 순서로 진행

(4) 재창조 연주
① 개요

기존 곡을 활용하여 다양한 악기를 통한 합주를 의미. 청소년들은 이러한 합주를 통해 자신의 음악적 잠재력을 찾을 수 있으며 연주 패턴을 통해 삶의 패턴을 찾아볼 수 있다. 악기 연주에서 음악은 청소년의 감정, 에너지, 욕구 등을 담는 용기(container)의 역할을 할 수 있다.

② 방법

재창조 연주는 다음의 방법으로 적용 될 수 있다(Bruscia, 1998/2003).

방법	내용
기악 재창조	악보를 보면서 연주하거나 미리 작곡된 곡을 연주 혹은 연주를 녹음하는 것. 악기를 사용하여 조직적으로 음악의 내용을 재현.
발성적 재창조	지정된 방식으로 발성연습, 노래부르기, 합창 등 미리 작곡된 노래를 목소리로 재현하는 것.
음악 공연	경연대회, 뮤지컬, 드라마, 등 청중이 있는 음악연주에 참여하는 것. 청중 앞에서의 연주뿐 아니라 준비과정이 모두 포함.
음악 게임과 활동	음악관련 게임(곡명 맞히기 등)또는 음악으로 구성된 활동에 참여하는 것.
지휘	악보와 기타 기본법이 지시하는 바와 같이 연주자에게 몸동작을 사용한 큐를 제시함으로 공연을 지휘하는 것.

〈표 4-2〉 재창조연주의 방법과 내용

6) 청소년 음악활동 시 고려사항

(1) 청소년에 대한 이해
청소년 음악치료는 거의 대부분이 자발적이기보다는 학교나 기관의 필요 요청에 의해 진행되기 때문에 스스로 개방하고 적극적인 참여가 이루어지지 않는다. 치료사는 청소년의 특징을 잘 이해하고 이들에게 어떻게 접근할 것인지 전략을 잘 세워 활동을 진행하여야 한다.

(2) 청소년기 가족의 지지
청소년기의 가족의 지지는 매우 중요하다. 어른들의 가치관에 반항하고 자신의 정체성을 찾아가는 시기이긴 하나 이 시기를 잘 보낼 수 있도록 적극적인 지지와 용기는 가족으로부터 시작된다.

(3) 치료사는 자신의 역전이 주의
치료사는 자신이 청소년기에 해결하지 못한 문제가 있다면 우선 이를 먼저 해결하고 청소년을 만나야 한다. 모든 상담치료에서 치료사의 객관적인 자세는 기본적이며 매우 중요하다. 그리고 청소년 발달에 맞는 음악사용과 접근 기술은 필수이며 그들과 공유할 수 있는 다양한 소재와 함께 풍성한 음악적 경험을 할 수 있도록 도와야 한다.

〈사진 4-9〉 중등 음악치료 사례

3.2 | 일반 청소년을 위한 음악치료 사례-1

「음악치료를 통한 자아성장 프로그램」
Ⅰ. 목   적 : 음악활동을 통한 또래관계기술 향상 및 자아 존중감 향상
Ⅱ. 실시대상 : 중학생 (남) 약 5~8명
Ⅲ. 실시방법 : 총 5회기(회기별 소요 시간 90분)
Ⅳ. 프로그램 내용 및 구성

대상	중등 대상			
목적	음악 활동을 통한 또래관계 향상 및 자아 존중감 향상			
회기	주제	목표	활동	도구
1	출발~	프로그램에 대한 전반적인 이해, 음악치료란? 악기소개, 나 자신 소개	악기로 나를 표현하기. 노래를 통한 학교생활 표현하기. 개사를 통한 자기소개	리듬악기, 키보드, MR
2	나의 장점, 나의 단점	자신감 가지기, 나를 인정하기 장·단점 노래만들기	나만의 색깔 악보를 만들고 공명실로폰, 핸드벨, 톤챠임 연주하기	공명 실로폰, 톤챠임, 핸드벨 색깔악보 노래활동지, 신디
3	내 인생의 나무	현악기를 통한 마음의 표현 또래관계형성	우쿨렐레연주를 활용하여 나의 마음 표현하기 우쿨렐레 합주	우쿨렐레, 신디
4	친구, 그 소중한 이름에 대하여	바른 우정 나누기	우쿨렐레와 핸드벨로 아름다운 화성만들기	핸드벨, 우쿨렐레, 신디
5	난 아주 특별해!	나만의 특별함 표현	리듬합주	전체 악기, 신디

Ⅴ. 기대효과

행동 모델(Behavioral model)적 이론을 배경으로 그룹 음악 활동을 진행함으로 집단원들에게 상호 소통하며 긍정적 교류를 이끄는데 그 기대효과를 둔다. 또한 사

회적으로 허용된 상태에서 음악 도구를 이용하여 타인을 이해하고 배려하는 경험을 해 봄으로 사회성이 향상되고 자아성장에 도움을 주는데 그 목적이 있다.

〈사진 4-10〉 청소년 음악치료

> **사례 후기**   걱정 말아~ 이미 너는 충분해

이른 아침 한 통의 전화는 "선생님 아이 한 명이 서울서 전학 온 이후 계속 학교 폭력으로 힘든 시간을 보내고 있어요. 학교 측에서 뭐라도 도움을 주고 싶으나 아이가 음악을 좋아하고 음악을 전공하려 한답니다. 음악치료를 희망합니다." 부산광역시 소재 ○○중학교 전문상담사 선생님이었다.

한 명의 대상자를 위하여 나는 그 아이가 원하는 다른 친구 7~8명 정도를 함께 모아 주십사 부탁드렸다.

여름 방학을 앞둔 한 여름의 1교시.

처음 만난 ○○이는 밝고 환하게 "이 악기는 직접 들고 오셨어요?"라며 인사를 건넸다. 교실 안으로 친구들이 삼삼오오 모여들었고 나는 그렇게 그 아이와 첫 음악치료 세션을 시작하였다. 리듬악기를 여러 개 보여주며 자유롭게 지금의 기분을 표현해 보라하니 악기만 신기하게 바라보며 만지작거렸다. 친구들은 자기들이 왜 여기 왔는지를 아는 듯 ○○에게 "얼른 해봐."라며 용기를 주었다. 우드블럭을 잡고는 똑딱똑딱 소리를 내고는 머쓱하게 웃었다. "얘들아, ○○는 악기로 어떤 기분을 표현 한 것 같니?" "힘들다는 것 같은 대요."

ㅇㅇ이가 선택한 6~7명의 친구들은 그래도 ㅇㅇ이를 지지하고 도우려는 힘을 주고 있는 듯하였다. 그래도 이런 친구들이 있음으로 충분히 용기를 낼 수 있겠구나. '여행을 떠나요' 노래를 개사하여 나의 친구를 소개하고 '학교에 오면'이라는 활동지로 학교에 오면 자신에게 어떤 좋고 싫은 것들이 있는지를 알아보기 위해 노래와 붐웨커 악기로 신나게 두드리며 점점 활동을 전개해 나갔다. 음악의 빠르기로 역동을 일으키고 자신의 표현을 자유롭게 할 수 있도록 도와주니 모두가 현실 속에서 하나가 되어 학교에 오기 싫은 이유를 노래로 불렀다. 마음을 열기 시작하는 순간이다. 말로 자신의 아픔을 표현하기는 참 어렵다. 그러나 음악은 그것을 가능하게 한다. 다시금 나는 음악의 힘을 믿고 아이들이 풀어내는 대로 그대로 함께 했다.

5회기 동안 ㅇㅇ이는 많은 이야기를 음악으로 대신했고 "서울 친구들은 나에게 참 잘해주었는데, 여기 아이들은 너무 무서워요."라며 눈물을 닦기도 했으나 세션이 마무리 될 때 쯤에는 '걱정 말아요 그대'라는 노래를 자신이 피아노로 반주를 하고 친구들이 노래 불러도 되냐고 하면서 마음을 잘 다독이는 것으로 보였다. 중간중간 프로그램이 멈추는 침묵의 시간도 있었고 마음을 그대로 반영하지 못해 프로그램이 끝난 후에도 그 자리를 떠나지 않고 고개를 숙인 채 가만히 앉아 있던 모습도 보았으나, 지금 이렇게 마무리 하는 이 시간 ㅇㅇ이와 친구들은 하나가 되어 음악 안에 머물러 있다.

피아노 소리와 노랫소리는 학교 안에 울려 퍼졌고 복도에서는 다른 반 아이들이 창문너머로 이 광경을 지켜보고 있었다. 이미 음악으로 ㅇㅇ이는 용기를 얻었으리라 생각한다.

마지막 회기에 소감나누기를 하였는데 "정말 좋은 시간이었어요." 선생님 또 "오면 안되요?"라며 아쉬움을 표현하였다. "담엔 내가 주인공 하고 싶어요."라고 자신의 마음을 표현했던 아이도 기억에 남는다.

5회기라는 짧은 시간으로 내가 이 아이에게 트라우마를 모두 극복하게 할 순 없을지라도 그 시간조차 없었다면 이 아이는 어떻게 힘든 시간을 버틸 수 있었을까.

'ㅇㅇ야, 걱정 말아. 너는 충분히 잘할 수 있을 거야.'

학교 폭력은 가해자 피해자 청소년 모두 폭력의 피해자이면서 동시에 가해자가 될 수 있기에 예방과 근절은 정말 시급한 문제임에는 틀림이 없다.

3.3 | 일반 청소년을 위한 음악치료사례 - 2

「음악치료를 통한 또래 관계증진 프로그램」

Ⅰ. 목   적 : 음악활동을 통한 또래관계기술 향상

Ⅱ. 실시대상 : 중학생 (여) 약 8~10명

Ⅲ. 실시방법 : 총 10회기(회기별 소요 시간 50분)

Ⅳ. 프로그램 내용 및 구성

대상	중등 대상			
목표	음악활동을 통한 사회기술 향상			
회기	주제	목표	활동	준비물
1	난 어떤사람일까?	프로그램에 대한 전반적인 이해, 음악치료란?, 모둠 나누기, 악기소개, 나 자신소개 사전검사(이고그램)	악기로 나를 표현하기. 개사하여 가창활동.	우드블럭, 리듬스틱, 기타 이고그램
2	난 아주특별해!	혈액형 나누기, 성격 유형 검사를 통한 나 자신 알기	자신 있는 노래, 내가 좋아하는 노래를 악기와함께 표현하기	CD, 가사폐퍼. 리듬악기
3	나의 장점, 나의 단점	자신감 가지기, 나를 인정하기	나만의 색깔 악보를 만들고 공명 실로폰 연주하기. 장 · 단점나무만들기	공명 실로폰, 색깔악보, 활동지
4	도전하는 나, 좌절하는 나	고정관념 깨기, 합리적인 생각, 비합리적인 생각, 이해하는 시간, 생각의 전환	정해진 음정으로 정해진 박자를 지키며 작곡하기	신디, 악보, 활동지

5	내게 주어진 시간 활용법	인생 설계서 만들기	컵타를 이용하여 나의 인생 굴곡 표현하기	컵, 활동지
6	내 인생의 나무	대인관계 형성 내게 소중한 사람, 내게 힘이되는 사람	난타활동	페인트통, 북채 · 악보

Ⅴ. 기대효과
- 자신의 강점 탐색을 통하여 심리적 안정감
- 음악을 통한 비언어적 소통으로 대인관계 능력 향상
- 미래의 자신이 원하는 방향을 찾고 자존감을 회복함

〈사진 4-11〉 청소년 음악치료

사례 후기   우리는 모두 하나

첫 시간 모두 서먹한 표정으로 선뜻 교실로 들어오지 않았다. 또래관계가 잘 이루어지지 않는 여학생 10여 명을 만났다. 담당 선생님조차도 아이들과 소통이 이루어지지 않아 힘들어하시는 듯하였다.

아이들과 먼저 관계 형성이 이루어져야 한다는 것이 가장 중요한 음악치료의 첫 단추이다. "애들아~우리 노래하나 들을까?" 정적이 흐르는 교실은 첫 시작시간을 난감하게 하였다. "여기 보이는 악기들은 너희들의 마음을 대신해서 표현해 줄 거야. 말하고 싶지 않으면 하지 않아도 되고 소리를 내고 싶지 않으면 내지 않아도 돼. 그냥 아주 편하게 너희들이 지금 하고 싶은 대로 하면 되는 거야." "네"

말의 단계 중에 가장 상위 단계가 '침묵이라 했던가' 하고 싶은 말은 많으나 침묵 안에 그 많은 말들을 담아 지금은 그냥 가만히 있는 이 아이들이 나는 더 마음이 쓰인다. 그렇게 시작된 음악치료 10회기는 계획대로 진행하면서 아이들의 마음 읽기에 집중하여 소리 없는 고요함을 따라 진행해 나갔다.

시간이 지나면서 조금씩 마음을 열어 나갔고 가능한 소통하는 방법을 노래로 음악으로 풀어 나갔다. 음악을 좋아하고 음악이 생활인 청소년 시기는 자신이 흠뻑 빠져있는 음악 하나만으로도 충분히 소통이 시작될 수 있다.

세션이 끝나는 날 아이들은 이미 친구가 되어 있었고 마지막 프로그램에서 악기로 지금의 기분을 표현할 때 서로 먼저 하겠다고 나서는 모습을 지켜보면서 '그래 치료사는 그냥 기다려주고 믿어주면 아이들은 자신이 가지고 있는 힘만으로도 충분히 잘 해 나갈 수 있는 거야'라는 마음을 갖게 했다.

만약 쉽게 음악적으로 전달되는 것을 언어적으로 전달할 가능성이 있다면 음악은 존재하지 않았을 것이고 존재할 필요도 없다. −E.T. Gaston−

3.4 | 중학교에서의 음악치료 접근 시도

방법	내용
I. 도입	(1) 손발을 사용한 전언(傳言)게임 ① 바디퍼커션에 의한 흉내내기 전언 게임 → 참가자는 일렬로 줄을 선다. → 선두가 전언 게임의 리더가 된다. → 눈은 뜨고 있어도 되지만 리더의 뒷모습밖에 보이지 않는 상태로 한다. → 리더가 즉흥으로 소리를 보낸다. 다음 사람은 들려오는 소리에 주의를 집중하여 흉내내고 전달해 간다.

Ⅰ. 도입	② 손장단 옮기기 → 참가자는 둥글게 둘러 앉아 리더를 랜덤으로 정하고 옆사람에게 소리를 보낸다. 연이어 옆 사람에게 전달한다. ※ 최근의 심리상태를 묻는 질문지 조사 실시
Ⅱ. 전개	(2) 톤차임 또는 뮤직벨과 아이 콘택트에 의한 커뮤니케이션(목소리는 사용×) → 아이 콘택트로 상대에게 알리고 소리를 전한다. → 소리를 받은 사람은 순차적으로 동일하게 아이콘택트로 상대에게 알리고 소리를 전달한다. (3) 릴랙세이션(relaxation) : 파도 벌룬 → 전원이 원을 만들어 커다란 천으로 파도를 만든다.
Ⅲ. 정리	(4) 「평가지」를 배부하고 기입방법을 설명한다. → 「평가지」의 기입

〈표 4-3〉 프로그램 개요

Ⅰ. 자신에 대한 지금의 기분에 가장 가까운 곳에 표시하고, 실선으로 묶어 주십시오.. (5단계 평가) (육각형의 그래프로 표시)			
① 즐거움	② 듣기	③ 말하기	④ 만족감
⑤ 타인의 이해		⑥ 자신의 이해	
Ⅱ. 그룹에 대한 지금의 기분에 가장 가까운 곳에 표시하고, 실선으로 묶어 주십시오. (5단계 평가) (육각형의 그래프로 표시)			
① 안심할 수 있다.	② 친밀감		③ 자유로운 분위기
④ 신뢰할 수 있다.	⑤ 멤버의 참여도		⑥ 자기자신의 참여도

〈표 4-4〉 「평가지」 항목 내용

Ⅰ. 스트레스 상태	① 환경변화의 유무 ② 싫은 일(상처받는 일)의 유무
Ⅱ. 성격	① 기분전환 ② 유머 센스 ③ 타인평가에 대한 과민성(상처받기 쉬움) ④ 불쾌한 일의 억압
Ⅲ. 마음의 건강도	① 우울 상태 ② 자율신경 실조 상태

〈표 4-5〉 최근의 심리상태를 묻는 질문지의 구성내용

■ 결과

※ A=가장 높다, B=약간 높다, C=보통, D=약간 낮다, E=매우 낮다와 같은 내용을 나타낸다.

빈도수가 큰 순서로 나타낸다.

1) 자신에 대해서

① 충분히 즐거웠습니까? → CABDE
② 멤버가 말하는 것을 충분히 들었습니까? → CBADE
③ 자신이 말하고 싶은 것을 충분히 말하였습니까? → CEDAB
④ 그룹 활동은 충분히 만족스러웠습니까? → CADEB
⑤ 멤버를 충분히 이해할 수 있었습니까? → CDEBA
⑥ 자신에 대해 충분히 이해할 수 있었습니까? → CEADB

2) 그룹에 대해서

① 그룹은 안심할 수 있었습니까? → CAEBD
② 그룹에 친밀감을, 충분히 가질 수 있었습니까? → DCEBA
③ 그룹은 충분히 자유로운 분위기였습니까? → CABDE
④ 그룹에 신뢰감을 충분히 가질 수 있었습니까? → CEDBA
⑤ 멤버는 그룹에 적극적으로 참여하였습니까? → CBAED
⑥ 당신은 그룹에 적극적으로 참여하였습니까? → ACBDE

3) 스트레스 상태에 대해서

① '최근 환경이 바뀌었다' : Yes=14, No=34
② '최근 매우 싫었던 일(상처받은 일)이 있었다' : Yes=24, No=24

4) 성격에 대해서

질문내용	예	가끔	아니오
① 기분전환을 잘하는 편이다.	20	8	20
② 농담을 잘하고 잘 웃는 편이다.	33	10	5
③ 주변 사람들이 어떻게 생각할지가 신경쓰인다.	32	11	5
④ 불쾌한 일이 있어도 말하지 않는 편이다.	20	19	9

5) 우울 상태에 대해서

문제 없음=9, 요주의=23, 요진찰=15, 요치료=1

6) 자율신경실조상태에 대해서

문제 없음=6, 요주의=12, 요진찰=27, 요치료=3

3.5 | 중학교 지적 장애반 대상

학생들에게서는 자신감 상실, 자기 긍정감의 저하가 공통적으로 보이고, 장애아 학급 안에서는 편안히 있는 학생이 보통 학급의 학생들 사이에서는 긴장하고 스트레스를 받고 있는 경우도 많다는 생각이 들었다. 또 침묵이나 자상행동, 식사 및 배설 행동의 이상 등 마음에 쓰이는 증상이나 행동을 동반하고 있는 경우도 많이 보여 그들의 증상 및 행동의 예방, 경감을 위해 뭔가 학교에서 할 수 있는 방법을 없을까 생각하였다.

노래나 음악에 대해 많은 아동들이 순수하게 마음을 열고 진심으로 기뻐하며 노래하거나 신체가 자연스럽게 움직이거나 하는 모습을 보고 감동을 받았었다. 초등부는 말이 없는 아동이 대부분이었지만, 노래나 음악에는 좋은 반응을 보이는 아이가 많아 아이들의 성장, 발달에 있어서 음악이 차지하는 역할이 크다는 것을 엿볼 수 있었다. 음악 수업은 음악이 가지는 다양한 기능을 이용해 아이들의 발달을 촉진시킨다는 음악치료의 취지에 가까운 것이었다.

음악은 어떠한 사람에게 있어서도 특히 말을 하지 않거나 말에 의한 이해를 잘 하지 못하는 사람에게는 더욱 자기표현이나 커뮤니케이션의 중요한 수단이 되어 자기표현의 기회를 늘리고, 소속감이나 달성감을 가져와 생활을 윤택과 위안을 준다.

언어에 의한 커뮤니케이션이 어려운 지적장애가 있는 중학생들이 음악 활동을 통해 즐기면서 자기표현을 하거나 커뮤니케이션을 함으로써 소속감이나 달성감을 만족시켜 심리적인 억압을 해소할 수 있다면, 이차적인 장애나 증상의 예방이 되어 생활이 보다 즐겁고 풍요로워지지 않을까 생각하였다.

음악치료는 음악이 가지는 작용을 이용해 심신의 부진(不振)을 개선하기 위한 치료적 과정이다. 옛날부터 음악은 병의 치료에 사용되어 왔다. 고대 그리스에서는 음악은 정신적인 카타르시스 효과를 정신병이 있는 사람의 치료 및 일반인의 정신적인 안정과 교육을 위해 이용되었다. 중세 유럽에서는 기독교의 교회에서 환자의 치료에 음악이 사용되었다. 20세기 이후에는 제2차 세계대전 후의 귀환병(歸還兵)에 대한 심리적 케어의 필요성에서 음악치료는 시작되었다.

음악치료는 의료, 복지, 교육 등의 분야에서 널리 이루어지고 있고 개별적으로 실시하는 것, 집단으로 실시하는 것, 수동적인 것, 능동적인 것 내용이나 이용하는 음악, 악기 등도 다양하며 그 토대가 되는 이론도 몇 가지 있다. 음악치료는 그것을 실천하는 음악치료사의 감성에 의한 부분이 커 음악치료사의 수만큼 음악치료가 있다고 전해지고 있다.

교육분야에서는 달크로즈(Emile Dalcroze)의 「리트미크(rythmique)」나 슈타이너(Rudolf Steiner)의 「유리드미(Eurythmy)」, 오르프(Carl Orff)의 「슐베르크(Schulwerk)」 등이 장애아를 위한 음악치료로서 발전하였다. 장애아의 치료교육 분야에서는 노도프와 로빈스, 알반 등의 실천이 있다.

음악치료에서는 목표는 클라이언트의 요구에 맞춰 설정된다. 클라이언트는 한 사람 한 사람의 요구와 상태가 다르기 때문에 활동의 내용도 각각 달라진다. 클라이언트 주체로 활동이 이루어지기 때문에 클라이언트의 만족도는 높다고 생각된다.

학교 안에서 교사가 음악치료를 실시하기는 어렵다. 학교교육의 틀에 맞지 않는 부분과 교사의 역할과 음악치료사의 역할은 모순되는 부분이 있기 때문이다. 음악은 아이들의 성장에 없어서는 안 되는 것이다. 그런 음악의 힘으로 아이들의 심리적 성장을 지원하기 위해서는 학교 안에서 어떠한 활동이 가능할까.

장애아를 위한 음악교육의 이념으로서 "노래를 기억하고 악기를 연주하는 것 같은 기술적인 측면에서의 방법론이 아니라 이 음악을 전달하고, 느끼고, 공감하는 마음의 문제야말로 장애아에 대한 교육, 음악치료에 있어서 중요한 이념이다."라고 설명하고 있다.

음악치료란 음악에 의한 심리치료이며 그것은 의료 행위의 일환이 아니라 교육 활동의 일환이라고 보고 있다. 여기서 말하는 교육이란 그 본인이 원래 가지고 있는 가능성을 꺼내는 것, 바꿔 말하면 마음을 키우는 것, 교육의 교(敎)가 아니라 육(育)에 주안점을 둔 교육의 원점이라 할 수 있는 것을 의미하고 있다. 여기서 교육이란 먼저 정신적인 건강을 지향하는 것이고, 정신적 건강이란 '자신의 기분을 자유롭게 표현하는 것'이라고 설명하고 있다. 또 모든 음악교육은 음악치료교육(음악을 매개로 한 심리치료적 배려를 가진 교육)이어야 하고, 따라서 음악치료교육은 음악교육의 특수부문뿐만 아니라 음악교육의 원점이라고 할 수 있다.

"치료적 음악 활동"은 음악치료의 개념과 방법을 도입한 학교 음악교육과 음악요법의 중간에 위치하는 교육·복지 분야를 주체로 한 음악활동이다. 치료적 음악 활동의 취지는 시간과 즐거움의 공유로 상호의 커뮤니케이션을 주체로 하는 활동을 통해 참가자에게 자존심, 창조성, 상상력, 커뮤니케이션 능력이 키워진다.

지적장애가 있는 중학생은 언어에 의한 커뮤니케이션이 힘든 경우가 많다. 따라서 자신을 충분히 표현하지 못하는 갑갑함과 그것을 주위 사람들에게 이해받은 경험의 부족에서 소외감이나 고독감을 느껴 스트레스를 받고 있는 경우가 많지 않을까 생각된다. 음악요법은 음악을 이용해 몸과 마음의 부진을 개선하는 영위이다. 음악치료의 개념을 도입함으로써 심리적인 성장을 촉진하여 2차적인 장애나 증상의 예방이 가능하지 않을까.

장애가 깊은 아이의 음악교육은 음악치료에 가까운 것이었다. 그러나 중학교의 장애아 학급에서는 더 일반 음악교육에 가까운 형태의 것이다. 중학교의 장애아학급에서 어떠한 형태로 음악치료을 활용할 수 있을까. 장애가 있는 중학생의 자기표현이나 커뮤니케이션을 촉진하여 소속감이나 달성감을 만족시키고 스트레스를 경감할 수 있는 음악활동의 내용이나 방법과 그와 관련된 지원자의 태도에 대해 실천을 통해 고찰한다.

음악치료 뿐만 아니라 장애 학생과 관련된 이상 대상 학생의 이해가 우선 필요하다. 대상 학생을 이해하기 위해서는 발달조사의 결과 및 보호자, 담임 등 학생과 관계하는 사람에게서의 정보 등을 확보해 두는 것이 중요한 단서가 된다. 그들 정보를 토대로 대상 학생을 관찰하고 학생의 상태를 파악하는 것이 중요하다. 또 활동 중은 물론이고 활동의 전후도 항상 관찰을 계속하며 학생의 상태를 파악하고 관여할 필요가 있다.

자폐증의 학생에게 있어서는 의자를 치워 버리는 것은 마음이 불안한 듯 보였다. 자폐증의 아이에게는 구조화를 할 필요가 있다. 물리적인 구조화 외 활동의 흐름을 예측할 수 있고 활동의 내용을 이해하기 쉬운 것으로 할 필요도 있다.

신체장애가 있는 학생에 대해서는 장애를 느끼지 않도록 하는 활동내용이나 상황 설정을 고안할 필요가 있다. 북 대신에 양동이를 연타하는 활동에서는 도중에 손이 멈추기 쉽다. 악기를 두드리기 쉬운 것으로 하는 노력과 두드리고 싶어지는 매력을 가진 악기인지에 대한 검토도 할 필요가 있었지 않나 생각된다. 장애를 느끼지 않고 활동을 즐길 수 있도록 사전에 충분한 배려와 노력을 할 필요가 있다. 또 활동 중에 그것을 알아차린 경우에는 바로 그에 대응할 필요가 있다.

지원자는 몸과 마음 모두 안정적인 것이 무엇보다 중요하다. 이를 위해서는 평소에 심신의 건강관리를 해둘 것, 기분전환 방식을 알고 스트레스를 효율적으로 해소할 수 있으며 여유를 가지고 활동을 진행할 수 있도록 수업의 준비 및 환경의 정비를 잘 해 두는 것이 중요하다.

활동은 학생들의 모습을 관찰하면서 진행해 가는 것이 중요하다. 사전에 세운 계획에 얽매여 자신이 그린 수업의 이미지에 근접시키려고 마음을 빼앗겨 버리면 학생의 마음과 멀어져 버린다. 지원자는 학생의 모습을 잘 관찰하여 학생에게 활동을 맞춰가야 한다. 지원자에게는 학생을 관찰하는 여유와 학생의 상태를 파악하기 위한 단련된 감수성이 필요하다.

음악을 이용하는 것의 이점은 즐기면서 할 수 있다는 것이다. 즐거움은 마음을 주고받는 것에서 탄생된다. 거기에는 지원자 자신이 즐기는 것이 중요하다. 학생과 커뮤니케이션을 하기 위해서는 먼저 교사가 자기 자신을 표현해야 한다. 있는 그대로의 자신을 드러내고 느낀 것을 전달하며 점점 학생과 어울리며 학생의 표현을 이끌어 내는 것이 중요하다.

특히 자신감이 없는 학생의 경우는 표현한 것을 약간 과장되게 칭찬하고 자신감을 가질 수 있도록 하는 것이 중요하다. 학생이 음악을 통해 자신을 표현하거나 릴랙스하고 집단에 대한 소속감이나 달성감을 느끼기 위해서는 먼저 즐길 필요가 있다. 이를 위해서는 교사 자신이 릴랙스할 수 있고 즐길 필요가 있다.

음악은 학생의 심리적인 안정과 성장에 있어 큰 힘을 가지고 있다. 그러나 그것은 약을 처방하는 것처럼 그 음악만 있으면 누가 하더라도 같은 효과를 얻을 수 있는 것은 아니다. 거기에 관여하는 교사의 존재가 크게 영향을 미친다. 수업자는 수업의 틀을 제대로 유지하면서 그 안에서 학생을 받아들이고 공감하며 학생이 자신을 표현해 가는 것을 촉구해야만 한다. 그러기 위해서는 수업자가 여유가 있고 릴랙스하며 그 활동을 즐길 필요가 있다.

활동 내용은 수업자에게 익숙하고 자신감을 가질 수 있는 내용이어야 하며 활동을 진행하면서 학생의 모습을 자세히 보고 상태를 파악하여 적절하게 대응할 필요가 있다. 또 학생에 대해 잘 알고 있고 학생과 신뢰관계가 생기는 것도 필요하다. 또 활동을 즐겁게 진행하기 위해 지원자에게는 집단을 컨트롤 하고 활동을 진행해 나갈 능력이 필요하다. 수업규율이나 지원자 자신의 틀을 제대로 가지고 있을 필요가 있다.

학생들을 지원하기 위해서는 지원자의 역량이 필요하다. 이 연구에서는 비디오에 의한 기록을 토대로 검토를 하였다. 비디오에 의한 기록이 만능은 아니지만 활동을 비디오로 찍어 검토함으로써 지원자의 역량을 올릴 수 있다.

카운슬링의 훈련 방법에 롤 플레이를 해서 비디오로 촬영하고 그 축어(逐語) 기록을 작성해 검토하는 방법이 있다. 비디오 기록을 보면 수업을 하고 있을 때에는 알지 못했던 것, 놓쳤던 것을 알아챌 수 있다. 수업의 비디오를 몇 번이고 검토하며 상세한 기록을 작성하는 가운데 그곳에서 일어나고 있는 일을 확실히 알 수 있다. 비디오를 주의 깊게 보면 자기 자신의 모습을 객관적으로 볼 수 있다. 자신의 말이 학생들에게 어떠한 영향을 주고 그로 인해 학생들로부터 어떤 것을 끌어내고 있는지를 분명히 파악할 수 있다. 또 검토모임을 가지면 자신은 알아채지 못했던 시점을 얻을 수 있다. 스스로 실천을 되돌아보는 동시에 독선적이지 않기 위해서는 다른 사람의 의견을 듣는 것도 중요하다.

학교에서 음악을 이용해 학생을 지원하는 방법이나 활동의 내용, 지원자의 태도 등은 실천을 통해 고찰할 수 있었다. 음악은 그 자체가 힘을 가지고 있는데, 그 음악을 사용해 학생에게 대응한 지원자의 태도가 무엇보다 중요하다는 것을 알 수 있었다. 지원자는 자신을 잘 알고 지원을 위해 능력을 항상 갈고 닦는 것이 중요하다. 이를 위해서는 실천의 기록을 남기고, 평가하는 것이 필요하다. 비디오에 의한 기록을 재검토하거나 실천을 서로 검토하는 동료를 만드는 것이 중요하다. 실천을 되돌아보고 자기 자신의 모습이나 그곳에서 일어나고 있는 것을 알기 위해서는 배경이 되는 이론을 가지고 있는 것이 바람직하다. 인간의 마음을 이해하기 위한 이론을 알고 실제 인간관계 속에서 그것을 토대로 상대방이나 자신의 마음에 대한 생각을 심화해 갈 필요가 있다.

특수반대상 음악치료 사례

부산광역시 소재 ○○고등학교 특수반

〈사진 4-12〉 ○○고등학교 특수반 음악치료

> **사례 후기**　하하 호호

부산시 소재 ○○고등학교는 일반 고등학교이나 한 반이 특수 모둠실로 장애를 가진 학생들로 이루어져 있다. 담임 선생님의 의뢰로 1년간 수업 시간에 포함된 2교시에 음악치료를 진행하기로 하였다.

지적장애 2급. 예전에는 정신박약 또는 정신지체라고 비하적인 용어를 불러 사용되었으나 최근 명칭이 주는 의미에 대한 인식개선으로 지적장애라 지칭하게 되었다. 학교 현장에는 적절한 지원을 받지 못하는 경도의 지적장애 청소년이 많은 실정이다. 지적장애는 지적인 기능과 개념적, 사회적, 실제적 적응기술로 표현되는 적응행동 양면에서 유의한 제한이 보이는 특징이 있다.

의뢰받은 아이들은 비교적 인지는 이루어지나 정서적으로 문제를 보이며 학교 부적응을 나타내는 특징을 보이고 있었다. 일반학교의 특수반은 통합교육을 지향하는 취지에서 만들어졌기 때문에 수업의 대부분은 비 장애와 함께 통합교육을 받아야 한다. 문제는 여기에 있었다. 장애와 비장애의 통합교육 누가 더 많은 이해를 하고 도움을 주어야 하는 걸까? 청소년 시기는 그 대상자 모두가 힘들고 어려운 시기인데 비장애 청소년이 장애 청소년에게 친밀감을 느끼고 교우관계를 만들어간다는 건 어려운 일이 아닐까.

음악치료는 그 특징의 이해로부터 출발되었다. 음악치료가 있는 날은 다른 반 아이들도 노래와 악기 소리에 관심을 보이고 쉬는 시간 몰려오곤 했다. 함께 참여하고 함께 노래 부르고 악기를 두드린다면 이들은 하하 호호 하나가 되지 않을까. 정말 놀랍도록 음악 안에서 하나가 되는 경험을 하였고 다시 한번 음악이라는 도구의 위대함을 경험하는 사례였다.

〈사진 4-13〉 특수반 음악치료

4. 성인(成人)을 위한 음악치료

4.1 | 암 환자 대상 음악치료

　암 환자에 대한 전인적 의료 및 완화케어의 중요성이 다루어지게 되어 임상심리사 등이 암 환자에게 의료현장 등에서 임상심리학적 접근을 전개하는 기회가 늘고 있다. 암 환자를 위한 기존 의학 치료는 질병에 중점을 두고 일방적인 의사의 관점에서 환자를 대상화하고 관계를 맺어왔다. 최근의 동향은 현대의학 중심의 암 치료 과정을 거치면서 겪게 되는 한계의 영역인 정신적, 심적, 영적, 사회적 건강에 안전이 검증된 완화의료와 병행하는 것이 효과적임을 정의하였다.

　음악치료는 전인 치유의 개념을 가지고 신체적 건강을 위한 암 치료뿐만 아니라 마음이 몸에 미치는 영향에 따라 심리·정서적 안정을 위한 자연치유의 한 방법이다(임영제, 이정희, 2020).

　세계보건기구(WHO)의 정의에 따르면, 완화 케어(Palliative Care)란 "신체적 고통뿐 아니라 정신적, 사회적, 영적(Spiritual)인 고통에 대처하여 환자와 그 가족이 최대한 수준 높은 인생을 보낼 수 있도록 지원하는 것"이라고 정의되고 있다. 이전에는 완화 케어라 하면 수술이나 항암제 등의 적극적 치료를 하지 못하게 된 시점에 도입되는 종말기 의료 중 하나로서 인식되기 쉬웠다. 그러나 최근에는 완화 케어는 초기 진료, 검사, 진단 또 그들의 결과 내용을 알려주는 것을 포함하는 이환 초기의 시점부터 암의 치료 과정 전체에 병행하여 실시되어야 한다고 보고 있다. 따라서 임상심리사 등은 암 환자의 다양한 치료적 국면이나 생활의 변화에 따라 임상심리학에 근거한 지원법을 유감없이 발휘하여 암 환자의 QOL(Quality of Life)의 향상에 기여해 가는 것이 기대되고 있다.

- **악성신생물(암) 사망률 – 2020 통계청 자료**
  - 악성신생물(암)에 의한 사망률(인구 10만 명당 명)은 154.3명으로 전년 대비 0.4명(0.2%) 증가함.

○ 암 사망률은 폐암(34.8명), 간암(20.7명), 대장암(17.1명), 위암(15.1명), 췌장암(11.8명) 순으로 높음.
  - 전년 대비 전립선암(9.4%), 췌장암(4.2%) 등의 사망률은 증가했으며 위암(-3.7%), 유방암(-1.9), 간암(-1.2%) 등은 감소함.
○ 남자의 암 사망률(191.0명)은 여자(117.7명)보다 1.6배 높음.
  - 남자는 폐암(51.5명), 간암(30.4명), 위암(19.9명) 순으로 사망률 높음.
  - 여자는 폐암(18.1명), 대장암(15.0명), 췌장암(11.1명) 순으로 사망률 높음.
  - 남녀 간 차이는 식도암(10.9배)이 가장 높고, 폐암(2.8배), 간암(2.8배) 순임.
○ 전년 대비 남자의 암 사망률은 0.1명(-0.0%) 감소, 여자는 0.8명(0.7%) 증가함.
○ 10년 전에 비해 폐암, 대장암, 췌장암 사망률은 증가, 위암, 간암 사망률은 감소함.

악성신생물(암)의 성별 사망률 추이, 2008-2018 (2020 통계청 자료)

(단위: 인구 10만 명당 명, %)

		악성신생물(암)	식도암	위암	대장암	간암	췌장암	폐암	유방암	자궁암	전립선암	뇌암	백혈병
남녀 전체	2008년	139.5	2.8	20.9	13.9	22.9	7.6	29.9	3.5	3.2	2.4	2.1	3.1
	2017년	153.9	2.8	15.7	17.1	20.9	11.3	35.1	4.9	2.5	3.6	2.6	3.6
	2018년	154.3	2.8	15.1	17.1	20.7	11.8	34.8	4.8	2.5	3.9	2.6	3.6
	'17년 대비 증감	0.4	0.0	-0.6	0.0	-0.2	0.5	-0.3	-0.1	-0.0	0.3	0.1	0.0
	증감률	0.2	0.7	-3.7	0.1	-1.2	4.2	-0.8	-1.9	-1.0	9.4	2.6	0.6
남	2008년	176.9	5.0	27.1	15.5	34.6	8.6	44.0	0.1	-	4.7	2.3	3.5
	2017년	191.1	5.0	20.2	19.6	31.2	11.6	51.9	0.1	-	7.1	2.9	4.1
	2018년	191.0	5.1	19.9	19.2	30.4	12.5	51.5	0.1	-	7.8	2.8	4.2
	'17년 대비 증감	-0.1	0.1	-0.3	-0.4	-0.8	0.8	-0.4	-0.0	-	0.7	-0.0	0.1
	증감률	-0.0	1.8	-1.7	-1.8	-2.5	7.2	-0.7	-35.1	-	9.4	-1.6	3.6
여	2008년	101.9	0.6	14.6	12.2	11.3	6.6	15.8	7.0	6.4	-	1.9	2.6
	2017년	116.9	0.5	11.2	14.6	10.7	10.9	18.4	9.7	5.0	-	2.3	3.1
	2018년	117.7	0.5	10.4	15.0	11.0	11.1	18.1	9.6	4.9	-	2.4	3.0
	'17년 대비 증감	0.8	-0.0	-0.8	0.4	0.3	0.1	-0.2	-0.2	-0.1	-	0.2	-0.1
	증감률	0.7	-9.2	-7.3	2.6	2.8	1.1	-1.1	-1.7	-1.0	-	7.9	-3.3
사망률 성비 (남/여)	2008년	1.73	8.78	1.86	1.27	3.05	1.30	2.79	0.01	-	-	1.20	1.35
	2017년	1.63	9.73	1.81	1.34	2.92	1.06	2.83	0.01	-	-	1.27	1.32
	2018년	1.62	10.90	1.92	1.28	2.77	1.13	2.84	0.01	-	-	1.16	1.41

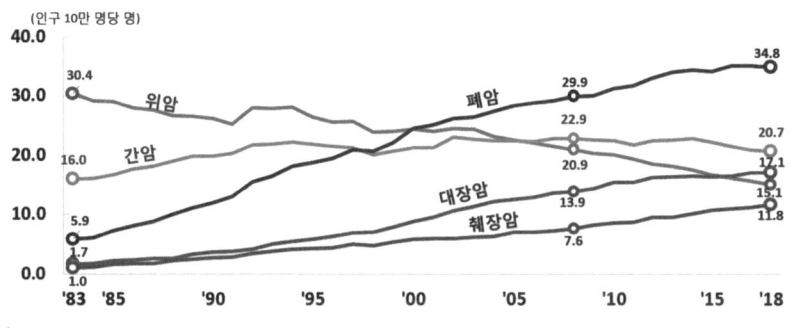

〈그림 4-4〉 악성신생물(암) 사망률 추이, 1983-2018

1) 암 환자 음악치료의 필요성

(1) 암 환자의 기분 상태

암 환자는 암 진단을 받은 이후 극도의 불안과 우울을 경험한다. 암 환자는 병에 대한 최초의 충격을 경험한 후 부정, 분노, 우울을 거쳐 병을 수용하게 되며 마지막에는 주위에 대한 관심의 위축 등을 보인다(Kübler Ross, 1968).

(2) 암 환자 음악치료

음악은 치명적인 질병으로 인해 죽음을 앞둔 환자들의 신체적, 감정적, 사회적, 정신적, 영적인 필요를 여러 가지 방법으로 채워줄 수 있는 대단한 유익한 도구이며(최병철, 2005) 신진대사, 맥박, 호흡, 피부반응, 뇌파, 근육 반응 등의 생리적인 반응을 유발하여 불안 감소나 통증 감소, 이완 효과의 중재법으로도 사용되어지고 있다(Palakanis, 1994).

음악은 암 환자뿐 아니라 그 가족에게도 신체적, 심리적, 감정적, 사회적 그리고 정신적인 필요를 여러 가지 방법으로 도움을 줄 수 있다.

2) 암 환자 음악치료의 영역

(1) 신체적 영역
다양한 음악활동 프로그램을 통하여 릴렉세이션(relaxation)을 유도하고 통증에 대한 지각을 줄이며 신체적 활동이나 운동 참여를 격려한다.

(2) 심리적 영역
선호하는 음악 감상과 GIM(Guided Imagery and Music)은 차분해진 몸과 마음의 상태에서 감상하는 동안 일어난 상상을 통해 심리적 안정을 찾고 통증으로부터 주의를 돌릴 수 있는 경험을 할 수 있다. Spintge라는 독일 의사는 특별히 통증 치료의 도구로서 음악을 활용하여 암 환자에게 음악을 들려주거나 여러 주파수의 음들을 집중적으로 듣게 하는 '뮤직샤워' 방법을 사용하여 불안감이나 긴장감을 해결하는 데 효과를 보았다.

(3) 사회적 영역
노래 활동은 환자들의 자아유지와 참여하는 집단원 간에 소통하는 방법으로 유용하게 사용된다. 과거 주요 경험을 노래로 표현할 수 있으며 현재의 당면한 일에 대한 자각과 토의는 사회적 영역으로 도움이 될 수 있다. 특히 그룹 음악 활동은 노래, 작곡, 악기 활동, 즉흥연주, 음악 감상 등은 사회적인 활동의 장소와 지원을 해 줄 수 있다. 그룹 활동을 통해 타인을 신뢰하고 나아가 자신도 긍정적 신뢰의 경험을 할 수 있다.

(4) 정신적 영역
종교적인 음악 또는 특별한 가사를 담고 있는 노래는 자신의 분노나 두려움 그리고 인생에 대한 의미를 확립 시켜주고 죽음의 세계에 대한 두려움에서 벗어나 정신적 안정을 도울 수 있다. (출처: 권혜경 음악치료 연구)

4.2 | 암 임상에서 임상심리학적 접근의 전개

임상심리학적 접근방법은 심리 어세스먼트(assessment) 카운슬링, 지역조력으로 구분할 수 있는데, 각각의 지원방법은 암 임상에서 어떻게 적용되고 있는지 알아보면 다음과 같다.

1) 심리 어세스먼트(평가)

암 환자는 진단부터 치료의 과정에 있어서 그 심리상태가 다양하게 변화할 것이라는 것을 쉽게 상상할 수 있고 이 변화를 다각적으로 파악하는 것이 중요하다. 병력, 신체의 상태 등의 기본적 정보와 더불어 생활력, 중요한 타인의 존재, 소셜 서포트의 존재 유무, 경제적 상황 등을 파악한 후 완화케어에 도움이 되는 정보를 확인해야 한다.

평가의 수단으로는 면접이나 행동관찰이 특히 중요한데, 심리검사의 방법을 이용하면 유효한 경우도 있다. 최근에는 암 환자의 QOL을 검토하기 위한 평가척도가 몇 가지 개발되어 있다. 그 중에서도 EORTC QLQ-30(European Organization for Research and Treatment of Cancer Core Quality of Life Questionnaire)는 신뢰성과 타당성이 검증되고 있는 척도이다. (Kobayashi, K., et al. 1998, Shimozuma, K., et al, 1999) 또 CCRS(Cancer-Chemotherapy Cancers Rating Sale)는 화학치료를 받고 있는 환자의 신체면, 심리면, 사회면에서의 당혹과 생활상의 불안 등을 보는 것으로 치료나 지원을 하는 데 있어서 유용한 정보를 얻을 수 있다. 물론 일반 심리임상에서 이용하는 심리검사도 유효하고 특히 암 환자는 우울병이나 적응장애를 보이기 쉽다는 점에서 경우에 따라서는 묘화검사 등의 투영검사를 포함해 우울경향, 불안, 기분상태 등을 보는 질문지 검사 등을 활용해 정신적인 건강도 등을 검토하는 것이 좋다.

심리 어세스먼트에서 얻은 정보는 향후의 지원 방식이나 카운슬링의 필요성 등을 검토할 때에 이용되는데, 의료현장에서 완화 케어는 팀으로 전개되는 것이 보통이다. 어세스먼트의 정보를 팀 스태프가 공유함으로써 전인적 의료 및 포괄적인 지원이 원활하게 진행되고 있으며, 임상심리사 심리상담사 등은 비밀유지를 소홀히 하지 않고 의료팀의 일원으로서 유용한 정보를 관리, 제공할 수 있도록 노력해야 한다.

2) 카운슬링 (counseling)

암 환자는 신체증상뿐 아니라 그 치료과정에서 여러 정신적 고통을 나타내기 쉽다. 따라서 카운슬링 시에는 암 환자에게는 직면하기 쉬운 특유의 문제가 있다는 것을 염두해 둘 필요가 있다. 암 환자에게 이용되는 카운슬링 기법은 몇 가지 있는데, 일반적으로 자주 이용되는 것으로서 지지적 정신요법과 인지 행동요법을 꼽을 수 있다. 또 자신의 심리상태를 언어적으로 표현하기 어려운 환자에게는 비언어적인 기법인 예술치료가 유효할 가능성이 있다. 여기서는 몇 가지 있는 카운슬링 기법 중에서 암 임상에서 많이 이용되는 지지적 정신요법과 인지 행동요법에 대해 알아보고자 한다. 연구 보고가 적은 예술치료에 대해서는 후에 상세히 문헌검토를 추가하면서 암 환자에 대한 적용성과 유효성에 대해 검토한다.

(1) 지지적 정신요법

지지적 정신요법은 수용, 경청, 지지, 긍정, 보증, 공감 등을 중심으로 한 정신요법으로 암뿐 아니라 정신의료 전반에서도 가장 일반적인 카운슬링 기법이다. 지지적 정신요법은 암의 진단을 고지 받은 후의 심리적 동요, 치료에 대한 불안, 재발, 죽음의 공포 등을 비롯한 정신적 고통을 지지적인 태도를 취하는 세러피스트와의 관계를 통해 경감하는 것을 목표로 한다. 또 지금까지의 일상생활에서 담당해 온 역할의 변화 등에 따라 인생설계의 재검토 및 자기실현의 방향성에 대해 찾아내기 위한 원조를 하는 경우도 있다.

지지적 정신요법에 의한 면접을 통해 병이 환자의 생활사에 미치는 충격의 의미를 이해하고 환자의 감정과 고통은 세러피스트에게 이해받고 있다고 환자에게 전하는 것 자체가 정신적 안정에 기여하는 것이라고 생각된다. 또 항상 지지하고자 하는 세러피스트에게 접하는 것은 암 환자에게 있어 비일상적인 체험으로 환자의 자기평가를 높이고 대처능력을 강화하는 것으로도 이어진다.

(2) 인지 행동요법

인지 행동요법이란 행동이나 정서의 문제와 더불어 개념이나 가치관 등의 인지적 문제에 초점을 맞추고 행동요법적 지지와 인지요법적 기법을 효과적으로 조합하여 이용함으로써 문제의 개선을 도모하고자 하는 카운슬링 기법이다. 암 환자에 대해서는 치료 과정 속에서 발생하기 쉬운 불안이나 우울감 등의 스트레스 반응이 강해진 경우에 유효한 기법이라고 전해지고 있다.

또 최근에는 암 환자에 대한 인지 행동요법의 개입방법 중 하나로써 문제 해결 요법이 주목받고 있다. 문제 해결 치료란 암 환자가 가지고 있는 문제에 대해 문제 해결 방법이라 불리는 심리 과정에 기초하면서 환자 자신이 그 문제를 해결하기 위해 최선의 유효책을 찾아내는 것을 지원하는 기법이다.

또 점진적 근이완법 등의 릴랙세이션 기법도 암 환자에 대해 실시되는 경우가 많은 인지 행동요법적 개입이다. 잠진적 근이완법의 체험은 생리학적 평가에서 통계적으로 유의하게 플러스 효과를 확인하고 암 환자의 심신을 컨트롤해 가기 위해 유요한 기법이라는 사실이 시사되고 있다. 또 동시에 잠진적 근이완법 지도의 관계를 통해 암 환자의 생각을 표출할 수 있다는 것도 보여주고 있다.

이 외에도 암의 통증을 호소하는 환자를 대상으로 잠진적 근이완법과 이미지법을 사용해 그 효과를 통증의 비주얼 아날로그 스케일로 측정한 결과 통증의 완화 효과가 확인되었다고 보고하고 있다.

3) 지역지원

암상담지원센터는 지역에 오픈된 소위 암에 관한 상담의 종합창구로 암의 진단부터 치료 그 후의 요양생활 나아가 사회복귀와 생활 전반에 걸쳐 환자 및 가족이 의문과 불안을 느꼈을 때 편하게 상담할 수 있는 체제를 갖추고 있다. 그곳에서 임상심리사 등이 상담원으로서의 역할을 하는 경우가 늘고 있고 간호사 및 소셜 워커와 협동하면서 지역의 자원을 시야에 넣은 심리 사회적 원조를 할 필요성이 고조되고 있다. 재택에서의 완화케어 서비스를 제공할 수 있는 체제 조성이 추진될 것이라고 생각된다. 그중에서 완화케어팀의 일원으로서 임상심리사 등이 아웃리치 수법 등도 이용해 심리 사회적 지원을 맡도록 요구받게 될 것이다.

4.3 | 암 임상에서의 예술치료의 적용 검토

예술치료는 예술에 관한 어떠한 표현활동을 이용해 심리적 케어를 하는 것으로 표현수단의 차이에 따라 음악치료, 상자정원요법(箱庭療法) 등 다양한 것이 있다.

1) 음악치료

음악치료는 음악을 듣거나 연주할 때의 생리적, 심리적, 사회적인 작용에 의해 심신의 기능의 활성화 및 QOL의 향상 등을 의도해 이루어지는 예술치료이다. 음악치료는 몇 가지 시점에서 분류할 수 있고 클라이언트에 대한 음악의 제공 방식에 따라서 분류하자면, 능동적 음악치료와 수동적 음악치료로 나눌 수 있다. 능동적 음악치료는 클라이언트 자신이 합창을 하거나 악기를 연주하는 타입으로 능동적 음악치료는 클라이언트가 좋아하는 음악을 감상하는 등의 타입이다.

일본에 있어서 예술치료 중에는 음악치료가 다른 치료방법에 비해 암 환자에 대한 적용성 및 유효성에 관해 학술지 등에서 많은 연구보고 등을 볼 수 있다. 다카하

〈사진 4-14〉 암환자 음악치료

시(高橋, 2007) 등은 통계적 수법을 이용해 효과를 실증하고 있고 그 외에도 단일 사례보고 등도 확인된다.

(1) 적용 대상

앞에서 거론한 다카하시 등은 소화기 암 환자에 대해 수술이 이루어지기 전후에 음악치료를 1회씩 실시하고 그 효과를 불안 척도(STAI : State-Trait Anxiety Inventory의 상태 불안 척도) 및 통증의 비주얼 아날로그 스케일 등을 이용해 평가하고 동시에 음악치료를 실시하지 않은 암 환자와도 비교하고 있다.

이 연구에서는 음악치료를 적용한 환자 군(群)이 18명, 실시하지 않은 군이 20명으로 많은 암 환자를 분석대상으로 하고 검증에도 통계적 수법을 이용하고 있다. 이 연구에 따르면, 음악치료를 실시한 환자군은 불안 척도의 득점과 통증의 스케일 득점이 통계적으로 유의하게 저하하고 있다. 특히 불안 척도의 득점은 음악요법을 실시하지 않은 군과 비교해도 유의하게 감소하고 있어 음악치료의 암환자에 대한 불안경감의 효과를 확인하고 있다. 또 완화케어 병동에서 권태감이 있는 환자 혹은 그 가족을 대상으로 음악치료의 실천에 대해 소개하고 있고 권태감의 정도에 따라 음악치료를 적용하는 노력이 이루어지고 있다.

이러한 점에서 음악치료는 암 환자의 불안 등의 경감에 성공할 수 있을 것으로 보여 많은 환자가 그 대상이 될 거라고 기대되는 동시에 말기 환자에게는 정신적 혹은 영적인 측면에서의 완화케어로 이어진다는 점이 시사된다.

(2) 효과의 요인

음악치료는 능동적 음악치료와 수동적 음악치료 등 실시 및 방법의 순서에 따라 클라이언트에게 적용되는 작용의 요인은 일정하지 않을 것으로 보이지만 일반적으로 말하면 이하와 같은 3가지 특징이 있다고 볼 수 있다. 첫 번째는 음악을 연주하거나 혹은 듣는 행위에 의해 직접 신체의 기관이 작용하거나 몸이 반응하는 것이다.

두 번째는 음악적 요소가 정서에 작용하여 음악을 연주하거나 감상함으로서 카타르시스(정화)가 이루어지거나 릴랙스 할 수 있게 되는 것이다. 세 번째는 세러피스트나 타인과 음악 혹은 그 장소를 공유함으로서 커뮤니케이션이 원활해져 일체감을 얻거나 자기의 존재감으르 느끼는 것이다. 이들 3가지 요인은 Bio-Psycho-Social적인 관계에 있고 유기적이면서 복합적으로 기능한다고 볼 수 있어 전인적 케어가 필요한 암 환자에게 있어 음악치료는 기대가 큰 예술치료 중 하나일 것이다.

(3) 적용상의 주의사항

음악치료는 계획적으로 실행되는 것으로 예를 들어, 수동적 음악치료의 경우에는 환자 취향의 음악을 파악하여 환자에게 제공한다. 그러나 아무리 계획적으로 실시해도 환자가 예측대로 반응을 보인다고 한정할 수 없다. 그 자리에서 환자가 즐기고 있는 것처럼 보여도 후에 피로감을 느끼는 경우도 있을테고, 집단으로 실시하는 경우 등에서는 대인관계에서 발생하는 역동이 뜻하지 않은 방향으로 움직여 환자의 기분을 상하게 하는 경우가 있을지도 모른다.

특히 심리, 정서적 고통이 가중되어 있는 암 환자에게는 적용 전후를 포함한 관찰이 중요해진다고 볼 수 있다. 이 점에서도 세러피스트에게는 음악을 매개(媒介)로 하면서 환자에 대한 이해를 심화하고자 하는 기본적 자세가 강하게 요구된다. 또 음악치료를 안전하면서 정확하게 하기 위해서는 가창활동에 문제는 없는지 등 주치의에게 의학적 판단을 의뢰하고 다른 의료 스태프 등에게서의 정보도 염두해 두고 실시할 필요가 있다. 또 암 환자는 면역기능에 문제가 발생하기 쉬우므로 특히 악기 등의 도구는 청결히 해야 한다.

음악치료는 앞에서 설명한 것과 같이 생리면, 심리면, 사회면에 복합적으로 작용하는 치료이다. 이를 시행하는 자는 안전하면서 효과적으로 실시하기 위해 심리학이나 음악에 관한 조예(造詣)를 토대로 학제적인 폭넓은 지식과 임상경험이 요구될 것이다.

2) 상자정원요법(箱子庭園療法)

상자정원요법은 클라이언트가 세러피스트가 지켜보는 가운데, 옆에 마련된 미니어처의 완구 등을 모래상자에 두고 표현활동을 하는 예술치료이다. 유희적인 요소를 가진다는 점과 모래와 접촉한다는 점에서 클라이언트에게 효과적인 퇴행을 가져와 솔직한 표현을 활성화하는 면이 있다.

암 환자에 대한 상자정원요법의 적용 등에 대해서 모든 사례에서 암의 재발에 관한 불안과 기분의 변화에 상자정원요법이 성공한 예를 보여주고 있고 전자가 4번의 상자정원의 실시, 후자가 7번의 상자정원을 실시하였다. 두 사례 연구에서 얻은 결과 등을 파악하여 상자정원요법의 암 환자에 대한 적용성 및 유효성 등에 대해 검토한다.

(1) 적용 대상

두 사례 연구의 상자정원요법의 적용 대상은 암의 재발 후에 불안과 초조감을 느끼고 있는 사람과 암이 재발하지 않을까 하는 불안과 억울함을 보이고 있는 사람이었다. 따라서 상자정원요법은 암 환자가 가지고 있는 재발에 관한 불안과 억울감 등의 경감에 성공한다는 점이 시사된다. 또 암 환자의 불안 등의 반응은 병원진찰을 받았을 때부터 시작되어 검사, 진단, 고지, 치료, 재활, 말기에 이르기까지 계속되는 경우가 많아 상자정원요법이 유효하게 작용하는 대상의 범위는 폭넓어질 가능성이 있다. 한편으로 여기서 소개한 연구대상의 사례는 모두 말기 환자가 아니라 종합적으로는 신체의 기능을 유지하고 있는 환자이다.

상자정원요법은 모래가 든 커다란 상자와 미니어처 완구 등을 둘 공간이 필요해 환자의 침대 곁에서 실시하기 어렵다. 때문에 통상 암 환자가 상자정원요법을 하기 위해서는 상자정원이 있는 장소까지 이동할 수 있으면서 미니어처 완구를 모래상자에 둘 수 있는 신체 컨디션에 있어야 한다는 것이 조건이 된다. 또 의학적 치료가 실시되고 있는 암 환자는 심리적 케어 등에 대해서 거부감을 보이는 경우가 있다.

특히 상자정원요법의 경우는 유희적 요소가 짙어서 실시하는 사람도 자각하기 쉽기 때문에 '왜 이런 것을 하는가' 하는 의심이 생겨 오히려 상자정원요법의 도입이 심리적 케어 전반에 악영향을 주는 경우도 생각할 수 있을 것이다. 상자정원요법이 성공한 2사례는 모두 상자정원의 창작활동에 흥미를 가지고 자발적으로 임하고 있다는 점에서 상자정원요법이 효과를 발휘하기 위해서는 암 환자의 이런 종류의 창작활동에 대한 친숙함과 의욕도 중요하다고 판단된다.

(2) 효과의 요인

상자정원요법은 비언어적인 표현수단을 이용하고 있다는 점에서 말로는 표현할 수 없거나 이루 다 말할 수 없는 심정을 발로(発露)하는데 뛰어나다. 암 환자는 진단, 고지, 치료 등의 과정 속에서 말할 수 없이 불안해지거나 어떻게 할 수 없는 분노 등을 느끼는 경우가 있다. 이들을 말로 설명하는 것은 쉽지 않고 말을 이어 문장으로 만드는데 시간이 걸리거나 말로 다 표현하려고 하면 오히려 심리적 고통이나 피로를 느끼는 경우가 있다.

상자정원의 제작은 기성의 도구를 이용함으로써 비교적 단순한 창작활동이 되어 기술적으로 잘하고 못하는 것을 느끼기 어렵다. 오히려 모래를 만지거나, 미니어처 완구를 사용함으로써 놀이 감각을 기억하고 적당한 심리적 퇴행을 가져오기 쉽기 때문에 내면을 솔직하게 표현하여 불안이나 분노 등의 카타르시스가 진행되는 것을 기대할 수 있다. 또 상자정원요법에는 시각적 피드백의 작용이 있다. 즉, 클라이언트는 상자정원의 제작을 직접 자기 눈으로 보며 실시함으로서 제작과정이나 작품 안에 투영된 심정을 시각적으로 파악할 수 있어 자기를 통찰하고 수용하는 과정이 촉진된다고 볼 수 있다. 특히 이 작용은 암을 앓게 되어 적잖은 위기적 상황에 직면하고 있는 환자에게 있어 중요할 것이다.

상자정원요법의 시각적 피드백의 작용은 암 환자의 심리적 위기를 극복하는 과정을 촉진하여 정신적 안정을 도모하는데 큰 효과를 가져 올 가능성이 있다.

(3) 적용상의 주의사항

상자정원요법은 암 환자에 대해 적용 가능성은 폭넓고 치료과정에서 불안 등을 보여주는 환자에게 유효한 카운슬링 기법이 될 것으로 기대할 수 있다. 한편으로, 말기 환자에 대해서는 상자정원요법을 적용한 사례연구는 확인되지 않고 암 환자가 이동할 수 없는 등 신체기능 등이 저하되어 있는 경우는 적용하기 어렵다고 생각된다. 이 점에 대해서 상자정원요법과 표현수단의 본질 등이 비슷하다고 하는 콜라주요법의 적용을 고안할 수 있다. 콜라주요법은 잡지 등에서 잘라낸 파트를 대지 위에 붙이는 창작활동을 통해 이루어지는 것으로 상자정원요법에 비해 준비나 실시가 쉽다는 점에서 이동이 어려운 암 환자 등도 침대 곁에서 하기 쉽다.

상자정원요법은 심리적 퇴행을 가져오기 쉬운 특징을 가지고 이것이 적절하게 성공하면 적당히 방어 기제가 느슨해져 내면의 표현이 활성화되거나 카타르시스가 진행된다. 그러나 심리적인 혼란을 가져올 것으로 예상되어 암 환자의 적용에 대해서도 환자의 정신상태를 정확하게 확인할 필요가 있다.

이와 같이 생각하면, 상자정원요법을 암 환자에게 적용할 때에는 주치의, 완화케어팀의 담당의사, 정신과의사 등 신체, 정신면에서 의학적인 소견에 따라 판단과 조언을 청할 필요가 있다고 판단된다.

4.4 | 말기 암 환자의 음악치료

암은 신체 기능을 수행하는데 커다란 변화를 가져다 준다. 암은 심리적으로 여러 문제점을 야기하기 때문에 암 진단을 받고 투병생활을 하고 있는 대부분의 사람들은 불안, 우울, 심리적 충격 및 절망감과 같은 다양한 정서적 변화를 경험하게 된다.

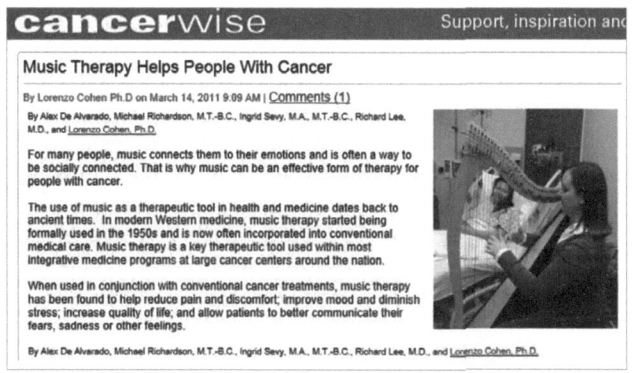

〈그림 4-5〉 '말기암' 환자 음악치료

"음악은 많은 사람들에게 그들의 감정에 다가갈 수 있는 통로가 된다"

세계적인 암센터인 MD 앤더슨 통합의료센터에서는 음악치료를 통해 암 환자들의 심리적 안정을 도우고 있다. 국내에서도 요양병원 및 한방병원에서 통합치료의 한 영역으로 음악치료를 진행하고 있으며, 이는 심리적인 안정과 정서적인 평안이 암 환자에게 꼭 필요하며 암 환자에게 심리적 치료가 병행될 때 치료의 효과는 크다는 연구가 보고되고 있다.

4.5 | 암 환자 음악치료 프로그램

암 환자 대상 음악치료 프로그램은 음악치료가 암 환자에게 미치는 영향에 대한 기존 연구 자료로 안정적 공간(Solman, 2002), 긍정적 경험(O'Callaghan, 1997), 회상과 삶의 회고, 다른 이들과의 긍정적 인간관계, 신체적 고통과 불쾌감 감소, 근심으로부터의 정서적 위안, 즐거움 그리고 마지막 순간에서의 기회(Krout, 2001) 등의 연구를 바탕으로 구성하여 진행하며, 암환자의 정서를 최대한 고려하여 쉬운 단계에서부터 접근하는 방식을 선호한다.

4.6 | 암환자 음악치료의 목적

(1) 관계 형성
효과적인 치료 집단은 환자들이 서로 자유롭게 상호작용할 수 있는 장(場)을 마련해 주고 그들이 상호작용을 하며 무엇이 잘못되었는지를 파악하고 이해하도록 도와주며 궁극적으로 각자의 부적응적 양상을 변화시킬 수 있도록 도와준다고 하였다. 암 환자 음악치료는 주로 가족과 함께 참여하는 경우가 많으며 가족이 함께 참여할 때는 더욱 관계 형성에 각별한 신경을 써서 프로그램을 구성하여야 한다.

(2) 자기표현
감정 표현으로서의 음악은 평상 시 잘 전달하지 못하는 생각과 감정을 전달하게 해주며 음악은 표현하지 못한 감정들을 풀어놓을 수 있는 도구가 된다(정현주, 2005).

평소 암 환자들은 힘든 약물치료와 심리적 불안에 자신의 마음을 전달하기를 꺼리며 불안과 우울로 인해 언어적 감정 전달이 잘 이루어지지 않는다.

음악을 통하여 자신의 불안한 감정을 표현하고 생각이나 감정을 폭 넓게 전달할 수 있도록 도와줄 수 있다.

(3) 긍정적 자기인식

평소 자신이 즐겨 부르던 친숙한 노래나 의미 있게 와닿는 노래의 가사를 통하여 이야기 나누고 스스로 노래를 불러 봄으로 강한 연상 작용을 도우며 인생을 긍정적으로 바라볼 수 있도록 힘을 줄 수 있다. 또한 노래를 통하여 동료를 칭찬하고 자신도 힘을 얻으며 그 과정을 통하여 그룹 안에서 받는 긍정적 지지를 통해 재구성 할 수 있는 기회를 제공받을 수 있다(Bright, 1997).

(4) 자기효능감 촉진

Bandura(1999)는 자기효능감이 인간의 동기, 감정 행동을 결정하는 데 있어서 영향력을 나타내며 목표의 성취 여부에 따라 변화하고 자기효능감의 증진이나 저하는 불안 수준에 영향을 미친다고 하였다. 암 환자들은 치료사 또는 그룹 구성원 안에서 "너는 할 수 있다."라는 긍정적 격려를 통해 긍정적인 영향을 미칠 수 있으며 이러한 원리는 긍정 심리학에서도 자주 이용되고 있다(김인자, 2006).

〈사진 4-15〉 암환자 음악치료

4.7 | 암환자를 위한 음악치료 프로그램의 실제

프로그램 전체 회기구성(4회기)

구성: 음악치료사 임영제

회기	목적	프로그램명	내용	준비물
1	관계형성	나는 누구인가	• 프로그램 소개 〈희망사항〉 • song wtiting • 자기소개하기	• 키보드 • 활동지 • 음원
2	자기표현	행복을 주는 사람	• 행복에 관한 sing along • 리듬악기 연주 〈행복을주는 사람〉 • song writing	• 키보드 • 리듬악기 • 음원
3	긍정적 자기인식	살다보면	• 감정을 표현하는 즉흥연주 • 지금/여기 표현하기 〈살다보면〉 • sing along	• 키보드 • 감정단어카드 • 공명실로폰 • 음원
4	자기 효능감 촉진	마음하나로	• 사랑하는 사람 • 고마운 사람 〈사랑해〉 • 톤챠임 연주	• 키보드 • 톤챠임

사례 1 부산시 소재 ○○한방병원
         암환자 대상 음악치료

매주 금요일 늦은 오후 저녁식사를 마치고 가족과 함께 모이는 음악치료 시간. 고된 항암치료에 지치고 힘든 마음은 표정에서도 역력히 드러난다.

처음 음악치료를 의뢰받고 나의 마음가짐은 '그냥 무조건 지지하고 용기를 주는 음악치료를 진행하자'였다. 어느새 3년이 지나면서 나는 그 첫 마음이 바뀌었다.

이들이 가지고 있는 부정적이고 비합리적인 신념을 어떻게든 음악이라는 도구를 사용하여 긍정적으로 변화할 수 있도록 도움을 주는 방향으로.

"당신은 무슨 꽃이죠?" 첫 만남에서 평소 좋아하는 꽃 이름으로 자신을 소개하기로 했다. "나~는 장~미~꽃.", "그 꽃 이름 향기롭네요" ♪

손뼉을 치면서 부르는 소개 노래로 조금은 긴장이 풀린듯하다.

암환자는 컨디션이 시시각각 변화함으로 주시하여 상태를 살펴야 하며 악기활동은 많은 에너지를 쓰지 않는 쉽고 재밌는 활동 위주로 진행해야 한다.

톤챠임의 소리를 듣고 모두 "어머 너무 예쁜 소리네요."라며 관심을 보였다.

"사랑해 ○○씨 정말로 사~랑해…"

"고마워 ○○씨 정말로 고~마워…"

"미안해 ○○씨 정말로 미..안 해"

악기로 코드를 만들어 소리 내고 song writing 을 하면서 내내 흐르는 눈물을 닦는다. 그동안 자신이 차마 말하지 못한 미안하단 말.. 고맙단 말.. 사랑한단 말을 노래를 통하여 전달하고 참았던 눈물을 흘리면서 남편의 손을 꼭 잡고 놓지 않는 모습은 정말 그들이 전하고 싶었던 마음 아니었을까.

지금 내가 비록 힘든 시간을 이겨내고 있지만 내 곁에는 나를 지켜주는 나의 가족이 있고 내가 지금 이겨낼 수 있는 것도 가족이 힘을 실어주기 때문임을 다시 한 번 느껴보는 시간이었다.

암 환자 음악치료는 지지가 중요하며 그들의 마음 안에 머물고 있는 불안과 공포 분노 등의 감정을 드러내고 힘을 얻는 치료가 필요하다.

"눈물을 참으려 하지 말고 그냥 흐르는 대로 두세요. 그 눈물도 당신이며 그 눈물이 결코 당신을 나약하게 만들지 않아요." 가족의 품에서 실컷 울고 나면 정화된 마음이 살아난다. "살다 보면… 하루하루 힘든 일이 너무도 많아… 수많은 근심 걱정 멀리 던져 버리고…" 노래를 부르며 스스로 통찰하고 다시 힘을 얻는 시간으로 마무리한다.

매 회기마다 내 마음이 휩쓸리지 않고 마음 단단히 챙겨 그들을 공감하려 애쓰지만, 그 누구도 예외일 수 없는 암이란 병 앞에 나부터도 자유로울 순 없을 듯하다.

〈사진 4-16〉 암환자 음악치료 사례

4.8 | 암 환자를 위한 음악치료에 의한 스트레스 변화

세계보건기구(WHO)는 완화케어에 대해 "생명을 위협하는 질환으로 인한 문제에 직면해 있는 환자와 그 가족에 대해 그 외의 신체적 문제, 심리 사회적 문제, 영적인 문제를 조기에 발견하고 확실한 어세스먼트와 대처(치료·처치)를 함으로써 고통을 예방하고 완화함으로써 Quality Of Life를 개선하는 접근법이다."라고 해서 신체증상의 컨트롤뿐 아니라 마음의 케어도 동시에 하는 것을 중요시하고 있다. 또 완화케어 환자는 많은 스트레스를 받고 있다고 하며 스트레스가 심적인 문제 중 하나로 꼽히고 있다. 스트레스란 엄밀한 정의는 없지만 처리되지 못한 감정이 마음에 쌓여 있는 상태 등 심신의 긴장상태를 포괄적으로 나타내는 개념으로 심신증 발증의 중요한 메커니즘으로 보고 있다.

음악이나 음악치료의 스트레스 연구는 신체적 스트레스지표를 이용해 타액 속의 코르티졸 수치 및 s-CgA, 혈청 속의 코르티졸, 면역 글로불린, 카테콜아민, β-엔도르핀 등의 스트레스 호르몬을 측정한 것이 있다. 음악이나 음악치료가 스트레스 경감효과, 릴랙스 효과를 시사하는 연구가 다수 있다.

최근 완화의료의 발전에 따라 완화케어 영역에 있어서 음악치료가 도입되어 그 효과가 기대되고 있다. Francine(2008)는 완화케어의 음악치료가 커뮤니케이션의 촉진, 친숙함이 있는 음악이나 가사에 의한 안심감, 기분의 개선, 활기의 향상, 신조를 높이는 등의 효과가 있다고 보고 있다. Gallagher(2011)는 완화의료에 있어서의 음악치료의 그 과정이 확립되고 연구가 공유화되어 완화의료 및 암의 지지적 서포터에서 중요한 역할을 할 것이라고 설명하고 있다. 기타카와 등 (2009)은 완화케어 병동에서 음악요법의 사례를 보고하고 음악치료가 정신발달지체를 가지는 어느 암환자의 남은 인생을 풍요롭게 보내기 위한 중요한 역할을 맡았다고 한다.

완화케어 병동에 있어서 음악치료의 사례를 소개하고, 음악치료가 동통 완화 및 카타르시스 등의 효과를 가져왔다고 하고 세러피스트의 역할에 대해 설명하고 있다. 카타르시스 효과란 불안이나 긴장 등의 신경증상을 일으킨 과거 무의식의 사건이나 경험에서 비롯된 감정이나 충동을 언어나 행위를 통해 해방시키는 것을 말하고 그에 따라 증상이 사라지는 것을 가리킨다. 이상과 같이 음악이나 음악치료에서 스트레스 연구가 이루어지고 완화케어에서의 음악치료 실천이나 연구가 실시되고 있지만, 완화케어의 환자에 대한 음악치료의 스트레스에 착안한 연구는 많지 않다.

스트레스 지표는 환자의 부담과 침습성을 고려해 타액 채취에 의한 타액 속 s-CgA 수치를 채용하였다. s-CgA는 부신수질 크로마핀 과립 내에서 분리된 산성의 당단백으로 카테콜라민 류와 공존하며 함께 방출된다는 점에서 교감신경-부신계의 활동을 보여주는 지표로 보고 있다. 또 최근 s-CgA는 악하선(顎下腺) 도관부에 존재하며 자율신경자극에 의해 타액 속으로 방출된다는 것이 밝혀져 정신적 스트레스의 지표로서도 이용되고 있다. 또 음악치료 중의 이야기의 분석을 하는 것은 음악치료 중 일어나고 있는 현상을 파악하고 환자의 스트레스에 대해 고찰하는데 일조하게 된다고 판단하였다.

음악치료에 있어서 음악에 대한 화제가 중심이 된다는 것이 특징적으로 환자는 음악을 화제로 해서 세러피스트와 대응할 수 있다. 그리고 음악을 통해 말을 섞지 않아도 공간을 공유할 수 있고 대화조차 체력을 소모해 버리는 환자도 적지 않은 완화케어 병동에 입원 중인 환자에게 있어서, 비언어 커뮤니케이션에 의해 타인과 공간을 공유할 수 있는 시간은 인간성을 지탱하는데 관계해서 환자의 QOL 향상에 일조하게 된다.

또 심리치료에서 무의식의 감정을 다루거나 감정에 대한 깨달음을 심화해 가는 접근법은 정신분석이나 인지행동요법 등 다양한 기법에서 이용되는데, 음악치료에서는 의도적으로 무의식의 감정이나 표출된 감정을 다루지 않아도 감정의 표출・발산이 카타르시스가 되어 심리적 케어가 성립한다고 말할 수 있다. 그리고 음악이 존재함으로써 치료나 질병에서 벗어나 음악을 즐기는 장(場)으로서 음악치료가 제공된다.

병상의 변화나 치료의 과정에서 쓰라린 현실과 마주하여 그 스트레스가 크다고 하는 완화케어병동에 입원 중인 환자에게 있어 순수하게 음악을 즐기고 동시에 무의식적으로 다양한 형태로 스트레스를 표출하는 것은 스트레스케어, QOL의 향상에 일조한다고 생각한다. 그러한 음악의 장을 제공하는 것과 더불어 세러피스트가 환자의 마음의 움직임을 민감하게 감지하여 때때로 말에 의한 개입이나 표출된 감정에 초점을 맞추면서 케어를 진행해 가는 점이라고 말할 수 있다.

▶ 삶의 질(quality of life, QOL)은 사람들의 복지나 행복의 정도를 말한다. 생활 수준과는 달리 삶의 질을 직접적으로 측정할 수는 없다. 정의에서 알 수 있듯 '삶의 질'이라는 개념에는 물질적인 측면(건강, 식사, 고통의 부재 등)과 정신적인 측면(스트레스나 걱정이 없고 즐거움 등)이 있다. 사람마다 어떤 것들이 갖추어진 상태에서 만족을 느끼는지가 다르므로 특정한 사람의 삶의 질을 예측하는 것은 사실상 불가능하다. 그러나 일반적으로 인구 집단이 누리는 식사나 주거, 안전, 자유 및 권리의 수준이 높을수록 집단에 속하는 이들의 전반적인 삶의 질이 높아질 것으로 예측할 수 있다. 또한 인간이 요구하는 욕구를 단계적으로 나열하게 되면, 가장 기초적인 욕구는 건강이 되고 다음으로는 물리적 요건, 마지막으로 이 욕구는 인간의 궁극적 만족 목표로서 문화와 여가, 사회 참여 등이 포함된다.

4.9. │ 다문화 가정 여성을 위한 음악치료

- 다문화 혼인(23,773건)은 전년대비 8.5%(1,856건) 증가 – 2020년 통계청 자료
  ○ 다문화 비중 : 전체 혼인 중 다문화 혼인의 비중은 9.2%, 전년대비 0.9%p

증가
○ 혼인유형 : 외국인 아내(67.0%), 외국인 남편(18.4%), 귀화자(14.6%) 순임
  – 전년대비 외국인 아내와의 혼인은 2.0%p 증가, 귀화자 혼인은 0.8%p 감소

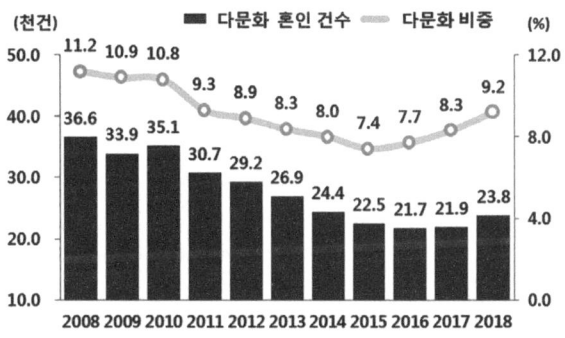

〈그림 4-6〉 다문화 혼인 추이

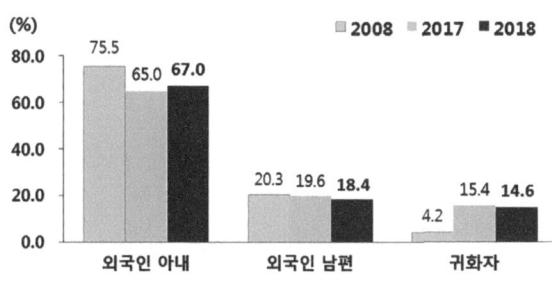

〈그림 4-7〉 다문화 혼인 유형별 비중

○ 평균 초혼연령 : 남편 36.4세, 아내 28.3세로 전년대비 0.3세, 0.2세 각각 증가
○ 부부 연령차 : 남편 연상부부가 78.2%로 가장 많고, 남편이 10년 이상 연상인 부부는 40.9%로 전년대비 1.4%p 증가 〈평균 초혼연령, 2018년〉

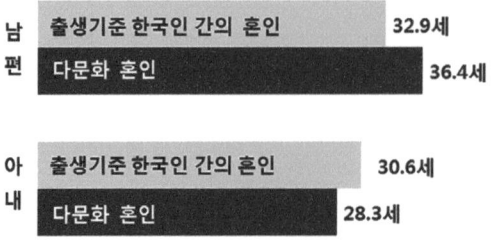

〈그림 4-8〉 평균 초혼연령, 2018년

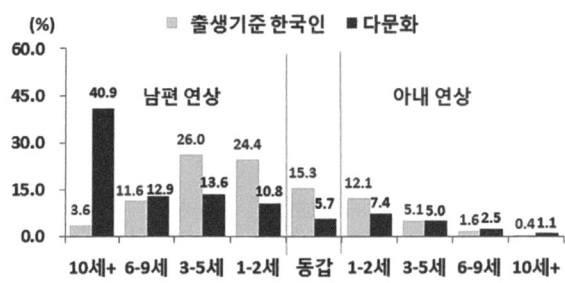

〈그림 4-9〉 부부 연령차 비중, 2018년

○ 출신국적 : 외국인 및 귀화자 아내의 출신국적은 베트남(30.0%), 중국(21.6%), 태국(6.6%) 순임
　- 전년대비 베트남과 태국의 비중은 각각 2.3%p, 1.9%p 증가, 중국은 3.4%p 감소

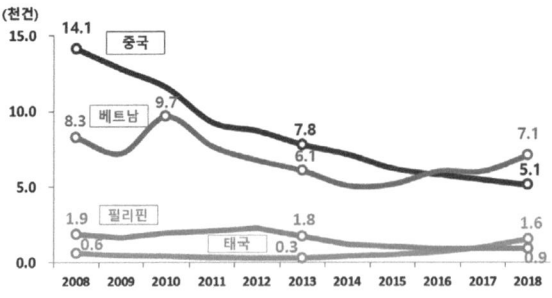

〈그림 4-10〉 아내의 주요 국적별 혼인 추이

- **다문화 이혼(10,254건)은 전년대비 0.5%(53건) 감소**
  ○ 다문화 비중 : 전체 이혼 중 다문화 이혼의 비중은 9.4%, 전년대비 0.3%p 감소
  ○ 이혼유형 : 외국인 아내(48.0%), 귀화자(37.5%), 외국인 남편(14.5%) 순임
    – 전년대비 외국인 남편은 0.3%p 증가, 외국인 아내, 귀화자는 각각 0.2%p, 0.1%p 감소

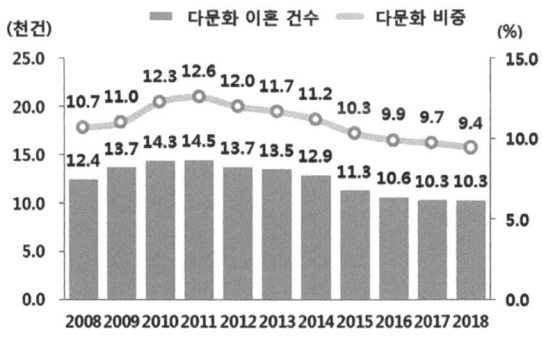

〈그림 4-11〉 다문화 이혼 추이

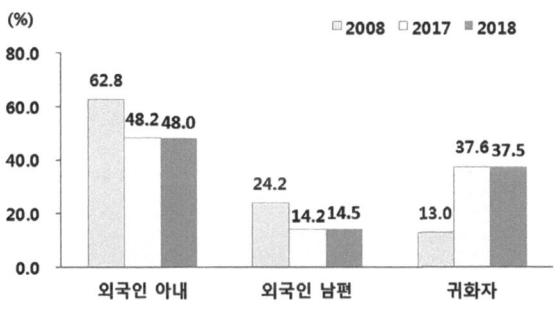

〈그림 4-12〉 다문화 이혼 유형별 비중

○ 평균 이혼연령 : 남편 49.4세, 아내 39.3세로 전년대비 0.7세, 0.4세 각각 증가
○ 결혼생활 지속기간 : 다문화 이혼자의 평균 결혼생활 기간은 8.3년으로 2008년(3.7년) 대비 4.6년 증가

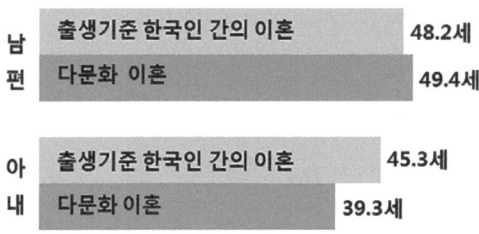

〈그림 4-13〉 평균 이혼연령, 2018년

○ 출신국적 : 외국인 및 귀화자 아내의 출신국적은 중국(39.9%), 베트남(26.1%), 필리핀(3.9%) 순임

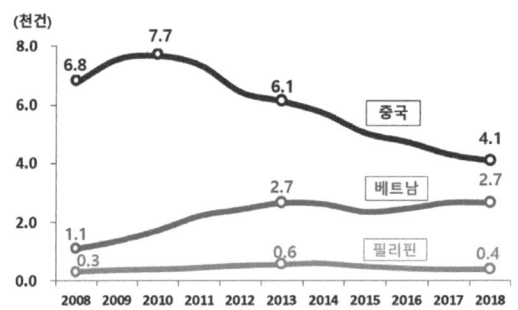

〈그림 4-14〉 결혼생활 지속기간, 2008-2018년

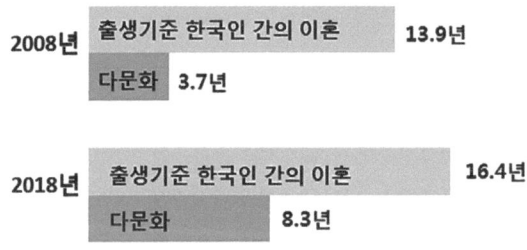

〈그림 4-15〉 아내의 주요 국적별 이혼건수 추이

- **다문화 출생(18,079명)은 전년대비 2.0%(361명) 감소**
  ○ 다문화 비중 : 전체 출생 중 다문화 출생의 비중은 5.5%, 전년대비 0.3%p

증가
- ○ 출생유형 : 외국인 모(62.8%), 귀화자(21.9%), 외국인 부(15.3%) 순임
  - 전년대비 외국인 모, 외국인 부 각각 0.8%p, 0.2%p 감소, 귀화자는 0.9%p 증가

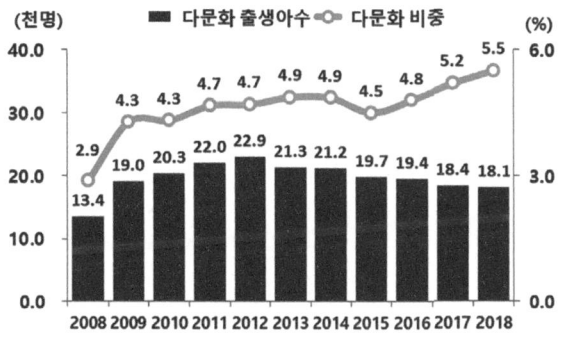

〈그림 4-16〉 다문화 출생 유형별 비중

- ○ 평균 출산연령 : 다문화 모의 평균 출산연령은 30.4세, 2008년 대비 2.7세 증가
- ○ 연령별 출산 : 모의 연령별 출산은 30대 초반이 32.5%로 가장 많고, 20대 후반 28.7%, 30대 후반 17.3% 순임

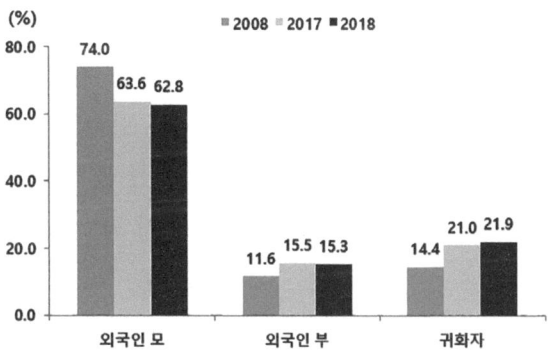

〈그림 4-17〉 다문화 출생 유형별 비중

사례 2 경남 양산시 소재 ○○다문화센타
다문화 여성을 위한 음악치료

〈사진 4-17〉 다문화가족 음악치료

사례 후기

그 해 경남에서는 '다문화 가족 패스티벌' 준비가 한창이었다. 의뢰받은 ○○다문화센터 역시 패스티벌을 준비하는 중이었고 이번은 '음악으로 하나 되자'라는 취지로 공연을 준비하고 있었다. 자라온 문화가 다르고 각자가 생각하는 방향도 다르고 무엇보다 넉넉지 않은 환경 탓에 맞벌이까지 하며 여러모로 신체적 정신적 고달픔이 따르는 그들의 삶이었다.

퇴근 후 늦은 시간 센터에 모여 겨우 분식으로 저녁식사를 대신하고 데리고 온 자녀들까지 놀잇감을 만들어줘야 하는 열악한 환경. 그러나 모두 한결같이 표정이 밝다. 여기 모인 그들은 소통하고 나눔을 가지며 위로받는 시간을 갖기 때문이리라. 한 필리핀 여성은 더듬더듬 한국말로 자신은 악보를 볼 줄 모르고 한글도 잘 모른다며 걱정을 앞세운다. "음악은 만국언어이며 우리가 음악으로 소통하는 데는 아무 걸림돌이 없을 거예요." "하하하 네…" 음악치료는 이렇듯 언어의 소통이 어려운 이들에게도 음악이라는 도구를 이용하여 충분히 소통하고 공감하는 시간을 가질 수 있다.

'오버 더 레인보우', '터' 노래를 톤챠임과 우쿨렐레 그리고 핸드벨로 준비하며 매주 즐거운 시간을 함께 했다. 페스티벌 당일 우리는 준비한 대로 연주를 잘하였고 당당히 2위를 차지했다. "선생님, 저희 너무 기쁘고 상금도 받고 진짜 행복해요." 행복하단 그 한마디가 나를 기쁘게 하는 사례였다.

■ 다문화 가정이라는 용어는 우리와 다른 민족 또는 다른 문화적 배경을 가진 사람들이 포함된 가정을 총칭한다. 이 용어는 국제결혼 가정, 혼혈아처럼 차별적이고 부정적인 이미지를 갖는 용어를 대체하기 위해 2003년 건강시민연대가 제안하여 현재까지 사용되고 있다. 한편 "다문화가족지원법" 제2조에 따르면 '다문화 가족이란 결혼 이민자 또는 귀화 허가를 받은 자와 대한민국 국적자로 이루어진 가족'을 말한다.

〈사진 4-18〉 다문화 패스티벌 참가 - 우쿨렐레와 톤챠임 합주

4.10 | 미혼모 대상 음악치료

(사례 3) 부산광역시 ○○자활센타
미혼모 여성을 위한 음악치료

전체 프로그램 회기구성(4회기)

구성: 음악치료사 임영제

회기	목적	프로그램명	내용	준비물
1	관계형성	나는 누구인가	• 프로그램소개 • 자신을 표현할 색깔찾기 • song wtiting • 자기소개하기	• 키보드 • 색깔카드 • 음원
2	자기표현	어제의 나	• 인생그래프 • 리듬악기 연주 〈거위의 꿈〉 • song writing	• 키보드 • 리듬악기 • 음원
3	긍정적 자기인식	오늘의 나	• 장점찾기 〈내가 잘할 수 있는 것〉 임영제 곡 • sing along	• 키보드 • 활동지 • 악보음원
4	자존감 회복	내일의 나	〈you raise me up〉 • 톤챠임 연주	• 키보드 • 악보 • 톤챠임

〈사진 4-19〉 미혼모대상 핸드벨 합주 음악치료

사례 후기) 거위의 꿈

"혼자가 아닌 나… 그러나 지금 사무치게 외로운 이 현실 앞에서 나는 비로소 혼자 임을 알고 흐르는 눈물을 닦습니다." 어느 한 미혼모의 첫 인사말이었다. 자활을 돕고 스스로 생계를 이어나가도록 지원하는 ○○자활센터의 4회기 음악치료.

해마다 여러 심리 지원 프로그램을 진행했으나 반응이 좋지 않아 고민 끝에 음악치료를 선택하게 되었다는 센터장님께 간단한 음악치료의 설명과 함께 장소를 도서관으로 하겠다는 마음을 전달하였다. 미혼모는 아이를 포기하지 않았다는 큰 의미가 따른다. 아이와 함께 프로그램에 참여해야 하며 그 아이들을 위하여 책이 있는 곳이면 좋겠다는 생각을 하였다.

"난… 난 꿈이 있어요…" 어린 나이에 엄마라는 큰 어깨를 내어 주어야 하는 그 무게는 얼마나 무거울까… 시작도 전에 눈물이 곳곳에서 쏟아졌고 그냥 흐르는 노래만으로도 복받치는 감정은 어쩔 수가 없는 듯하였다. 노래 한 곡을 다 부르지 못한채 흐르는 대로 그렇게 세션은 진행되어갔다.

누군가를 이해하고 공감하는 일은 쉬운 일이 아니다. 그들이 느끼고 그들이 드러내는 마음을 고스란히 있는 그대로 반영하고 수용하는 일은 치료사로서 매번 힘들게 다가오는 경험이다. 특히 나에게 이번 사례는 같은 여자로서 어쩌면 마음의 흔들림이 일어났을 지도 모른다. 유독 많은 말을 하던 한 여성은 어제 자기 친동생도 여기 자활센터에 입소했다면서 자매가 함께 미혼모가 된 사연을 털어 놓았다. 내심 놀란 가슴으로 얘기를 들으면서 이번 4회기 진행의 음악치료 프로그램의 방향이 음악 안에서 이루어지는 음악 심리치료로 잡혀갔다. 음악으로 마음을 열고 심리치료로 통찰하는 마무리가 이루어진 좋은 사례였다. 4회기가 끝나는 날 한 여성은 톤챠임으로 'you raise me up'을 합주하면서 자신이 평소 힘들 때 듣는 노래인데 이렇게 함께 연주를 하니 정말 너무 행복하다는 소감을 전했다.

혼자가 아닌 나. 지금 그들의 곁에는 어렵게 선택한 예쁜 아이가 곁에 있고 이렇듯 함께 용기를 주고받을 동료가 있고 무엇보다 희망의 끈을 놓지 않은 그 단단한 마음이 있음으로. '거위의 꿈'은 꼭 현실로 다가올 것이란 마무리로 인사를 나누었다. 굳게 닫힌 자활센터의 문을 열고 첫 만남을 가진 4주전. 어찌나 그 문이 무겁던지 악기를 들고 애를 쓰며 문을 열었는데, 돌아가며 열어야 하는 센터의 문도 가볍지가 않았다.

5. 노인을 위한 음악치료

5.1 | 감각 기능

시력의 감퇴와 청력의 감소는 노화에 관련된 보편적인 현상이다. 음악치료에서는 감각 기능의 잔존 능력을 자극하고 환경에서 계속적인 자극을 제시함으로서 감각 기능의 저하를 감소시키고 악화를 예방한다. 이를 위한 다양한 접근이 있는데 감각 자극 기법의 경우에는 음악을 자극적 도구로 활용하여 음악적 감상과 같은 수동적 차원에서 참여할 수 있는 활동을 포함해 악기 연주나 동작과 같은 보다 더 적극적인 참여를 유도한다. 감각 자극 기법은 구조화된 음악적 접근을 활용하기 때문에 극도로 심한 기능 퇴행을 보이는 노인들을 위해 적합하며 계속적으로 환경과의 상호 교류를 유도한다.

특히 감각 기능의 감소에 대한 음악치료적 접근을 청각적 기능의 경우 타악기와 채가 있는 악기들, 작은북, 탬버린 종류나 마라카스, 실로폰 등 다양한 음색을 듣고 탐색하게 함으로 악기를 듣고 조작하고 연주할 수 있는 기회를 계속 제공한다. 개인에 따라 고주파를 가진 악기나 금속성 음색에 민감하게 반응하는 경우도 있으므로 개인의 음악적 기호를 적절히 고려하여 활동을 구성한다.

5.2 | 인지 기능

노화와 이에 따른 다양한 정서적 장애로 인해 지적 능력이 감퇴해 가는데 가장 두드러진 부분은 작업 기억, 단기 기억, 현실 인식, 반응 속도 등의 감소이다.

이러한 부분을 고려하여 노인들을 위한 음악치료 세션에 필요한 작업은 체계적으로 구조화되어야 한다. 단일 과제에서 복합 과제로 진행하며 대상의 기능을 충분히 고려해서 활동의 난이도를 결정한다. 예를 들어 악기 연주와 함께 노래를 같이 부르는 것도 처음엔 부담스러운 작업일 수도 있으므로 연주되는 리듬을 충분히 익힌 뒤 노래하도록 유도하는 것도 중요하다.

음악적 작업을 통해 계속적으로 부호화 하는 기능을 촉진시켜 주어야 한다. 연주나 감상에 있어 어떠한 선율 패턴이나 리듬 패턴을 제시하였을 때 주어진 패턴에 대한 구조를 인식하고 이를 기억함으로서 치료사가 큐를 주었을 때 입력된 음악적 정보를 연주할 수 있게 활동을 구성한다. 그러므로 활동은 극히 단계적으로 나누어져야 하며 음악적 작업의 양과 내용 역시 체계적으로 나열해야 한다.

여기서 더 나아가 기억력 개선을 다룬 많은 연구들은 회상 과제와 다양한 기법을 통해 기억하는 것을 훈련하였을 때 유의미한 변화가 있었다고 보고한다.

부호화 기술과 주의력 기능을 중심으로 훈련하였을 때 과제 참여도가 증가하며 이 외에도 음악 감상을 통한 이완, 리듬연주를 통한 과제 수행력, 참여도를 유도하는 활동들은 노인들을 위한 효과적인 접근이라고 보고하고 있다.

5.3 | 운동 기능

노화로 인해 대근육은 물론 소근육에 있어 많은 기능 저하가 따른다. 음악을 통한 다양한 동작과 악기 연주법들은 계속적으로 대근육과 소근육 기능을 활용하기 때문에 쇠약해질 수 있는 눈·손 협응감이나 지구력, 균형감 등을 유지시켜 준다. 산출된 소리의 강도는 진동과 힘과 운동 범위를 표현해 준다.

음악은 시간적인 체계와 구조를 지니고 있다. 음악의 시간적 요소인 리듬은 음악 활동에 참여하는 사람들의 생리와 신체를 자극하여 에너지 수준을 상승시킨다. 이 때문에 계속적으로 운동 활동에 참여하는 것이 가능해지는 것이다.

음악은 시작과 끝이 있으며, 연주가 시작되고 음악이 완성되면 연주가 끝난다. 예를 들어 손뼉을 쳐 보라는 언어적인 지시에 내담자는 몇 번까지 칠 수 있을까? 하지만 음악을 제공하고 음악과 함께 손뼉을 치라면 적어도 언어적 지시보다는 많은 손뼉을 칠 수 있을 것이다. 소리의 강도에 따라 큰 소리에는 팔을 더 올리고 작은 소리에는 팔을 작게 올려야 하므로 소리로도 근육의 강도와 범위를 측정할 수 있다. 그러므로 체계적인 악기 연주 활동은 운동적 지구력과 동작의 범위를 증가시킨다.

5.4 | 현실 소재 인식

인지 기능의 저하와 함께 내담자들은 흔히 본인들이 있는 곳이나 시간 또는 주변 사람을 포함한 가족들의 이름이나 얼굴을 인식하지 못하는 경우가 있다. 음악치료 세션은 현실 소재 인식을 최대한 촉진시키기 위해 구성되는데 예를 들어, 가사에 그날의 요일, 시간, 장소 등을 넣은 인사 노래부터 시작해서 특정한 명절을 기념하는 곡이나 계절들을 담은 곡들을 선정하여 환경에 대한 인식과 시간적·공간적 개념을 계속적으로 인지할 수 있도록 훈련시킨다.

예를 들어, 5월이 가정의 달이라는 것을 인식시키기 위해 "어머니 은혜" 또는 "어린이날" 같은 곡들을 사용하여 현실감을 주지시킨다. Reigler(1980)는 8주간 음악을 사용한 현실 소재 인식 프로그램과 음악을 사용하지 않은 프로그램을 서로 비교하였는데 음악을 사용한 그룹은 인지 기능이 현저하게 향상되어 실험 참가자들이 이름, 요일, 현재 거주지를 기억해 낼 수 있었다고 보고하였다.

5.5 | 언어와 심폐 기능

기관지에 기능적인 저하가 오면서 호흡기계의 효율성이 많이 떨어지고 산소를 보유하고 있는 혈액으로 공급하는 기능이 저하되므로 전반적인 호흡이 어렵게 된다. 이러한 부분은 가창 활동을 통해 접근되는데, 노래할 때 각 박자에 따라 쉬는 부분과 다음절에 들어가기 전에 들숨을 크게 하는 것을 연습하게 함으로서 호흡의 균형과 강도를 향상시켜 준다. 이와 관련된 많은 연구들이 있는데 실제 긍정적인 결과를 제시하고 있다.

노래와 가창은 심폐 기능 강화에 효과적인 활동이다. 호흡이 가창 활동의 기본이 되기 때문이다. 연구에서는 말기 치매 환자에게 무반주 노래가 효과가 있다고 하였다. 이는 노인들이 가지고 있는 각자의 음역에 개인차가 있으므로 무반주라 하더라도 효과적이라는 것을 암시한다. 노래 부르기는 기본적으로 호흡하는 부분을 구체적으로 제시함으로써 호흡을 조절하게 하며 들숨과 날숨을 리듬적으로 하게 해준다.

더 나아가 가창 활동을 계속적으로 발음의 정확성이나 노래에 대해 이야기하는 등의 언어적 기술을 유지시켜 준다.

5.6 | 심리 정서 기능

한때 건강했던 부분들에 있어 자신감을 상실하면서 우울증이나 불안 장애를 동반하는데 이로 인해 대인 관계에서의 문제 및 사회와의 단절감이 생기게 된다. 더 나아가 공격적인 행동과 배회 행동은 치매를 갖고 있는 노인들 가운데서 가주 볼 수 있는 행동이다.

심리 정서 부분에 있어서 음악은 생리적인 그리고 심리적인 도구로 활용될 수 있는데 생로는 긴장 이완을 통한 몸의 경직성 등을 감소시키고 안정성을 유도하며 심리적으로는 음악 안에서 성공적인 경험을 제공함으로써 자긍심과 자아실현 경험을 갖도록 유도해 준다. 이 과정에서 사회적 상호작용을 경험하고 그룹의 소속감과 동질성을 통해 각자가 처한 상황에 대하여 공감을 나누도록 한다.

회상을 유도하는 곡들을 제시하며 특정한 시대를 상기시키고 그때에 있었던 사회적 쟁점들을 이야기하게 함으로써 공통 주제를 공유하게 한다. 공감할 수 있는 기억이나 사건들은 언어적 의사소통과 사고력을 늘이고 논리적인 전개들을 촉진시켜 준다. 음악치료 접근에 있어 중요한 것은 노화로 인한 기능 저하의 개인차가 크기 때문에 클라이언트의 기능을 파악하고 이에 맞게 음악활동을 구성해야 한다는 점이다.

노인들이 선호하는 음악 활동은 즉흥연주보다는 노래와 악기 연주 그리고 음악과 동작이며, 여성의 경우 건반 음역을 F3에서 C5로 하였을 때가 적합하고 남자의 경우 그보다도 한 옥타브 낮게 조옮김을 하여 연주하는 것이 적합하다고 하였다. 가창에서의 음역은 가운데 도를 중심으로 아래 솔에서 위의 솔까지 한 옥타브의 음역을 사용할 수 있다는 결과를 보여주었다.

5.7 | 노인 음악치료의 사례

> 사례

1. 일시 및 대상
   1) 일시 : 20○○년 ○월 ○일 금요일 10:00~11:00(각 30분 2세션)
   2) 장소 : ○○병원 3A병동, 6B병동(휴게실)
   3) 대상 : 경증 치매노인 15~20명
   4) 주치료사 : 임영제
   5) 보조치료사 : ○○○, ○○○, 요양보호사 10명
2. 주제 : "행복"
3. 목적 : 노인의 치매약화방지를 위한 인지 · 신체 활동과 정서수정 활동
4. 목표
   1) 시작노래와 마무리 노래를 통하여 정서수정과 사회적 상호작용
   2) 꽃 이름으로 자신을 소개하며 사회적 상호작용
   3) 건강박수 활동을 통한 신체활동 참여
   4) 1~12의 수 개념을 노래와 북 두드리기로 인지활동 참여
5. 하위목표
   1) 참여자 70% 이상이 음악적 반응을 통한 인지활동 참여
   2) 노래와 연주 중 참여자 70% 이상이 신체 활동에 참여
   3) 1)과 2)가 진행될 동안 정서수정과 사회적 상호작용

〈사진 4-20〉 노인 음악치료 장면 재 동기유발 연상 프로그램

6. 프로그램

순서	프로그램 및 시간	활동내용	활동방법	준비물
1	입장 opening 워밍업 5분	- '아리랑' 음악으로 오프닝을 한다. - '당신은 무슨 꽃이죠?' 개사하여 좋아하는 꽃 이름으로 자신을 소개한다.	- 친숙한 음악으로 긴장을 완화한다. - 헬로송을 부르며 음악활동의 시작을 인식한다. - 좋아하는 꽃 이름으로 자신을 소개한다.	음원 신디 이름표 매직
2	신체활동 5분	- '건강박수'를 배우고 경직된 몸을 이완하고 활동 시작을 준비한다.	- '건강박수'를 배우고 모두 '내 나이가 어때서' 음원에 맞추어 신나게 활동한다.	건강박수 챠트 신디 '내 나이가 어때서' 음원
3	음악활동 15분	- '달타령' 노래를 천천히 부르면서 제시한 악기로 월별 숫자를 북치기로 인지하면서 악기활동을 한다. - 음원으로 빠르게 노래를 부르고 배운 대로 북을 자신의 월별 숫자로 북치기를 하면서 완성한다.	- 신디로 제시한 '달타령'을 월별로 한 소절씩 라운드로 북을 월별숫자로 치면서 각자 과제수행을 한다. - 음원으로 곡을 완성한다.	가사판 신디 소고 우드블럭
4	마무리 5분	- 지금 기분이 어떤지 들고 있는 악기로 표현하기 - 어떤 활동이 재미있었는지 기억하기	- 들고 있는 악기로 지금의 기분 표현하기 - 추가열 '행복해요' 개사하여 굿바이송을 배운다. - 3조로 라운드하여 '노래', '악기', '손뼉' 활동을 통해 '행복해요'라는 마무리로 다음시간을 기약하고 마무리한다.	음원 신디

사례 후기 내 나이가 어때서

"너희의 젊음이 너의 노력으로 얻은 상이 아니듯이 내 늙음도 내 잘못으로 받은 벌이 아니다." (영화 '은교' 중에서)

몸은 마음보다 훨씬 빠르게 늙어 간다는 것을 우리는 너무나 잘 알고 있다. 노인 음악치료를 진행할 때마다 진정 나의 부모님을 대하는 마음으로 더 나아가 곧 나도 맞이해야 할 순간으로 마음을 가진다. 그렇듯 젊음과 노화는 한 줄 위에 놓인 이름이라 할 수 있을 것 같다.

자신의 이름도 기억할 수 없고 나이가 몇 살인지 지금 어디에 있는지. 그 아무것도 모른 채 그냥 그 자리에서 음악과 함께하는 시간을 나는 어르신들과 함께 해야 한다. 치매환자를 비롯한 고령의 노인들에게는 합리적 사고기능이 떨어지면서 '느낌(feeling)'만 중요하게 남아있다. '느낌'을 통해 '생각'을 대신하며 또한 '느낌'을 통해 자신에게 상실된 부분에 대한 적용을 하는 음악치료여야 한다.

'아리랑' 음악이 울려 퍼지자 휠체어로 이동하시는 어르신들이 어깨를 들썩이며 즐겁게 자리를 잡으셨다. 어느 한 분은 "나는 내가 좋아하는 노래를 1000곡을 담아 mp3에서 매일 듣고 있다면서 자랑을 하셨다. 다른 기억은 사라져도 젊은 시절 즐겨 부르시던 노래는 기억하고 계신다. '달타령' 노래의 12달 가사는 정말 놀랍도록 기억을 잘 하셨다. 자신에게 의미 있는 무의식 속의 기억을 찾으시고 노래 안에서 회고하시는 모습은 정말 의미 있는 작업이었다.

치매노인은 깡그리 기억을 잃어버린 자신과 그의 나머지 행동을 책임져야하는 가족이 함께 가는 길이다. 젊은 날의 삶이 어떠했던 속수무책으로 덮쳐오는 노화. 이것은 나의 부모의 삶이고 그 다음은 우리들의 내일이다.

음악치료의 결과를 그 어떤 언어로 표현 한다 하여도 부족하다. 그 순간 순간 나타나는 그들의 행복한 표정과 기쁨의 웃음을 어떻게 글로 옮길 수 있을까.

"야야야 내 나이가 어때서 사랑에 나이가 있나~요" '사랑'이란 단어는 남녀노소를 불문하고 설레이게 만드는 단어인가. 너무 좋아하시고 신체 율동이 어눌한 움직임일지라도 즐겁게 따라 하시는 모습이 정말 행복해 보였다.

프로그램을 마무리하며 "사랑할 수 있어서 웃을 수가 있어서 손잡을 수 있어서 정말 행복해요…"의 굿 바이송이 6B 병동 휴게실을 따뜻하게 했다.

마무리하며…

늘 고개를 숙인 채 그 어떤 자극에도 반응을 보이지 않던 치매노인이 있다. 그분의 귀에 젊은 시절 좋아했던 음악이 흐르자 기적 같은 일이 일어난다.

수그러졌던 그의 고개가 들리고 게슴츠레하던 눈이 둥그레지고 초점 없던 눈이 반짝반짝 빛난다. 정확하지는 않지만 노인은 노래를 따라 부르고 휠체어로 고정된 그의 몸조차 리듬을 타서 움직이기 시작한다. 바로 〈그 노래를 기억하세요?〉가 일으킨 기적이다. (원제 : Alive Inside, 2014)라는 다큐멘타리 영화인 〈그 노래를 기억하세요?〉는 2014년 미국에서 제작된 Michael Rossato-Bennett 감독의 영화이다. 인지증(치매)을 앓고 있는 사람들에게 헤드폰 스테레오로 그 사람의 익숙한 노래, 추억의 노래를 들려줌으로써 생생한 인간다운 시간이 되살아나는 광경을 그리고 있고 음악이 인간에게 주는 영향력에 대해서 설득력 있게 전달하는 다큐멘타리이다.

삶의 기억을 송두리째 잃어버린 그들에게 음악은 그저 음악이 아니다. 그 음악은 그들에게 한줄기 빛을 전해주는 희망과도 같은 것이다. 현실의 음악치료를 경험해보지 못한 사람은 아무리 논문을 많이 읽는다 해도 음악으로 대상자의 표정이 변화하는 모습, 생기 넘치는 모습은 실감할 수가 없다. 음악치료가 건강을 위한 지원이라고 생각되지만 결국 지향해 온 것은 '행복'이 아니었을까.

〈사진 4-21〉 EBS 다큐멘타리 〈그 노래를 기억하세요〉